KB274668

사회언어학

사회언어학

이익섭

The Humanities
3

민음사

책 머리에

1960년대부터 언어학은 크게 두 줄기의 산맥을 이루며 발전하여 왔다. 변형생성 이론이 그 하나였고, 다른 하나는 사회언어학이었다. 그러나 사회언어학은 늘 劣勢에 있었고, 특히 국내에서의 보급과 발전은 지지부진하였다. 누구 하나 떳떳이 사회언어학이 전공이노라고 내세울 처지도 못 되었고, 외국에서 그처럼 쉴 새 없이 쏟아져 나오는 개설서 하나 출간되지 않았다.

이 책은 사회언어학의 기초적 이론을 종합적으로 소개하는 국내 최초의 입문서일 것이다. 기본적인 이론은 되도록 고루 소개하려 하였다. 그러나 단순히 개념의 나열이나 잡다한 이론의 설명으로 일관하는 일은 철저히 피하려 하였다. 대신 이 방면의 古典이 된 연구는 물론 이 방면에 새로 발을 들여놓을 학도들이 흥미를 느끼고 그들에게 연구 의욕을 일으킬 만한 주요 연구 성과들을 되도록 많이 소개하려 하였다.

이 책을 통해 우리는 우리 나라에 사회언어학 분야의 과제가 그대로 山積해 있음을 깨닫게 될 것이다. 사실 국어 경어법 하나만 하여도 더없이 훌륭한 사회언어학 과제다. 그런데 그동안 우리는 그것을 억지로 문법의 테두리에 가두려 함으로써 정작 중요한 많은 현상에 대해서는 눈을 감아 왔다. 이 작은 책이 이 나라에 사회언어학의 氣運을 불러일으키고, 그로써 우리 학계가 좀더 다채로운 모습을 지닐 수 있도록 하는 데 이바지하는 바가 있었으면 좋겠다.

나로서는 힘에 겨운 일을 해냈는데 책은 책대로 탈고한 지 일 년이 다 되어야 햇빛을 볼 모양이다. 그동안 책의 출간을 참을성 있게 기다려 준 주위의 많은 분들에게 감사를 드린다.

1994년 7월

李翊燮

차례

표 · 도표 · 지도 목록

제 1 장

사회언어학의 성립과 영역

1.1 사회 문맥 속에서의 언어

언어는 일차적으로 언어학자의 연구 대상이지만 그렇다고 언어학자의 전유물은 아니다. 심리학자, 인류학자, 사회학자, 철학자 들도 언어를 중요한 연구 대상으로 삼을 수 있고 심지어는 물리학자, 공학자, 신경학자 들도 언어를 주된 연구 과제로 삼기도 한다. 언어는 그만큼 그 관심 분야에 따라 여러 시각에서 관찰되고 해석될 수 있는, 매우 복잡하고 다양한 얼굴을 가진 존재다.

1.1.1 사회언어학의 정의

이것은 좁게는 언어학 안에서도 비슷하다. 언어 단위에 기준을 두고 보아도 音韻論, 形態論, 統辭論 등으로 그 관심 분야가 갈릴 수 있고, 또 관점을 달리하여 시대에 초점을 맞추어 현대국어만을 관심사로 하는가 하면 중세국어만을 관찰의 대상으로 삼기도 하며, 나아가서는 지역에 초점을 맞추어 어떤 특정 방언을 관찰의 표적으로 삼기도 한다.

언어는 어느 한쪽에서만 공략하여서는 정복될 수 없는 난공 불락의 성임이 분명하다. 언어의 참모습을 벗기기 위해 다양한 길이 모색되는 所以도 여기에 있을 것이다.

社會言語學(sociolinguistics)은 이렇듯 언어의 참모습을 밝히기 위해 공략하는 여러 갈래의 길 중의 하나이되 언어를 특히 그 사회적 문맥(social context)에서 관찰하는 분야다. 언어를 사회와 유리된 모습, 일종의 추상적인 체계로서가 아니라 바로 그 사회 속에서의 언어 사용(language use)을 관찰의 대상으로 삼는, 다시 말하면 어떤 말이 누가 언제 누구에게 어떤 목적으로 한 말인지를, 즉 그 언어 항목의 사회적 분포 및 의미를 필수적인 고려의 대상으로 삼는 언어학이다. 한마디로 사회언어학은

사회와의 관계 속에서의 언어 연구[1] (Hudson 1980 : 1)

실제 話者들이 사용할 때의 사회적 문맥 및 상황적 문맥 속에서의 언어에 대한 연구[2] (Milroy and Milroy 1990 : 485)

로 정의를 내릴 수 있을 것이다. 결국 하나의 추상물로서가 아니라 실제로 사용될 때의 모습으로서 관찰한다는 것과 그때의 사회적 배경을 중시한다는 것이 사회언어학의 가장 두드러진 특징으로 요약될 수 있을 것이다.

---

1) We can define sociolinguistics as *the study of language in relation to society* (Hudson 1980 : 1).
2) In the last two to three decades there has been rapid development in the branch of linguistics now known as *sociolinguistics*, i.e. the study of language as it is used by real speakers in social and situational contexts of use (Milroy and Milroy 1990 : 485).

1.1.2 사회언어학과 생성문법

이 점에서 사회언어학은 生成文法 理論과 직접적으로 대립되는 관계에 있으며 넓게 보면 傳統文法 전반과도 대립적인 입장에 선다. 이 대립적 입장은 다음 예문 (1)을 분석하는 태도에서 단적으로 엿볼 수 있다.

(1) 철수한테서 편지가 왔습니다.

이 문장을 분석하는 한 길은 文法家들이 밟는 길이다. 이 문장이 문법적인가 아닌가, 語順의 특징은 무엇인가, 무엇이 주어이며 무엇이 서술어인가, 屈折이나 形態音素 면에서의 특징은 무엇인가 등이 그 주된 관심사일 것이다.

그러나 우리는 전혀 다른 방향으로 관심을 가질 수도 있다. 이 문장의 話者는 〈철수〉의 형일 수는 있어도 동생일 수는 없을 것이다. 왜냐하면 한국어에서 형을 이름으로 지칭하는 법은 없으니까. 또 이 문장의 聽者는 화자의 下位者일 수는 없을 것이다. 〈-습니다〉와 같은 합쇼체 어미는 上位者에게만 쓰이기 때문이다. 즉 문장 (1)이 쓰인 사회적 문맥을 주된 관심사로 하는 것이다. 이것이 사회언어학자들이 취하는 길이다.

여기에 다음 예문 (2)가 하나 더 주어졌을 때에도 두 입장은 대립적일 것이다. 문법가들은 예문 (2)에 대해 (1)에 대해 했던 이야기에 별로 추가해야 할 것이 없다. 그러나 사회언어학자들은 이 문장을 예문 (1)과 비교하여 청자의 사회적 지위나 나이가 달라질 가능성을 찾으려 할 것이며 아울러 화자의 나이에도 촉각을 세울 것이다. 왜냐하면 하게체는 합쇼체에 비해 청자의 조건도 달라지지만 화자의 조건도 달라지기 때문이다. 즉 하게체는 화자의 나이가 대개 중년을 넘어서야 쓰이는 특징이 있는 것이다.[3]

⑵ (여보게,) 철수한테서 편지가 왔네.

다른 예를 하나 더 보기로 하자. 우리는 흔히 자기 아들은 성 없이 이름으로 부른다. 그러나 때로는 학교 선생님이 부르듯이 성과 이름을 함께 부르는 수도 있다.

⑶ a. 철수야.
　 b. 김철수.

아들을 (3b)처럼 성명으로 부를 때는 대개 야단을 칠 때다. 야단을 친다는 상황은 무엇인가? 사회적 문맥이다. 일반적으로 문법가들은 이러한 조건에는 관심을 두지 않는다. (3b)가 (3a)와 달리 부모가 자식을 야단칠 때 쓰인다는 것을 밝히는 일은, 즉 그러한 언어 사용에 대한 관심은 사회언어학자의 소관이다.

대답하는 말 〈예〉와 〈네〉에 대해서도 마찬가지다. 근래 이 두 단어는 모두 표준어로 인정되었다. 문법가의 입장에서는 사람들에 따라, 또는 한 사람이 기분 내키는 대로 어느 하나를 골라 쓴다고만 하면 그만일 것이다. 그러나 사회언어학자들은 남자들은 〈예〉 쪽을 더 많이 쓰고 여자들은 〈네〉 쪽을 더 많이 쓴다든가, 상류층은 〈예〉보다 〈네〉를 어느 정도 더 높은 비율로 쓰며, 세대에 따라서도 그 선택의 경향이 다르다는 것 등을 밝혀 내려 할 것이다. 거기에 더하여 한국어에는 〈예, 네〉 이외에 〈에〉나 〈야〉와 같은 語形도 있고 그것들은 또 어떤 사회적 분포를 가진다는 것을 밝히려 할 것이다. 어떤 언어 항목이 쓰이는 현장을 찾아 나서서 그 현장의 사회적 조건을 엄밀히 분석하려고 하는 것이다.

〈언어 사용〉 및 〈사회적 문맥〉에 관심을 돌리면 언어 행위에 관해

---

3) 이상의 敬語法에 대해서는 제7장에서 자세히 다룬다.

우리가 눈을 돌려야 할 분야가 매우 넓어진다. 남자와 여자가 대화를 나눌 때 남의 말을 가로채는 일을 남자가 훨씬 자주 한다는 사실은 문법가들에겐 전혀 흥미없는 일이나 사회언어학자들에겐 중요한 발견이다. 〈어디 가십니까?〉 하는 인사말에 어느 종족은 〈응, 저기〉 정도로만, 어느 종족은 그보다는 구체적으로 〈응, 시장에〉 정도로, 어느 종족은 아주 상세히 〈응, 철물점에 못 좀 사러〉라고 달리 답하는 차이를 문법가는 의미있게 받아들이지 않으나 사회언어학자는 중요한 현상으로 받아들인다. 그리하여 어떤 종족은 잠시도 쉬지 않고 서로 지껄임에 반해 어떤 종족은 한 마디 묻고 대답을 듣는 데 4-5분 걸리는 것은 보통이라는 현상까지 밝히려고 애쓴다. 언어 사용의 多岐한 모습을 모두 관심사로 하는 것이다.[4]

사회언어학자들은 이처럼 언어의 제반 현상이 사회와 깊이 연관되어 있고 그러한 사회적 문맥으로부터 결정적인 영향을 받는다는 인식 위에 선다. 그 때문에 生成文法家가 의도적으로, 거의 생리적 거부반응처럼 꺼리고 멀리 한 사회적 요소들을 무엇보다 중요한 관찰의 대상으로 삼는다.

그러나 사회언어학은, 언어를 사회적 문맥 속에서 연구하는 분야라고 정의하고 말기에는 그 내용이 대단히 복잡하고 다양하다. 어디까지를 사회언어학의 울타리에 넣어야 하는지, 그 하위 분야는 어떻게 분류하여야 하는지, 또 거기에 따라 사회언어학의 정의가 어떻게 달리 조정되어야 하는지 등의 문제가 그리 단순치 않다. 이제 이 장에서 이 문제들을 좀더 부연하여 기술하기로 하거니와 먼저 사회언어학이 등장하게 되는 역사적 배경과 그 발전 과정을 살펴보기로 한다.

---

4) 이에 대한 좀더 자세한 내용은 Fasold (1990)의 제3장을 참조할 것.

1.2 사회언어학의 성립

사회언어학은 그 역사가 매우 짧은 신생 학문이다. sociolinguis-
tics란 용어가 등장한 것이 고작 1952년경이었고,[5] 그나마 좀더 본
격적으로 쓰이기 시작한 것은 1960년대에 와서였던 것이다. 1961년도
版(제3판)인 *Webster's New International Dictionary*를 비롯하여
1964년에 간행된 *A Dictionary of the Social Sciences*나 1968년에
간행된 *Encyclopedia of the Social Sciences* 등에 psycholinguis-
tics 등과는 달리 sociolinguistics란 용어가 登載되지 않은 것도
(Bright 1966, Verdoodt 1988) 사회언어학의 짧은 역사를 일깨워 준다.

1.2.1 유럽에서의 태동

물론 언어를 사회와 관련시켜 인식하려는 사고는 꽤 일찍부터 뿌리
를 내려 왔다(Verdoodt 1988, Labov 1972). 한 예로 먼저 독일에서는
일찍이 Giambatisa Vico(1668-1744)가 〈언어가 사회 모습(social
patrimony)을 만든다〉는 원리를 폈고, 이 사상이 J. G. Herder
(1744-1803)와, 누구보다도 W. von Humboldt(1767-1835)로 계승
발전되어 특히 언어와 국민 사이의 밀접한 관계를 강조하는 독일 언어
학의 한 줄기를 이루었다.[6]
한편 프랑스에서는 사회학자 E. Durkheim(1838-1917)의, 〈언어가
다른 사회 규범 체계가 미치는 것과 마찬가지의 영향력을 개인에 미친

---

5) sociolinguistics란 용어가 초기에 쓰인 예로 흔히 Currie, H. C.의 논문
   "A Projection of Socio-linguistics: The Relationships of Speech to Social
   Status." *Southern Speech Journal* 18(1952)을 든다(Bright 1966 : 12).
6) Chomsky(1965 : V, 1966 : 19-27)는 오히려 Humboldt를 생성문법 이론
   의 선구자로 꼽고 있다. Humbolt의 이론은 난해하기로 평판이 나 있기도 하
   나(Jespersen 1922 : 55-60) 양면을 모두 지니고 있다고 보아야 할 것이다.

다〉는 사상에 영향을 받아 그의 제자인 A. Meillet (1866-1936)가 이 방면의 기반을 확고히 닦았다. 그는 특히 이 분야 최초의 잡지인 《社會學年報(L'année Sociologique)》를 창간하는가 하면 1906년에는 유명한 논문 「單語의 意味變化考(Comment les mots changeant de sens)」를 발표하는 등 활발한 활동을 통해 F. Brunot, J. Vendryes, M. Cohen 등 많은 동조자들을 얻음으로써, 후세에 프랑스 言語社會學派(Ecole sociologique française du langage)라고 불리게 된 학파까지 등장하게 하였다. Meillet는 언어를 〈사회 행위(un fait social)〉라고 부르고, 따라서 언어학은 사회과학이며, 언어의 變種은 역시 사회 변화의 한 결과일 뿐이라고 인식할 정도로 철저히 사회 지향의 언어관을 폈다. 그로써 언어학과 사회학을 진정으로 연결시킨, 그리고 언어의 사회적 특성과 언어 변화의 사회적 요인의 본질을 구명한 최초의 학자가 되었으며 이 이후의 언어학에 지대한 영향을 끼치게 되었다.

1.2.2 미국에서의 태동

미국에서도 이미 D. Whitney (1827-1894)가 언어의 규칙을 만드는 세 가지 요인으로 개인적 요인, 사회적 요인, 경제적 요인을 강조하는 한편, 〈말(speech)은 개인 소유가 아니라 사회 소유다. 즉 말은 개인에 소속되어 있는 것이 아니라 사회 성원들에 소속되어 있다〉(Whitney 1867 : 404)라든가 〈사람이 말을 하는 것은 생각하기 위해서가 아니라 자기 생각을 나누어 주기 위해서다. 자기의 사회적 욕구, 사회적 본능이 사람으로 하여금 말을 하게 하는 것이다〉(Ibid. : 401) 등으로 언어의 사회적 기능을 강조하면서, 당시 유행하던 〈언어는 생물체로서 사회와 독립적으로 존재한다〉는 實證自然主義 언어학자(positivist-naturalist linguistics)들의 주장을 반박하고 사회언어학의 기틀을 쌓고 있었다.

한편 Edward Sapir와 그의 제자 Benjamin Lee Whorf는 〈언어

의 구조가 그 언어를 사용하는 사람들의 세계관을 결정한다〉는 이른바
Sapir-Whorf 가설을 세워 큰 반향을 불러 일으킨다.[7] 더욱이 Sapir
는 아메리칸 인디언의 언어인 Nootka 어에서 청자가 아이들인지 곱
사인지 애꾸인지에 따라 말이 달라진다는 사실을(Sapir 1915), 또
Yana 어에서는 男性語와 女性語가 구별되어 쓰인다는 사실을 밝혀
(Sapir 1929b) 바로 사회언어학의 논문이라고 할 업적들을 발표하였
고, 후기로 오면서 언어와 문화 및 사회의 본질을 사회언어학적인 관
점에서 재고하는 立論을 굳혀 가고 있었다(Bright 1964b, Hymes
1974 : 207-208).

1.2.3 방언 연구에서의 사회언어학의 태동

언어를 사회와 관련시켜 관찰하는 태도는 方言 연구에서 특히 오랫
동안 활발하게 전개되어 왔다(Hagen 1988).[8] 方言學의 성립은 이미
사회적 言語差에 대한 발견을 잉태하고 있었던 것이어서 아주 이른 시
기부터 방언의 분화에 사회적 요인도 작용한다는 사실이 지적되어 왔
다. 한 예로 독일의 Karl Moriz Rapp 는 Württemberg 의 방언에
지리적 조건에 의해 결과된 것보다 사회적 조건에 의해 결정된 것이
많다는 것을 이미 1841년에 쓴 한 논문에서 지적하고 있고, Philipp
Wegener 는 1880년의 논문에서 사회적으로 결정되는 변종을 강조하
여 방언을 〈방언(Mundart)〉, 〈지역 방언(Umgangssprache)〉, 〈표준

---

7) Sapir-Whorf 가설은 Whorf 가설(Whorfian hypothesis)이라고도 한다.
　　사고의 방향은 같지만, 또 Whorf 의 생각은 결국 Sapir 의 것을 계승 발전시
　　킨 것이지만 Whorf 의 立論이 더 적극적이고 결정적인 것임을 취하는 것이
　　다. Sapir 의 생각은 Sapir(1929a : 207)에, Whorf 의 생각은 Whorf
　　(1940 : 212-214)에 압축되어 있다.
8) Ervin-Tripp 의 한 표현을 빌리면 〈方言地理學은 사회언어학의 가장 오랜
　　모습의 하나다〉(Hagen 1988 : 402). 방언학은 그만큼 사회언어학의 前身이라
　　고 할 만한 면모가 있다. Trudgill(1992)을 아울러 참조할 것.

어(Hochsprache)〉로 가름으로써 사회가 언어적으로 여러 계층 (strata)을 이루고 있음을 밝히고 있다. 그리고 Hugo Schuchardt는 1885년 당시 학계를 풍미하던 小壯文法家(Junggrammatiker)들의 〈음운 법칙의 무예외성(Ausnahmslosigheit der Lautgesetze)〉을 반박하여 음운 변화가 우선 몇 단어에서 시작되고, 또 일부 사람들에 국한되어 나타난 다음 차츰 여러 단어, 여러 사람에 확산된다는 사실을 밝힘으로써 역시 언어 변화의 사회적인 측면을 부각시킨 바 있다. 이 Schuchardt의 이론은 이탈리아의 Karl Jaberg와 프랑스의 Antonie Meillet에게도 영향을 끼쳐 이 방향의 언어학의 줄기를 형성하는 데 기여하기도 하였다.

한편 Louis Gauchat는 1905년 Charmey라는 시골 마을에서의 연구 결과로서 세대(90-60세, 60-30세, 30세) 사이에 음성 실현과 음성 변화의 경향에서 차이가 있음을 밝히는가 하면 여성이 남성보다 언어 변화에 더 진취적이라는 사실을 밝혀내고 있다.

소련에서도 20세기 초에 J. A. Baudoin de Courtnay에 의해 언어를 횡적(지역적) 구분과 종적(사회적) 구분으로 나누는 일과, 언어 현상을 결정하는 사회적 조건에 대한 탐색이 이루어졌으며, 10월 혁명 후 20년대와 30년대에 와서는 社會方言學이 크게 대두하여 레닌그라드 언어문화연구소 안에 사회방언학실이 따로 마련될 정도에 이르렀다. 아울러 Larin은 「도시의 언어 연구」(1928)라는 논문을 통해 도시 내의 사회 집단과 사회 방언에 대한 가장 이른 시기의 연구를 선보였는가 하면, N. M. Karminskij는 「러시아 농촌 언어에 대한 고찰」 (1936)을 통해 자신이 1903년에 조사를 행했던 Vanilovo라는 마을을 다시 조사한 결과 10월 혁명에서 비롯된 사회 변화가 언어 변화에 큰 영향을 미친 사실을 밝혀내고 있다.

言語地圖 작성을 위한 방언 연구에서도 사회적인 고려가 첨가되는 수가 있었다. 「이탈리아 및 남부 스위스 言語民俗地圖(Sprach-und Sachatlas des Italiens und der Süd-Schweiz」(1928-1940)는 그 이름에

<民俗>이라는 꼬리를 달고 있지만, 提報者의 선정에서도 특히 도시의 경우에는 사회적인 배경이 다른 제보자를 고루 선택해 쓰려 하였다. [9] 이것은 미국의 언어지도, 즉 「미국 및 캐나다 언어지도(Linguistic Atlas of the United States and Canada)」를 작성하기 위한 방언 연구에서 더욱 철저히 추구되었다. 여기에서는 제보자를 다음 세 집단으로 나누고, 이들을 각각 다시 노년층과 중년층으로 나누었다.

Type Ⅰ : 정규 교육을 거의 못 받은 자, 독서량도 적고 사회적 접촉도 적은 자.
Type Ⅱ : 대체로 중고등학교 정도의 교육을 받은 자, 독서량과 사회 접촉이 조금 많은 자.
Type Ⅲ : 대학 교육 정도를 받은 자, 문화적 배경이 있고 독서량과 사회 접촉의 정도가 큰 자.

미국의 언어지도 사업은 전체적인 규모로 마무리를 짓지 못한 채 먼저 「뉴잉글랜드 언어지도(Linguistic Atlas of New England, 1939-1943)」만 따로 발간되었는데 이때 동원된 제보자를 앞의 분류별로 보면 Type Ⅰ이 148명, Type Ⅱ가 214명, Type Ⅲ이 51명으로 되어 있다. 方言差를 지역적인 시각에서만 추적하지 않고 사회적인 시각에서도 분석하려는 태도가 상당히 뚜렷하게 작용하였음을 볼 수 있다. 실제로 이 언어지도의 현지조사원이었던 B. Bloch와 R. I. McDavid는 이때의 자료를 토대로 각각, 노년층과 중년층 사이에 규칙적인 언어차 현상이 있음과 South Carolina에서의 母音 뒤의 <r>의 특징적인 발음이 지리적인 조건이 아니라 사회적인 요인에 의해서임을 밝혀내고 있다(Bloch 1939, McDavid 1948). [10]

---

9) 그러나 실제로는 기획대로 잘 이루어지지 않아 Florence 한 지역에서만 이 뜻이 이루어졌다.

1.2.4 〈사회적〉 언어학의 전통

이상에서 보면 사회언어학은 어느 한 시기에 갑자기 땅에서 솟아오른 것이 아니다. 그 기본적인 사고는 아주 일찍부터 싹터 왔고, 또 면면히 이어져 왔다. 시기마다 脫社會的(asocial) 사고가 있었지만 그것이 언어의 사회적 속성에 대한 인식을 뿌리 뽑지는 못하였던 것이다. Labov(1972 : 264)의 표현을 빌리면 언어학자는 〈사회적(social)〉 그룹과 〈탈사회적(asocial)〉 그룹으로 양분된다. 언어 변화를 설명할 때 사회적 요인을 강조하고 언어의 지시적 기능뿐만 아니라 표현적, 사회적 기능을 아울러 세심히 살피며, 언어의 다양성, 언어의 접촉 등을 중시하는 一群이 전자에 속하는데 이 전통은 Whitney, Meillet 등으로 이어져 왔다. 한편 언어 변화를 순수히 言語內的(구조적 및 심리적) 요인으로만 설명하려 하고, 언어의 효과적, 사회적 기능을 제거하려 하고 언어의 다양성보다는 동질적인, 단일한 언어 공동체를 전형적인 것으로 간주하는 일군이 후자로서 이 전통은 H. Paul, Saussure, Bloomfield, Chomsky, Halle 등으로 이어져 왔다. 이 중 더 큰 세력을 펴 온 것은 물론 脫社會派였다. 그러나 社會派의 세력도 앞에서 보듯이 면면히 그 맥을 이어오고 있었다.

우리나라에서도 언어를 사회와 연관시켜 인식하는 전통은 꽤 강하였다고 할 수 있다. 막연한 수준이긴 하였으나 신라의 삼국 통일, 경주로부터 개성으로의 수도 이동, 임진왜란 등의 사건과 언어 변화를 연관시켜 이해하려 한 것이나, 오늘날 〈국어 사랑 나라 사랑〉이란 표어가 국민의 호응을 받을 만큼 우리의 역사적 배경은 우리로 하여금 유난히 언어와 사회를 밀접히 연관시켜 인식해 오도록 하였던 듯하다. 특히,

---

10) 이에 대한 좀더 자세한 소개는 李翊燮(1984 : 167)을 참조할 것.

말과 글이 업스면 엇지 그 뜻을 서로 通ㅎ며, 그 뜻을 서로 通치 못ㅎ
면 엇지 그 人民이 서로 聯ㅎ어 이런 社會가 成樣되리요. [11]

로 압축되는 周時經의 언어관은 그의 독자적인 생각이기보다 이러한
우리의 역사적 배경의 한 산물이었다고 봄이 옳을 것이다. 언어를 사
회와 연결시켜 인식하여야 한다는 사고를 넘어 언어가 곧 사회를 이루
게 하는 핵심적 요소라는 인식은 언어를 가장 적극적인 방법으로 사회
와 연관시켜 이해하려는 태도일 것이다.
　더욱이 한국어는 유난히 복잡한 敬語法을 가지고 있어 어쩔 수 없이
사회적인 요인들에 무관심할 수가 없었다. 화자와 청자의 사회적 신분
이며 연령을 운위함이 없이 경어법 체계를 분석하는 일은 가능치도 않
으니 우리는 일찍부터 사회언어학의 영역에 들어서 있었던 셈이라고
해야 할 것이다.

1.2.5 사회언어학의 출범

　그럼에도 불구하고 사회언어학의 역사가 짧다고 하는 사실에는 변함
이 없다. 사회언어학이 독자적인 이름을 가지고 독자적인 영역을 구축
한 것은 역시 1960년대에 와서의 일이기 때문이다. 앞에서 많은 사람
들이 거명되었지만 그 누구도 사회언어학자(sociolinguist)라고 이름붙
이기는 어렵다. 진정으로 사회언어학자라는 이름을 붙일 수 있는 학자
들이 배출되는 것도 1960년대 이후의 일이다. 그리고 〈사회언어학〉이
란 이름을 달고 행해지는 학회나 세미나 등이 등장하는 것도 1960년대
에 들어서서의 일이다.
　1960년대에 접어들면서 미국을 중심으로 사회언어학은 갑자기 활기
를 띠기 시작한다(Grimshaw 1971, Verdoodt 1988). 1963년에 사회과

---

11) 대한국어문법 (1906).

학연구협회 (Social Science Research Council, SSRC) 산하에 사회언어학위원회 (SSRC Committee on Sociolinguistics)를 창립한 것이 우선 그 출발 신호였다. 이어 1964년 5월에는 UCLA에서 〈Conference on Sociolinguistics〉라는, sociolinguistics란 이름을 내건 최초의 세미나가 개최되었으며,[12] 같은 해 여름에는 Bloomington의 인디애나 대학에서 같은 성격의 주제로 8주간의 세미나가 개최되었다. 곧 이어 미국 언어학회 (Linguistic Society of America), 미국 인류학회 (American Anthropological Associaton) 등에 사회언어학 분과가 생기고, 많은 著作들도 이때부터 마치 봇물이나 터지듯이 쏟아지기 시작하였으니 Labov(1963, 1966), Fishman(1966)과 같은 기념비적 대작을 비롯하여 Hymes(1964), Fishman(1968)과 같은 讀本(論文選)系 저작들이 이 초기에 앞다투어 나왔던 것이다. 바야흐로 사회언어학이 힘찬 닻을 올린 것이다.

1.2.6 생성문법과의 대립

여기에서 사회언어학과 生成文法 理論과의 관계, 그 대립적인 양상에 대해 좀더 밝혀 놓는 것이 좋겠다. 앞에서 보았듯이 사회언어학은 어느 한 시기에 갑자기 솟아오른 것은 아니다. 그러면서도 또 갑자기 치솟는 모습을 보이기도 하였다. 그것은 우연일 수도 있으나 대개 Chomsky에 의해 생성문법이 출범하던 것과 때를 같이한다. Chomsky가 언어의 능력(competence)과 수행(performance)을 구분하고 능력의 구명이 언어학의 둘도 없는 과제임을 표방하고 나왔을 때, 그리고 그 불길이 온 언어학계를 풍미하고 있을 때 사회언어학은 그와 대립되는 노선을 표방하고 등장한다. 이것은 우연의 일치가 아니

---

12) 이때 발표된 논문 및 토론의 내용은 Bright(1966)에 수록되었다. Gumperz, Labov, Hymes, Fischer, Haugen, McDavid 등 쟁쟁한 面面이 다 등장하고 있음을 볼 수 있다.

었다. 관계 논저에는 으레 그 분위기가 나타나 있는데 사회언어학은 생성문법의 한 반작용이었던 것이다. Chomsky로서는 능력의 중요성을 강조하려는 목표는 달성하였으나 동시에 극히 하찮은 우발적이고 불규칙한 변이 현상으로 간주하려 했던 隨行에 대해 오히려 새로운 관심을 촉발하기도 하여 애초의 목표에 反하는 결과까지 (어떻게 보면 分써의 소득까지) 얻게 된 셈이다.

Chomsky에 있어 언어의 능력은 완전히 동질적인 언어 공동체(completely homogeneous speech-community)를, 동시에 이상적인 화자-청자(ideal speaker-hearer)를 전제로 한 개념이다(Chomsky 1965 : 3). 가령 한국어에 대한 언어 원리(linguisitic theory)는 한국인(정상적인, 이상적인 한국인)이라면 누구나 똑같이 말하고 듣는 한국어를 대상으로, 그러한 한국어에 대한 화자-청자의 지식(knowledge)을 대상으로 하여야 한다. 이것은 그만큼 꽤 추상적인 개념의 한국어를 설정하는 것이며, 한국어가 쓰이는 언어 공동체가 한편으로는 결코 동질적이지 않은 면이 있다는 것을 철저히 배격하려는 입장이다. 이에 더하여 Chomsky는 한국어와 같은 개별 언어 안에서뿐만 아니라 세계 모든 언어에 보편적으로 적용되는 언어 원리를 수립하는 것을 목표로 삼는다. 극단적인 추상화의 길을 추구하고 나선 것이다.

사회언어학은 이러한 추상화의 길을 달갑지 않게 여기고 언어를 어떤 언어 공동체에서 사용되는 구체적 모습 그대로 파악하려 한다. 이는 어떤 언어 공동체이든 동질적일 수 없다는 인식을 바탕으로 한다. 사실 한국인들이 누구나 (4a)나 (4b)처럼 말하지는 않는다. (4c-d)처럼 말하는 사람도 많고 지방에 따라 이보다 훨씬 다른 모습으로 말하는 일도 많다.

(4) a. 꽃이 피었습니다.
    b. 꽃이 폈습니다.
    c. 꽃이 폣습니다.

d. 꽃이 핏습니다.

　이때 生成文法家는 (4a)만, 또는 (4b)까지만 정상적인 문장으로 채택하려 할 것이며, 아니면 여러 變種을 인정한다 하더라도 그들에게서 추출된 추상화된 어느 문장 하나를 〈바로 된 문장(well-formed sentence)〉으로 삼을 것이다. 그리고 그것으로써 이들은 한국을 同質的인 언어 공동체로 간주하려 할 것이다. 이에 반해 사회언어학자들은 한국은 (4a-d)가 뒤섞여 쓰이는 混質的(heterogeneous) 언어 공동체일 뿐만 아니라 이들 문장 각각이 그 사회적 분포를 달리하면서 각각 제 기능을 가지고 있으므로 가령 (4d) 문장은 어떤 사회 계층, 어떤 연령층에서 쓰이는가를 밝히고자 한다. 抽象化의 길이 아니라 具象化의 길이요, 책상에서 보고받고 지시하는 방식이 아니라 현장에 뛰어들어 확인하는 방식이다.

　언어 공동체의 동질성을 중시하고 그 언어를 되도록 추상적인 체계로 파악하려는 시각과 언어의 다양성과 언어 공동체의 혼질적인 면을 중시하려는 시각의 차는 대체로 언어와 사회를 유리시켜 파악하느냐 아니면 깊게 연관시켜 파악하느냐에서 비롯된다고 할 수 있다. 가령 앞의 예문 (4a)가 한국 전역에서 누구나 그렇게 만들어내고 또 그 뜻이 바르게 이해되는 정상적인 문장이라 할 때 이 문장이 어떤 사회적 조건과 특별히 관련되어 그러하다는 고려는 들어 있지 않다. 아니 그러한 고려는 오히려 의도적으로 배제한다. 다시 말하면, 어떤 사회적 조건이 달라짐에 따라 이 문장이 어떤 변종을 가질 수 있다든가 그 변종들이 각기 그 나름의 사회적인 기능을 가지고 있다는 고려는 철저히 배제한다. 비록 어떤 변종이 있다손 쳐도 그것은 自由 變異(free variation)에 의한 것이요, 극히 사소하고 주변적인 것이어서 보다 基底的인 것에서 원리를 수립하려는 입장에서 보면 무시하지 않으면 안 되는 현상으로 간주되는 것이다. 사회와 유리된, 사회라는 조건을 배제한, 어떻게 보면 진공 상태의 언어를 분석의 대상으로 삼는 것이다.

언어를 〈심리적 내지 생물적인 실체(mental or biological entry)〉로만
파악한다고도 할 수 있다(Newmeyer 1988 : vii).

이에 반해 사회언어학자들은 언어를 사회와 유리시켜 이해하는 일은
상상조차 할 수 없는 일이라고 여긴다. 언어는 왜 존재하는가? 주고
받기 위해 있다. 사람들 사이의 의사소통(communication)을 위해 있
는 것이다. 사람이 나면서부터 홀로 고립되어 성장하면 언어는 습득조
차 되지 않지만 그 상태에서는 언어가 필요치도 않을 것이다. 언어는
주고 받는 데서 발달되고 주고 받기 위해 존재한다. 주고 받는다는 것
은 무엇인가? 그것은 곧 사회 행위(social behavior)다. 언어는 바로
그러한 사회 행위의 한 형식이다. 그러한 언어를 사회와 유리된 대상
으로 파악하려 한다는 것은 언어의 본질에 역행하는 것으로서 상상하
기조차 어렵다. 이것이 사회언어학자들의 생각이다.

Labov(1972 : 183)는 사회언어학이라는 용어 자체에 거부감을 표명
한다. 언어학은 언어를 어쩔 수 없이 사회와 연관시켜, 즉 그 사회적
문맥 속에서 분석해야 하는데 사회언어학의 〈사회〉란 수식어는 군더
더기라는 것이다. 그만큼 이들에 있어 사회는 언어 연구에 있어 절대
적이며 필수적이다. 이들이 생성문법을 탈사회적 언어학(asocial lin-
guistics)이라고 부르는 것에서도(Hudson 1980 : 4, Wardhaugh 1986 :
6) 언어와 사회를 밀접히 연관시키는 이들의 태도를 읽을 수 있거니와
언어학과 사회언어학으로 분류하기보다 언어학(곧 사회언어학)과 탈사
회적 언어학으로 분류하고 싶은 것이 이들의 심정인지도 모른다.

1.3 사회언어학의 영역

1.3.1 사회언어학의 多面性

사회언어학은 사회학과 언어학이 學際的으로 결합된 분야라는 뜻으

로 붙여진 이름일 것이다. 따라서 사회언어학에는 사회학적인 관심사
도 포함되며 언어학적인 관심사도 포함될 것이다. 이러한 양면성은 사
회언어학을, 사회학자들은 사회학의 한 분야로 인식하게 하는가 하면
(Grimshaw 1968) 언어학자들은 언어학의 한 분야라고 인식하게 하기
도 한다.

　이러한 관점의 차이를 용어를 조정하여 그 선을 그으려는 시도도 있
다. 가령 사회언어학(sociolinguistics)과 언어사회학(sociology of language)으로 나누어 그 영역을 구분하고자 하는 것이 그 하나다. 그러
나 이러한 구분에 별로 의미를 부여하려 하지 않는 경향이 높고, 실제
로 두 다른 이름 밑에서 다루어지는 내용이 별반 차이가 없는 것이 일
반적이다. 한 예로 Fishman(1970)은 *Sociolinguistics : A Brief
Introduction* 이라는 이름으로 출간되었고, 그 개정증보판인 Fishman(1972)은 *The Sociology of Language : An Interdisciplinary
Social Science Approach to Language in Society* 라는 이름으로 출
간되었는데 두 책이 다루는 영역에는 거의 아무런 차이가 없다.

　이것은 결국 사회학자가 다루는 언어사회학이든 언어학자가 다루는
사회언어학이든 모두 사회언어학이란 이름 밑에 묶일 수 있다는 뜻이
며, 당연한 이야기이지만 사회언어학의 영역에는 그 두 영역이 다 포
함될 수 있다는 것을 뜻한다. 동시에 이것은 사회언어학의 영역이 꽤
넓을 수 있음을 시사하는 것이기도 하다.

　그런데 사회언어학에는 人類言語學(anthropological linguistics)이나
民族誌言語學(ethnolinguistics)이란 이름 밑에서 행해져 오던 연구들
도 포함된다. 인류언어학자 및 민족지언어학자들은 사회언어학이 첫
걸음을 내딛던 1960년대 초부터 언어학자들과 대등한(오히려 우위
의?) 위치에서 활동을 벌였었는데 그들의 논문은 으레 사회언어학의
논문들로 간주되어 왔다. 거기다가 言語心理學(psycholinguistics)의
영역에 속하는 연구들도 동시에 사회언어학의 논문으로 간주된다.

　한마디로 사회언어학은 그 영역이 매우 넓고 또 어떻게 보면 잡다하

기초차 하다. 따라서 이것을 어떻게 정리하여야 할지, 그 경계를 어디서 긋고 그 하위 분류를 어떻게 해야 할지 하는 문제는 쉬운 일이 아니다. 이미 시도된 바 있는 몇 가지 대표적인 분류들을 정리해 보기로 한다.

1.3.2 Bright 의 분류

Bright(1964b)는 1962년 UCLA Conference on Sociolinguistics 에서 발표된 논문들을 편집하면서 사회언어학의 영역을 다음 일곱 가지로 분류하였다.

(가) 화자의 사회적 조건을 다루는 영역 : 계급 방언(class dialect)에 대한 연구가 이 영역에 속한다. 인도의 카스트 방언(caste dialect)이나 남녀의 언어차에 대한 연구도 마찬가지다.

(나) 청자의 사회적 조건을 다루는 영역 : 경어법에 대한 연구, 상대가 아기일 때 쓰는 이른바 〈baby talk〉에 대한 연구 등이 이에 속한다. 아메리칸 인디언의 언어인 Nootka 어에서는 상대가 아이들인가, 난장인가, 곱사인가, 애꾸인가 등에 따라 특별히 다른 말투의 말을 쓰는데 이에 대한 연구는 결국 청자의 사회적 조건을 다루는 분야이므로 이 영역에 속한다.

(다) 배경(setting)을 분석하는 영역 : 格式 말투(formal style)와 非格式 말투(informal style)의 차이에 대한 연구는, 그 차이를 일으키는 요인이 사회적 배경이므로 이 영역에 속하며, 격식, 비격식의 가장 전형적인 양상을 보이는 二種言語現象(diglossia)에 대한 연구도 물론 이 영역에 속한다.

이상의 세 영역이 뒤섞이는 경우도 있다. Yana 어의 남성어(male speech)와 여성어(female speech)의 구분은 화자와 청자가 동시에 작용하며, 여성어는 양쪽이 다 여성일 때만 쓰인다. 또 Java 어의 경어법은 화자, 청자 배경이 함께 작용하여 성립한다.

그리고 이상의 조건들은 더 작은 조건들로 쪼개질 수 있다. 가령 화자와 청자의 조건은 연령, 사회적 지위, 친족 관계 등의 작은 요인들로 분석될 수 있다.

(라) 共時的 연구의 영역과 通時的 연구의 영역 : 다른 분야에서와 마찬가지로 같은 현상을 놓고 공시적으로 관찰하는 길과 통시적으로 관찰하는 길이 있을 수 있다. 다같이 인도의 카스트 방언에 대한 연구이면서 Gumperz(1958)는 전자에 속하며, Bright and Ramanujan (1964)은 후자에 속한다.

(마) 民間言語學(folk-linguistics)의 영역 : 언어에 대한 民間들의 관점을 다루는 영역으로서 민간들이 〈높은 말〉, 〈낮은 말〉 등으로 명명하는 평가가 무슨 의미를 가지는지, 또 실제 언어 현상과 얼마나 부합하는지 등을 관심사로 한다.

(바) 분화의 범위를 다루는 분야 : 어떤 한 사회 안에서의 언어 분화 정도가 어떤 상태인가를 분류하고 거기에 따라 그 특징을 캐는 영역이다. 분화의 종류는 그 범위에 따라 多方言的(multidialectal) 분화, 多言語的(multilingual) 분화, 多社會的(multisocietal) 분화로 나눌 수 있다. 다방언적 분화는 한 언어가 같은 나라 안에서 사회적 조건에 따라 몇몇 변종으로 나뉘는 경우로서 영국에서 〈U〉 말과 〈non-U〉 말이 갈려 있는 예나 남인도의 Tamil 語圈에서 격식 말과 비격식 말이 나뉘어 있는 예가 이에 속한다. 다언어적 분화는 한 사회 안에서 여러 언어가 쓰이는 경우로서 인도, 캐나다, 벨기에, 가나, 파라과이 등의 예가 이에 속한다. 다사회적 분화는 사회가 달라지면 언어도 다른 언어가 쓰이는 경우로서 이는 Whorf가 했듯이 언어 구조의 차이와 사회 구조의 차이 사이의 상관성을 찾으려 할 때의 관찰 대상이다.

(사) 응용의 영역 : 여기서는 다시 세 분야로 나눌 수 있다. 첫째 사회학자들이 사회 언어 자료를 사회 구조 및 어떤 사회 현상의 진단 지표로 활용하는 분야가 그 하나다. 가령 인도의 카스트 방언의 특징이

사회적 조건에 의해 분석되면 이번에는 그 카스트 방언의 특징으로써 그 사회 및 그 사용자의 특성을 구명하는 기준으로 삼는 것이다. 둘째는 역사언어학자들이 한 사회 안에서의 변종으로써 언어 변화의 방향을 예측하려는 경우로서 Labov(1963, 1964)가 Martha's Vineyard와 뉴욕에서 행한 연구가 이에 속한다. 셋째는 언어정책가(language planner)들이 표준어, 공용어, 교육어 등의 결정이나 표기법의 개정 등 언어 정책을 다루는 영역이다. 이는 특히 오랜 식민지 생활에서 해방된 아프리카나 아시아의 여러 나라에서 당면하는 과제들이다.

이상은 사회언어학이 아직 그 출발 단계에 있을 때의 관찰이어서 그 이후 관심의 폭이 더 넓어진 상태는 담지 못하고 있다. 그리고 그 분류도 반드시 체계적이라고만 말하기는 어렵다. 그러나 우리로 하여금 과연 사회언어학이 구체적으로 무엇을 다루는 분야인가에 대해서는 그 윤곽을 꽤 선명하게 안내해 주고 있다.

Bright(1964b)는, 構造言語學者들이 언어를 완전히 통일되고 동질적인 것으로 다루면서 한 공동체 안에서 발견되는 언어 습관의 차이는 〈자유 변이〉라는 이름으로 쓸어버리려 했으나 사회언어학의 주요 임무의 하나는 이러한 변이 및 분화(diversity)가 제멋대로(free)가 아니라 체계적인 사회적 차이와 상관적임을 밝히는 일임을 강조한다. 한마디로 언어 분화(linguistic diversity)가 사회언어학의 주제라는 것이다. 앞의 일곱 가지 영역은 결국 언어 분화에 대한 연구라는 하나의 공통된 주제로 귀결되는 것이면서 그 관심사의 방향을 나누어 본 것이다.

1.3.3 Labov의 분류

Labov(1972 : 183-184)는 사회언어학의 하위 영역 구분에 따로 관심을 보인 것은 아니나 대체로 3대 영역을 설정하는 것으로 보인다. 그 하나는 〈언어사회학〉이라고 이름 붙일 수 있는 것으로 대규모의 사회적 요인을 다루는 분야다. 소수 민족의 언어, 二重言語現象의 발달, 언어의 표준화, 신생 국가의 언어 계획 등 실용적인 문제를 주로 관장하는 영역이다.

다른 한 영역은 Hymes가 〈말하기의 민족지학(the ethnography of speaking)〉이라 부르는 분야로 언어 구조의 연구를 목표로 하는 일반 언어학과 상보적인 관계에 있는, 언어에 대한 기능적 연구를 지향하는 영역이다. 특정 문화 안에서의 언어 사용의 유형, 〈언어 사건(speech events)〉의 형식, 화자가 적절한 말을 선택하는 규칙, 화자와 청자 및 주제, 채널, 배경(setting) 간의 관계 등을 그 주된 관찰 대상으로 삼 는다.

나머지 한 영역은 Labov 스스로가 추구하는 영역을 가리키고 있는 듯하다. Labov는 이 영역이 그냥 〈언어학(linguistics)〉이라고 불리 기를 원한다. 〈일반언어학(general linguistics)〉의 틀을 그대로 유지 하여, 음운론, 형태론, 통사론, 의미론에 걸쳐 언어 규칙(linguistic rule)을 만들기를 추구하기 때문이다. 다만 언어를 언어 공동체 (speech community)의 사회적 문맥에서, 화자들이 일상 생활에서 서 로 주고 받는 모습으로 관찰하는 것이 특징인데 이것은 언어의 특질상 당연한 것이므로 굳이 〈사회언어학〉이라고 구별해 부를 필요가 없지 않느냐는 것이다. 그러나 흔히 Labov의 언어학을 가장 전형적인 사 회언어학으로 인식하므로 결국 Labov는 사회언어학을 세 하위 영역 으로 나누었다고 보아 좋을 것이다.

1.3.4 Hymes의 분류

한편 Hymes(1974 : 195-206)는 사회언어학을 전혀 다른 방향에서 세 영역으로 나눈다.

(가) 언어적이면서 사회적으로도 지향하는 영역 : 이는 기존 언어학에

도전함이 없이 언어 및 언어 사용과 관련되는 사회 문제를 다루는 분야로서 소수 집단이나 후진국의 언어 문제, 외국어의 교육 방법, 독서 교육 등 주로 이론보다는 응용에 힘을 쏟는 영역이다.

(나) 사회적으로 실증적인 언어학 : 기존 언어학에 도전하여 변이(variation)의 법칙을 언어 원리에 포함시켜 기존의 언어학을 보완하고자 하는 것을 목표로 삼는 영역으로서 Labov(1970) 등으로 대표된다.

(다) 사회적으로 구축된 언어학 : 사회적 기능(social function)이 언어 자질(linguistic feature)의 선택을 좌우한다는 기능적 시각에서 언어의 지시적 의미(referential meaning)와 더불어 사회적 의미(social meaning)를 함께 다루는 영역. 가령 氣音(aspiration)이 어떤 언어에는 지시적 의미의 분화에만 관여하지만 어떤 언어에서는 文體的 기능에도 관여함을 밝히고, 언어 행위(speech act)로서의 문장이 참여자의 지위나 역할에 따라 좌우되며, 말(speech)이 각 사회에서의 남녀의 역할과 사회 지위를 드러내 준다는 것 등에 관심을 둔다. 아울러 표현 수단이 한 가지 언어만으로 구성되는 것이 아니어서 Surinam 흑인의 네덜란드어는 문법과 어휘는 표준어이면서 발음은 크레올(creole)로 되어 있으며, 어떤 공동체에서는 대명사의 선택으로 표현되는 의미 구조가 어떤 공동체에서는 방언의 선택으로 표현된다는 것 등을, 즉 말의 資源이 어떤 단일 언어, 단일 문법이 아니라 복합적임을 관심사로 한다. 그리하여 이 영역은 어떤 기존의 언어 원리에 도전하여 그것을 수정 보완하려는 입장이 아니라 그러한 언어 원리, 즉 문법의 원리만에 한정되어 있는 좁은 시야의 원리가 아닌 이른바 〈언어의 원리(theory of language)〉의 수립에 그 목표를 둔다.

이것은 달리 표현하면 〈한 공동체 안에서의 말하기 방식(way of speaking)을, 그 사용의 조건 및 의미와 아울러 확인 분석하는 것을 목표로 삼는〉 영역인데, 어느 한 부면에 초점을 둔 것이긴 하지만 Labov(1966, 1970), Gumperz(1964), Bernstein(1972), Fishman(1966), Ervin-Tripp(1972) 등이 이 영역에 해당하는 업적들이다.

Hymes(1974)의 이상의 분류는 세 영역을 대등한 위치에 놓지 않고, 마지막의 〈사회적으로 구축된 언어학〉만이 사회언어학이 진정으로 추구할 영역이라는 점을 강조하기 위한 분류다. [13] 그 점에서 이 분류는 한정된 의미를 가지나 사회언어학이 무엇을 하는 학문인지를 이해하는 데는 좋은 참고가 되는 것으로 보인다.

1.3.5 Lavendera 의 분류

Lavendera(1988)는 사회언어학의 하위 분류를 가장 다각적으로 시도한 경우일 것이다. 사회언어학을 연구의 주제, 목표, 방법론에 따라 각각 몇 영역으로 하위 분류하고 있는데 먼저 연구 주제 면에서 네 개의 영역으로 나누고 있다.

(가) Gumperz(1971), Gumperz & Hymes(1972), Hymes(1974) 등으로 주도되어 온 이른바 말하기의 민족지학의 영역으로 〈사용상의 언어(language in use)〉가 주제이되 그 사용을 사회생활의 영위에서의 언어 부호(linguistic code)의 사용이라는 뜻으로 해석하고, 따라서 發話를 비롯하여 화자 청자의 특질, 말하기의 상황 및 목적 등을 분석 자료로 삼는다.

(나) Labov와 그 계파들에 의해 주도되어 온 분야로서 한마디로 〈계량적 패러다임(quantitative paradigm)〉이라 할 수 있다. 사회경제적으로 대표적인 화자들로부터 수집된 모든 발화에서 언어 변수와 외적 변수와의 상관성을 찾아 그것을 통계적 자료로 삼아 분석하는 길을

---

13) D. Hymes는 학력이 다채로와 박사학위 논문은 언어학으로 받았으나 석사 과정은 인류학으로, 학사 과정은 사회학으로 마쳤다. 그만큼 인류학 (내지 민속학) 및 사회학적으로 시각이 기울어져 있음을 스스로도 고백하거니와 (Hymes 1974 : ix) 이 분류에서 보이는 태도도 그러한 성격이 반영된 것이라 할 수 있다.

택하는 것을 특징으로 한다.

(다) 談話 分析(discourse analysis)의 대부분의 작업, 또는 會話 分析(conversation analysis)의 많은 작업이 해당하는 분야로서 역시 발화에 초점을 맞추되 사람들 상호간의 발화를 분석의 대상으로 삼는다. 방법론에서 생성문법과 상통하는 면이 있는 것이 특징이다.

(라) 이른바 거시 사회언어학(macrolinguistics)으로 불리는 영역으로서 개개 발화가 아니라 전체 체계를 분석 자료로 삼아 그 체계 사이의 관계 구명을 주제로 삼는 분야다. 二重言語現象, 二重方言現象, 언어 정책, 언어의 생성과 사멸 등이 그 대표적 주제들이다.

이상은 (3)이 하나 더 추가된 것을 제외하면 앞의 Labov(1972)의 구분과 일치함을 볼 수 있다.

다음으로 연구 목표에 따라 사회언어학을 세 하위 영역으로 나누었는데, 여기에서 Lavendera(1988)는 앞에서 소개한 바 있는 Hymes(1974)의 다음 분류를 그대로 옮기고 있다.

(가) 언어적인 만큼 사회적인 언어학
(나) 사회적으로 실증적인 언어학
(다) 사회적으로 구축된 언어학

끝으로 연구 방법론에 따라, 더 정확히는 형식화(formalization)의 정도에 따라 다시 세 가지로 나누었다.

(가) Labov의 방법론 : 이른바 〈변이 규칙(variable rule)〉을 만들 정도로 규칙화, 형식화를 지향하는 입장이다. Labov는 이 점에서 생성문법 이론과 상통하고, 스스로도 그 이론과 양립하면서 보완하는 관계임을 표방한다.

(나) Hymes의 방법론 : 어떤 규칙의 형식을 명시화하지 않으려는

입장이다. Hymes는 정확한 분석의 수단으로서 말하기의 규칙을 형
식화할 것을 주장은 하나 그 규칙은 한 수단일 뿐임을 강조하고, 話者
가 사회적으로 적절한 發話를 구사하는 의사소통 능력을 형식적인 규
칙으로 만들려는 의도를 보인 바는 없다.

(다) van Dijk(1977)의 방법론 : 규칙의 형식화를 話用論(prag-
matics)까지 확대하여 이른바 〈話用 規則(pragmatic rule)〉을 만드는
입장이다. Hymes는 인간의 욕구나 의도는 형식적 분석이 어렵다고
간주함에 반해 van Dijk는 화자나 청자의 지식, 믿음, 기호 등도 형
식적 분석이 가능하다고 믿고 화용 규칙을 만들기를 촉구한다. 다만
이때의 규칙은 생성문법의 것처럼 公理的이지 못하고 얼마간 이완된
형식인 면은 있다. 그러나 형식화라는 면에서는 가장 큰 의욕을 보인
경우일 것이다.

1.3.6 Milroy and Milroy의 분류

한편 Milroy and Milroy(1990)는 사회언어학의 하위 영역을 단순
화하여 크게 둘로 나누고 있다. 하나는 한 언어 공동체 안에서의 언어
분화(language variation)에 대해 관심을 보이는 영역으로 흔히 사회
방언학(social dialectology)이라 불리는 분야가 이에 속한다. Labov
(1966, 1972), Trudgill(1974), Milroy(1980) 등이 주도해 온 분야
로 사회 계층, 연령, 성별 등의 사회적 조건에 따른 언어 변종을 분석
하고 특히 언어 변화(linguisitic change)에 미치는 이들 조건을 집중
적으로 연구하는 분파다.

다른 하나는 얼굴을 맞대고 상대하는 장면에서의 話者의 언어 선택
을 다루는 영역으로서 話者 策略(speaker-strategy), 또는 화자의 역
량(capacity of speaker)을 관찰의 대상으로 하는 분야라고 할 수 있
다. Gumperz(1982), Brown and Levinson(1987) 등의 연구로 대
표되는 분야로서 이른바 말하기의 민족지학(ethnography of speak-

ing) 또는 의사소통의 민족지학(ethnography of communication)이라 불리는 분파가 여기에 속한다. 화자 개개인의 대화에서 어떻게 적절한 문장이 선택되며, 二重言語 社會에서 부호 전환(code-switching)의 기능이 무엇인가 등이 그 주요 주제인 분야라고 할 수 있다.

전자의 영역은 어떤 계층, 어떤 연령이 어떤 변종을 쓰는가를 계량적으로 기술하는 특징이 있는 반면, 다시 말하면 어떤 언어적 특징에 의해 그 사람의 사회적 배경을 예측할 수 있는 그러한 언어 현상을 다루는 반면, 후자의 영역은 화자와 청자의 대면이라는 한정된 상황에서의 언어 사용을 분석함으로써 그것으로 그 화자의 사회적 배경을 예측할 수 있는 현상 따위는 다루지 않는다는 차이가 있다.

이상에서 보면 Milroy and Milroy(1990)는 사회언어학의 영역을 그리 넓게 잡지 않았음을 알 수 있다. 크게 사회방언학과 의사소통의 민족지학으로 양분한 것인데 여기에는 언어 정책, 언어의 생성과 사멸, 언어 교육 등의 이른바 巨視 社會言語學 분야가 들어 있지 않은 것이다. 사회언어학의 영역을 가장 좁게 설정한 경우가 아닐까 한다.

1.3.7 Fasold의 분류

사회언어학을 두 개의 하위 영역으로 구분한 것은 그 각도는 전혀 다르지만 Fasold(1984, 1990)에서도 볼 수 있다. Fasold는 사회언어학의 하위 분류에 그리 적극적인 자세를 보인 것은 아니나 그의 두 저서에서 그 일단을 엿볼 수 있다. Fasold는 Sociolinguistics로 시작되는 제목의 저서를 두 권으로 나누어 간행하면서 하나는 *Sociolinguistics of Society*(1984), 다른 하나는 *Sociolinguistics of Language*(1990)라는 이름을 붙이고 있다. 이것은 말할 것도 없이 사회언어학의 하위 영역에 대한 그의 인식에 기초한 것일 터이므로 Faslod는 결국 사회언어학의 하위 영역을 둘로 나눈다는 것을 짐작케 해준다.

사회언어학을 두 하위 영역으로 나누었을 때의 하나는 대규모의 사회정치적 문제들을 다루는 분야요, 다른 하나는 소규모의 언어 사용 문제를 다루는 분야다. 전자는 사회를 그 관찰의 핵으로 삼고 언어를 사회적인 사건과 자원으로 삼는 방향의 영역이며, 후자는 반대로 언어를 관찰의 출발점 내지 최종 목표로 하여 사회적인 압력이 언어에 영향력을 행사하며 그 사회적 압력이 언어 본질의 이해에 기여한다는 방향에서 연구하는 영역이다. 달리 표현하면 전자는 사회학의 특별한 한 종류로서의 사회언어학이요, 후자는 특별한 관점에 서는 특별한 언어학의 한 종류다.

이렇게 보면 이들은 사회언어학을 좁은 의미로 쓰고 그와 구별하여 언어사회학(sociology of language)을 分立하였을 때의 그 각각에 해당한다고 할 만하다. 즉 소규모의, 언어학의 한 특별한 종류로서의 사회언어학(sociolinguistics of language)은 좁은 의미의 사회언어학에 해당하고, 큰 규모의, 사회학의 한 특별한 종류로서의 사회언어학(sociolinguistics of society)은 이른바 언어사회학에 해당하는 셈이다. 이를 좀더 구체적으로 이해하기 위하여 Fasold의 두 저서의 목차를 훑어 보는 것도 유익할 듯하다. 먼저 첫째 권 *sociolinguistics of society*의 주요 목차를 보면

Societal Multilingualism / Diglossia / Language Attitude / Language Choice / Language Maintenance and Shift / Language Planning and Standardization / Vernacular Language Education

등으로 언어의 생멸, 언어 계획, 언어 교육 등 거시적인 사회언어학의 내용, 언어사회학을 분립한다면 거기에서 다룰 내용이 포함되어 있음을 볼 수 있다. 반면 둘째 권 *Sociolinguistics of Language*의 주요 목차를 보면

Address Form / The Ethnography of Communication / Discourse / Language and Sex / Linguistic Pragmatics : Conversational Implicature / Pidgin and Creole Language / Linguistic Variation

등으로 구성되어 있다. 앞에서 Milroy and Milroy(1990)가 사회언어학의 양대 하위 영역으로 나누었던 사회방언학과 의사소통의 민족지학의 내용이 이 둘째 권에 다 포함되어 있는 셈이다. 말하자면 좁은 의미의 사회언어학의 내용들인데 다만 여기에는 談話 分析, 話用論, 크레올(creole) 등 사회언어학를 엄격하게 좁은 의미로 쓴다면 포함되지 않을 수도 있는 내용까지 포함되어 있는 것이 우리의 주목을 끈다.

이상에서 보면 하위 구분은 어떻든 Fasold(1984, 1990)에서의 사회언어학은 최대한 넓은 의미로 쓰이고 있음을 알 수 있다. 앞에서 지적한 대로 사회학자들이 언어사회학이라 이름 붙여 자기들 영역이라고 주장하고 싶어하는 영역을 비롯하여, 엄밀히 따지면 인류학자들의 영역인 의사소통의 민족지학은 말할 것도 없고, 생성문법 이론의 확대 선상에 있는 담화 분석, 화용론까지 모두 사회언어학의 울타리에 넣고 있는 것이다.

Fasold(1984 : ix-x)는 이 점을 이렇게 설명한다. 사회언어학은 흔히 전통적인 언어학에서 무시하여 온 두 가지 사실에 의거한다. 하나는 언어가 다양하다는, 즉 화자가 동일한 일을 한 가지 방식으로만 말하지 않는다는 사실이다. 모음 하나의 발음에서부터 아주 다른 언어에 이르기까지 이것을 선택하기도 하고 저것을 선택하기도 하는 것이다. 다른 하나는 언어가 정보 전달의 기능과 아울러 사회적 상황을 규정해 주는 기능이 있다는 사실이다. 命題的 정보의 전달 이외에 화자는 자기가 누구며, 어떤 소속의 사람이며, 청자와의 관계는 어떻게 받아들이고 있으며, 지금 어떤 종류의 말 사건(speech event)에 참여하고 있다고 스스로 생각하는지 등에 대한 이야기도 전달하는 기능을 언어가 가지고 있다. 한마디로 사회언어학은 이 두 기능의 상호 작용에 대한 연구인 것이다.

이 점에서 인류학, 의사소통의 민족지학은 사회언어학의 일부가 아닐 수 없으며, 話行(speech act)이나 話用論도 사회언어학의 일부가 될 수밖에 없다. 크레올 등도 그 체계가 형성되는 사회적 환경을 고려하지 않고서는 관찰하기 어려우므로 역시 사회언어학의 연구 대상이며, 多重言語現象(multilingualism), 兩層言語現象(diglossia), 언어 태도, 언어의 계승과 전이, 언어 계획과 표준화, 교육에서의 언어 사용 등이 모두 언어 선택의 사회적 의미와 관련되는 것이어서 훌륭히 사회언어학의 울타리에 들어온다.

이렇게 하여 Fasold(1984, 1990)에서의 사회언어학은 더 이상의 廣義로 쓰이기 어려울 정도로 최대한 넓은 의미로 쓰이고 있다. 사회언어학의 영역이 이만큼 넓어질 수 있다는 것도 우리의 흥미를 끈다.

1.4 요약

이상에서 사회언어학의 하위 영역에 대한 몇몇 견해를 보았다. 그 분류 체계도 각기 다르고, 사회언어학 전체의 울타리에 대한 인식도 각기 다름을 볼 수 있었다. 그러나 몇 가지 중요한 공통점도 발견할 수 있다. 언어사회학이란 이름을 따로 달아 분립하기도 하는 분야가 사회언어학의 영역 속에 들면 그것이 사회언어학의 양대 진영의 한쪽을 차지한다는 것이 그 하나며(그것은 거시적 사회언어학이라 불리기도 하는 것으로 사회학 지향의 사회언어학이기도 하다), 나머지 한쪽은 말하자면 미시적 사회언어학 분야인데, 이것은 다시 Labov와 그 일파로 대표되는, 그 중 언어학 본래의 모습을 띠는 사회방언학의 진영과 Gumperz 및 Hymes로 대표되는 인류학 지향의 의사소통의 민족지학의 진영으로 再分된다는 것이 그 하나다. 여기에서 우리는 언어학을 그 출발점으로 하는 Labov 일파의 사회방언학이 사회언어학의 가장 핵심 부위를 이루며, 그 다음으로 인류학을 그 출발점으로 삼고 있는 Gumperz 나 Hymes 의 의사소통의 민족지학이 중요한 위치에 있으며, 사회학을 발판으로 삼고 있는 언어사회학은 언어학으로서의 사회언어학에서는 가장 변두리에 자리잡은 영역이라 이해할 수 있을 법하다. 그러나 그 순위는 어떻든 이 세 영역이 사회언어학의 3대 하위 영역임에는 변함이 없을 것이다. 이제 우리는 이 세 영역에서 다시 중요한 논제들을 가려 장별로 나누어 좀더 깊게 사회언어학의 세계에 들어가 보기로 하겠다. 다만 이 책에서는 의사소통의 민족지학에 대해서는 따로 장을 베풀지 않는다. Hymes 의 연구에서 보듯 모형화에만 힘을 썼을 뿐 구체적인 연구 사례가 적은데다가 그쪽까지 확대하기에는 저자의 힘이 부치기 때문이다.

제 2 장

라보프의 조사 방법론

앞 장에서 보았듯이 社會言語學은 그 유파가 여간 많지 않다. 그 중에서 어느 것이 사회언어학의 가장 핵심적인 분야라고 말하기도 어렵다. 그러나 우리는 대표적인 사회언어학자를 대라면 언뜻 William Labov를 떠올리게 된다. 사회언어학을 가장 언어학적인 방법으로 접근해 가는 것이 그 한 이유일 것이다. 동시에 그의 이 방면의 개척자적인 업적이 워낙 뛰어나기 때문일 것이다. 누구보다도 여러 사람에게 영향력을 미쳐 그의 용어가 지금껏 여러 학자들에게 그대로 통용되고, 또 그의 조사 방법론을 거의 그대로 원용하거나 그것을 바탕으로 발전시켜 가는 학자들이 많은 것도 그를 이 방면의 대표적인 학자로 떠받들게 하는 요소일지 모른다.

어떻든 우리는 Labov에 대해서는 좀더 특별한 관심을 둘 필요를 느낀다. 이 장에서는 Labov의 업적을 그 자료 조사 방법론을 중심으로 정리해 보고자 한다. 어떤 새 방법론의 개척은 스스로의 연구를 성공으로 이끄는 결정적 도구 구실을 하기도 하려니와 이후의 학자들에게 유용한 길잡이 구실을 한다는 점에서 매우 중요한 의미를 가진다. Labov가 새로 창안해 낸 방법론들은 특히 기발하여 그 자체로서도 우리의 흥미를 끌지만 그 유용성에서도 매우 돋보이는 면이 있다. 한 장을 따로 베풀어 그의 방법론을 눈여겨 보는 일은 이 점에서 뜻 있는 일이라 생각한다.

이 장에서는 Labov의 방법론을 영국에 적용하여 좋은 결과를 얻은 Trudgill(1974)도 함께 다루고자 한다. 이 연구의 성과는 한편으로는 Labov의 방법론이 얼마나 고전적인 위치에 오르게 되었는가를 일깨워 주면서 다른 한편으로는 그 한계도 엿보게 해주어 이 연구를 이 자리에서 함께 살피는 것은 유용한 일임이 분명하다. 그리고 무엇보다도 이들 연구는 궁극적으로 모두 言語 變異(linguistic variation)에 관한 것이라는 공통점을 가지고 있다. 결코 따로 떼어놓고 볼 관계에 있지 않은 것이다. 이 점에서 이 장의 제목은 언어 변이라고 붙여도 좋을 것이다. [1]

2.1 뉴욕 백화점에서의 연구

우리들의 언어 사회가 결코 동질적이지 않고 다양한 언어 변이들로 이루어져 있다는 것을 밝히기 위해 Labov가 처음으로 택한 방법론은 그 착상이 참으로 특이한 바가 있다. [2] 뉴욕에 있는 백화점의 점원에게서 자료를 얻되 그 점원의 말이 그 백화점에 드나드는 고객들의 말투를 반영하리라는 가정을 세운 것도 그러하며, 그 점원들에게 마치 고객인 것처럼 가장하여 겨우 한두 마디 후딱 묻는 방식으로 필요한 자료를 얻어내는 착상이 또한 그러하다. 그리고 그 점원으로 하여금

---

1) 실제로 이 제목 밑에서 Milroy(1980)와 함께 이들의 연구를 다룬 論著들이 있다. Fasold(1990) 및 Wardhaugh(1986) 등을 참조할 것. Labov의 방법론에 대해서는 李翊燮(1984)에도 소개되어 있다.

2) 이 절의 내용은 Labov(1972)의 제2장 참조. 이것은 Labov(1966)의 제3장과 제9장을 바탕으로 얼마간 수정한 것이다.

마치 앞의 대답을 못 들은 듯이 하여 같은 대답을 되풀이하게 함으로써 그것을 주의를 더 기울였을 때의 말투로 해석한 착상도 여간 기발한 것이 아니다.

2.1.1 예비 조사

Labov는 이 백화점에서의 조사를 실시하기 전에 예비 조사를 실시하였다. 먼저 언어 변수(linguistic variable)를 찾는 일부터 시작하였다. 70명의 인터뷰 및 공용 장소에서의 여러 번의 익명 조사를 통해 car, card, four, fourth 등에 나타나는 [r], 즉 母音 뒤의(postvocalic) [r]이 실현되느냐 실현되지 않느냐가 뉴욕 시의 모든 계층에서 그 계층을 드러내 주는 척도의 구실을 한다는 사실을 발견하였다. 언어 변수 (r)을 발견한 것이다. Labov는 이 예비 조사에서 사회언어학적 연구에 낯모르는 사람이 마음 놓고 하는 이야기(rapid and anonymous speech event)를 자료로 쓸 수 있다는 가능성도 확인하였다. 즉 인터뷰라는 틀에 얽매이지 않고 조사자에게 조사를 당하고 있는 줄 모르는 상태의 자연스러운 반응을 효율적으로 이용할 수 있겠다는 가능성을 발견한 것이다.

이 예비 조사에서 Labov는 하나의 가설을 이끌어낸다. 〈뉴욕 시의 어느 두 하위 집단은 사회 계층(social stratification) 면에서 서열이 매겨지되 이것은 (r)의 사용에서의 차이에서 나타나는 서열과 상관적일 것이다〉라고 하는 것이 그것이다. 여기에서 사회 계층이란 어떤 특정 계급(class)이나 카스트(caste)와 관계되지 않더라도 한 사회의 정상적인 활동이 사람들이나 機構 간의 체계적 차별을 만들고 그로써 사회적 지위나 우월성에서 일반적으로 인정되는 서열이 생기는 현상을 말한다. 따라서 앞의 가설은 어떤 극단적인 차이를 보이는 두 직업群을 대상으로 하여야 쉽게 증명되는 그런 성질의 것이 아니라 뉴욕 시에 넓게 퍼져 있는 매우 일반적인 현상이라는 뜻을 담고 있다.

2.1.2 백화점 선정

Labov는 어느 단일 직업群에서 사회 계층 현상을 발견하려는 방침 하에서 맨하탄의 세 대형 백화점의 점원을 조사 대상으로 삼아 1962년 11월 조사에 착수하였다. 백화점은 고급, 중급, 하급을 각각 대표하는 Saks Fifth Avenue와 Macy's 및 S. Klein으로 택하였다. 물론 이들 백화점의 고객들이 사회적 신분을 드러내 주리라는 예측을 한 것이다.

그런데 문제는 이 백화점의 점원들이 그 고객들의 사회적 신분을 반영해 주겠는가 하는 점이었다. 물론 직접 고객을 대상으로 자료를 모으면 문제는 없을 것이다. 그러나 Labov는 좀더 간편하고 그러면서도 더 효율적인 방법을 모색하고 있었던 것이다. 즉 점원에게 겨우 한두 마디를 물어 소기의 목적을 달성해 보겠다는 목표를 세워 놓고 있었다. 따라서 점원이 거기에 드나드는 고객의 수준을 그대로 반영해 준다는 전제가 성립되지 않으면 안 된다. 그런데 그것이 과연 성립하는 것일까? 일반적으로 점원은 고객의 위세를 함께 누리게 되고, 적어도 그 방향으로 노력한다고 한다. 고객이 고급 고객이면 점원도 함께 그렇게 되고, 고객이 고급스러운 말을 쓰면 점원도 거기에 맞추게 된다는 것이다. 그리고 점원을 선발할 때에 이미 이 점을 고려하여 고급 백화점에서는 고급 인력을 쓰기도 한다는 것이다. 이 점에서 Labov는 앞의 전제가 성립하는 것으로 믿었다.

한편 세 백화점은 과연 고급, 중급, 하급을 대표할 만한가? Labov는 몇 가지 객관적인 기준으로 이를 증명하려 하였다. 먼저 위치에서 Saks는 번화가에, Macy's는 중급 지역에, Klein은 Lower East Side에 자리잡고 있어 차이가 드러났다. 다음은 광고 및 정가 정책을 비교하였는데 1962년 10월 24-27일자 신문의 광고 빈도(회수)에서 다음과 같은 차이를 찾아냈다.

	NY Times	Daily News
Saks	2	0
Macy's	6	15
S. Klein	1/4	10

New York Times 는 중류층 독자를, Daily News 는 근로자층 독자를 확보하고 있는 신문인데 세 백화점이 이들 신문에 광고를 싣는 빈도는 바로 그 백화점의 위상을 드러내 주는 것으로 해석할 수 있다고 본 것이다.

이 광고에서의 정가 표시 정책에서도 세 백화점은 흥미있는 대조를 보였다. Saks 는 아예 정가를 밝히지 않거나 아래쪽에 조그맣게 달되 $90.00처럼 작은 단위의 꼬리는 떼고 표시하며, Macy's 는 가격표를 크게 달되 $79.95처럼 센트까지 표시하였다. 그런가 하면 Klein 은 〈$49.95짜리를 $23.00에〉 식으로 싸게 판다는 것은 강조하는 방식으로 표시하였다. Saks 의 경우는 물건만 좋으면 가격은 따지지 않는 고급 고객을 상대한다는 뜻이며, Klein 은 그 반대의 고객들에게 비위를 맞추려는 것이며, Macy's 는 그 중간의 정책을 쓰는 것으로서 역시 세 백화점의 수준이 반영되는 것으로 보았다. 이 이외에도 Labov 는 세 백화점의 수준을 엿볼 수 있는 특징을 몇 가지 더 찾아냈는데 가령 Saks 는 공간이 넓고 상품은 되도록 적게 진열하였다. 또 바닥은 대부분 카펫을 깔았으며 손님을 매우 정중히 맞았다. 반면 Klein 은 온통 상품으로 꽉 차 비좁았는데 거기다가 바닥은 콘크리트였으며 천정도 낮아 여러 면에서 두 백화점은 양 극을 달리고 있었다.

이상 몇 가지 조건으로 세 백화점이 각각 다른 수준의 고객을 상대하는, 말하자면 스스로 다른 사회 계층에 속하는 백화점임이 밝혀진 셈이다. 더욱이 봉급에는 차이가 없는데도 노동 조건과 사회적 평가에 차이가 있어 Saks 에는 취직하기도 그만큼 어려워 더 상위의 지망자들이 몰렸고 또 여점원을 뽑을 때는 말씨까지 고려하였다고 하니 세 백화점을 각 등급을 대표하는 백화점으로 선정한 것은 일단 타당하였다는 결론을 얻게 되었다.

2.1.3 조사와 기록

다음으로 Labov가 결정해야 할 것은 질문 방식이었다. 일반적인 방식을 따른다면 점원을 무작위로 뽑아 약속을 받고 그들 가정에 가서 인터뷰를 하는 방식이 될 것이다. 그러나 Labov는 이 방식을 버리고, 점원이 백화점에서 일상적으로 고객을 상대로 쓰는 자연스러운 말을, 그것도 이편이 조사자라는 것을 눈치채지 못하도록 하면서 아주 간편한(그만큼 경제적인) 방법으로 채취하는 방안을 모색하였다.

여기서 찾아낸 것이 스스로 고객을 가장하여 점원에게 ⟨fourth floor⟩라는 응답이 나올 질문을 던지는 것이었다. 미리 4층에 진열된 상품을 알아 보고 만일 그것이 여자의 신발이라면 ⟨Excuse me, where are the women's shoes?⟩라고 물었다. 다만 4층에 가서는 ⟨Excuse me, what floor is this?⟩라고 바꾸어 물었다. 그러면 대개 ⟨fourth floor⟩란 대답을 듣게 되는데, 이때 그것을 잘 못 알아들은 척하고 몸을 앞으로 기울이며 ⟨Excuse me?⟩라고 재차 묻는다. 그러면 이번에는 대개 강세를 넣어 더 똑똑한 발음으로 대답하는 ⟨fourth floor⟩를 듣게 되는 것이었다.

이렇게 한 곳에서 조사가 끝나면 그 점원이 못 보는 정도로만 살짝 비껴나 다음 상점으로 옮기면서, 그 상점이 있는 층수, 상점의 종류, 점원의 성별, 나이(대개 5단위로 추정), 직종(판매원, 계산원, 안내원 등), 인종, 사투리 사용 유무 등의 참고 사항을 기록하였다. 물론 fourth의 (r) 및 floor의 (r)이 어떻게 실현되는가도 기록하였다. 이 조사는 모음 뒤의 (r)이 네 가지 조건에서, 즉 fourth에서와 같은 자음 앞 및 floor에서와 같은 語末에서, 또 그것이 각각 풀린 말투와 주의를 기울인 말투에서 어떻게 실현되는가를 기록하기 위한 것이었는데(이 네 경우 이외에 점원이 다른 말을 더 하면서 (r)이 나타나면 그것도 함께 기록하였다) 만일 卷舌音으로 실현되면 (r-1)으로, schwa 나 長母音化로 실현되거나 아예 아무 음도 나지 않으면 (r-0)으로 기록하고 의문스러운 것은 d 로 표시하였다.

되도록 여러 곳에서 조사하기 위해 눈치채지 못할 정도면 같은 층에서도 매 통로에서 조사하고 또 각 층을 다 다니면서 조사하였다. 그 결과 자료를 제공한 점원의 수는

Saks	68
Macy's	125
Klein	71

으로 도합 264명에 이르렀다.

그런데 이 많은 인원을 조사하는 데 소요된 시간은 불과 6.5시간이었다. 네 가지 조건의 (r)을 그 많은 사람에게서 이렇게 짧은 시간에 조사할 수 있었다는 것은 놀라운 일이 아닐 수 없다. 참으로 경제적이면서 효율적인 戰果라 할 만한데 그것은 말할 것도 없이 그 기발한 조사 방법의 개발 덕택일 것이다. 조사 방법이 전체적으로 그러하지만 특히 〈Excuse me?〉라고 되물음으로써 주의를 기울인 말투까지 한꺼번에 얻어내려 한 착상은 가히 놀라움을 자아내게 한다. 이러한 방법론의 개발 자체가 곧 큰 업적이라고 해야 할 만큼 우리의 각별한 주목을 끄는 장면이라 하겠다.

2.1.4 통계 분석

세 백화점에서의 자료는 기대했던 대로 (r)의 계층 현상을 한결같이 뚜렷하게 드러내 주었다. 먼저 아래 도표 2.1이 그 한 결과다. 이 그림에서 빗금을 그은 부분은 네 경우에 모두 (r)을 (r-1)으로, 즉 卷

舌音으로 발음한 경우이며, 빗금이 없는 부분은 네 경우 중 적어도 한 번은 (r−1)으로, 또 적어도 다른 한 번은 (r−0)로 발음한 경우의 % 를 나타낸 것이다. N은 응답자의 총수이다. 여기에서 적어도 한 번 이상 (r−1)으로 실현한 쪽으로 보아도 각각 62%, 51%, 20%로 세 백화점 사이에 차이가 벌어지지만 모든 경우에 (r−1)으로 실현되는 쪽만 떼어 보면 30%, 20%, 4%로 그 차이가 더 뚜렷하게 나타남을 볼 수 있다. 세 백화점의 言語外的 계층 현상이 언어에, 더 정확히는 (r−1)의 사용에 그대로 반영되고 있음을 보여 주는 것이다.

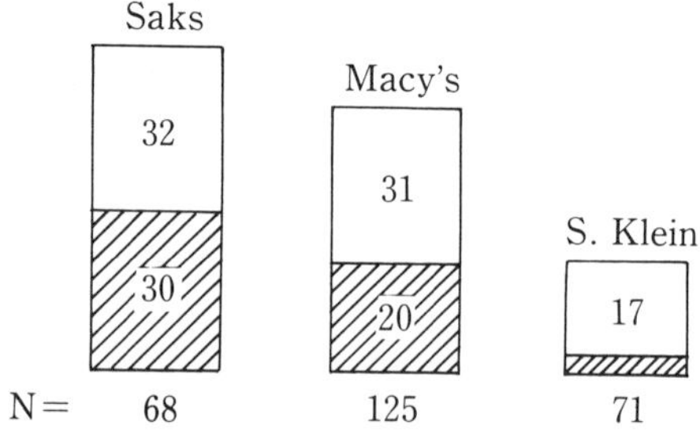

도표 2.1 뉴욕 세 백화점에서의 (r)의 실현율 (Labov 1972 : 51)

　(r)의 실현 비율을 네 위치로 나누어 분석하면 여기에서도 좋은 결과가 나타난다. 다음 도표 2.2는 네 위치에 모두 (r−1)으로 발음한 비율을 나타낸 것인데 여기에서 보면 어떤 위치에서든 세 백화점 사이의 차이가 일관성있게 나타난다는 것이 우선 눈에 뜨인다. 그리고 Macy's와 Klein 사이의 차이는 큰 데 비해 Macy's와 Saks 사이의 차이는 일정치 않은데 특히 마지막 위치, 즉 두번째 응답의 floor에서 그 차이가 아주 좁혀졌음이 눈에 뜨인다. 이는 Macy's의 점원들이 평소 목표로 삼는 것은 (r)을 卷舌音으로 발음하는 것임을 뜻하는 것으로 해석되었다.

　또 어느 백화점에서나 두번째 응답, 즉 주의를 더 기울인 말에서

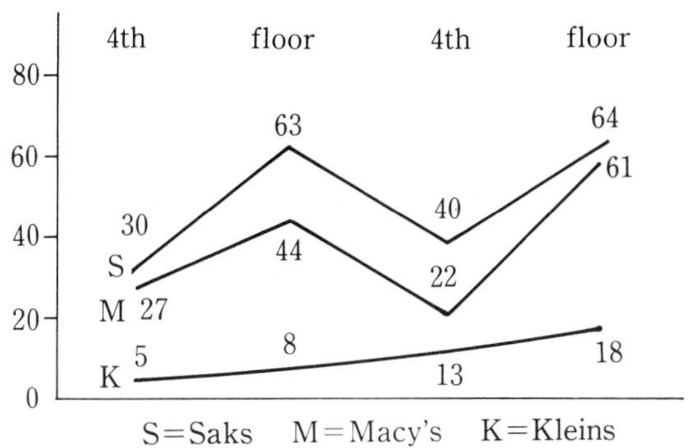

도표 2.2 네 위치에서의 (r)의 실현율 (Labov 1972 : 52)

(r-1)의 비율이 높아지는 현상을 보이면서도 그것이 Klein에서 가장 두드러진, 또 규칙적인 상승률을 보이며 나타나는 반면 Saks에서는 그 상승률이 매우 미미하다는 특징도 보인다. 이는 (r)을 卷舌音으로 발음하는 것이 이상적이라는 뜻이면서 Saks의 점원들은 이미 그 이상형이 몸에 밴 상태에 이르러 있다는 것을 의미하는 것으로 해석되었다. 어떻든 도표 2.2는 말투(style)에서도 언어 변이가 있음을 보여 주며, 그것은 또 〈Excuse me?〉라고 되물었던 조사 방법이 유용했다는 것을 확인시켜 주는 것이기도 하다. [3]

Labov는 (r)의 실현이 같은 백화점 안에서도 직종에 따라 다르다는 것도 분석해냈다. Macy's의 경우 다음 도표 2.3에서 보듯이 매장 감독(floor walker)과 판매원(sales people) 및 배달원(stockboy) 사이에 (r-1)의 실현에 있어서 현격한 차이가 있다. (r-1)의 전체 비율에서는 매장 감독과 판매원 사이에 별 차이가 없지만 네 경우 모두 (r-1)이 실현되는 비율에 있어선 매장 감독 쪽이 월등히 높으며, 배달원의 경우는 아예 비교도 안 될 정도로 이 면에서 뒤처져 있다.

---

3) 도표 2.2는 (r-1)의 실현이 fourth와 같은 子音 앞 위치에서보다 floor와 같은 語末 위치에서 더 높은 비율로 나타남을 보여 준다. 그러나 이것은 사회 언어학적인 현상은 아닐 것이다.

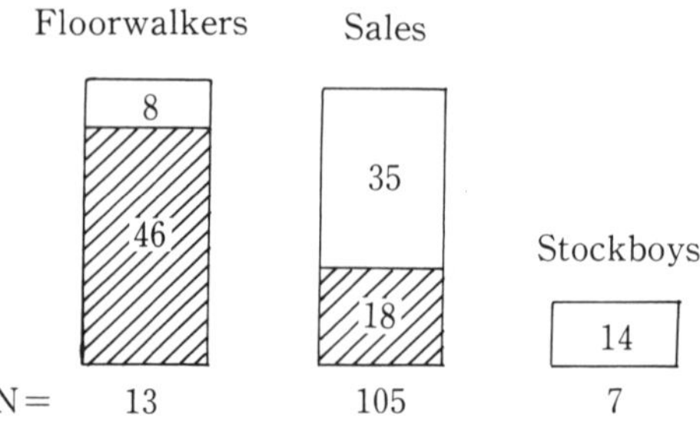

도표 2.3 Macy's의 직종별 (r)의 실현율 (Labov 1972 : 56)

비슷한 분석을 Saks에서 하고 있는데 여기에서는 지하층과 지상층을 나누어 비교하였다. 그 결과 네 경우 모두 (r−1)을 실현하는 비율에서는 23% 대 34%, 한 번이라도 (r−1)을 실현하는 비율에서는 23% 대 40%로 지상층이 높게 나타났다. Saks도 지하층은 매장이 좁고 전혀 고급스러운 분위기가 없는데 그것이 (r)의 실현에 그대로 반영되고 있는 것이다. 앞의 Macy's의 경우도 고급 직종에 종사하는 점원이 그만큼 (r−1)의 실현 비율이 높은 것을 보여 준 것인데, 세 백화점 간의 비교에서나 한 백화점 안에서의 비교에서나 한결같이 상위층으로 갈수록 (r−1)의 실현 비율이 높다는 결론을 얻어낸 것이다.

Labov는 이 이외에도 (r)의 실현이 연령에 따라서도 달리 나타남을 분석하였다. 그리고 (r−1)의 실현이 결국 뉴욕에서 우월성의 기능을 가지는 만큼 젊은이층에서 (r−1)의 실현이 더 높은 비율로 나타나리라는 가설을 증명하려 하였다.

겨우 6시간 반을 투입하여 얻은 자료로써 참으로 많은 발견을 하였음을 볼 수 있다. 뛰어난 예견력이 큰 밑받침이 된 것이기도 하지만 무엇보다 速成匿名 調査法(rapid and anonymous observation)이라는 효율적인 조사 방법의 개발이 결정적인 힘이 되었다고 하지 않을 수 없을 것이다.

2.2 문맥과 말투

Labov가 개척한 방법론 중 또 다시 우리의 주목을 끄는, 그리고 그 이후 오늘날까지 그 독보적 권위를 지키고 있는 것이 하나 더 있다. 면접에 의한 조사의 상황을 여러 문맥(context)으로 조정하여 격식적인 면접 상황을 통해서도 여러 가지 말투(style)의 자료를 수집하는 방법을 고안해낸 것이 그것이다. 4)

Labov는 세 백화점에서의 연구에 이어 뉴욕 시의 Lower East Side에서 본격적인 연구에 착수하였다. 관찰 대상의 언어 변수도 (r) 이외에 (eh), (oh), (th), (dh) 등으로 확대하였다. 그리고 제보자도 뉴욕 시에서 적어도 2년간 거주한 33,000명의 토박이 영어 사용자 중에서 195명을 선정하였는데 이들 중 81%와 면접을 성사시켰다. 바야흐로 본격적인 자료 수집에 착수한 것이다.

그런데 본격적인 자료를 수집하려면 세 백화점에서와 같은 방법으로는 한계가 있어 이처럼 그 언어 공동체를 대표할 수 있는 대다수의 자료는 체계적이고 격식적인 면접에 의해 얻는 도리밖에 없었다. 그런데 면접이란 자칫 어떤 고정된 틀이 되어 긴장되고 조심스러운 말투만 이끌어내는 경향이 있으므로 우리가 일상적으로 쓰는 자연스러운 말투를 얻어내기는 어렵다는 약점이 있다. 거리나 전철, 또는 놀이터 등에서 남몰래 말을 엿듣는 방식으로 그러한 말투의 자료를 모으는 길도 없지는 않으나 그것은 그것대로 위험이 따르고 무엇보다 체계적인 조사를 행하기가 쉽지 않다. 결국 무작위 추출법(random sampling)에 의한 면접에 의존할 수밖에 없는데 여기에서 Labov는 면접 상황에서도 자연스러운 말투를 유도해 내는 길을 모색하게 된 것이다. 아울러 글을 읽혀 보는 따위의 여러 문맥도 고안하여 각 문맥에서 과연 각각 다른 말투가 쓰이는지를 밝혀 보려 하였다. 이제 그 각 문맥들을 하나씩 보

---

4) 이 절의 보다 자세한 내용은 Labov(1972) 제3장을 참조. 그것은 애초 Labov(1966)의 제4장으로 발표되었던 내용이기도 하다.

아 가기로 한다.

문맥 B : 면접 상황

제보자가 조사자의 질문에 응답하는, 가장 전형적인 면접 상황을 가리킨다. 취직 시험 때의 면접보다는 덜 격식적이지만 일반적으로 긴장한 말(careful speech)이라고 부르는 말투가 쓰이게 된다. 따라서 이 문맥 B(Context B)에서 쓰이는 말투를 말투 B(Style B)로 규정한다.

문맥 C : 읽기 말투

제보자로 하여금 문장을 읽게 하여 그 읽는 문맥 및 그때의 말투를 하나 따로 설정한 것이다. 이 문맥 조사는 대체로 반 시간 내지 한 시간쯤 소요되는 면접(문맥 B의) 조사가 끝난 다음 두 개의 표준 텍스트를 읽어 달라는 요청을 하는 방식으로 실시하였다. 두 텍스트 중 하나는 이어지는 이야기 속에 音韻 變數가 들어가 있도록 짠 것이며, 다른 하나는 最小對立語(minimal pair)를 가까이 병치시켜 만든 이야기다. 둘 다 口語體로 만든 것인데 읽을 때 너무 느리게 읽으면 일반 회화와 비교가 어려우므로 알맞게 빠른 속도로 읽어 줄 것을 부탁하기로 원칙을 세워 두었다. 이들 텍스트의 좀더 구체적인 내용을 보면 다음과 같다.

〈이야기 질문지 1〉

이것은 5개의 단락으로 이루어져 있는데 첫 단락은 〈When I was nine or ten〉으로 시작되는 도입부로서 어떤 조사 항목도 포함시키지 않고 있다. 둘째 단락은 (oh)를 조사하기 위한 것으로서

We *al*ways had *choco*late milk and *cof*fee cake around *four* o'clock.

로 시작된다. 이탤릭체로 된 부분이 조사 항목인 셈이다. (물론 질문
지에는 이탤릭체를 쓰지 않았다.) 셋째 단락은 (eh)를 조사하기 위한 것
으로

> One m*a*n is IT : you run *p*ast him as *f*ast as you can, and you kick
> a tin c*a*n so he c*a*n't t*a*g you.

와 같은 문장들로 이루어졌으며, 넷째 단락은 (r)을 조사하기 위한 단
락으로서

> He da*r*ted out about fou*r* feet befo*r*e a ca*r*, and he got hit
> ha*r*d.

와 같은 문장들로 이루어졌다. 그리고 다섯째 단락은 (th)와 (dh)를
조사하기 위한 단락으로서 다음과 같은 문장들로 이루어졌다.

> *There*'s some*th*ing strange about *that* — how I can remember
> everg*th*ing he did — *th*is *th*ing, *that th*ing, and *the* o*th*er *th*ing.

　이상의 〈이야기 질문지 1〉은 전체적으로 아이들의 이야기인데 이것
은 제보자들로 하여금 자연스럽게 읽는 데 도움이 되었다고 한다. 조
사 항목을 빽빽하게 넣기 위해 한 문장 한 문장을 자연스럽지 못한 문
장으로 만드는 것도 피하여야 하지만 이야기 전체를 되도록 흥미있는
이야기로 꾸미는 것이 여기에서의 한 요령일 것이다.

〈이야기 질문지 2〉
　이 질문지는 앞에서 말했듯이 最小對立語를 이루는 단어들을 가까운
자리에 병치하면서 만든 긴 이야기로 이루어져 있다. 그 全文을 보이
면 아래와 같다.

Last Saturday night I took Mary Parker to the Paramount Theater. I would rather have gone to see the Jazz *Singer* myself, but Mary got her *finger* in the pie. She hates jazz, because she can't *carry* a tune, and besides, she never misses a new film with *Cary* Grant. Well, we were waiting on line about half an hour, when some farmer from Kansas or somewhere asked us how to get to Palisades Amusement Park.

Naturally, I told him to take a bus at the Port Authority Garage on 8th Avenue, but *Mary* right away said no, he should take the I. R. T. to 125th St., and go down the escalator. She actually thought the ferry was still running.

"You're certainly in the *dark*," I told her. "They tore down that *dock* ten years ago, when you were in diapers."

"And what's the *source* of your information, Joseph?" She used her sweet-and-sour tone of *voice*, like ketchup mixed with tomato *sauce*. "Are they running submarines to the Jersey *shore*?"

When *Mary* starts to sound humorous, that's *bad : merry*-hell is *sure* to break loose. I remembered the *verse* from the Bible about a good woman being worth more than rubies, and I *bared* my teeth in some kind of a smile. "Don't tell this man any *fairy* tales about a *ferry*. He can't go that way."

"Oh yes he *can!*" she said. Just then a little old lady, as *thin* as my grandmother, came up shaking a *tin can*, and this farmer asked <u>her</u> the same questioin. She told him to ask a subway *guard*. My *god*! I thought, that's one sure way to get lost in New York City.

Well, I managed to sleep through the worst part of the picture, and the stage show wasn't too hard to *bear*. Then I wanted to go and have a bottle of *beer*, but she had to have a *chocolate* milk at *Chock* Full O' Nuts. *Chalk* this up as a total loss, I told myself. I bet that farmer is still wandering around looking for the 125th St. Ferry.

앞에서 이탤릭체로 된 것들이 最小對立語들이다. 이것들도 물론 제보자에게 읽히는 질문지에서는 이탤릭체와 같은 별다른 활자체를 쓰지 않았다. 무엇을 조사하는지를 그들에게 알리지 말아야 하기 때문이었다. 최소대립어는 서로 가까운 자리에 놓이도록 하였지만 그것도 제보자가 눈치챌 정도로는 가까이 두지 않도록 배려하였다. 그리고 최소대립어라고 하지만 읽기에 따라서는 同音異意語가 될 것도 포함시켰다.

읽기 질문지에 의해 제보자가 읽는 문맥을 문맥 C(Context C)라 하고, 그 문맥에서 나타나는 말투를 말투 C(Style C) 또는 읽기 말투(reading style)로 분류하였다.

이 읽기 말투는 어떤 격식적인 회화 말투보다 주의를 더 기울이는 말투일 것이므로 문맥 C 는 말투 B 보다 더 격식적인 말투를 관찰하기 위해 마련된 상황이라 할 수 있다.

문맥 D : 단어 리스트

이 문맥은 단어를 문장 안에서가 아니라 나열된 단어 리스트를 하나씩 떼어 따로 읽히는 문맥으로서 읽기 문맥보다 한걸음 더 격식적인 문맥으로서 마련된 것이다. 단어 리스트는 다음 세 가지로 이루어져 있다.

(가) 어떤 제보자들에게나 친숙하게 알려져 있는 曜日名, 月名

(나) 같거나 비슷한 부분을 공유하고 있는 단어들로서 hat 과 can, badge 와 have 등

(다) 〈읽기 질문지〉의 최소대립어를 따로 떼어 읽게 만든, 또 거기에 몇 가지 따로 추가한 단어 리스트

Labov 는 문맥 D 의 한 하위류로 문맥 D́(Context D́)를 하나 따로 설정하였다. 이것은 (r)이 finger 와 singer, 또는 mirror 와 nearer

등의 최소대립어에 나타날 때보다 순전히 (r)의 有無만에 의한 최소대
립어인 dock와 dark, 또는 guard와 god 등에서 주의를 훨씬 더 기
울이게 되므로 이들을 따로 떼어 관찰해야 한다는 입장에서였다. 따라
서 이 후자들에서 (r)이 나타나는 문맥만 따로 떼어 문맥 D′라 하고
그때의 말투를 말투 D′(Style D′)로 삼았다.

문맥 A : 일상적인 말

문맥 A(Context A)는 면접이라고 하는 격식적인 틀 속에서도 사람
들이 일상적인 생활에서 쓰는 자연스러운 말투를 쓰는 장면을 말한
다.[5] 언어 자료를 모으려 할 때 우리의 궁극적인 목적은 사람들이 평
소 쓰는 대로의 언어 상태를 파악하는 일이다. 부부끼리 싸울 때 쓰는
말, 아이들을 야단칠 때 쓰는 말, 친구들과 담소하며 하는 말 등에서
들을 수 있는 자연스러운 말투가 무엇보다 관찰하고 싶은 대상인 것이
다. 그런데 조사자가 앞에 버티고 있는 면접 상황에서는 일반적으로
이러한 말투는 사라지고 긴장하고 조심스러워하는 말투가 쓰이게 된
다. 이것이 이른바 관찰자의 패러독스(Observer's Paradox)다.[6] 즉
우리는 관찰 당하지 않는 상태의 말을 조사하고 싶어하는데 면접과 같
은 체계적인 관찰의 수단을 동원하지 않고서는 그러한 언어 자료를 얻
을 수 없는 딱한 사정이 있는 것이다. 따라서 우리는 면접 상황에서도
이러한 패러독스를 극복하기 위해 긴장과 조심을 풀고, 조사자를 의식
하지 않고, 또 자기 말투에 신경을 쓰지 않는 상태를 어떻게든 유도해
내는 방책을 강구할 필요가 있다. 문맥 A는 바로 그러한 일상적인
말투가 쓰이도록 조성된 상태를 가리킨다.[7] 문맥 A는 다시 다섯 개

---

5) Labov는 무엇 때문인지 문맥 A를 첫머리가 아니라 가장 끝머리인 문맥 D′
   다음에 배치하였다. 면접에서 마지막 단계에 동원될 문맥이기 때문인지 모른
   다. 그러면서도 문맥 A로 이름을 붙인 것은 비중이 가장 큰 문맥이라는 뜻에
   서였을 것이다.

6) 관찰자의 패러독스에 대해서는 Labov(1972 : 209)를 참조할 것.

58

의 하위류로 갈리는데 그 하나씩을 보면 다음과 같다.

문맥 A_1 : 격식적인 면담 밖에서의 말

공식적인 면접 상황에서도 바로 그 면접 자체의 절차가 아닌 상황이 다음의 세 경우가 있는데 그 경우는 일상 말투가 나타나기 쉽다.

(가) 면접 절차에 들어가기 전. 이때는 제보자가 가족 등 제3자에게 격식 없이 말을 나누고, 또 조사자에게도 자연스러운 일상어로 말을 나누기도 한다. 이런 상태가 그럴 듯한 상태라면 서둘러 공식적인 면접 절차에 들어가지 말고 얼마간 여기에 귀를 기울일 필요가 있다.

(나) 면접 절차가 진행되는 사이사이. 이때에도 외부에서 누가 찾아오거나, 아니면 주인(제보자)이 조사자에게 음료수라도 내놓게 되면 일상적인 말을 구사하는 수가 있다. 면접 사이사이에 조사자가 의도적으로 막간을 만들어 일상적인 말을 유도하는 일도 시도해 볼 만하다. 이것은 곧바로 이어지는 격식 말투와 선명한 대조를 이루는 자료를 얻게 해주는 이점이 있다.

(다) 면접 절차 종료 후. 공식적인 면접을 끝내고 도구를 챙기면서 듣게 되는 말은 대개 일상적인 말이다. 이것이 가장 보편적인 문맥 A_1의 상황일 것이다.

문맥 A_2 : 제3자의 이야기

면접 도중에 제3자에게 일상어를 쓰는 상황을 가리킨다. 가령 아이한테 심부름을 시킨다든가 전화가 와서 받게 되는 경우가 이 문맥에

---

7) Labov는 일상적인 말투를 일단 casual speech와 spontaneous speech로 세분하여 보려 하였다. 전자는 그야말로 우리가 평상시에 쓰는 말이며, 후자는 그러한 말투이기는 하되 면접 상황에서의 그러한 말을 따로 분리해 본 것이다. 그러나 종국에는 casual speech를 좀더 넓은 의미로 사용하여 후자까지를 포괄하는 용어로 썼다.

속하는데[8] 이때는 대개 일상적인 말을 쓰기 마련이다. Labov는 극적이었던 경험담 하나를 들려 준다. Dolly R.이라는 제보자와 면접을 하던 중 전화가 와 20분간 전화로 이야기하는 것을 엿들었는데 그 말투가 그때까지 자기와 함께 이야기하던 사람이라는 것이 믿기지 않을 정도로 너무도 달라지더라는 것이다. 자기와의 면접 때에도 워낙 스스럼 없이 웃어 가며 자연스럽게 이야기하여, 면접 상황인데도 이것은 일상 말투의 범주에 들겠다고 생각했는데 전화에서의 말투를 듣고 그것이 얼마나 안이한 생각이었나를 깨닫게 되었다고 한다. 과연 일상 말투란 무엇인가, 면접 상황에서 일상 말투를 얻어내기가 과연 가능한가를 재검토하게 하는 장면이기도 하다.

문맥 A_3 : 질문에 대한 직접적 응답이 아닌 말

특히 노인의 경우 질문에 아랑곳하지 않고 자신의 이야기를 늘어놓는 일이 많은데 이처럼 면접 상황에서 제보자가 스스로 자기 이야기를 해대는(으레 자연스러운 말투로 이야기하게 되는) 문맥을 문맥 A_3로 분류한 것이다. 면접 스케줄에 맞추기 위해서는 이처럼 옆 길로 빠져 오랜 시간을 낭비하는 것을 적절히 끊어야 하는 경우도 있는데 자연스러운 말투의 자료를 얻고자 하는 조사에서는 이러한 기회를 오히려 고맙게 여기고 그 기회를 잘 이용하여야 한다.

문맥 A_4 : 어린 시절의 노래 및 습관

공식적인 면접의 범주 안에서 일상적인 말을 이끌어내기 위해 고안된 두 가지 문맥 중의 하나로서 줄넘기 노래와 같은, 어렸을 때 즐겨 불렀던 노래(rhyme)나, 아니면 편을 갈라 했던 놀이에 대한 이야기를

---

8) 이 문맥 A_2는 앞의 문맥 A_1의 (내)와 그 구분이 모호한 점이 있다. 문맥 A_1의 (내)가 주로 조사자와의 대화 상황임에 반해 문맥 A_2는 제3자와의 대화 상황이라고 구분하는 길이 있을 법도 한데 Labov는 그 경계를 모호하게 만들어 놓았다.

시켜 듣는 문맥. 노래의 경우 이미 일상 생활에서는 쓰이지 않는 어렸을 시절의 발음이 그대로 살아남는 경우가 있어 자료의 가치를 떨어뜨리는 일이 있었으나 대개는 문맥 A의 자료로서 훌륭하였다. 남자들의 경우는 노래보다는 어렸을 때 즐겨 했던 게임의 규칙 같은 것이 좋은 화제가 되었다.

문맥 A₅ : 죽을 뻔했던 이야기

이것은 공식적인 면접 상황에서 일상 말투의 이야기를 유도해내기 위해 고안된 두번째 문맥이다. Labov는 〈혹시 '야, 이러다간 죽을지도 모르겠구나' 하는 생각이 들 정도로 아주 위험한 상황에 처했던 체험이 있습니까?〉 라고 물어, 만일 있다면 1-2초의 간격을 두고 〈무슨 일이었는데요?〉라고 물음으로써 아주 절실했던 체험담을 이야기하게 하는 방식을 썼다. 절실했던 체험담이라 이야기에 몰입하여 자연히 면접 상황이라는 제약을 뛰어넘게 될 것을 기대한 것이다. Labov는 이 문맥이 기대대로 매우 효용적이었던 실례를 하나 들었는데 그 내용은 다음과 같다. 10세부터 19세까지의 6형제들과의 면접 조사에서였는데 맏형 Eddie는 나머지 형제들이 자유롭고 꾸밈없이 이야기하는 것과는 달리 줄곧 조용하고 조심스러운 태도를 지키고 있었다. 그런데 죽을 고비를 당했던 이야기가 시작되자, 처음에는 얼마간 조심스러운 태도가 지속되었으나 이내 갑자기, 극적이라고 해야 할 만큼 아주 다른 말투가 되었다는 것이다. 숨소리도 거칠어지고 목소리가 떨리기 시작하더니 이마에 땀까지 흘렸으며, 또 웃음도 섞어서 말하는 자연스러움도 보였다고 한다. 그리고 발음에서도 지금까지 면접 상황에서는 나타나지 않던 일상 말투에서의 變異形들이 (th), (dh), (ing) 등에서 나타났다고 한다.

문맥 A가 모두 그러하지만 특히 의도적으로 그 상황을 고안해 만든 문맥 A₄와 문맥 A₅, 그 중에서도 문맥 A₅는 Labov의 조사 방법 중에서 백미라 할 만하다. 숨소리까지 거칠어질 정도로 이야기에 열중

할 화제를 찾아냈다는 것은 경탄스러운 일이라 하지 않을 수 없기 때문이다.

이상에서 면접 상황에서 우리가 취할 수 있는 여러 가지 조사 방법에 대해 Labov가 고안해낸 것들을 살펴보았다. 가장 전형적인 면접 상황을 문맥 B에 두고 한편으로는 오히려 더 격식적, 더 긴장하고 더 많은 주의를 기울이는 상황 쪽으로 길을 열고, 다른 한편으로는 평상시에 쓰는 자연스러운 말투를 구사할 방향으로 길을 열어 최대한 다양한 말투를 이끌어낼 수 있도록, 매우 다채롭고 조직적인 방법을 강구해낸 것을 엿볼 수 있었다. 이 이후의 연구들이 이 조사 방법을 하나의 모델로 삼는 것이 결코 우연이 아니라는 것을 이상에서 확인할 수 있지 않았나 한다.

2.2.1 일상 말투의 구분법

앞에서 제보자인 Eddie가 죽을 고비의 이야기를 하면서 숨소리가 거칠어지고 목소리가 떨리는가 하면 이마에 땀까지 흘렸다는 이야기가 곁들여져 있었다. Labov는 이러한 외형적, 言語外的 특징들을 그때의 말이 면접이라는 틀에서 받는 긴장을 벗어나 일상적인, 풀린 상태로 돌아간 증거로 이해하려 하였다. 면접 도중 전화가 와 20분간 전화를 하면서도 말투가 극적으로 바뀐 실례를 들었었는데 거기에서도 웃음소리가 자기와의 면접 때 했던 것과는 아주 달랐다는 것을 덧붙였다. 숨소리, 웃음소리와 같은 것들이 우리가 면접 상황에서 얻어내는 자료가 긴장된 상태의 말투인지 일상적인 말투인지를 가려내는 한 기준이 될 수 있다고 Labov는 믿고, 그 기준을 몇 가지 구체화해 보려는 노력도 기울였다. 그리하여 말의 빠르기, 고저, 크기, 호흡 등이 상대적으로 조심스러운 말투와 일상적인 말투에서 다르다는 것을 객관적 기준의 중요한 단서로 잡았다. 그리고 웃음도 꾸며서 하는 웃음이 아니라 어쩌지 못하고 터져나오는 웃음을 일상적인 말투의 특징으로 간주하였다.

  이러한 외형적 특징을 동반한 자료들이, 그리고 문맥 A에서 얻어진 자료들이 과연 일상 말투인지를 그 언어적 특징들에서도 검증하는 절차를 Labov는 밟았다. 거리, 공원 등에서 몰래 녹음된 언어 자료들과 비교하는 일이 그 하나였다. 또는 〈ten〉이라는 단어를 말할 때 혀끝이 어디에 닿으면서 발음이 나는가를 물어 주의가 다른 곳에 쏠릴 때의 발음 상태를 묻는 방식으로도 일상 말투의 언어적 특징을 확인하였다.

  이상과 같은 여러 가지 검증 장치를 통해 문맥 A에서는 일상 말투를 얻어낼 수 있다는 결론을 얻었는데, 여기에서 하나의 가설을 세우기도 하였다. 우리들의 말은 거기에 얼마나 주의를 기울이느냐 않느냐에 따라 여러 가지 말투가 있을 수 있는데 그 한쪽 끝이 일상 말투며, 다른 한쪽 끝이 最小對立語라고 하는 것이 그것이다.

2.2.2 말투 변이

  이상에서처럼 면접 상황에서 문맥을 구분하여 조사하였을 때 그 결과는 다섯 개의 音韻 變數에 어떻게 반영되어 나타났을까? 이 조사 방법이 처음으로 적용되어 얻어진 결과가 Labov(1966)인데 그 분석 결과의 한두 예를 보면 다음과 같다.[9]

  다음 도표 2.4는 guard, car, beer, beard, board 등의 (r)이 (r-1)으로, 즉 卷舌音으로 실현되는 비율을 보인 것이다. 여기에서 왼쪽 수직선의 지표는 언제나 (r-1)으로 발음하는 경우를 100, 한 번도 그렇게 발음하지 않는 경우를 0으로 잡은 것이며, 아래쪽 수평선의 A, B, C 등은 前述한 문맥 말투(contextual style)를 나타내는 것으로 뒤쪽으로 갈수록 주의를 더 기울이는 말투를 가리킨다. 그리고 가운데의 곡선은 각 사회 계급, 더 정확히는 사회경제 계급(socioeconomic

---

9) 이것들은 Labov(1972)의 제4장, 제5장 등에도 재록되어 있다.

class, SEC)들을 대표하는 것인데, 이것은 직업(가장의), 학력(제보자 본인의), 수입(가족의)에 의거하여 10점 만점의 평점을 매겨 점수가 많을수록 상류층으로 분류한 것을 여기에서 다시 임의로 몇 단계로 묶어 0-1 하류층, 2-4 근로자층, 5-8 中下층, 9 中上층 등으로 재조정한 것이다. [10)]

그런데 이 도표에서 보면 상류층으로 갈수록 (r-1)의 실현율이 높은 것은 말할 것도 없고, 주의를 많이 기울이는, 즉 격식적인 말투가

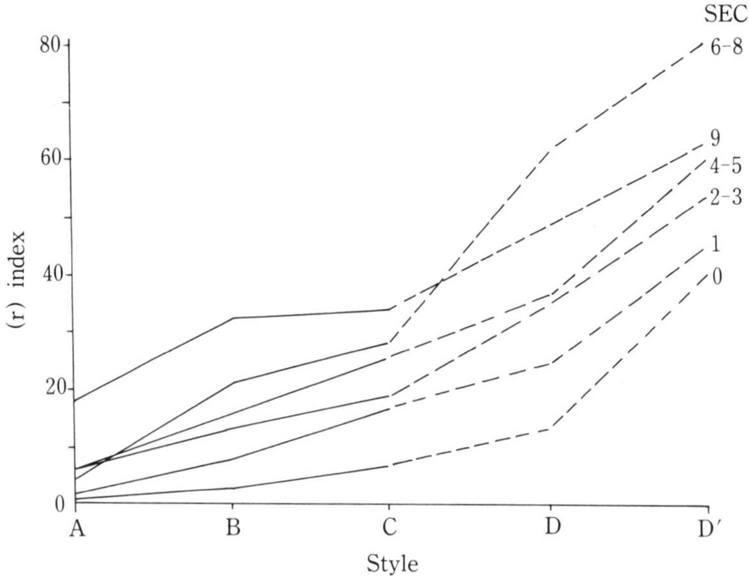

도표 2.4   (r)의 말투 및 사회 계급에 따른 (r-1) 실현율 (Labov 1972 : 114)

---

10) 실제 도표에서는 도표 3.5에서처럼 5-8 계급을 다시 5-6 계급과 7-8 계급으로 나누기도 하고, 도표 3.4에서처럼 좀더 다른 방식으로 구분하기도 하였다. 그야말로 임의로 조정해 쓰고 있는 것이다. 사회 계급의 구분에 대해서는 제3장에서 자세히 논의한다.

될수록 (r-1)의 실현율이 높아진다는 것을 한눈에 알 수 있다. 그리고 그것은 어떤 사회 계급에서나 한결같다. 이것은 뉴욕 시민들에게 (r-1)이 하나의 威勢 標識(prestige marker) 구실을 하여 그쪽으로 지향하려는 심리가 사람들에게 있고 그것이 주의를 기울이는 격식 말투에 반영되어 나타난 결과로 해석되는데, 이것은 이미 세 백화점에서의 연구에서 얻은 결과와 일치하는 것이기도 하다고 하였다.

이 도표에서 6-8 계급이 주의를 가장 많이 기울이는 마지막 두 말투에서 (r-1)의 실현율이 급상승하여, 9 계급을 앞지르는 것도 주목을 끈다. 이것은 세 백화점에서의 조사에서도 두번째 응답 때의 (r-1) 실현율이 Saks보다 Klein과 Macy's에서 두드러졌던 것과 일치하는 현상이기도 한데 Labov는 이것을 신분 상승 욕구가 큰 계급에서 威勢形으로 지향하려는 욕구가 더 적극적으로 나타나는 것으로 해석하고, 또 이것은 (r)이 (r-1) 쪽으로 언어 변화를 겪고 있는 증거라고 보았다.

그러나 이런 것들보다 이 그림에서 당장 우리의 관심을 끄는 것은 다섯 개의 말투가 각각 그 독자적 영역을 확보하고 있다는 사실일 것이다. 말투에 따라 언어 변이가 있을 수 있다는 것은 세 백화점에서의 연구에서 이미 밝혀진 바 있지만, 그때의 말투는 겨우 두 개로 나뉜 것이었는데 이것을 다섯으로 세분하였을 때에도 그 각각에 의한 말투 변이(stylistic variation)가 있다는 것은 새로운 발견이다. 그리고 여기에서 우리의 더 큰 주목을 끄는 것을 그러한 다섯 개의 세분된 말투가 면접 상황에서 얻어졌다는 사실이다. 이렇게 보면 면접 상황에서 문맥을 다섯으로 나누어 자료를 수집하는 조사 방법은 매우 적절하고 유용한 방법론임에 틀림없다. 도표 2.4는 바로 그러한 사실을 증명해 보이는 결과라고 보아 좋을 것이다.

이 사정은 다음 도표 2.5에서도 비슷하다. 이 그림은 thing, through 등의 (th)가 정상적인 마찰음으로 실현되지 않고 폐쇄음이나 파찰음으로 실현되는 비율을 보인 것이다. 여기에서도 문맥에 따라 뚜

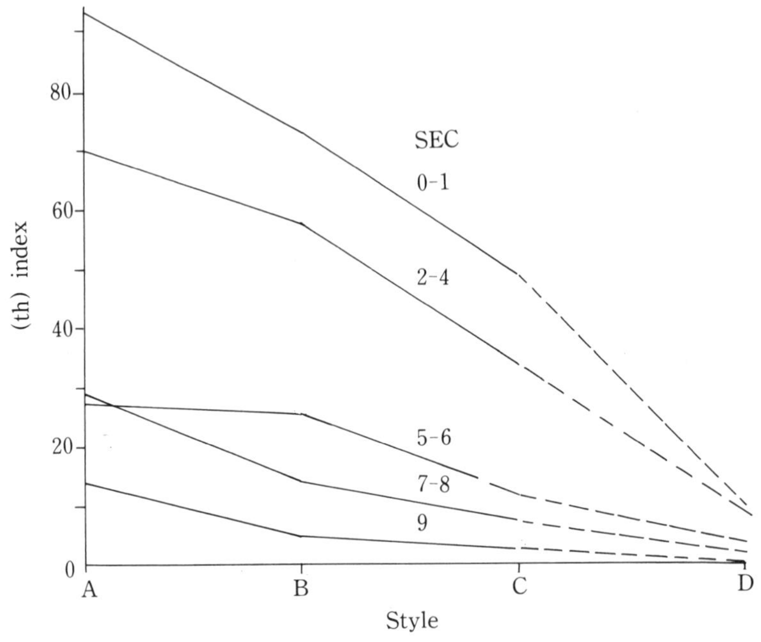

도표 2.5 (th)의 말투 및 사회 계급에 따른 비표준형 실현율 (Labov 1972 : 113)

렷한 차이가 나타남을 보여 준다. 여기에서는 문맥 D'는 다루지 않았
으나 주의를 기울이지 않는 일상적인 말투에 가까울수록 비표준형, 다
시 말하면 이른바 卑賤型(stigmatized form)을 더 많이 쓰고 주의를
기울이는 격식 말투가 될수록 표준형을 더 쓰는 것이 일목 요연하게
드러난다. 그리고 여기에서도 그것이 어떤 사회 계급에서나 한결같은
모습으로 나타난다. 면접 조사에서 문맥(및 말투)을 나누어 자료를 수
집하는 Labov의 방법론의 유용성이 다시 한 번 입증되는 장면이라
할 것이다.

2.3 Trudgill의 Norwich에서의 연구

앞 절에서 살펴본 Labov의 방법론은 이 이후의 연구에 많은 영향을 끼쳤지만 그 중에서도 Trudgill(1974)은 그것을 가장 적극적으로 원용한 경우일 것이다. Trudgill은 영국의 Labov라고 해도 좋을 만큼 그 방법론을 거의 그대로 고스란히 영국에 적용하면서 영국의 사회언어학을 일으켜 나갔다. 여기에서 그의 연구를 통해 Labov의 방법론의 유용성을 다시 확인해 보는 한편 그 방법론이 영국의 현실에 맞추어 어떻게 변용되고 또 개선되는가도 살펴보고자 한다. Trudgill은 Labov의 방법론을 대부분 그대로 따르지만 독자적으로 개발한 것도 많아 방법론에 대한 끝없는 추구의 일면을 여기에서도 엿볼 수 있을 것이다.

조사 지점 및 제보자

Trudgill(1974)이 조사 지점으로 잡은 곳은 영국 Norwich 시다. Norwich 시는 말하자면 Labov(1960)의 뉴욕 시에 해당한다. 이 도시는 인구 16만(엄밀히 시 경계 안만 따지면 11만 8천)의 도시로 런던과의 사이에 더 큰 도시가 없는 만큼 그 주변에서는 문화적으로나 상업적으로 영향력이 큰 영국 34위의 도시다.

제보자 선정은 혼합 방식에 의하였다. 먼저 조사 지점으로는 Norwich 시 경계 안에서는 16개의 시 선거구 중 사회적, 지리적, 주거 환경적인 특성으로 각각 다른 개성을 지닌, 그러면서도 그 전체를 합치면 시 전체의 특징과 맞아 떨어지는 4개 지역, Easton(E), Lakenham(L), Hellesdon(H), Westwick(W)을 선택한 다음 교외 지역 중에서 Thorpe St Andrew를 하나 추가하였다. 그리고 제보자는 이 5개의 각 구역에서 일차적으로 25명씩 125명을 선거인 명부에서 무작위로 뽑았다. 그런 다음 이 중 작고한 사람, 지난 10년 안에 외지에서 이주해 온 사람, 너무 노쇠한 사람, 맹인, 협조를 거부하는 사람 등을 제외하고 최종적으로 각 구역에서 10명씩을 제보자로 썼다. 여기에다 학생 제보자를 3개 주립학교 중 2개 학교에서 10-20세의 학생들로 충당하여 제보자는 총 60명으로 하였다.

질문지의 구성
질문지는 대체로 Labov의 체계에 따라 다음과 같은 내용으로 나누어 구성하였다.

(가) 읽을 거리(reading passage)
젊은이 취향의 가벼운 화제를 口語體로 구성하였는데 조사 때는 평소 말하듯 자연스럽게 읽어 달라는 요청을 하였다.
(나) 단어 리스트(word list)
212개의 단어로 구성하였는데 앞의 읽을 거리에 포함되었던 音韻變數를 모두 포함시켜 양자를 비교해 볼 수 있도록 하였다. 여기에서는 큰 목소리로 읽되, 보통 속도로 자연스럽게 읽어 달라고 요청하였다.
(다) 속독 단어 리스트(rapid word list)
44개의 일반 단어와 27개의 특수 단어(1-20의 數詞 및 曜日名)로 구성하였는데, 이는 읽기의 빠르기가 격식성에 어떤 영향을 미치는가를 측정해 보기 위한 것이었다. 그런데 결과는 앞의 단어 리스트와 별 차가 없는 것으로 드러나 자료 분석 때는 양자를 묶어 계산하였다.
(라) 對立語 테스트(pair test)
boot / boat, hair / here, buy / boy 등 표준 발음(RP)에서는 그렇지 않은데 Norwich에서는 同音語인 68쌍의 단어로 구성하였다.
(마) 일상어(casual speech)
이것은 면접 상황에서 얻어내도록 유도하는 것인데 대체로 Labov의 방법론에 따라 다음의 여러 상황으로 다시 구분되어 있다.

㉠ 면접 개시 전과 종료 후 및 막간의 말

㉡ 제3자에게 하는 말

㉢ 질문에 대한 응답 이외의 말

㉣ 그 고장(East Anglia) 사투리에 대한 질문에 대해 응답한 말. 재미
있어 하고 향수에 젖어 자연스러운 말투가 구사되곤 하였다.

㉤ 아주 재미있었던 일에 대한 이야기. Labov의 죽을 뻔한 이야기를
이렇게 바꾼 것인데 이것은 Norwich가 뉴욕보다 조용한 생활을 하
는 곳이어서 그 실정에 맞춘 것이었다.[11] 그러나 재미있었던 얘기가
없다고 하면 죽을 뻔한 이야기로 돌리기도 하였다.

Trudgill은 이상의 질문지를 제보자와의 면접이 좀더 매끄럽게 진
행될 수 있도록 적절히 배열하는 데에도 마음을 써 그 순서를, 몇 가
지 보조적인 화제를 곁들여 다음과 같이 정하였다.

① 가족의 배경, 일화, 경험담 등의 이야기

② 단어 리스트(카드 1-12)

③ 그 고장 사투리에 대한 이야기(좀 쉬면서 한가롭게 얘기를 나누는
부분)

④ 읽을 거리

⑤ Norwich에 대한 이야기(좀 쉬는 시간으로 활용)

⑥ 속독 단어 리스트(카드 A-C)

⑦ 대립어(카드 i-iv)

⑧ 언어 태도(Norwich 사투리에 대한 태도를 묻는 부분)

⑨ 자가 평가(여러 발음을 들려 주고 그 중에서 Norwich 사투리를 고
르게 하는 조사)

⑩ 언어 정확도 조사(두 발음을 들려 주고 어느 것이 바른 발음이며 자
신이 하는 발음은 어느 것이냐고 묻는 조사)

---

11) 우리나라에서도 죽을 뻔한 이야기를 하라면 거부감을 일으켰다는 보고가 있
다(이미재 1988). 스스로의 이야기에 몰입할 수 있고 그 이야기를 흥분하지
않고는 말할 수 없는 화제라면 어떤 것이나 활용할 수 있을 것이다.

2.3.1 통계 분석

Trudgill(1974)은 Labov(1966)에서와 마찬가지로 몇몇 音韻 變數를 정하고 그것이 앞의 질문지에 설정된 말투에 따라, 또 사회 계급에 따라 어떤 변이를 일으키는가를 조사 분석하였다. 음운 변수로는 better, bet 등의 (t), Walking, running 등의 (ng), happy, home 등의 (h)와 같은 자음 변수를 비롯하여 bad, cap 등의 (a), name, nail, acre 등의 (ā), after, cart 등의 (a:), tell, healthy 등의 (e), here, hair 등의 (er)와 (ɛr), hugh, tune 등의 (yu) 등의 모음 변수들로 택하였다. 그리고 사회 계급은 직업, 수입, 학력, 주거지, 주택 등을 기준으로 하여 다섯 개의 계급으로 나누었는데 中중류층계급(middle middle class, MMC), 中하류층계급(lower middle class, LMC), 上근로층계급(upper working class, UWC), 中근로층계급(middle working class, MWC), 下근로층계급(lower working class, LWC)이 그것이다.

그리고 말투는 문맥 말투(contextual style)라 하여 단어 리스트 말투(Word List Style, WLS), 읽기 말투(Reading Passage Style, RPS), 격식 말투(Formal Speech, FS), 일상 말투(Casual Speech, CS) 네 가지로 나누었다. 질문지의 구성과는 차이가 있는데 사회 계층을 나눌 때에도 그러하였듯이 그렇게 나눈 결과가 언어 현상에서 어떤 의미있는 차이를 나타내 주느냐를 기준으로 구분한 것이다.

Trudgill(1974)에는 음운 변수, 사회 계층, 말투를 이상과 같이 설정한 결과가 성공적이었음을 보여 주는 연구 결과가 다루어져 있는데 그 중 가장 대표적인 예 하나만 보기로 한다.

이 그림은 음운 변수 (ng)이 어떤 경우에나 [n]으로 실현되는 때의 점수를 000으로, 어떤 경우에나 [ŋ]으로 발음하는 때의 점수를 100으로 잡고, 그 두 발음이 실현되는 비율을 사회 계급 및 말투에 따라 통계를 낸 결과를 보이는 것이다. 하류층으로 갈수록 비표준음인 [n]

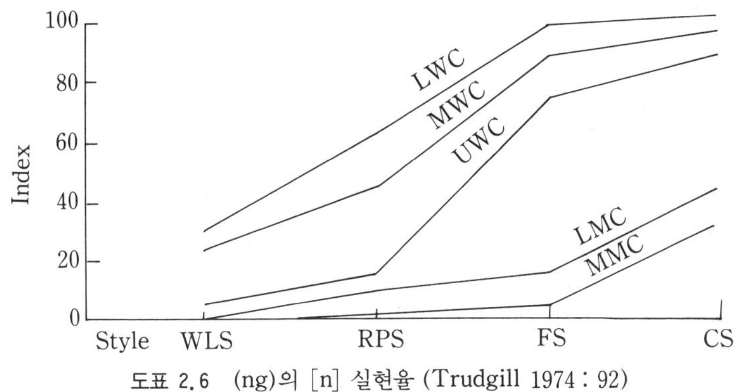

도표 2.6   (ng)의 [n] 실현율 (Trudgill 1974 : 92)

의 실현 비율이 높아지고, 또 어떤 사회 계급에서나 일상 말투에 가까
워질수록 그러하다는 것을 보여 준다. 그리고 그 차이가 워낙 뚜렷하
여 한편으로는 사회 계급의 구분이 유용하다는 것도 드러내 주지만 무
엇보다 말투의 구분이 매우 뜻있는 작업이었음이 여기에서도 다시 입
증됨이 우리의 주목을 끈다. Labov에서 개발되고 Trudgill에서 검
증된 이 방법론들은 이 방면의 연구에 계속 좋은 초석이 될 것이다.

2.4 요약

이상에서 우리는 Labov가 사회언어학의 기반을 닦고 그 발전에 기
여한 업적을 그 방법론에 초점을 맞추어 몇 가지 간추려 보았다. 뉴욕
세 백화점에서의 간편하면서도 효율적인 이른바 速成匿名 調査法은 우
리들에게 큰 흥미와 경탄을 불러일으키는 것이었다. 겨우 6.5시간을
투입하여 264명으로부터 자료를 모으고 거기에서 계층별, 직종별, 말
투별로 언어 변수 (r)이 분화되어 쓰이는 현상을 얻어내는 재주는 방
법론의 중요성을 일깨워 주기에 충분한 것이었다.
우리는 인터뷰 상황에서 일상 말투를 이끌어내기 위한 Labov의 방

법도 검토하였다. 〈죽을 뻔한 이야기〉의 개발은 특히 인상적이었다고 할 만하며 어떤 방식으로든 이 이후의 연구자들에게 계속 영향력을 미칠 것으로 보인다. 아울러 좀더 철저한 격식 말투를 이끌어내기 위해 읽히기 방법을, 그것도 문장 읽히기, 단어 읽히기, 최소대립어 읽히기로 나누어 실시한 방법을 고안해낸 것도 말투 연구에 큰 기여를 하였음을 확인하였다. 특히 이 말투 연구의 개척적인 개발이 성공적이었음을 우리는 그것이 그대로 영국에서 Trudgill에 의해 성공을 거두는 사례에서 확인하려 하였다. Labov는 여러 새로운 용어, 여러 새로운 개념, 여러 새로운 아이디어를 제공하였지만 이 장에서 본 방법론의 개척은 그 중에서도 큰 기여라고 할 수 있을 것이다.

제 3 장

사회 계층과 언어

　사회언어학이 언어 공동체가 동질적이지 않다는 것을 그 출발점으로 삼을 때 우리가 가장 먼저 머리에 떠올리게 되는 것은 方言의 존재일 것이며, 그 중에서도 사회 방언(social dialect)의 존재일 것이다. 그리고 그 사회 방언에 대해서는 다시 사회적 지위(social status) 내지 사회 계급(social class)에 의해 분화된 것을 무엇보다 먼저 머리에 떠올리게 된다. 사회 방언은 성별에 의해 분화된 것, 연령에 의해, 또는 인종에 의해 분화된 것 등을 넓게 포괄하는 개념이지만 그 중에서도 사회적 지위에 의해 분화된 것을 가장 전형적인 사회 방언으로 간주하는 경향이 높다. 그만큼 사회적 지위는 한 언어 공동체 안에서 사람들로 하여금 말을 달리하게 하는 가장 주요한 사회적 요인, 가장 기본적인 사회적 변수(social variable)라 할 만하다. 뒤에서 성별 및 연령에 따른 언어 변이에 대해 차례로 살펴보겠거니와 여기에서는 사회적인 지위 내지 사회 계급이 언어에 어떻게 반영되는지, 양자가 어떤 영향 관계에 있어 얼마만한 상관 관계를 가지는지에 대해 살펴보기로 한다. 이 장의 핵심 부분은 Labov의 연구 결과에 의존하는 바가 크므로 이 장은 앞 장의 연장이라고 할 수 있을 것이다.

3.1 지역 방언과 사회 방언

앞(제1장 註8)에서 〈方言地理學은 사회언어학의 가장 오랜 모습의 하나다〉라는 Ervin-Tripp의 말을 소개한 바 있거니와 사회언어학의 뿌리는 상당 부분 방언학(dialectology), 좁게는 언어지리학(linguistic geography), 또는 방언지리학(dialect geography)에 두고 있다고 할 수 있을 것이다. 언어지리학이 곧바로 사회언어학의 범주에 들지는 않을 것이다. 방언학을 사회언어학의 한 분야로 보는 견해도 있으나 (Trudgill 1992), 언어지리학을 따로 떼어놓고 그것까지 사회언어학의 영역에 넣는 것은 무리일 것이다.[1] 그러나 언어지리학은 곧 사회 방언에 대한 눈을 뜨게 해주었고 그로써 사회언어학의 중요한 발판을 마련해 주었으므로 언어지리학, 넓게는 방언학이 사회언어학의 가장 오랜 모습의 하나라는 견해는 충분히 타당성을 지닌다. 여기에서는 잠시 언어지리학에서 사회 방언에 대한 관심이 싹트게 되는 과정을 살펴보면서 그야말로 사회언어학의 가장 오랜 모습의 일면을 보기로 한다.

3.1.1 언어지리학과 지역 방언

방언학, 좁게는 언어지리학은 흔히 독일의 Georg Wenker의 방언 조사를 그 효시로 삼는다. 이 방언 조사는 1876년부터 1887년까지 독일 전역에 걸쳐 실시되었는데 당시 19세기 언어학의 주요 이론이었던 少壯文法家(Jungergrammatiker)의 이른바 〈음운법칙의 無例外性

---

1) Wolfram and Fasold(1974)는 사회 방언을 만들어내는 사회적 변수로 지역 (region)을, 사회적 지위(social status), 말투(style), 연령(age), 성별 (sex), 인종(ethnicity)과 함께 들고 있는데 그렇게 본다면 언어지리학도 사회언어학의 한 분야로 보아야 할 것이다. 실제로 Wardhaugh(1986) 등에서는 지역 방언을 한 항목으로 다루고도 있어 언어지리학을 절대로 사회언어학의 일부로 생각할 수 없다고 하기는 어려울지 모른다.

(Ausnahmslogigkeit der Lautgesetze)〉을 증명하기 위한 작업이었다. [2]
이때 관심사로 한 것은 각 지역에 따라 어떤 방언차가 있으며, 그것이
음운 변화의 어느 단계를 얼마나 예외없이 규칙적으로 대표하는가를
찾아내는 일이었다. 말하자면 지역이라는 요인에 의해 분화된 지역 방
언(regional dialect)을 수집하는 일이 그 주된 목표였던 것이다.

이러한 방언 연구는 대개 언어지도(linguistic atlas)를 작성하는 일
로 귀결되었다. Wenker 스스로도 비록 출간을 하지는 못했으나
F. Werde와 함께 「독일국의 언어지도(*Sprachatlas des Deutchen
Reichs*)」라는 지도를 만들었고, Werde는 이 자료를 바탕으로 1926
년 다시 「독일 언어지도(*Deutsche Sprachatlas*)」를 출간하였다. 나중
프랑스에서 言語地理學의 금자탑을 쌓은 Jules Gilliéron도 1902-1910
년에 그 유명한 「프랑스 언어지도(*Atlas linguistique de la France*)」를
출간하였는데 특히 이 Gilliéron의 「프랑스 언어지도」는 이 이후의
방언 연구에 지대한 영향을 미쳐 여러 나라에서 언어지도를 출간케 하
는 디딤돌이 되었다. 그리하여 당장 이탈리아에서 Karl Jaberg와
Jakob Jud에 의해 「이탈리아 및 남부 스위스의 언어민속지도(*Sprach-
und Sachatlas des Italiens und der Südschweiz*)」라는 10권에 이르는
언어지도가 1928년부터 1940년에 걸쳐 출간되었고, 미국에서도 Hans
Kurath에 의해 1939-1943년에 「뉴잉글랜드 언어지도(*Linguistic
Atlas of New England*)」가 출간되었다. 그 이후 영국에서 Harold
Orton(외 2인)에 의해 1974년에 출간된 「영국 언어지도(*The
Linguistic Atlas of England*)」를 비롯하여 1977년에 J. Y. Mather와

---

2) 우리나라에서는 이상하게 Wenker의 방언 조사가 〈음운변화의 무예외성〉을
   반박하기 위한 작업이었던 것으로 잘못 알고 있는 수가 많다. 결과적으로는 그
   법칙이 맞지 않다는 것을 밝힌 꼴이 되었지만 애초의 의도는 그 법칙을 방언
   자료에서 증명해 보이려는 것이었음을 바로 인식해 두었으면 한다. 이에 대해
   서는 李翊燮(1980, 1984 : 20), Chambers and Trudgill(1980), Boulton
   (1992) 등을 참조할 것.

H. H. Speitel에 의해 출간된 「스코틀랜드 언어지도(*The Linguistic Atlas of Scotland*)」, 1966년부터 1974년에 걸쳐 6권의 천연색 호화판으로 출간된 「日本言語地圖(국립국어연구소 편)」에 이르기까지 마치 경쟁이라도 하듯 여러 나라의 언어지도들이 꼬리를 물고 출간되었다. [3]

이상과 같은 거국적인 규모의 것은 아닐지라도 여러 나라에서 여러 종류의 언어지도가 만들어졌는데 언어지리학자가 추구하는 길은 결국 언어지도의 작성으로 귀결되었다고 할 수 있다. 이것은 달리 보면 그것을 지도 위에 그려 넣든 아니든 결국은 각 방언형의 지리적 분포를 캐고 거기에서 드러나는 等語線(isogloss)을 찾고 그로써 방언 경계(dialect boundary)를 긋는 일로 귀착하였다. 언어지리학이라는 용어가 이에서 비롯되었거니와 이들이 추구하는 일은 결국 언어를 지리적으로 관찰하고 언어의 어떤 지리적 분포의 배경과 의미를 찾는 일이었으며, 여기에서 이들이 관심사로 하는 방언 자료는 말할 것도 없이 지역 방언으로서의 자료였던 것이다.

이러한 과정에서 언어지리학자들이 특히 관심을 가졌던 것은 각 지역의 古形이었다. 이것은 방언 연구의 목적이 그 출발부터 언어의 역사적 연구의 한 보조적 수단으로 출발하였던 것에서 당연히 귀결되는 결과였다. 언어 변천의 각 시기의 모습을 방언에서 확인하려는 목표가 있었던 만큼 되도록 고형을 발견하려는 것은 당연한 욕구였던 것이다. 그리고 이 고형을 찾고자 하는 욕구는 또 자연히 보수성이 강한 시골을 조사 지점으로 선택하도록 하였고, 배운 사람보다는 無學의 사람을, 젊은 사람보다는 연로한 사람을, 사회 활동을 많이 하는 사람보다는 몇 대째 같은 고장에서 농사만 짓는 사람을 제보자로 쓰기를 즐기게 하였다.

고형을 찾는 일이 목표인 이상 제보자를 여럿 동원할 필요도 없었다. 어느 지역에서 어떤 語形이 발견되기만 하면 그것으로 소기의 목

---

3) 이상의 언어지도에 대한 소개는 李翊燮(1984)에 좀더 상세히 되어 있다.

표는 거의 달성되었기 때문이다. 실제로 언어지리학자들은 한두 제보
자로써 그 지역의 대표로 삼으려 하였다. 비록 모든 사람은 아닐지라
도 그 지역의 전형적인 토박이들이라면 그 제보자들과 같은 말을 쓸
것이라는 것을 전제로 하였던 것이다. 말하자면 각 지역을 한두 제보
자가 제시해 주는 方言形으로 통일되어 있는 동질적 언어 공동체
(homogeneous speech community)로 간주한 것이다. 방언 연구는 언
어의 분화 현상을 관찰하는 학문이면서 이처럼 각 지역의 언어 동질성
을 전제로 하였다는 것이 언어지리학의 특징이라면 한 특징이라 할 수
있을 것이다.

3.1.2 사회 방언의 발견

언어지리학자들이 농촌의 연로자들의 언어 자료만을 취택하고 그들
의 언어로 대표되는 동질적 언어 공동체를 상정하는 것은 그것대로 타
당한 일면이 있고, 또 그래야만 언어지리학이 목표로 하는 바를 더 일
관성 있게 달성할 수 있기도 하였다. 그러나 방언 연구가 궁극적으로
언어의 분화 현상을 다루는 분야라는 관점에서 보면 그것이 어떤 한계
성을 지닌다는 것도 부인할 수 없다. 언어의 지리적 분포를 밝히겠다
면서 도시를 관찰의 대상에서 제외하는 것만 하여도 그러하다. 도시가
改新的이고 언어적으로 안정되어 있지 못하여 누구를 잡아 누구의 말
로 그 도시의 대표적인 語形으로 삼아야 할지 어려운 점이 있다는 것
이 도시를 기피하는 이유였지만 훨씬 많은 인구가 거주하는 도시의 언
어 현상을 언어학자가 외면한다는 것은 Wardhaugh(1986 : 133)의 표
현을 빌리면 왕자 없이 햄릿을 공연하는 것과 같을지 모른다.

그러나 언어지리학자 스스로도 그들의 언어 자료가 한정적이라는 것
을 모르고 있었다고 말하기는 어려울 것이다. 비록 古形을 찾겠다는
그들의 목적에 따라 보수적인 시골의 노년층을 제보자로 삼기는 하였
으나 어떤 고장이든 그들 노년층의 말 하나로 대표될 만큼 동질적이지

않다는 것은 그들 스스로도 일찍부터 충분히 인식하고 있었던 것이 분명하다. 왜냐하면 제보자를 그처럼 어떤 조건의 사람으로 제한한 것부터가 어떤 언어 공동체이든 동질적이지 않다는 인식이 없이는 불가능하였을 것이기 때문이다.

젊은이층은 노년층과 달리 말한다는 것도 알고 있었고, 학식이 많은 사람은 또 그들대로 농사만 짓는 사람과 다른 語形을 쓴다는 것, 남자와 여자가 말을 달리하는 수도 있다는 것 등을 익히 알고 있었던 흔적이 여러 방언 조사에서 나타난다. 물론 초기의 Edmont 만 하여도 이 문제에 대해 아직 의식이 생기지 않아 제보자 선정에 엄격한 기준을 마련하지 않음으로써 그의 제보자들은 직업, 나이, 학력이 들쑥날쑥하였다. 그러나 1910년 G. Millardet 는 프랑스의 Landes 지방의 방언 조사에서 세대를 분리하여 각 지방마다 같은 수의, 각기 다른 세대의 제보자를 채택하여 같은 세대의 방언끼리 비교하려 하였다. 여자를 다른 方言圈의 먼 고장으로부터 출가온다는 이유로 배제한 중국이나 일본의 경우는 사회적인 조건이 아니어서 구별하여야겠지만, 방언을 더 잘 보존하는 특성이 있다는 이유로 여자들을 더 선호한 경우나, 반대로 여자들이 언어의 새로움에 더 적극적인 호기심을 보인다든가 또는 말을 더 우아하게 하려는 경향이 있다는 이유 등으로 여자들을 배제한 경우는 성별이 사회적으로 언어를 분화시키는 중요한 요인임을 충분히 인식하고 있었던 증거인 것이다. 학력을 고려한 연구도 많다. 예외적으로 識者層만을 제보자로 삼은 경우도 있지만 다른 한편에서는 식자층을 철저히 배제하려 하였다. 역시 학력이 중요한 사회적 요인임을 바로 인식하고 있었던 것이다. [4]

특히 「미국 및 캐나다 언어지도」를 위한 방언 조사에서 미국 방언학

---

4) 歷代 방언 조사에서의 제보자의 조건에 대해서는 Pop(1950)에 자세히 소개되어 있다. 그 결론 부분에서 이를 다시 정리해 주고 있는데 이 부분은 「방언」 제3집에 鄭智榮 교수의 번역으로 소개된 바 있다. 李翊燮(1979, 1984)도 아울러 참조할 것.

자들이 취한 태도는, 제1장에서 이미 논한 바 있지만 이 점에서 각별
한 주목을 요한다. Kurath(1939)에 의하면 여기에서는 제보자를 우
선 다음과 같은 세 부류로 나누어 선정하였다.

> Type Ⅰ : 정규 교육을 거의 받지 않고, 거의 문맹으로서 사회적 활동
> 도 적은 사람.
> Type Ⅱ : 대체로 중고등 교육을 받고 독서와 사회 활동도 많이 하는
> 사람.
> Type Ⅲ : 대체로 대학 교육을 받은 사람으로서 문화적 배경도 좋고 독
> 서량과 사회 활동이 많은 사람.

그리고 이상의 세 부류를 다시 다음과 같은 두 가지 하위 부류로 再
分하였다.

> Type A : 노년층으로서 구식 사람으로 판단되는 부류.
> Type B : 중년층 및 청년층으로서 좀더 현대적인 사람이라고 판단되는
> 부류.

이상에서 주된 제보자로 이용된 것은 Type Ⅰ A였다. 결국 시골의
無學 年老層을 주된 제보자로 하였음은 앞의 방언 조사에서와 다를 바
가 없었다. 그러나 나머지 부류의 제보자도 비록 보조적인 수준의 제
보자로 이용했을망정 이처럼 명확히 구분하여 활용하였다는 것은 지금
까지의 방언 조사에서는 볼 수 없는 일이었다. 사람들이 나이나 修學
의 수준에 따라 말을 달리 할 수 있다는 사실을 언어지리학적인 연구
에서도 이미 이처럼 적극적으로 수용하였던 것이다.

이렇게 보면 언어지리학은 그 주된 목표를 지역 방언의 수집 분석에
두었으면서도 한편으로는 사회 방언의 존재를 일깨워 주는 구실도 하
였음을 알 수 있다. 그것은 여러 현장에서 언어 자료를 접하여야 하는

언어지리학의 특성상 어쩔 수 없는 결과이기도 하였을 것이다. 그러나 어떻든 언어지리학이, 넓게는 방언학이 사회 방언에 대한 눈을 뜨게 해 주었고 그로써 사회방언학의 길을 열어 주는 데 크게 기여하였다는 점은 누구도 부인키 어려울 것이다.

3.1.3 사회 방언

方言(dialect)은 애초 지역 방언을 가리키는 이름이었다. 때로는 patois와 구별하여 dialect로써는 문헌적인 전통이 있는 경우의 방언만을 가리키는 수도 있고(이때 patois는 문헌으로 기록되어 본 일이 없는 방언, 그야말로 사투리를 가리킨다), 또는 한 語族에 속하는 언어들을 그 祖語로부터의 방언이라 하여 범위를 넓혀 일컫는 수는 있었어도 그 경우에도 방언은 지역 방언의 개념으로만 쓰였다. 그러다가 사회 방언의 존재에 대한 인식이 싹트면서 방언을 지역 방언의 개념으로만 쓰기 어렵게 되자 지금까지 방언으로 불러 오던 것을 지역 방언(regional dialect)이라 좁혀 부르고, 그 지역 방언과 대립되는 개념으로서, 다시 말하면, 그 지역 방언과 함께 다른 반 쪽을 이루는 개념으로서 社會 方言(social dialect, 또는 sociolect)이란 용어를 쓰게 되었다. 사회 방언에 대한 開眼이 개념을 그만큼 넓혀 놓은 것이다.

사회 방언이란 지리적인 요인에 의해서가 아니라, 사회 계급, 연령, 성별, 종교, 인종 등과 같은 사회적 요인에 의해 분화된 방언을 말한다. 지역 방언이 지역이 멀리 떨어짐으로써 생긴, 또는 산맥이나 강, 늪, 산림과 같은 장애물에 의한 지역적인 거리로 말미암아 갈린 방언들이라면 사회 방언은 사회 계급이 다르든가, 연령이 다르든가, 또는 성별이나 인종 등이 다름으로써 어쩔수 없이 생긴 사회적 거리에 의해 갈린 방언들이다. 달리 말하면 지역 방언은 지리적인 집단에 의해 형성된 방언이요, 사회 방언은 사회적 집단에 의해 형성된 방언이다.

여기에서 지역 방언과 사회 방언의 관계를 Trudgill(1983 : 42)의 도표에서 파악해 보는 것도 유익할 듯하다. 아래 도표 3. 1은 두 방언의 관계가 두 개의 축의 관계인 것으로 표시되었다. 그런데 그것이 정사각형으로 나타나지 않고 위로 올라가면서 점점 폭이 좁아져 극단적으로는 삼각형이 될 수 있음을 보여 준다. 이것은 사회 계급이 상위로 올라갈수록 지역 방언을 극복하고 전국적으로 통용되는 표준어를 많이 쓰는 것을 보인 것이다. 삼각형의 底邊처럼 각 지역에 따라 그 지역 고유의 방언을 쓰는 것은 사회 계급이 가장 낮은 쪽에서나 있음도 동시에 보여 준다.

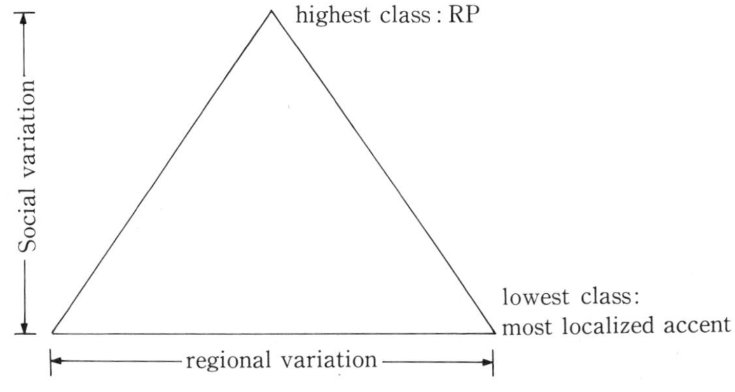

도표 3. 1 사회 방언과 지역 방언의 관계(1) (Trudgill 1983 : 42)

이 그림은 社會 方言 중 사회 계급에 의한 것만을 대상으로 한 것이며, 또 전 국민의 5% 미만만이 사용하는 표준 발음(Received Pronunciation, RP)이라는 계급 방언이 있는 영국의 특수한 경우를 모델로 한 것이다. 5) 표준어 사용자의 폭이 좀더 넓은 일반적인 경우를 위해

---

5) 여기에서 RP는 단순한 표준어가 아니고 표준 발음이라는 점에 유의할 필요가 있다. dialect와 accent를 구분하는 경우가 있는데 (Hudson 1980 : 44) 그 경우의 accent와 관계되는 것으로 어휘 등 여타 조건에서는 완벽하게 표준어를 구사하여도 억양 등 발음에서 사투리 냄새를 풍기면(그것은 standard dia-

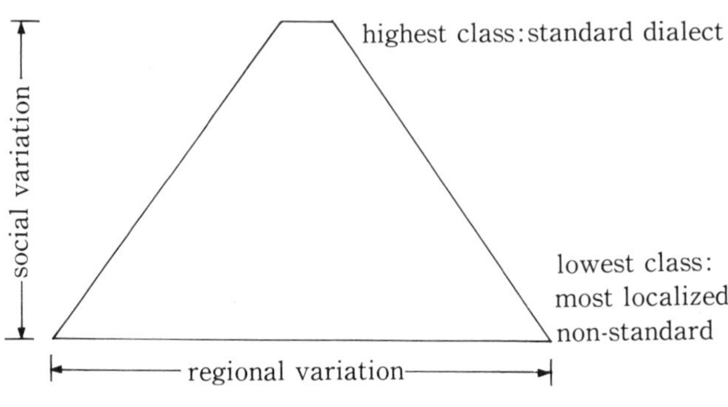

도표 3.2 사회 방언과 지역 방언의 관계(2) (Trudgill 1983 : 41)

Trudgill(1983 : 41)은 다음과 같은 그림(도표 3.2)을 제시하였는데 비록 여기에서는 앞의 도표 3.1에서와 같은 삼각형의 頂點은 없지만 사회 계급이 상위로 올라갈수록 여러 지역에서 통용되는 폭이 커진다는 특성만은 변함이 없다. 대체로 사회적인 배경이 같아도 지역이 다르면 별개 지역 방언을 쓰고, 반면 같은 지역 안에서도 사회적인 조건이 다르면 별개 사회 방언을 쓰는 것으로 두 방언의 관계를 이해할 수 있는데 사회 계급이 상위로 올라가면 지역성을 얼마간 초월하게 된다는 것이 이 그림의 요점이며 또 두 방언의 관계의 한 특징이라 할 수 있을 것이다.

社會 方言이 地域 方言과 비교하여 가지는 다른 한 특징이라면 그 요인이 좀 잡다하다는 것일 것이다. 사회 계급, 연령, 성별, 종교, 인종 등, 비록 그것을 사회적 요인으로 묶지만 지리적 요인에 비해 하나로 묶이는 간명함이 없다. 따라서 사회 방언은 사회 방언이라는 이름 밑에서 전체적으로 조명되기보다는 그 요인별로 하나씩 따로 살펴보는 것이 편리하고 또 흔히 그 길을 택한다. 이 장에서도 사회 방언을 이루는

____

lect이긴 하여도 regional accent로 간주된다) RP라고 할 수는 없다. 발음까지 표준어의 범주에 넣어 규정하는 특수한 현상이 RP의 개념이며 그러한 특수 현상이 영국에 있는 것이다.

여러 요인 중에서 사회 계급만을 따로 떼어 살펴보기로 한다. 성별과 연령에 대해서는 장을 따로 베풀기로 하거니와 앞에서도 언급하였지만 사회 방언이라고 하면 일차적으로 머리에 떠오르는 것은 사회 계급에 의한 사회 방언이요, 성별이나 연령은 사회 방언의 요인으로보다는 좀 더 넓은 의미의 사회적 변수로 인식되는 면이 있다. 이 장에서 사회 계급을 특별히 사회 방언과 관련시켜 논의하려는 것은 이러한 일반적 인식에 바탕을 둔 것이다.

3.2 사회 계급의 분류

언어가 社會 階級(social class)에 의해 분화한다고 할 때 그 사회 계급의 구분은 지리적인 경계만큼 명확하지 못한 경우가 많다. 지리적 인 경계는 산맥이든 강이든, 또는 행정구역이든 그 경계가 뚜렷한 특 성이 있고, 또 비록 늘 같은 흐름을 보이는 것은 아니나 等語線을 그 어 方言 境界를 그을 수 있는 것이 일반적이다. 그러나 사회 방언에서 는 等語線의 개념이 아예 도입되지도 않지만 그러기가 무척 어려운 점 이 있다. 사회 계급이란 개념이 단순치도 않은데다가 그 경계 구분의 방식도 그리 잘 통일되어 있지 않은 것이 무엇보다 큰 원인이다. 이 절에서는 사회 계급이란 개념과 그 분류 방식에 대해 간략히 논의해 보고자 한다.

3.2.1 사회 계급의 개념

사회 계급과 관련되는 용어로 社會的 地位(social status), 社會 階層 (social stratification) 등이 널리 쓰이는데 우선 이들과 사회 계급과의 관계는 어떤 것일까. 사회적 지위는 좀더 포괄적인 용어인 듯싶다. 사 회적 지위는 사회 계급에 의해서도 결정되지만 나이에 의해서나 성별에 의해서도 결정되는 개념으로 쓰이기 때문이다. 어른은 아이보다 지위가 높다고 할 수 있고, 사회에 따라서는 남자가 여자보다 더 높은 지위를 누린다. 즉 아버지와 형은 각각 아들과 동생보다 지위가 높으며 남편은 대체로 부인보다 더 높은 사회적 지위를 누린다. 사회적 지위는 또 한 사람이 여러 지위를 차지한다는 점에서도 포괄적이다. 한 사람이 동시에 아버지라는 지위, 남편이라는 지위, 과장이라는 지위, 동창회장이라는 지위를 누릴 수 있는 것이다(金彩潤·權泰煙·洪斗承 1986 : 89-90). 따라서 사회적 지위라는 용어를 이 책에서도 쓴다면 포괄적이고 또 그리 엄격한 제약을 받지 않는 개념으로 쓰고자 한다.

사회 계층과 사회 계급의 관계는 좀더 미묘한 듯하다. 대체로 사회 계층이 좀더 포괄적이고 또 좀더 느슨한 개념인 듯하다. 우선 social stratification은 사회 계층 자체를 가리키기도 하고, 그렇게 나누는 행위를 가리키기도 하여 여기에서부터 느슨함이 드러난다. 그리하여 번역에서도 이 용어는 〈사회 계층〉으로 번역되기도 하고 〈사회계층 현상〉으로 번역되기도 한다.[6] 〈사회계층화〉 및 〈사회계층화 현상〉이라는 번역도 가능할 것이다. 사람들은 그들이 속해 있는 사회에서 자연히 어떤 지위를 가지게 되고 그로써 사람들 사이에 높낮이, 즉 位階가 생기는데 이때 그 위계가 같거나 비슷한 사람들의 묶음을 사회 계층이라 한다.

사회 계급도 이 점에서는 마찬가지로 정의될 수 있다. 그러나 사회 계급은 중류계급이니 중상층계급이니처럼 엄격하게 등급을 매겼을 때 더 적절히 쓰이는 듯하다. 이것들을 중류계층이니 중상층계층이라고 부

---

6) 〈사회계층 현상〉이란 번역은 金彩潤 등(1986 : 150)의 것이다. 여기에서는 〈사회 계층〉 자체는 social stratum이라 하여 social stratification과 구별하였다. 그러나 그러한 구분은 다른 곳에서는 잘 눈에 뜨이지 않는다. 의외로 social stratification을 사회 계층 자체의 의미로 쓰는 경우가 많은 것 같다. 또 이것이 사회를 그렇게 가르는 현상을 가리키는 일도 있어 우리는 차라리 그때그때 사회 계층, 사회계층화(현상) 등의 용어를 선택해 쓰고자 한다. 〈사회 계층〉에 직접 〈현상〉을 복합시키는 일은 造語法上 자연스럽지 않아 보인다.

르는 일은 드문 것이다. 이 점에서 우리는 사회 계층은 좀더 포괄적이고 느슨한 개념이요 사회 계급은 좀더 엄격하고 한정된 개념이라 이해하고자 한다.

3.2.2 사회 계급의 분류

인도의 카스트는 그 구분이 엄격하고 각 등급에 이름까지 붙어 있다. 우리나라의 양반 제도도 그처럼 엄격하지는 않아도 비슷한 면이 있다. 그러나 그러한 엄격한 신분 제도가 없는 일반 사회에서는 사람들의 계층적 등급화가 그리 명쾌하게 되기 어려운 특성을 지닌다. 한 사회의 사회 계층(즉 사회 계급)을 상류, 중류, 하류로 나누어야 할지 더 세분해야 할지, 또 그 각각들에 어떤 명칭을 붙여야 할지가 쉽지 않고 또 통일되어 있지도 않다.

사회 계급은 전적으로 직업을 기준으로 나누는 수도 있다.[7] 고급 전문직, 대기업의 대표직, 準전문직 및 중간 기업의 대표직, 半전문직, 기술직 및 소기업 경영직, 숙달공직, 半숙달공직, 未숙달공직 등으로 나누는 것이 그것이다. 학력을 기준으로 하여 나누는 수도 있다. 대학원 출신, 대학(2년제 및 4년제) 출신, 대학 중퇴자, 고교 출신, 고교 중퇴자, 중학교를 마치지 못한 자 등으로 나누는 것이 그것이다. 이 이외에 수입의 정도 및 수입의 출처에 따라 나누는 수도 있고 거주지 및 주택의 양식에 따라 나누는 수도 있다. 나아가서는 종교나 여가 이용의 방식 및 사회 활동의 종류 등을 기준으로 삼아야 한다는 제안도 있다. 물론 이상의 모든 것을 종합적으로 기준삼는 수도 있고 그 각각을 비중을 달리 하여 기준으로 삼는 수도 있다.

Labov(1966)에서는 뉴욕 시 주민을 대상으로 하여 학력, 직업, 수입의 세 요소를 기준으로 삼아 10단계의 사회 계급을 설정하였다. 그

---

7) 이하의 내용은 대개 Wardhaugh(1986 : 140-145)를 따른 것이다. 金彩潤 외(1986 : 158-165)도 아울러 참조할 것

리고 그것을 다시 4단계로 묶었는데 그 내용을 보면 다음과 같다.

0 　 하류계급 : 국민학교나 이 이하의 학력자로서 근로자
1-5 근로자계급 : 고등학교 중퇴 정도의 학력자. 역시 노동자이나 자　 가용을 살 만한 수입을 가진 부류.
6-8 中下流계급 : 고등학교 출신으로서 자녀를 대학에 보낼 수 있는　 재력을 가진 半전문직 사무직.
9 　 中上流계급 : 대학 출신의 전문직

이렇게 나누어 놓고 보면 미국의 경우 하류계급이 10%, 근로계급과 중하류계급이 각각 40% 정도씩, 그리고 나머지 10%가 중상류계급 (및 상류계급)에 속한다고 한다. (Labov는 상류계급은 조사 대상에서 제외하였다.)

한편 Trudgill(1974)은 영국 Norwich 시의 연구에서 사회 계급을 5 등급으로 나누는 길을 택하였다. 중류계급을 둘로 나누어 中中流계급 (middle middle class), 中下流계급(lower middle class)으로 하고, 근로계급을 셋으로 나누어 上근로자계급(upper working class), 中근로자계급(middle working class), 下근로자계급(lower working class)으로 한 것이다. 이때 기준으로 삼은 것은 다섯 가지였는데 직업, 학력, 수입, 주택의 양식, 주거지, 부친의 직업이 그것이다. 그리고 이 각각을 6점(0-5) 단위로 등급화하여 그 합산된 점수로 사회 등급을 매긴 것이다. 예를 들면 30점 만점에서 6점 이하는 下근로계급, 19점 이상은 中中流계급과 같은 방식이다.

Shuy, Wolfram and Riley(1968)가 미국 디트로이트 시에 적용하였던 사회 계층 분류는 좀더 정교한 면을 보여 준다. 이 분류는 A. Hollingshead의 *Socaial Class and Mental Illness*(1958)의 부록 Ⅱ의 것을 적용한 것으로 우선 분류 기준은 거주지, 학력, 직업의 셋으로 삼았다. 그리고 이들 각각을 6점 내지 7점 단위의 등급으로 나

누었는데 먼저 학력의 등급을 보면 다음과 같다.

    등급   학력
     1   대학원 학위(전문직 분야)
     2   대학 졸업(4년제)
     3   대학 1년 이상
     4   고교 졸업
     5   고교 중퇴(10학년 이상)
     6   중학교(7-9학년)
     7   7학년 미만

　직업의 등급도 역시 7등급으로 나누었는데 이것은 앞에서 직업만으로 사회 등급을 나눌 때의 분류로 소개한 것과 거의 일치한다.

    등급   직업
     1   고급 전문직 / 큰 업체의 대표
     2   준고급 전문직 / 중간 업체의 대표
     3   半전문직 / 소기업의 관리직
     4   기술자 / 소규모 기업의 소유주
     5   숙련공
     6   半숙련공
     7   未숙련공

　거주지의 등급은 Hollingshead의 경우 New Haven의 조사 때 선행 연구를 이용하였기 때문에 디트로이트에서는 대신 미국 센서스 자료를 이용하여 나누었는데 꽤 복잡한 절차를 밟아야만 했다. 먼저 水道 시설이 몇 % 제대로 되어 있느냐에 따라 5등급의 구역을 나누고, 그 각 구역을 다시 각 가옥이 몇 개의 방을 가지고 있느냐에 따라

표 3.Ⅰ 주거지 등급표 (Shuy, Wolfram and Riley 1968 : 14)

수도 시설률		98%- 97.9%	87.5%- 87.4%	66.6%- 66.5%	50%- 66.5%	50% 이하
가옥당 방의 수		A	B	C	D	E
10.5-	1	Ⅰ	Ⅰ	Ⅱ	Ⅲ	Ⅳ
7.5-10.4	2	Ⅰ	Ⅱ	Ⅲ	Ⅳ	Ⅴ
5.5-7.4	3	Ⅱ	Ⅲ	Ⅳ	Ⅴ	Ⅵ
4.5-5.4	4	Ⅲ	Ⅳ	Ⅴ	Ⅵ	Ⅵ
4.4 이하	5	Ⅳ	Ⅴ	Ⅵ	Ⅵ	Ⅵ

下位類를 하나씩 설정한 다음 이를 통합하여 결과적으로 주거지를 6
등급으로 분류하는 절차를 밟은 것이다. 이를 표로 보이면 위와 같다.
  어떤 제보자가 이상의 세 기준의 어느 한 등급씩에 배당되면 이번에
는 각 기준의 비중을 달리하여 〈학력 점수×5〉, 〈직업 점수×9〉, 〈거
주지 점수×6〉을 하여 합산한 점수로 그 제보자의 사회적 서열을 매
겼다. 그리고 그것을 다시 4개의 사회 계급으로 묶었는데 그 내용은
다음과 같다. 물론 점수가 적을수록 상류층에 속하고 많을수록 하류층
에 속하게 된다.

中上流계급 : 20-48
中下流계급 : 49-77
上근로계급 : 78-106
下근로계급 : 107-134

이상에서 보면 사회 계급은 대개 4-5개 정도로 분류하는 것이 그 주류를 이루는 것으로 보인다. 그리고 어느 한 가지 기준에 의존하기보다는 몇 가지 기준을 종합적으로 적용하는 것이 더 일반적이고 또 더 큰 타당성을 가지는 것으로 보인다. 그러면서도 어떤 사회에서나 잘 적용될 분류는 있기 어려우며, 그것은 무엇보다 각 기준이 가지는 비중이 사회에 따라 다르기 때문일 것이라는 것이 이상의 분류 작업에서 우리가 받는 인상이라 하겠다.

3.2.3 한국의 사회 계급

비록 인도의 카스트만큼 엄격하지는 않았어도 우리나라에도 한때는 양반이라는 엄격한 신분 제도가 있었던 때가 있다. 그러나 그것이 무너진 現今은 우리나라의 사회 계급도 서구의 그것과 비슷한 양상을 띠고 있다고 할 수 있다. 그렇다면 우리나라의 사회 계급은 무엇을 기준으로 어떻게 나눌 것인가? 그리고 우리나라에서는, 가령 학력, 직업, 재력, 거주지, 또는 가문 등의 기준 중 어느 것에 더 큰 비중을 두는 것일까?

한 연구(金泳漢 1982 : 336)에서 보면 한국인들이 중시하는 기준은

재산 : 46 (%)
학력 : 31
직업 : 14
수입 : 4

가문 : 3
인격 : 2

의 순서로 되어 있다. 언어와 관련하여 보았을 때에는 재산이 학력보
다 더 크게 평가되는 것은 바람직하지 못하지만 어떻든 재산, 학력,
직업 정도가 우리나라의 사회 계급을 결정짓는 주요 기준이 될 것임은
틀림없을 듯하다. 다만 근래에 우리나라도 아파트에 사느냐, 단독 주
택, 또는 빌라에 사느냐로 사람의 등급을 매기게 되었고, 강남에 사느
냐 강북에 사느냐, 또는 이른바 달동네에서 사느냐 압구정동에 사느냐
로 사람들을 구분하는 경향이 높으므로, 비록 이것들은 결국 대체로
재산이라는 기준과 평행적인 관계에 있기는 하겠으나 주거지 내지 주
거 양식을 주요 기준의 하나로 포함시켜도 좋을 것이다.

그러면 이런 기준들로 우리나라의 사회 계급은 어떻게 설정될 수 있
을까? 여기에 대해서는 아직 표본이 될 만한 결과를 내지 못하고 있
는 듯하다. 한 연구(洪斗承 1983)는 우리나라의 사회 계급을 전국을
대상으로 하여

상류 및 中上계급   (1.8)
新중간계급   (17.7)
舊중간계급   (20.8)
근로계급   (22.6)
도시 하류계급   (5.9)
독립 자영농   (23.2)
농촌 하류계급   (8.1)

으로 나누고 있는데(오른쪽 괄호 속의 숫자는 1980년도를 기준으로 하였
을 때의 백분율이다), 어떤 한 도시를 대상으로 할 경우라면 5등급이
설정된다고 보면 될 듯하다. 그렇게 보면 Trudgill(1974)의 5등급 체

계와 비슷하게 되었는데 다만 Trudgill의 것은 Labov(1966)나 Shuy 등(1968)의 4등급 체계에다가 근로자계급의 하위류를 하나 더 하여 5등급 체계를 만든 것임에 반해 여기에서는 중류계급의 하위류를 하나 더함으로써 5등급이 된 것이 다르다.

특히 언어와 관련하여 보았을 때 우리나라의 사회 계급은 어떻게 분류되는 것이 가장 타당하고 사실에 가까울까? 이것은 앞으로의 한 숙제임에 틀림없다. Trudgill(1974)은 사회 계급의 분류에 언어 자료를 援用하였다. 예를 들면 〈he go〉처럼 3인칭 단수 어미 〈-es〉를 빼먹는 비율이 80%를 넘는 부류를 下근로계급으로 소속시킨 것 따위다. 이것은 일종의 循環論에 빠질 수 있어 위험한 일면이 있기는 하나 하나의 보조적 방법으로 원용하는 것은 도움이 되리라 생각한다. 사회 계급과 언어와의 상관성에 대한 연구가 전체적으로 미개척 단계에 있지만 사회 계급의 정밀한 분류가 우리나라에서의 이 방면의 연구에 무엇보다 우선적으로 이루어져야 할 과제가 아닐까 한다.

3.3 계급 방언과 카스트 방언

언어가 사회 계급에 따라 다른 모습을 띤다고 할 때 그 구체적인 모습은 어떤 것일까? 이것은 일단 두 종류로 나누어 보아야 할 것이다. 하나는 사회 계급에 따라 완전히 다른 語形을 사용하는 경우요, 다른 하나는 반드시 어느 어형을 어느 사회 계급 특유의 어형이라고까지 말하기는 어려우나 어느 사회 계급이 어떤 어형을 통계적으로 더 높은 비율로 쓰는 양상을 띠는 경우일 것이다. 대개 전자는 인도의 카스트처럼 그 구분이 엄격히 굳어 있는 사회에서 볼 수 있는 현상이요, 후자는 앞에서 지적한 바 있듯이 서구 사회를 비롯한 일반 사회에서처럼 사회 계급의 구분이 점진적이고 유동적인 사회에서 볼 수 있는 현상이다. 이 절에서는 이 양자를 구분하여 사회 계급과 언어가 어떤 상관성

을 가지는가, 달리 말하면 언어에 드러나는 사회계층화 현상이 구체적
으로 어떤 모습으로 나타나는가를 간추려 보기로 한다.

3.3.1 계급 방언

『한글 맞춤법 통일안』에서 표준어를 〈현재 중류사회에서 쓰는 말〉이
라고 하여 상류사회의 말을 표준어에서 배제한 것은 기이한 느낌을 준
다. 이때 상류사회로 상정한 것은 宮中이었던 듯하고 그 궁중에서 쓰
는 말이 워낙 특수하므로 전 국민이 널리 쓸 표준어로 삼을 수 없다고
판단하였던 듯하다(李熙昇 1946).
　이 당시에 궁중이라는 상류사회의 설정이 필요하였는지 그 타당성은
어떻든 만일 궁중에서만 통용되는 언어가 있었다면 이것은 어느 특정
한 사회 계급에서만 쓰이는 階級 方言(class dialect 또는 social-class
dialect)의 전형적인 예의 하나일 것이다. 사실 왕권사회에서의 왕족
은 인도의 Brahman쯤에 해당하는 카스트의 한 등급으로 보아도 좋
을 것이다. 다만 宮中語로 알려진 목록은 실제로 그리 많지 않다. 〈수
라(밥, 진지), 마리(머리), 용안(왕의 얼굴), 휘건(수건), 汗雨(땀),
지밀(왕의 침실), 본겻(왕비의 친정), 조라치(잡역부), 御하다(입다, 冠
을 쓰다), 납시다(나오시다), 감쪼으다(보다)〉 등이 알려져 있는 것의
대표적인 것들이다. 그러나 우리나라에서도 특정 사회 계급에 얼마간
이든 계급 방언이 있었던 것은 사실이었다고 보아야 할 것이다.
　우리나라의 양반 제도도 비록 인도의 카스트 제도만큼 엄격하지는
않을지라도 역시 귀속적인 신분 제도로서 언어에도 그 특성이 반영되
어 있을 가능성이 높을 것으로 짐작된다. 그러나 양반, 중인, 상민,
천민 사이에 어떤 言語差가 있었는지에 대한 기록은 남아 있는 것이
거의 없다. 다만 오늘날 방언에서 그 흔적을 얼마간씩 찾아내고 있을
뿐인데 그 성과도 그리 좋은 편이 못된다. 그동안 그나마 관심의 표적
이 되었던 것은 안동 지방의 班村과 民村에서의 언어차였는데 (姜信沆

1976, 崔明玉 1982, 鄭鍾昊 1990) 그것도 대부분 〈큰아배/할배, 큰어매/할매, 큰아버지/맏아배, 아지뱀/아지반님〉 등의 친족 용어에서의 차이에 국한된 것이었다. 한편 李翊燮(1976)은 농촌과 어촌 사이에 뚜렷한 언어차가 있는데 이것은 단순한 직업의 차이에서보다 두 지역이 사회 계급상으로 구분되는 지역임에서 비롯되는 현상임을 밝히려 하였다. 그러나 전체적으로 우리나라에서의 사회 계급에 의한 언어 분화에 대한 연구는 무척 저조한 상태에 있다고 하지 않을 수 없다. 그만큼 우리나라의 사회 계급은 그 분화 상태가 유동적이고 무질서한 상태에 있는 면도 있는 것이 아닐까 한다.

사회 계급이 엄격히 구분되어 있지 않은 서구 사회에서 특정 계급에 한정된 계급 방언이 뚜렷이 존재하는 예로는 영국의 것이 잘 알려져 있다. 앞에서 영국에서의 표준 발음(RP)의 특수성에 대해서 언급한 바 있지만, 어휘 면에서도 1950년대를 기준으로 보았을 때 상류계급(upper class)에서만 통용되는 것이 상당히 있었다고 한다. 非상류계급에서 〈lounge〉라고 하는 것을 〈sitting room〉이라고 하고, 〈toilet〉이라 하는 것을 〈lavatory〉라 한 것 등이 그 일례다. 1970년대까지도 비상류계급에서 〈handbag, settee, relatives〉라 하는 것을 상류계급에는 각각 〈bag, sofa, relations〉라 하여 독자적인 어휘를 구사하였다 한다(Holmes 1992 : 149). 만일 이처럼 어떤 어휘를 구사하느냐에 따라 그 사람의 신분이나 사회 계급을 알 수 있을 정도라면 이 어휘들은 전형적인 계급 방언의 예일 것이다.

3.3.2 카스트 방언

계급 방언의 가장 대표적인 예는 역시 인도에서 찾아야 할 것이다. 영국에서 비록 전형적인 계급 방언의 실례가 발견된다 하여도 그것은 아무래도 유동적이라는 한계를 가지기 마련이다. 앞에서 1950년대라든가, 1970년대까지라는 단서를 단 것도 그것을 나타내는 것인데 이런 사회에서는 사회적 신분의 상승 및 하강이 계속 일어나기 때문에 언어의 경계도 고정되어 있기 어려운 것이다. 거기에 비해 인도의 카스트 제도는 그 구분 자체가 워낙 엄격한데다가 그 카스트 사이의 이동이 거의 허락되지 않는 상태이므로 카스트 사이의 言語差도 그만큼 획연한 모습을 띠는 특성을 지닌다. 그리하여 카스트 사이의 방언도 넓게 보면 계급 방언의 일종이나 이를 특별히 카스트 방언(caste dialect)이라 구별하는 부르는 것도 이 때문이다.

Gumperz(1958)에 의하면[8] 인도의 Khalapur라는, Delhi 시 북방 80마일에 위치한 인구 5천명의 한 농촌 마을은 주민들을 세분하면 31개의 카스트로 갈리는데 이를 大分하면 대개 다음과 같은 7개의 카스트로 갈린다. 이 중 마지막 셋은 不可觸 카스트(untouchable caste)로서 지도 3.1에서도 엿볼 수 있듯이 어떤 이웃에서만 살아야 하는 제약을 가지며 한 마을 안에서의 이주도 上位 카스트만큼 자유롭지 못하다. 나머지 카스트들 사이에도 주택 양식이나 복장 및 의식에서 저마다의 독특한 구분이 있다.

 (가) Brahman (最高位 카스트)
 (나) Rajput (武士)
 (다) Vaishyas (상인계급)
 (라) 몇 개群의 기술공 및 근로계급
 (마) Chamar (토지가 없는 근로자)
 (바) Jatia Chamar (가죽 근로자 및 제조공)
 (사) Bhangis (청소부)

Gumperz(1958)은 이들이 쓰는 부락 방언(village dialect)을 기준

---

8) 이하의 내용은 李翊燮(1984 : 185-190)에도 꽤 상세히 소개되어 있다. 다만 여기에서는 용어를 조금 바꾸었다. Wardhaugh(1986 : 139-140)도 아울러 참조할 것.

으로 하여 카스트에 따라 차이를 드러내는 11개의 음운 현상을 찾아냈다. 〈bail, khoir〉의, 즉 子音 앞의 〈ai, oi〉가 二重母音으로 실현되는가 單母音으로 실현되는가 (1), 〈bətáu와 butáu〉의 차이에서 보이는바와 같은 〈ə〉와 〈u〉의 분화 (2a), 〈ripə́t〉와 〈rəpə́t〉의 차이에서 보이는 바와 같은 〈i〉와 〈ə〉의 분화 (2b), 〈Khat〉와 〈Khãt〉의 차이에서 보이는 바와 같은 口腔母音과 鼻母音의 분화 (2d) 등의 음운 차이를 비롯하여 〈kərǽ〉와 〈hǽ〉 등의 語末 〈æ〉가 [æ]와 [əˠ]로 갈리는 음성 차이에 이르기까지 11가지의, 카스트에 따라 분화를 일으키고 있는 현상을 찾아낸 것이다.

이상의 11개의 음운 현상 중 어떤 것들의 조합을 취하느냐에 따라 Gumperz는 앞의 카스트를 다음과 같은 6개의 언어 집단(linguistic group)으로 재구성하였다.

    (가) 거의 모든 可觸 카스트(touchable caste)
    (나) C群 및 G群에 거주하는 Rajput
    (다) 古風을 지키는 可觸 카스트
    (라) Chamar
    (마) Jatia chamar
    (바) Bhangis

언어 집단을 이렇게 나누어 놓고 보면 이들이 아래 지도 3.1에서 보듯이 어떤 지리적인 집단(geographical group)인 듯한 인상도 풍긴다. 그러나 어떤 집단이 한쪽에 몰려 사는 것은 앞에서 지적한 대로 不可觸 카스트에게 가해지는 거주지 제약 때문일 뿐 이들 카스트들이 지니는 언어적 특징이 지리적인 거리에서 온다고 말할 수는 없다. 6개의 언어 집단은 결국 카스트라고 하는 사회 집단(social group)으로 귀착되며 따라서 위와 같은 언어 집단이 존재한다는 것은 이 마을에 카스트 방언이 뚜렷한 모습으로 존재한다는 것을 의미한다.

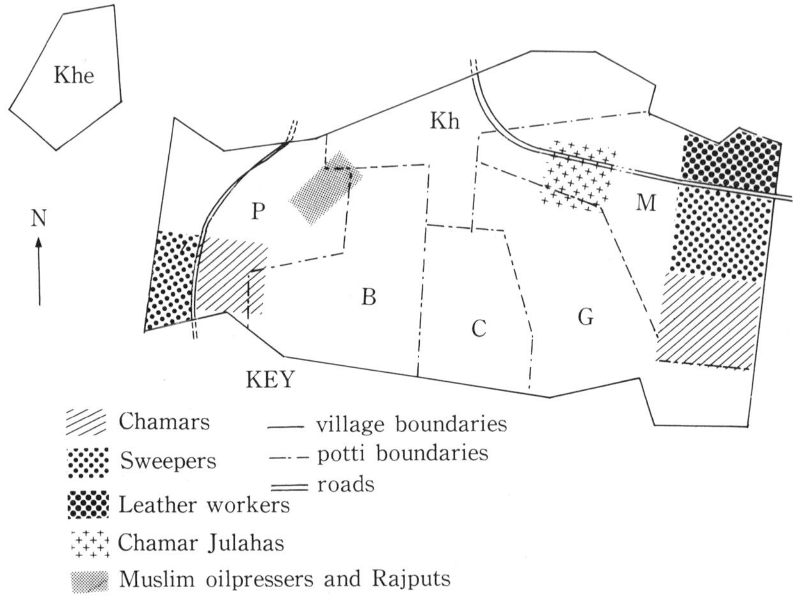

지도 3. | 인도 Khalapur 의 언어 집단도 (Gumperz 1971 : 40)

이것은 이 카스트 방언에 대해서 이 마을 주민들도 뚜렷이 의식하고
있다는 데에서도 증명된다. 이 마을 주민들은 어떤 語形을 들으면 곧
그것이 Chamar 들의 말이라고 판별하는 것은 말할 것도 없고, 만일
Rajput 카스트의 누가 동료에게 마치 Chamar 들처럼 말한다고 하면
그것은 동료가 격에 맞지 않는 천민의 말투를 쓰고 있다는 뜻이며,
Bhangis 들의 말은 저급하여 순화되어야 한다는 적극적인 자세도 편
다는 것이다. 신분 상승의 욕구에서 이것은 실제로 자주 있는 일인데
만일 하류층이 상류층의 말을 흉내내면 상류층이 이를 언짢아한다고도
한다. 그러면서 상류층은 스스로 하류층의 말에서 멀어지려고 노력하
는데, 가령 공교롭게도 이 마을의 부락 방언이 최하류 카스트인
Bhangis의 방언과 비슷하여 되도록 부락 방언을 안 쓰려고 한다는 것

96

이다. 카스트 방언이 그만큼 뚜렷이 구분되어 있다는 증거들이 아닐
수 없다.

3.4 언어의 사회계층화 현상

인도의 카스트 제도처럼 그 구분이 귀속적이거나 엄격하지 않은 사
회 계급으로 나뉜 서구 사회에서도 언어가 사회 계급에 따른 社會的
變異(social variation)를 일으킨다는 사실은 여러 연구에서 밝혀졌다.
진정한 사회언어학은 바로 이러한 현상을 발견함으로써 그 기반을 잡
았던 것인데 이 절에서는 Labov(1966)에서부터 쌓여 온 이 방면의
연구 성과를 몇 가지 간추려 보기로 한다.

3.4.1 계량 분석과 언어 변수

앞에서도 잠깐 언급하였듯이 사회 계급의 구분이 느슨한 사회에서는
어떤 語形이 어느 특정 사회 계급 특유의 것이라는 방식이 아니고 다
만 어느 어형이 어느 계급에서 더 높은 비율로 쓰인다는 양상을 띤다.
따라서 이 방면의 연구는 한두 명의 제보자로 하여금 어떤 집단을 대
표하게 하는 방식을 취하지 않고 되도록 많은 제보자를 동원하여 그들
의 자료를 통계적으로 처리하는 방식을 취한다. 이른바 計量 分析
(quantitative analysis)의 방법이 그것이다.

계량 분석이란, 이미 제2장에서 Labov(1972) 및 Trudgill(1974)의
업적을 통해 접한 바 있고, 또 뒤에서 곧 그 구체적 실례를 보게 되겠
지만, 가령 〈working〉의 〈-ing〉을 비표준음인 〈-in〉으로 발음하는
현상이 있을 때 그것을 하류계급의 語形이라고 하는 것이 아니라 그
어형이 하류계급에는 80%, 中下流계급에서는 35%, 中上流계급에서
는 15%의 비율로 나타난다고 기술하는 방식이다. 어느 쪽에서 더 높

은 비율로 사용한다는 것을 밝혀 그것으로써 언어가 사회 계급에 따라 달리 나타난다는 것을 밝히고, 그로써 언어가 사회 계급과 영향 관계에 있다는 것을 밝히는 길을 밟을 뿐 어느 쪽에서는 쓰고 어느 쪽에서는 전혀 안 쓴다는 방식을 취하는 것이 아니다. 이 계량 분석이 이 방면의 연구에 주요한 특징의 하나라 할 만하다.

계량 분석과 아울러 言語 變數(linguistic variable)라는 개념도 주목해 둘 필요가 있다. 언어 변수란 사회적으로 조건된, 따라서 어떤 사회적 의미를 가지는 變異形(variant)을 거느리는 언어 항목을 가리킨다. 가령 〈과자, 화초, 장관〉 등을 일부에서 〈가자, 하초, 장간〉이라 발음하는 일이 있고 그것이 어떤 사회 계층과 관련이 있다면 (ㅘ)가 언어 변수가 되는 것이다. 앞에서 working의 〈-ing〉이 〈-in〉으로 발음되는 예를 들었는데 그 경우에도 (ing) 또는 (iŋ)이 언어 변수가 된다.

언어 변수는 보기에 따라서는 形態音素(morphophoneme)와 일맥 상통하는 바가 있다. 형태음소도 어떤 조건에 따라 〈꽃〉의 〈ㅊ〉이 〈꽃도〉나 〈꽃만〉에서는 〈ㄷ〉도 되고 〈ㄴ〉도 되듯이 일종의 변이음을 가지기 때문이다. 그러나 형태음소는 그 조건이 언어적(음운적)이고 또 그 조건에서는 필수적으로 해당 변이음으로 실현되어야 하는 점에서 언어 변수와 구별된다. 언어 변수는 그 조건이 사회적이라는 점이 무엇보다 큰 특징이며, 그 때문에 社會言語 變數(sociolinguistic variable)라 부르기도 한다. 그리고 (ㅘ), (h)처럼 ( ) 속에 넣어 표기함으로써 형태음소의 { }나 음소의 / /와 구별하며, 변이음은 [ ]와 같은 음성 기호를 쓴다.[9]

영어 사용권에서 널리 알려진 언어 변수로는 〈fishing, working〉 등

---

9) 언어 변수라는 용어나 ( ) 및 [ ]와 같은 기호의 사용은 Labov(1963, 1966)에서 비롯되어 그 이후의 사회언어학자들에 통용되고 있다. 사회언어 변수란 용어는 Fasold(1990 : 223)에서 즐겨 쓰였는데 Labov(1972 : 23-249) 스스로도, 비록 약간의 의미를 덧붙이기는 했으나 결국은 같은 의미로 쓰고 있다.

의 접미사 (ŋ)을 먼저 들 수 있다. (ŋ)은 앞에서 서술한 대로 표준음
으로는 [ŋ]이지만 [n]이라는 변이음이 있기 때문이다. 〈car, farm〉
등의 모음 뒤의 (r)은 [r] 이외에 이 음이 아예 실현되지 않는 ∅이
있어 역시 널리 알려진 언어 변수의 하나다. 〈thin, they〉의 (θ) 및
(ð)도 각각 [θ]-[t], [ð]-[d]의 변이음을 가지는 언어 변수요, [10]
house, hospital의 頭音 (h)도 [h] 이외에 ∅를 가지는 언어 변수다.
test, wasp 등의 語末子音群도 언어 변수의 하나로 알려져 있는데 이는
두 자음 중 마지막 자음이 발음되지 않는 변이형이 있기 때문이다.

이상의 것은 모두 음운에 관계되는 것으로, 말하자면 音韻 變數
(phonological variable)인데 문법적인 현상에서도 전형적인 언어 변수
들이 알려져 있다. 〈he talks〉의 3인칭 단수 어미인 (s)가 말하자면
文法 變數(grammatical variable)의 하나다. 〈he talk〉처럼 그 어미
를 빠뜨리는 변이형이 있기 때문이다. 〈She is nice〉를 be 동사를 빼
고 〈She nice〉라고 하는 수도 있어 (be)도 중요한 언어 변수이며,
〈He didn't do nothing〉에서 보는 바와 같은 多重否定(multiple
negation)도 널리 알려진 문법 변수다.

물론 이 이외에도 언어 변수들이 더 있으나 이상으로써도 언어 변수의
개념 및 특성을 이해하는 데는 충분하다고 생각된다. 국어의 언어 변수
로는 어떤 것이 사회 방언의 고찰에 유용할지 아직 썩 잘 개발되어 있
지 못한 상태에 있다. 前述한 (ㅓ)와 아울러, 〈꿩, 권투〉를 〈꽁, 곤
투(꼰투)〉로 발음하는 것과 관련하여 (ㅝ)도 좋은 언어 변수가 될 것이
며 〈밭을, 밭에서〉를 〈밧을, 밧에서〉로 발음하는 일도 많은 것을 근
거로 (ㅌ)도, 또 〈꽃을, 빛을, 무릎을〉에서도 비슷한 현상이 있으므
로 (ㅊ), (ㅈ), (ㅍ) 등도 좋은 언어 변수가 될 것이다. 적절한 언어 변
수의 발견이 이 방면의 연구의 성패를 좌우한다고 할 수 있으므로 앞

---

10) 언어 변수를 표기하는 방식은 학자에 따라 얼마씩 다른 경우가 있다. (ŋ)은
  (ng)나 (iŋ)로 표기되기도 하는데 Labov는 (ing)으로 표기하고 있고, (θ)
  와 (ð)도 Labov는 (th)와 (dh)로 표기하는 것 등이 그 일례다.

으로 국어에서 무엇이 유용한 언어 변수가 될지를 찾아내는 일은 매우
큰 뜻이 있다고 생각된다.

3.4.2 언어 변수의 사회 계급 분화

그러면 이상의 언어 변수들이 구체적으로 어떤 사회적 분포를 보이는
지, 다시 말하면 사회 계급에 따라 어떤 變異 양상을 보이며 그로써 그
언어 변수가 사회 계급의 분화(social stratification 또는 class stratifi-
cation)에 어떤 구실을 하는지를 보기로 한다. 먼저 Labov(1966,
1972)를 보는 것이 순서일 것이다. 그러나 우리는 이미 제2장에서 그
일단을 보았다. 그리고 Trudgill(1974)의 것도 그 자리에서 보았다.
거기에서 보면 영어의 경우 언어 변수가 사회 계급에 의해 변이를 일으
키는, 즉 언어 변수가 사회 계급의 분화와 관계를 맺고 있는 현상이 미
국이나 영국에서 다같이 보편화되어 있음을 볼 수 있다. 영어 중 이러
한 현상이 가장 여러 지역(국가)에 골고루 나타나는 언어 변수로
는 fishing, working 등의 (ŋ)이라고 알려져 있다. 다음 표 3.2는 미
국의 뉴욕, 영국의 Norwich 및 West Yorkshire, 오스트레일리아의
Brisbane에서의 결과를 비교한 것으로 어느 곳에서나 한결같이 상위
계급으로 갈수록 표준형 [ŋ]의 실현율이 높고, 하위 계급으로 갈수록

표 3.2 미국, 영국, 오스트레일리아의 네 도시에서의 (ŋ)의 [n] 실현율

사회 집단	1	2	3	4
Norwich	31	42	91	100
West Yorkshire	5	34	61	83
New York	7	32	45	75
Brisbane	17	31	49	63

(Holmes 1992 : 153)

비표준형 [n]의 실현율이 높음을 보여 준다. 즉, 비록 지역에 따라 그 절대치에서는 차이를 보이지만 이들의 발음이 사회 계급을, 다시 말하면 어떤 사회 집단을 구분하는 구실을 한다는 점에서 그 사회언어적 유형은 완전히 일치하고 있다.

 영어는 세계 여러 곳에 워낙 넓게 퍼져 있어 그 표준형(즉 威勢形)이 지역에 따라 다를 수 있다. 가령 모음 뒤의 (r)은 영국 본토에서는 ø로 실현되는 것이 표준형인데 스코틀랜드나 아일랜드 및 미국의 뉴욕이나 보스턴에서는 [r]이 威勢形인 것이다. 따라서 이런 언어 변수에서는 사회 계급에 따른 변이형의 실현율이 상반되게 나타나는데 그러면서도 상위 계급으로 갈수록 표준형이 더 높은 비율로 나타남에는

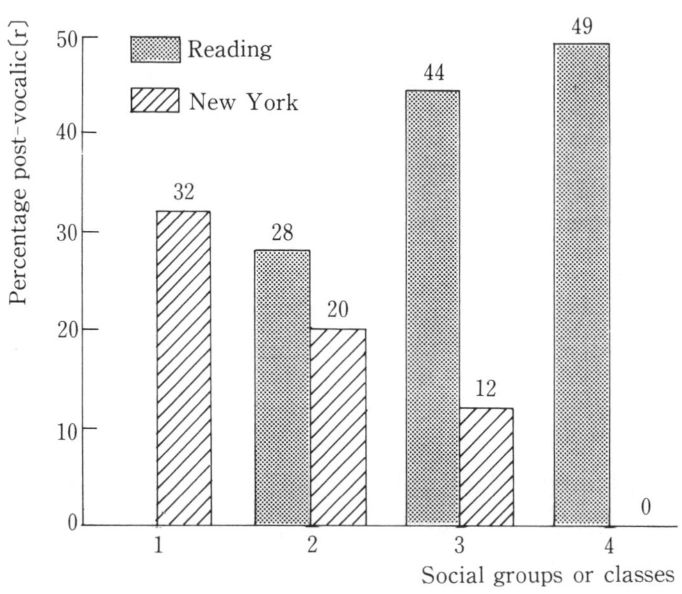

도표 3.3 뉴욕 및 Reading에서의 (r)의 표준형 [r]의 실현율(Holmes 1992 : 155)

변함이 없어 우리의 흥미를 끈다. 앞의 도표 3.3은 미국 뉴욕과 영국 Reading 에서의 결과를 한데 모아 작성해 본 것인데 이 사정을 일목 요연하게 드러내 준다.

이상은 모두 영어에서의 예였는데 다음은 佛語圈의 예로서 몬트리올의 불어에서의 한 현상만 더 보기로 한다. 다음 표 3.3은 불어의 대명사 il(非人稱 및 人稱)과 elle 의 (l)의 ϕ 로 실현되는 비율을 보인 것인데 하위 계급에서 그러한 비표준형의 실현율이 어느 대명사에서나 한결같이 높이 나타나고, 상위 계급과의 차이가 elle 의 경우에 유난히 큼을 보여준다.

표 3.3 몬트리올 불어에서의 (l)의 탈락률

	전문직	근로계급
il(비인칭 il pleut)	89.8	99.6
il(인칭 il part)	71.6	100.0
elle	29.8	82.0

(Sankoff and Cedergren 1971 : 81, Holmes 1992 : 157)

3.4.3 언어의 사회계층화의 여러 방향

이상에서 보면 언어 변수가 사회 계급에 따라 그 분포를 달리하는 현상이 광범위하게 발견된다. 어떤 언어 변수가 이처럼 사회 계급과 상관성을 가진다는 것은 그 언어 변수가 사회를 層位的으로 분화하는 일에 관계가 있다는 뜻이며, 따라서 이러한 언어 변수를 〈사회적으로 徵侯的인 (socially diagnostic)〉 언어 변수라고 부른다. 지역 방언의 경우 언어가 지리적으로 어떤 정보를 제공하듯이 이들은 사회적인 어떤 정보를 준다는 뜻일 것이며, 이때의 사회적 정보란 바로 사회 계급에 관한 것일 것이다.

그런데 이처럼 사회적으로 징후적인 언어 변수가 사회 계급과 상관성을 드러내 주는 방식은 늘 같은 것은 아니어서 몇 가지로 분류해 볼 필요가 있다. 그 하나는 그들의 사회계층화의 방식이 완만한 방식인지 선명한 방식인지를 나누어 보는 방식이다. 우리는 앞에서 서구를 비롯한 일반 사회에서의 사회 계급의 분화는 그 경계가 뚜렷치 않은 완만한 방식이며 그 계급에 따른 言語差도 有無의 방식이기보다는 多寡의 방식임을 지적한 바 있다. 따라서 이들 사회에서의 언어 변수의 사회 계층화는 완만한 방식일 것이 예측되며 또 그것이 일반적인 방식이다. 그러나 반드시 그렇지도 않아 사회 계급간의 언어차가 큰 폭으로 드러나는 수도 있다. 다음 도표 3.4가 그 한 예를 보여 준다.

Labov(1966)은 이러한 경우를 大幅 계층(sharp stratification)이라 하고 그 폭의 차이가 완만한 것을 小幅 계층(fine stratification)이라 하여 구별하였다.[11] 도표 3.4에서 보면 두 중류계급(즉 UM과 LM) 사이에서의 차이나 두 근로계급(즉 UW와 LW) 사이에서의 차이는 완만하여 소폭 계층의 모습을 보이는데 중류계급과 근로계급 사이의 차이는 매우 커서 대폭 계층의 모습을 보이고 있다. 결국 主계급 안에서의 하위 계급 사이에서는 언어 분화의 폭이 작고 主계급 사이에서는 그 폭이 커지는 양상인데 이것은 언어 변수와 사회 계급 사이에서 나타나는 상관성의 한 전형적인 모습이라 할 만하다.

언어 변수와 사회 계급 간의 상관성을 이처럼 대폭 계층과 소폭 계층으로 나누어 놓고 보면 몇 가지 의미있는 현상이 관찰된다. 앞에서 主계급 사이에서의 폭과 主계급 안의 하위 계급 사이에서의 폭이 다르다는 것도 그 하나다. 그리고 도표 3.4는 문법 변수 (s)에서 나타나는 현상인데 대체로 문법 변수는 대폭 계층을 보여 주고 음운 변수는 소폭

---

11) Wolfram and Fasold(1974 : 79)는 小幅 계층을 gradient stratification 이라 수정하여 불렀다. 이 이하의 설명은 이 Wolfram and Fasold(1974 : 79-83)를 따른 것이다.

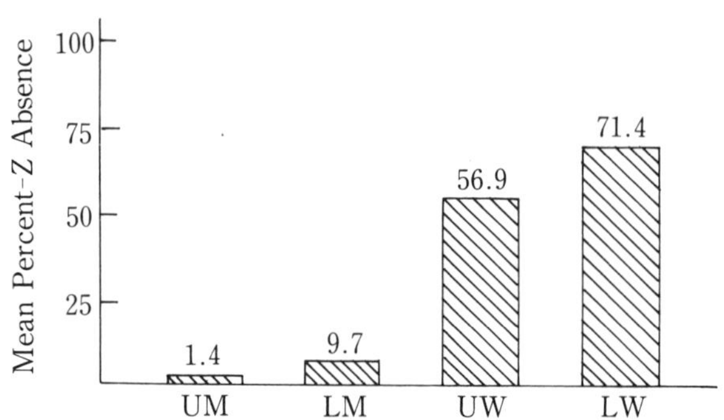

도표 3.4 3인칭 단수 (s)의 탈락률 (Wolfram 1969 : 136)

계층을 보인다고 하는데 이것도 대폭 계층과 소폭 계층을 분류함으로써 관찰되는 흥미있는 현상의 하나인 것이다.

한 언어 변수 안에서도 그 환경이나 결합 방식의 다름에 따라 계층화의 폭이 달라지는 현상도 발견된다. 한 예로 〈guest〉(/gest/)와 〈guessed〉(/gest/)는 표면상 발음이 같고 두 곳에서 모두 語末子音群의 마지막 자음이 탈락하는(/ges/로 실현되는) 변이형을 가지는데 단일어인 전자에서 합성어인 후자에서보다 소폭 계층을 보인다는 것이다. be 동사가 빠지는 경우에도 비슷한 현상이 디트로이트의 혹인 사회에서 관찰되는데 가령 의지 미래를 나타내는 〈gonna〉 앞에서는 〈They gonna go now〉처럼 〈be〉를 빠뜨리는 일이 중류계급에서도 흔히 발견되나 그 이외의 서술명사나 형용사의 구성에서 〈He a nice man〉과 같이 〈be〉를 빠뜨리는 일은 없다는 것이다. 언어의 사회계층화라고 하지만 그 폭이 다르고 그만큼 그 의미에 輕重이 있음에 주목할 필요가 있을 것이다.

한편 언어 변수에 대한 言衆의 주관적인 평가가 어느 정도인가에 따라 언어 변수의 질을 분류해 볼 수도 있다. Labov(1964 : 102, 1972 : 237)는 이를 세 가지로 분류하였는데 그 하나는 社會 指示素(social indicator)다. 이것은 분명히 사회 계급과 상관 관계를 보이는 언어 변수이기는 하나 그 변이에 대해 언중이 거의 의식하지 못하는, 따라서 그것을 듣고 話者의 사회적 지위를 판단하는 일에 거의 쓰이지 못하는 종류를 가리킨다. 꼭 맞을 예가 될지 모르나 서울 말의 〈ㅓ〉가 長音을 동반할 때의 발음 현상을 한 예로 들 수 있을 법하다. 이 발음은 〈ㅓ〉와 〈ㅡ〉의 중간음(대개 [ə] 정도의 shwa)으로 발음된다는 것을 음성학자들은 분석하며, 더 적극적으로는 그 음을 〈ㅓ〉 및 〈ㅡ〉와 구별하여 표준음으로 가르쳐야 한다는 것을 주장한다. 그러나 많은 사람은 그 차이를 깨닫지 못하며, 따라서 서울 말에서 이 두 발음이 어떤 사회 계층과 얽힌다면 이는 사회 지시소의 한 예가 될 것이다. 사회 지시소는 그 존재가 뚜렷하지 못하여 말투에 따라 어느 한 變異形을 선택하는 데는 쓰이지 못하는 특성을 지닌다.

다음 단계의 좀더 발전된 언어 변수는 社會 標識(social marker)이다. 이것은 言衆이 구체적으로 무엇인지 꼬집어내든 못 하든 어떤 변이형으로 話者의 사회적 지위를 짐작케 해주는, 언어 변수 중 가장 일반적인 종류라고 할 수 있다. 앞의 (ŋ)이나 (r)이 이 등급에 속할 것이다. 이 단계에 오면 말투에도 영향을 끼쳐 주의를 기울이는 말투에서는 威勢形 변이형을 쓰려는 경향을 나타낸다.

마지막은 社會 通念形(social stereotype)이다. 이것은 일반에게 널리 인식되어 흔히 얘깃거리로 삼는 종류를 가리킨다. 지역 방언의 예로서 가령 경상도 방언의 특징으로 흔히 〈머라카나〉를 예로 들고, 또 전라도 방언의 특징으로 〈그렇당개〉를 예로 들면서 그것으로 사람을 놀리는데 이 경우 〈카〉나 〈당개〉는 말하자면 통념형인데 어떤 언어 변수가 그런 통념형의 수준에 이르면 그것이 곧 사회 통념형이 되는 것이다. 영어의 경우 보스턴 방언의 예로 Pahk your cah in the Hahvahd Yohd 를 들면서 모음 뒤의 (r)을 발음하지 않으면서 (a)를 前舌化한 中底 모음 [a:]로 내는 것이나 뉴욕 부르클린 사람들이 thirty third street 를 toity toid street 라고 발음한다고 놀리는 것

등을 대표적 통념형으로 들고 있다.

3.5 요약

이상에서 우리는 언어가 지역의 거리에 의해서도 분화하지만 사회적 거리에 의해서도 여러 다른 모습으로 실현된다는 것을 특히 사회 계급에 초점을 맞추어 살펴보았다. 사회의 계층화는 인도의 카스트 제도에서처럼 태어나면서 획연히 구분되는 경우도 있지만 그렇지 않은 일반 사회에서도 반드시 있으며 어떤 기준에 의해서든 사회 계급의 분류가 가능하다는 것을, 아울러 그 사회 계급의 분류에 여러 가지 기준이 쓰인다는 것을 보았고, 또 그 대표적 분류 체계도 보았다.

카스트가 있는 곳에서는 카스트 방언이 형성되어 어느 카스트에만 쓰이는 어형이 따로 있지만 일반 사회에서는 각 계급에 배타적으로 쓰이는 語形이 있기보다는 어느 쪽 어형을 더 높은 빈도로 쓰는 방식으로 나타남을 보았다. 이때 상위 계층이 더 즐겨 선택하는 어형은 표준형 내지 威勢形이었으며 하위 계층이 더 빈번히 선택하는 어형은 비표준형 내지 卑賤形이었다. 언어 공동체에는 이러한 위세형과 비천형의 변이형으로 갈리는 언어 변수가 있어 그것이 사회를 언어적으로 계층화하는 사례를 여러 나라에서의 여러 연구를 통하여 보았다. 그리고 그 정도와 양식이 매우 미묘하게 여러 모습으로 나타난다는 것을 알게 되었다. 그러나 그 세부적인 모습은 어떻든 우리가 얻는 결론은 사회 계층이 주요한 사회적 요인의 하나라는 것이며, 동시에 언어가 그 사회 계층과 확고한 상관 관계를 가지며 얽혀 있다는 사실이었다고 요약할 수 있을 것이다.

제 4 장

성별과 언어

성별에 따라 言語差가 있을 수 있을 가능성은 보기에 따라서는 쉽게 예측될 듯싶다. 남자와 여자는 목소리부터 다르다. 말투에도 분명히 차이가 있다. 그래서 〈꼭 여자처럼 말한다〉고도 하고 〈넌 왜 남자처럼 말하니?〉라고도 한다. 여자가 남자보다 말을 빨리 배운다고 하는 생각도 일반화되어 있다. 전화 한 통화의 시간이 여자의 경우가 훨씬 길다는 이야기도 자주 듣는 말이다. 이 모두가 남자와 여자 사이에 언어 면으로 어떻든 어떤 차이가 있음을 시사하는 것으로서 여기에서 우리는 성별에 따른 언어차의 존재를 충분히 예측하게 된다.

그러나 막상 구체적으로 어떤 語形에서 남자의 말과 여자의 말이 차이를 일으키는지를 꼽으라면 쉽지 않다. 가령 대답할 때 남자들은 〈예〉라고 하는데 여자들은 〈네〉라고 하는 것과 같은 뚜렷한 차이가 있는가? 아니면 남자들은 주로 〈앉으세요〉라고 하는 경향이 있는데 여자들은 〈앉으셔요〉를 더 즐겨 쓴다고 할 수 있는 어떤 경향적인 차이라도 발견되는가? 특히 한국어에서 이런 차이가 보고된 일은 아직 거의 없는 상태다. 뭔가 있는 듯한데 막상 쉽게 손에 잡히지 않는 것이 아닌가 한다.

그러나 외국에서는 이 방면의 연구가 꽤 활발히 이루어져 왔고, 또 그 성과도 꽤 다양하게 축적되어 오고 있다. 어형에서의 차이뿐만 아니라 언어 사용에서의 어떤 버릇의 차이에 이르기까지 매우 흥미로운 현상들이 관찰되고 분석되어 온 것이다. 이제 그 중 대표적인 것 몇 가지를 중심으로 성별에 따라 생기는 언어차의 종류와 그 성격을 살펴 가기로 한다.

4.1 성별 방언

성별에 따른 언어차가 가장 극명하게 드러나는 것은 남자들이 쓰는 語形과 여자들이 쓰는 어형이 완전히 별개의 것으로 분리되어 있는 경우일 것이다. 각기 언어 목록을 달리하는 경우로서 이때의 각 어형(그 중에서도 특히 여성형)을 性別 方言(sex dialect)[1]이라 부를 수 있을 것이다.

親族 名稱에서 지시되는, 또는 호칭되는 상대의 성별에 따라서 별개의 어형이 쓰이는 일은 꽤 일반적이다. 국어에서도 〈아버지〉와 〈어머니〉로 갈려 있고, 또 〈형〉과 〈누나〉로도 갈려 있다. 영어에서 brother 와 sister 로 갈려 있는 것도 마찬가지다. 그런데 이것은 동물의 이름이 〈장끼〉와 〈까투리〉 또는 영어의 cock(수탉)과 hen(암탉), 독일어의 Ochs(황소)와 Kuh(암소)처럼 분화되어 있는 것과 궤를 같이 하는 것으로서 話者의 성별에 따른 분화와는 성격을 달리하는 것으로 보아야 할 것이다. 즉 이것은 그 대상의 意味資質 자체에 의한

---

1) 〈방언〉을 어느 특정 지역, 또는 어느 특정 계층의 언어 체계 전반을 가리키는 용어로 쓰는 용법을 따르면 성별 방언은 어느 性이 쓰는 언어 전반을 가리키는 용어로 써야 할 것이다. 실제로 McConnell-Ginnet(1988)은 그러한 의미로 genderlect 라는 용어를 만들어 쓰고 있다. 그러나 우리는 우선 어느 성에 의해서만 쓰이는 특수한 어형에 대해서만 성별 방언이라는 용어를 쓰고자 한다.

분화인 만큼 성별 방언으로 보기는 어려운 것이다. 굳이 덧붙인다면
이들은 성장도에 따라 〈병아리〉와 〈닭〉으로 구분하는 것과 비교되는
것이 좋을 것이다.

4.1.1 화자의 성별에 따른 언어차

앞의 경우와는 달리 화자의 성별에 따라 동일 대상을 다른 어형으로
부르는 것은 분명히 性이 하나의 변수로 작용하는 현상으로서 우리의
각별한 주목을 요한다. 가장 비근한 예로 국어에서 동일 대상을 두고
남자 화자가 부를 때는 〈누나〉라 하는 것을 여자 화자가 부를 때는
〈언니〉라 하는 것은 성별에 따라 어형 자체가 분화되어 있는 좋은 실
례라 볼 수 있다. 〈형〉과 〈오빠〉의 분화도 마찬가지다. 이런 예는
Bolivia에 거주하는 아메리칸 인디언 Chiquito 족에서도 발견된다.
이 언어에서는 우리의 〈형/오빠〉에 대응하는 분화도 있지만 아버지
어머니를 가리키는 어형도 화자의 성별에 따라 갈려 있다(Trudgill
1983 : 81-82).

남성형	여성형	
tsaruki	ičibausi	〈우리 형 / 오빠〉
ijai	išupu	〈우리 아버지〉
ipaki	ipapa	〈우리 어머니〉

더욱 간명한 예로는 일반 명사가 분화되어 있는 예일 것이다. 다음
은 일본어에서 성별로 단어들이 완전히 별개의 어형으로 분화되어 있
는 예들이다(Holmes 1992 : 165).

남성형	여성형	
mizu	ohiya	〈물〉

hara	onaka	〈胃〉
umai	oisii	〈맛있다〉
kuu	taberu	〈먹다〉

　대명사가 별개의 어형으로 분화되어 있는 예도 알려져 있다. 한 예로 타이어에서는 平交間의 점잖은 말에서 자신을 가리키는 1인칭 대명사가 화자가 남자냐 여자냐에 따라 〈phom〉과 〈dichan〉으로 갈려 있다고 한다(Trudgill 1983 : 81). 일본에서도 卑稱이기는 하나 일인칭 대명사가 화자의 성별에 따라 여성형 〈atasi〉와 남성형 〈boku〉가 〈watakusi〉라는 共用形과 함께 분화되어 쓰인다. 이것은 앞에서 지적하였듯이 지시되는 대상의 성별에 따라 〈he〉와 〈she〉 또는 〈il〉과 〈elle〉로 분화되어 있는 것과는 다른 현상으로서 역시 성별 방언의 한 대표적 예일 것이다.

　남성형과 여성형이 좀더 규칙적으로 대응되는 경우도 있다. 이때는 어느 한쪽 어형을 기준으로 하여 어떤 일정한 接辭를 첨가함으로써 다른 성의 어형을 파생시키는 방식을 취하는데 북미 인디언어의 하나인 Yana어에서 그 전형적인 예를 볼 수 있다(Holmes 1992 : 165).

남성형	여성형	
ba-na	ba	〈사슴〉
yaa-na	yaa	〈사람〉
ʾau-na	ʾau	〈불〉
nisaaklu-ʾi	nisaaklu	〈he might go away〉

　역시 북미 인디언어의 하나인 Koasati어가 보여 주는 현상은 더욱 복잡하면서 더욱 흥미롭다. 이 언어는 동사의 活用表 중 평서형과 명령형에서 화자의 성별에 따라 뚜렷한 차이를 나타내는데 그 범위가 꽤 광범위하고 또 상당히 규칙적이다. Haas(1944)가 제시하는 규칙 몇

가지만 보면 다음과 같다. [2] Haas는 여성형이 基底形(및 古形)이고
남성형이 거기로부터 파생한 형태로 파악하여 규칙도 그 방향으로 제
시하였다.

(가) 여성형이 鼻母音으로 끝나면 남성형에서는 그 모음이 s로 바
꿘다.

여성형	남성형	
kã :	ká : s	〈그가 말하고 있다〉
lakawwã :	lakawwá : s	〈그가 그것을 들 것이다〉

(나) 여성형이 l로 끝나고 그 마지막 음절에 下降調가 놓이면 남성
형은 그 l을 s로, 하강조를 高潮로 바꾼다.

여성형	남성형	
lakawwîl	lakawwís	〈나는 그것을 들 것이다〉
lakawhôl	lakawhôs	〈그것을 들어라〉

(다) 여성형이 短母音과 n으로 끝나고 그 음절에 하강조가 놓이면
남성형은, 하강조는 그대로 둔 채 n을 s로 바꾸고 단모음은 長母音으
로 바꾼다.

여성형	남성형	
lakawcîn	lakawcî : s	〈그것을 들지 말아라〉
tacilwân	tacilwâ : s	〈노래하지 말아라〉

---

2) Koasati어에 대한 Haas(1944)의 연구는 워낙 널리 알려져 Trudgill(1983
b), Fasold(1990) 등에도 비중 있게 다루어져 있다.

(라) 여성형이 자음 하나나 둘로 끝나면 남성형은 그 뒤에 s를 첨
가한다.

여성형   남성형
í : p   í : ps   〈그가 먹고 있다〉
tacilw   tacilws   〈너는 노래하고 있다〉

이상의 규칙이 중복되어 적용되는 수도 물론 있다. 한 동사의 活用
表로써 그 예를 보이면 다음과 같다.

여성형   남성형
o : tîl   o : tís   〈나는 불을 지피고 있다〉
ó : st   ó : sč   〈너는 불을 지피고 있다〉
ó : t   ó : č   〈그는 불을 지피고 있다〉

남자들의 말과 여자들의 말 사이에 이상에서 보는 바와 같은 규칙적
인 音韻 對應까지 있을 수 있다는 것은 매우 충격적이라 할 만한데 이
런 현상은 다른 언어에서도 몇몇 더 보고되어 있다. 그 하나는 미국
동북부의 인디언어인 Gros Ventre어에서의 현상이다(Trugill 1983
b : 78). 이 언어에서는 男性語의 齒閉鎖音(구개음화된)이 女性語에서
는 규칙적으로 軟口蓋閉鎖音(구개음화된)으로 대응한다. 한 예로 빵을
가리키는 단어가 남성형은 〈djatsa〉인데 여성형은 〈Kjatsa〉로 분리
되어 있다. 비슷한 예로 인도어의 하나인 Bengal어에서는 몇 단어에
서 여성형은 語頭音 〈1〉인 것이 남성형은 〈n〉으로 규칙적인 대응을
보인다(Holmes 1992 : 165).

Darkhat 몽고어에서는 더욱 규칙적인 대응이 성립되어 있는 것으
로 보고되어 있다(Trudgill 1983b : 83). 즉 이 언어에서는 남성어와
여성어 사이에 광범위한, 그리고 규칙적인 母音 對應이 나타난다. 이

것은 대체로 어느 한쪽이 더 앞 시기의 언어 모습이고 다른 한쪽이 변화를 겪은 후의 모습일 것으로 추정되는데 어떻든 그 규칙적인 모습이 매우 인상적이다. [3]

남성어	여성어
u	ʉ
o	θ
ʉ	y
θ	φ

남아프리카의 Zuru족의 언어에서는 남성어와 여성어 사이의 또 다른 모습의 대응을 보여 준다(Trudgill 1983b : 81). 이 언어에서는 〈z〉 音素의 사용이 금기로 되어 있다. 따라서 가령 〈amanzi〉(물)처럼 〈z〉가 포함된 단어는 〈amandabi〉처럼 어떻게든 그 〈z〉을 뺀 형태로 바꾸어 사용해야 한다. 이 결과 이 언어의 여성어의 音韻 目錄에는 아예 〈z〉가 들어 있지도 않다. 이 관계는 남성어의 〈z〉가 여성어에서 규칙적으로 어떤 음소로 대응하는 관계가 아니라 유무의 대응이라는 보다 격차가 큰 대응이라는 점에서 우리에게 충격을 준다.

이상에서 보면 성별에 의한 언어차는 산발적으로 몇몇 어휘에서나 나타나는 수준이 아니고 상당히 광범위하게, 또 체계적으로 나타날 수도 있음을 깨닫게 된다. 그리고 한편으로는 이러한 차이는 지역방언 사이에서 볼 수 있는 것과 비슷한 양상을 띠고 있다는 것도 엿볼 수 있다. 특히 음운 대응을 일으키는 경우 한쪽이 古形이고 다른 한쪽이 新形인데 이러한 언어 변화에 의한 方言差는 바로 지역 방언의 한 전형적인 모습인 것이다. [4] 그리고 남성어에 있는 음운 목록이 여성어에

---

3) 남성어의 母音이 여성어의 모음에 비해 한 단계씩 後舌로 밀리는 규칙적인 대응 관계를 보여준다.

4) 성별 방언을 일으키는 중요한 요인의 하나로 흔히 어느 한쪽이 보수성이 더 강

없다는 것도, 비록 그것이 금기라고 하는 특수한 요인에서 비롯된 것이고 또 사례가 예외적인 수준이긴 하나 역시 지역 방언에서 흔히 볼 수 있는 현상이다. 성별 방언이 비록 그 규모가 작기는 하지만 지역 방언에서 볼 수 있는 것과 일치하는 양상도 띠고 있다는 것은 따로 주목해 둘 필요가 있다고 생각된다.

4.1.2 청자의 성별에 따른 언어차

그런데 성별 방언은 이상에서 본 것보다 더 복잡한 양상을 띠기도 한다. 앞에서 우리는 지시되는 대상이 성별에 따라 다른 語形으로 분화되는 현상은 이 장의 논외로 돌리려는 듯한 뜻을 보인 바 있다. 그리고 話者의 성별이 언어에 어떻게 영향을 미치는가에만 관심을 두어 왔다. 그런데 聽者의 성별도 아울러 변수로 작용하는 언어도 있음이 보고된 바 있다. 물론 〈언니〉나 〈오빠〉도 청자의 성별에 따른 분화라고 할 여지가 없지는 않다. 그러나 이들이 호칭으로 쓰일 때가 아닌 이상 이들의 분화는 청자의 성별과는 무관하다. 〈저희 언니예요〉라는 말은 남자한테든 여자한테든 다 쓸 수 있는 말인 것이다. 따라서 청자의 성별이 언어에 영향을 미친다고 할 때에는 우리가 앞에서 논외로 하기로 한 〈언니 / 오빠〉류의 분화는 역시 제외된다는 것을 미리 유념해 둘 필요가 있겠다.

청자의 성이 함께 영향력을 행사하는 예는 인도에서 사용되는 Kũṛux어라는 Dravidia어의 한 언어에서 발견된다(Ekka 1972).[5]

하다는 것을 둔다. Koasati어의 경우는 여성이 더 보수적이었다. 같은 유형으로 시베리아 소재의 Chukchi어를 들기도 한다. 이 언어에서 여성어는 母音 간의 子音(특히 〈n〉과 〈t〉)을 유지하는 반면 남성어는 그것을 탈락시켜 여성이 보수적인 古形을 유지하고 있다는 것이다. 반면 남성 쪽이 더 보수적인 사례도 미국 North Carolina의 Hillsboro 지방 및 남부 노르웨이의 Larvik 지방의 예로 보고되어 있다(Trudgill 1983 : 84, 93). 어떻든 音韻 變化의 속도에 차이를 일으키면서 성별 방언이 형성된다는 사실은 흥미로운 바가 있다.

이 언어에서는 여자가 여자에게 말할 때에만 특이하게 쓰는 몇몇 형태 변화가 있다. 이것은 남자들이 말할 때에는 말할 것도 없고 여자가 남자에게 말할 때에도 안 쓰이는 형태인 것이다. 먼저 주어가 1인칭(단수/복수) 및 복수 명사일 때에 그 실례를 볼 수 있다.

〈여 → 남〉형[6]	〈여 → 여〉형	
bardan	baren	〈내가 간다〉
bardam	barem	〈우리가 간다〉
barckan	barcan	〈내가 갔다〉
barckam	barcam	〈우리가 갔다〉
xaddar	xadday	〈아이들〉

그런데 주어가 2인칭 단수일 때에는 여기에 한 종류가 더 추가된다. 남자가 여자에게 말할 때의 형태가 제3의 형태를 이루는 것이다.

〈여 → 남〉형[7]	〈여 → 여〉형	〈남 → 여〉형	
barday	bardin	bardi	〈네가 간다〉
barckay	barckin	barcki	〈네가 갔다〉

이상에서처럼 화자와 청자의 성별이 동사의 活用表에까지 반영된다는 것은[8] 사실 우리의 상상을 초월하는 면이 없지 않다. 성별에 의한 언어차의 골이 깊으려면 매우 깊을 수 있다는 것을 일깨워 준다고 하겠다.

---

5) Fasold(1990 : 90-91)에서 인용.
6) 화자가 남자들일 때에는 청자가 누구이든 이 〈여→남〉형이 쓰인다.
7) 남자가 남자에게 말할 때의 형태는 〈여→남〉형과 일치한다.
8) McConnell-Ginet(1988)은 이 현상에 gender deixis라는 이름을 붙여 人稱 變化와 같은 문법 현상으로 이해하려 하였다. 그러나 주어의 성별에 의해서가 아니라 화자 및 청자의 성별이 활용표에 반영되는 현상은 특별한 범주를 이룬다고 보아야 할 것이다.

4.2 성별과 표준형 선택

성별이 언어에 끼치는 영향은 語形을 남성형과 여성형으로 완전히 분리시키는 일에 국한되지 않는다. 어떤 어형을 어느 한 性의 專用 형태라고 할 수는 없지만 어느 한쪽 성이 어느 어형을 더 선호한다는 점에서, Fasold(1990)의 용어를 빌린다면 성별 유형(gender pattern) 상에서 성별이 중요한 변수로 작용하는 수도 많다.

4.2.1 여자들의 표준어 선호 경향

이 방면의 연구는 먼저 여자들이 남자들에 비해 표준형(standard variant)을 더 선호한다는 사실을 밝혀내는 일에서부터 시작되었다. 사회적으로 더 우위의 형태, 즉 威勢形(prestige form)으로, 또는 더 바른 말로 인정되어 있는 형태들을 여자들이 더 즐겨 쓴다는 것을 여러 연구에서 밝힌 것이다. 한 예로 24명의 아이들을 대상으로 한 규모가 작은 연구이기는 하나 이 방면의 개척자적 연구인 Fischer(1958)에서는 미국 New England의 경우 여자 아이들이 현재분사형 어미 〈-ing〉의 비표준형 〈-in〉을 사용하는 빈도가 남자 아이들에 비해 눈에 띄게 낮다는 것을 밝혀냈다. 즉 24명 중 3명을 제외하고는 표준형과 비표준형을 뒤섞어 썼는데 표준형을 더 자주 쓰는 아이들 중에는 여자 아이들이 10 : 5로 많고, 비표준형을 더 자주 쓰는 아이들 중에는 남자 아이들이 7 : 2로 많았다는 것이다.

Fischer(1958)의 이 연구 이후에 비슷한 결과가 여러 곳에서 여러 학자들에 의해 이루어졌는데 그 중에서 몇몇 결과를 보면 다음과 같다. 먼저 Trudgill(1974 : 94)은 영국 Norwich에서 역시 현재형 어미 〈-ing〉의 〈ng〉가 〈n〉으로 실현되는 빈도를 계층별로 조사한 것인데 다음 표 4. 1에서 보듯이 어떤 계층에서나 여자들이 이 비표준형을

덜 쓰고 있다. [9]

표 4.1 Norwich 에서 〈-ing〉을 〈-in〉으로 발음하는 빈도(%)

	中중류계급	下중류계급	上근로계급	中근로계급	下근로계급
남자	4	27	81	91	100
여자	0	3	68	81	97

(Trudgill 1974 : 94)

한편 Wolfram(1969)은 미국 디트로이트의 흑인을 대상으로 〈I don't want none〉과 같은 多重否定文의 사용 빈도를 역시 계층별로 조사한 것인데 여기에서도 어느 계층에서나 여자들이 비표준형을 덜 쓰는 것으로 나타났다.

표 4.2 다중부정문의 사용 빈도(%)

	上중류계급	中중류계급	上근로계급	下근로계급
남자	6.3	32.4	40.0	90.1
여자	0.0	1.4	35.6	58.9

(Wolfram 1969)

Sankoff(1974)는 캐나다 몬트리올의 불어에서 관사와 대명사 il, la, les 등의 〈l〉이 〈il fait [i fɛ]〉, 〈dans la rue [dɐ̃: rü]〉에서처럼 탈락하는 현상을 조사한 것인데 역시 여자가 〈l〉을 탈락시키는 비표준형을 덜 쓰고 있음을 보여 준다.

---

9) 이 표는 원래의 표에서 격식 말투 부분만을 뽑은 것이다. 비격식 말투나 단어 목록 읽기 등에서는 여기에서와 같은 산뜻한 차이는 나지 않는다.

표 4.3 관사 및 대명사의 ⟨l⟩의 탈락 빈도(%)

	전문직		근로직	
	여자	남자	여자	남자
la(관사)	3.8	15.7	44.7	49.2
la(대명사)	0.0	28.5	33.3	50.0
les(관사)	5.4	13.1	21.7	34.6
les(대명사)	16.0	25.0	50.0	78.1
il(인칭대명사)	54.0	90.0	100.0	100.0
elle(인칭대명사)	29.8	29.7	74.6	96.4

(Sankoff 1974)

이상에서 보면 여자들이 남자들에 비해 표준형을 더 높은 비율로 선호하는 경향이 꽤 여러 사회에 공통적으로 나타남을 보게 된다. 물론 이것이 모든 언어에서 공통적으로 발견되는 현상은 아닐 것이다. 위의 결과는 서구 사회를 중심으로 관찰한 결과로서 다른 세계로 눈을 돌리면 예외도 많이 발견된다는 지적도 있다. 특히 여자들의 표준형 선호 경향은 격식 말투에서의 현상이며 일상 말투에서는 사투리를 더 많이 간직하고 있다는 보고도 있다(Russell 1982).[10] 그러나 아직까지는 앞에서 본 경향이 더 일반적인 경향으로 드러나고 있다.

4.2.2 여자들의 반란

그렇다면 여자들이 남자들보다 표준형을 더 선호하는 까닭은 무엇인가? 이에 대한 Trudgill(1983a : 167-168)의 해석은 이러하다. 전통

---

10) 케냐의 Mombasa에서 쓰이는 Swahili어의 사례를 밝힌 것으로 Fasold (1990 : 93)에도 소개되어 있다. 앞의 註 9)도 아울러 참조할 것.

적으로 남자들은 직업이 있고 돈을 버는 능력이 있어 그로써 사회적 지위를 확보하고 있었음에 반해 여자들은 그러한 사회적 지위의 확보가 어려워 상대적으로 낮은 지위에 있었고 따라서 여자들은 겉으로 뭔가 드러내 보이는 데 신경을 쓰게 되었다. 남자들은 그들이 무엇을 〈하느냐〉에 따라 사회적 지위가 매겨지는 데 비해 여자들은 어떻게 〈보이느냐〉에 따라 사회적 자리 매김이 결정되는 면이 있었기 때문이다. 잘 보이려고 하는 행위가 언어적인 면에서 나타난 것이 표준형을 남자들보다 더 열심히 구사하는 현상인 것이다.

Key(1975 : 103)는 이것을 일종의 〈반란〉이라 규정한다. 여자들의 표준어 선호는 자신들의 사회적 지위를 높이기 위한, 다시 말하면 표준형이 누리는 威勢(prestige)를 누리기 위한 수단인데 이는 자신들의 낮은 지위를 감수하지 못해 일으키는, 비록 눈에 잘 뜨이지는 않지만, 또 누가 뭐라지 않는 온건한 방법이기는 하지만 일종의 반란이라는 것이다. 어떻든 좋은 옷을 입음으로써 자신의 신분을 높게 보이게 하려는 것과 같은 의도로 표준어를 열심히 구사한다는 해석이다.

이러한 해석과 관련하여 다음의 연구 보고도 흥미롭다(Fasold 1990 : 96). 아프리카 Tanzania는 국어로 Swahili어가 쓰이는 한편 영어도 보편화되어 있다. 그런데 부부가 모두 二重言語 사용자인 어떤 제보자의 보고에 의하면 부부 싸움을 할 때 남편인 자기는 Swahili어를 계속 고집하는 반면 자기 아내는 계속 영어로써 덤빈다는 것이다. 이에 대한 해석은 이러하다. 二重言語社會에서 으레 그렇듯 여기에서도 Swahili어는 그 나라 전통적인 규범과 가치를 대표하며 영어는 문명과 신세계의 가치를 상징한다. 여기에서 남편이 Swahili어를 고집하는 것은 남편과 아내의 역할이 엄격히 구분되어 있는 전통적인 규범이 지켜지기를 바라는 마음의 한 표현이고, 아내가 영어로써 대항하는 것은 남녀 구별이 그리 엄격하지 않은, 다시 말하면 자기들 전통 사회보다 남녀 평등이 잘 실현되어 있는 외래적인 규범을 갈구하는 마음의 한 표현이라는 것이다. 결국 여기에서도 여자가 하나의 반란을 일으키고 있는 셈이다. 그리고 이 경우를 확대해 보면 여자들의 표준형 지향은 단순히 자신의 지위를 높게 내보이려는 소극적인 자세가 아니라 남녀 불평등의 전통적인 사회에 대한 보다 적극적인 거부의 자세라고 할 수도 있을 것이다.

4.2.3 여자들의 역할과 성품

표준형을 선호하는 태도에서 드러나는 남녀 사이의 차이에 대한 해석은 다른 방향에서도 시도되고 있다. 여자가 자녀의 교육에 더 깊이 관여하기 때문에 표준형을 더 열심히 배워야 할 위치에 있다는 해석이 그 하나요, 사회에서 여자들에게 더 바른 행실을 요구하고, 얌전치 못한 행위에 대해 남자들에게보다 가혹한 비판이 가해지므로 언어 면에서도 자연히 더 바른 말인 표준형을 쓰게 된다는 해석이 다른 하나다 (Trudgill 1983a : 167-168, 1983b : 88, Holmes 1992 : 172).

또 다른 해석 하나는 전혀 각도를 달리한 해석이다. 여자들이 표준어를 더 선호하는 것으로 결론을 내리게 한 자료들의 대부분은 면접을 통해 얻어진 것들이다. 그런데 그 면접은 대부분 상위 계층의 남자들이 담당한다. 이 외부의 남자에게 여자들은 아무래도 더 공손한 태도를 취하게 되고 말도 표준형 쪽을 택하게 된다는 것이 이 해석의 요점이다. 즉 여자들의 표준형 선호 경향은 언어 생활 전반의 것이기보다 면접이라고 하는 상황에서 빚어진 한정된 현상이며 이것은 손님, 또는 남에게 더 공손하고 예의 바르게 구는, 더 잘 적응하려는 태도를 보이는 여성 특유의 성품에서 비롯된다고 해석하는 것이다.

한편 Milroy(1980)는 Belfast에서의 연구를 기초로 하여 社會網 (social network)의 유형에서의 차이로 그 이유를 해석하려 하였다. Belfast의 한 마을인 Ballymacarrett에서는 남자들은 거의 그 지역 안의 조선소 일에 종사하기 때문에 늘 끼리끼리 몰려 다니게 됨으로써 그 고장 사투리를 많이 씀에 비해 여자들은 대부분 그 마을 바깥에 나

가 직장 생활을 함으로써 자연히 표준형을 많이 쓴다는 것이다. 사회
망의 유형과 밀도가 남녀간의 역할을 획연히 구분하고 그것이 언어 선
택에 영향을 미쳤다고 해석하는 것이다.

4.2.4 남자들의 사투리 선호 경향

시각을 남자 쪽으로 돌려 성별에 따른 言語差를 해석하려는 시도들
도 있다. 특히 근로층에서 두드러지지만 남자들은 오히려 사투리를 남
성다움의 한 표징으로 여기고 있기 때문에 여자들에 비해 사투리를 더
많이 고수한다는 해석이 그 하나다(Trudgill 1983a : 168, 1983b : 88,
Fasold 1990 : 98-99). 가령 Belfast의 경우 근로자들이 늘 끼리끼리
몰려다니는 상황에서 남자들은 소속감과 유대감을 중시하며 이때 그것
을 유지시켜 주는 중요한 수단의 하나가 그들만의 사투리일 뿐더러 매
끄러운 표준형은 여성 취향의 것으로 느껴져 그들의 기질상 선호의 대
상이 되기 어렵다는 것이다.
이와 관련하여 Trudgill(1972, 1983a, 1983b)의 관찰은 우리에게 흥
미를 일으킨다. 역시 Norwich의 조사 결과인데 남자들은 여자들과
는 정반대로 표준형을 사용하는 정도를 낮춰 보고하는 경향이 있다는
것이다. 가령 어떤 발음을 실제로는 표준형으로 발음하고 있으면서,
설문을 통하여 어느 쪽 발음을 하느냐고 물으면 비표준형 발음을 사용
한다고 평가절하하여 대답하는 빈도가 여자들에 비해 훨씬 높다는 것
이다. 한 예로 다음 표 4.4는 〈ear〉의 발음을 표준 발음(RP) [iə]로
하느냐 그 지방 사투리 발음인 [ɛ:]로 하느냐를 自家評價시킨 결과인
데 남자의 경우는 다른 방법의 조사에서 실제로는 표준 발음을 구사하
는 사람의 꼭 반에 해당하는 사람이 사투리 발음을 한다고 過少 報告
하고 있다. 여자의 14%에 비해 훨씬 높은 비율이며, 또 여자들은 반
대로 실제로 하지도 않으면서 표준 발음을 사용한다고 過大 報告한 것
이 68%에 이르는 것과도 대조적이다.

표 4.4 〈ear〉의 발음에 대한 보고의 백분율(%)

	남자	여자
과대 보고	22	68
과소 보고	50	14
바른 보고	28	18

(Trudgill 1972)

남자들의 표준형 사용에 대한 과소 보고는 뒤집으면 사투리 사용에 대한 과대 보고다. 이것은 무엇을 말하는가? 이것은 여자들이 표준형에 대해 과대 보고를 하는 심리와 마찬가지로 남자들은 사투리에 더 높은 점수를 매기고 있다는 뜻이며 오히려 사투리 사용을 더 바람직한 행위로 평가하고 있다는 뜻이다. 일반적으로 표준형이 위세를 누리는데 여기에서는 사투리가 말하자면 더 높은 위세를 발휘하는 것이다. Trudgill은 이것을 Labov의 용어를 빌려 〈숨은 위세(covert prestige)〉라 불렀는데 겉으로 드러내 놓고 사투리를 많이 쓴다고 자랑은 못하지만 무의식적으로는 표준형보다 사투리를 더 선호하는 심리가 남자들에게 있다는 것이다. Trudgill(1972)은 이 현상이 근로층에 국한하지 않고 중류층에도 차이없이 나타남을 지적하였다. 여자들의 표준형 지향의 경향과는 대조적으로 남자들은 전반적으로 사투리 지향의 경향을 가지고 있다고 요약할 수 있을 것이다.

남자들의 이와 같은 경향을 Fasold(1990 : 99)는 앞의 Key(1975)의 〈반란〉이라는 규정에 맞춰, 전통을 깨려는 여자들의 혁명에 대한 반혁명이라고 부를 수 있지 않겠느냐는 뜻을 비치고 있다. 여자들이 표준형으로 개혁을 함으로써 얻는 이득이 있는 것처럼 남자들은 사투리를 지킴으로써 기왕에 확보한 전통적 이권을 유지할 수 있으므로 표준형 선택을 두고 남녀가 벌이는 갈등을 서로 자기의 영토를 확보하기 위한 일종의 투쟁으로 파악하려고 한 것이다. 어떻든 이상에서 우리는 남자의 말과 여자의 말이 표준형 선택의 정도에서 차이를 보인다는 점은 분명히 확인한 셈이다. 그리고 그 차이는 남자와 여자가 처하고 있는 사회적 상황과 거기에 대한 대처의 방향에서 일어나는 차이에 기인한 다는 것도 꽤 면밀히 살펴보았다. 한마디로 표준형 선택의 정도가 성 별에 의한 언어차를 일으키는 중요한 한 요인임을 주목할 필요가 있 겠다.

4.2.5 성별과 사회 계급의 관계

우리는 앞 장(제3장)에서 사회 계급이 표준형(威勢形) 및 비표준형 (卑賤形)의 선택에 영향을 미치는 사실을 보았었다. 그리고 지금 여기 에서는 성별이 역시 비슷한 영향력을 행사하는 것을 보았다. 그렇다면 두 영향력은 어떠한 관계에 있으며 어느 것이 더 큰 비중을 가지는 것 일까? 성별과 사회 계급은 독립 변수들이므로 이들 중 어느 것이 다 른 하나에 직접적인 영향을 주지는 않을 것이다. 그러나 서로 어떤 연 관성을 가지는 것은 어쩔 수 없을 것이며 특히 어느 것이 더 우선적이 냐의 문제를 일으킬 수 있을 것이다.

앞의 표 4.1로 다시 돌아가 보면 비록 어느 계급에서나 여자들이 표 준형을 더 선호한다는 점은 같지만 그 비율에서는 계급에 따라 다름을 볼 수 있다. 즉 최상위 계급인 中중류계급과 최하위 계급인 下근로계 급에서의 남녀의 차이가 다른 계급에 비해 미미한 것이다. 사회 변수 끼리 서로 어떤 작용을 하고 있다는 증거인 것이다. 서로 상승 작용을 일으킬 수도 있을 것이며 아니면 어떤 견제 작용을 할 수도 있을 것이 다.

성별 변수와 사회 계급 변수 중 어느 영향력이 더 우선적일까? 많 은 곳에서 성별 변수의 영향력이 일차적이라는 것으로 밝혀져 있다. 그 가장 대표적 실례를 보여주는 것이 다음 도표 4.1이다. 이것은 영국 Newcatle-upon-Tyne의 사투리 특징 중의 하나인 閉鎖音 (p), (t),

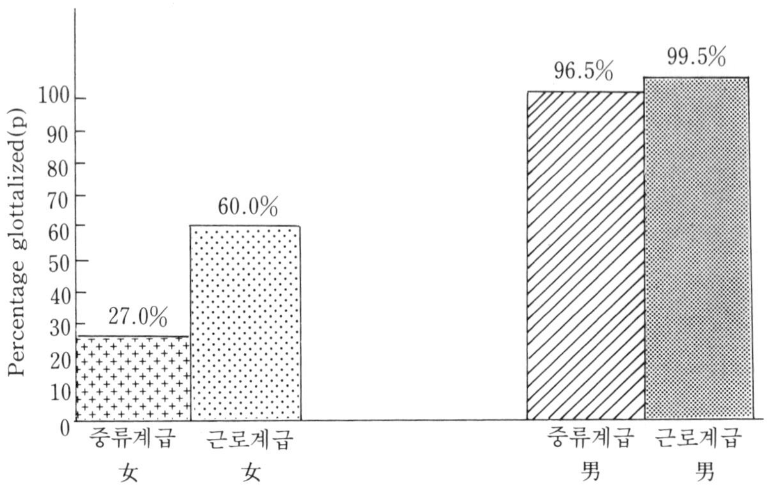

도표 4.| Newcastle-upon-Tyne에서의 (p)의 성별 및 사회 계급별 성문
음화율(Milroy 1988 : 580, Fasold 1990 : 101)

(k)의 聲門晉化 현상 중 (p)의 聲門晉化率을 보인 것인데 여기에서의
백분율은 (p)가 들어 있는 모든 단어 중에서 (p)가 된소리로 발음되
는 비율을 나타낸 것이다.

그런데 이 도표에서 보면 남자들은 사회 계급에 관계없이 거의 모든
경우 (p)를 된소리로 발음하고 있다. 거기에 비해 여자들은 그 비율
이 훨씬 낮다. 성별의 차이인 것이다. 물론 여자들 안에서는 상위 계
급인 중류계급 여자들이 (p)를 된소리로 발음하는 비율이 하위 계급
인 근로계급보다 눈에 드러나게 큰 차이로 더 낮기는 하다. (그리고 남
자들의 경우도 그 차이가 미미하기는 하나 역시 상위 계급인 중류계급의 성
문음화율이 낮다는 점은 공통된다.) 그러나 이러한 사회 계급에 의한 차
이는 성별에 의한 차이에 비하면 부차적이랄 수밖에 없다. 결국 (p)
의 성문음화는 사회 계급에 의해서보다는 성별에 의해 주도되고 성별에
의해 더 큰 영향력을 받는다는 결론이 된다. 보통 사회 계급을 더 중요

한 변수로 인식하는 경향이 있는데 성별이 의외로 강력한 영향력을 가진 변수라는 것을 바로 인식해 두는 일도 중요하다 하겠다.

4.3 여성어

지금까지 앞에서 본 남녀 언어의 차이는 어떤 형태가 완전히 남녀 어느 한쪽의 형태로 갈려 있든, 아니면 어느 쪽이 어느 한쪽 형태를 더 높은 비율로 사용하든 그 선택하는 語形이 다른 경우였다. 그런데 남녀 사이에는 이와는 종류가 좀 다른 언어적인 차이도 지적되어 오고 있다. 가령, 억지로 예를 만든다면 남자들은 능동문을 많이 쓰는데 여자들은 피동형을 더 많이 쓰는 것과 같은 차이가 있다는 것이다. Trudgill(1983a)은 전자를 방언(dialect, accent)상의 차이, 후자를 언어 사용(language use)상의 차이라고 구별하였는데 여기에서는 그러한 언어 사용에서의 남녀 언어의 차이를 Lakoff(1975)의 연구를 중심으로 살펴보기로 한다.

4.3.1 Lakoff 의 연구

Lakoff(1975)는 이 방면에 개척자적 영향을 끼친 종합적인 연구로서 주로 자신 및 주위 사람들의 직관에 의거하여 女性語(women's language)의 특징, 그 중에서도 남자들의 말에 비해 당당하지 못한, 숨어 지내는 듯한 일면에 초점을 맞추어 이를 일차적으로 여섯 범주로 나누어 추적한 것인데 그 하나씩을 정리하면 대개 다음과 같다.

(가) 색채어에서 여자들은 mauve(엷은 자줏빛), beige(베이지색), aquamarine(남록색), lavender(라벤더색), magenta(짙은 홍색) 등을 즐겨 쓰는데 남자들은 이들 색깔 이름을 잘 쓰지 않는다.

(나) 여자들은 〈damn〉이나 〈shit〉과 같은 상스러운 間投詞는 쓰지 않고, 대신 〈oh dear〉나 〈fudge〉와 같은 표현을 쓴다. 이는 남자는 강한 감정의 표출이 묵인됨에 반해 여자들은 온순하기를 바라는 사회적 압력에 기인하는 현상일 것이다. [11]

(다) 영어의 형용사에는 남녀 공용의 중립 형용사(neutral adjective)가 있는가 하면 남자들은 거의 안 쓰고 주로 여자들이 쓰는 여성 형용사(women's adjective)라 할 만한 것이 있다. 〈great〉나 〈terrific〉이 중립 형용사의 예라면 〈adorable, charming, divine〉 등은 여성 형용사의 예들이다. 이때 여성 형용사는 사소한, 이 세계보다는 話者에게만 중요한 내용을 나타내는 특징을 가진다. 이것도 여성이 사회적으로 덜 중요한 지위를 차지하고 있는 현상을 반영하는 것으로 해석된다.

(라) 여자들은 꼬리 물음(tag question)을 더 빈번히 사용한다. 즉 〈Howard wouldn't do such a thing, *would he?*〉의 〈would he?〉와 같은 표현을 남자들보다 더 자주 쓴다는 것이다. 이것은 그만큼 부드러운 표현을 더 즐겨 쓰는 것이라고 해석된다. 왜냐하면 이러한 꼬리 물음이란 어떤 진술에 대해 스스로 단정짓고 말기보다는 상대방의 동의를 구하는 방식이기 때문이다.

(마) 여자들은 평서문을 의문문의 억양으로 말하는 경향이 있다. 〈저녁 몇 시에 먹어요?〉와 같은 가족의 물음에 〈여섯 시쯤?〉식으로 대답하려 한다는 것이다. 이것은 자신의 편의보다 가족이 편리한 시간에 맞추겠다는 뜻으로 가사의 결정에 여자가 주도권을 갖지 못해 온 습관의 한 반영으로 보인다. 그리고 남자라면 〈내일 몇 시에 떠나요?〉라는 물음에 〈7시 반〉이라고 단호하게 말하고 〈그러니 다들 늦지 않도록 준비해〉라는 태도를 견지하는 것과 대조적이라 할 만하다.

(바) 부탁할 때 여자들은 더 공손한 표현을 쓰는 경향이 있다. 가령 문을 닫으라는 여러 표현

---

11) 국어에서도 〈제기랄〉류의 욕은 여자들에게 쓰이지 않을 뿐만 아니라 허용되지도 않는 듯하다.

Close the door.

Please close the door.

Will you close the door?

Will you please close the door?

Won't you close the door?

중에서 여자들은 아래쪽의 공손한 표현을 쓰는 경향이 남자들에 비해 높다.

이상에서 Lakoff(1975)가 지적한 여성어의 특징은 한마디로 여자들이 자신의 의사를 강하게 드러내 표현하지 못하고, 공손하고 완곡하게 표현하는 것으로 요약될 수 있을 것이다. 다시 말하면 여자들이 언어 사용에 있어서도 조용하고 현숙한 자세, 전면에 나서기보단 뒷바라지하는 자세를 미덕으로 삼는다고 할 수 있다. 이러한 여성 언어의 특징을 흔히 여성 특유어(female register)로 부르거니와 언어 사용에서의 남녀 언어의 차이는 남자들의 말에서보다 여자들의 상술한 바와 같은 특징에서 비롯되는 성격을 띤다. 그만큼 여자들의 말은 여성어로 이름 붙여 분류할 만한 뚜렷한 특징을 가지고 있음이 분명하다.

4.3.2 남녀간의 대화에서의 주도권

언어 사용에서 여자들 쪽이 더 조용한 쪽이라는 것은 좀 다른 방향의 관찰에서도 밝혀진 바 있다. 한 연구(Kramer 1974)는 The New Yorker의 만화를 분석하여 남녀의 언어 사용에서의 차이를 측정하였는데 남자가 여자보다 두 배로 말을 많이 하였다고 한다. 그리고 그 주제에서도 차이가 났는데 남자들은 주로 사업, 정치, 법률, 세금, 스포츠에 관한 것이었는 데에 반해 여자들은 사회 생활, 책, 음식, 생활상 등이었다고 한다(Wardhaugh 1986 : 308).

아주 극단적인 사례는 칠레에 거주하는 Araucanian Indian의 경우일 것이다. 이 종족들은 아내가 남편 앞에서는 아예 침묵하는 것이 원칙으로 되어 있고, 굳이 긴요하게 꼭 해야 할 말이 있을 때에는 속삭임으로 말해야 한다고 한다(Wardhaugh 1986 : 307).

남자와 여자가 한자리에 모여 대화를 나눌 때에도 몇 가지 흥미있는 차이가 드러나는 것으로 밝혀졌다. 일련의 연구(Zimmerman and West 1975, West and Zimmerman 1977, 1983)는 남의 말을 중간에서 가로채기(interruption)를 하는 횟수를 측정하였는데 서로 아는 사람들끼리 모여 이야기하는 자리에서 가로채기가 일어난 경우를 성별로 조사한 결과는 다음 표 4.5와 같다.

표 4.5 남녀의 말 가로채기의 빈도(횟수)

同性 사이	異性 사이	
	남자에 의해	여자에 의해
7	46	2

동성 사이에서는 별로 일어나지 않는 가로채기 현상이 이성 사이에서는 급증하는데 그것은 남자들이 여자들이 이야기를 계속하도록 놓아두지 않기 때문임이 드러난다.

이와 같은 현상은 실험실 조건에서 모르는 사람들끼리 이야기를 시켰을 때에도 비슷하게 나타났다고 한다. 즉 West and Zimmerman (1983)은 서로 모르는 남녀 대학생들을 무작위로 짝을 지어 목에 걸린 마이크를 통해 이야기를 하게 하여 가로채기 현상을 관찰하는 실험도 하였는데 비슷한 결과를 발견한 것이다. 즉, 이 경우에는 낯선 사람에게 무례한 짓을 하지 않으려는 노력으로 가로채기를 자제하는 바람에 그 횟수가 많지는 않았으나 총 28건 중 21건이 남학생들에 의해 행해졌다는 것이다.

말과 말 사이의 공백의 시간을 측정한 결과에서도 차이가 드러나는 것으로 밝혀졌다. 즉 West 와 Zimmerman 은 한 사람의 말이 끝나고 다음 사람의 말이 시작될 때까지의 공백 시간을 측정하는 실험도 하였는데 그 결과 앞 사람이 여자일 경우 그 시간이 더 길었다는 것이다.

가로채기와 공백에서 나타나는 앞의 현상은 같은 결론을 내리게 한다. 어느 경우에나 남자가 대화의 주도권을 잡으려 한다는 것이 그것이다. 가로채기를 해서라도 자기가 하고 싶은 쪽으로 주제를 돌리는 경우는 말할 것도 없고 공백을 오래 두는 것도 결국 주도권을 잡기 위한 한 책략으로 해석된다. 왜냐하면 남의 말에 장단이나 맞추려면 공백을 둘 것도 없이 그때그때 가벼이 몇 마디 덧붙이면 되는데 자기가 어떤 주제의 주도권을 잡으려니까 자연히 그 준비 기간으로서의 공백이 길어진다고 해석되기 때문이다. 앞에서 Lakoff 가 여자 쪽에 초점을 맞추어 여자들의 언어 사용의 특징을 第二線的인 것으로 평가한 것이나 여기에서 남자 쪽에 초점을 맞추어 남자들의 언어 행위가 第一線的인 특징을 띠는 것으로 평가한 것이나 결국 같은 현상의 양면을 지적한 것일 것이다.

같은 결론을 이끌어내는 것이면서도 각도를 달리하여 관찰한 흥미로운 연구들이 더 있다. Fishman(1980, 1983)은 세 쌍의 부부의 대화를 녹음하여 분석하였는데 여자 263회, 남자 107회의 비율로 여자들이 질문을 많이 하였다고 한다. 이것은 무엇을 뜻하는가? 질문이란 주의 환기의 한 방편이다. 맞장구의 한 수단이기도 하다. 결국 화제의 진행을 돕는 보조 수단인 것이다. 여자가 질문을 많이 한다는 것은 스스로 보조적인 위치를 지키려고 한다는 것을 뜻하는 것으로 지금까지 보아 온 女性語의 특징을 다시 한번 확인시켜 주는 것이다.

Fishman 은 한 화제(topic)가 끝까지 지속되는 건수를 조사하기도 하였는데 남자가 꺼낸 화제 28건은 모두 끝까지 지속되었는데 여자가 꺼낸 화제는 45건 중 17건만 그럴 수 있었다고 한다. 이렇게 된 배경은 간단하다. 여자는 남자들의 이야기를 열심히 도와 준 반면 남자들

은 여자들 화제에 비협조적인데다가 때로는 적극적으로 훼방을 놓기도
하였다는 것이다.

이제까지 보면 남녀 사이의 대화에서 제1선에 나서 주도권을 잡으
려는 남자들의 태도와 제2선에서 보조적인 역할을 담당하려는 여자들
의 태도는 여기저기에서 발견되는 꽤 일반화된 현상이요 성별에 의한
언어차의 중요한 한 몫을 차지한다고 보아 좋을 것이다. 그리고 이 특
징은 앞에서 본 언어 사용상에서의 것과 결국 맥을 같이 하는 것임을
주목할 필요가 있을 것이다.

4.4 성별 관련 표현에서의 차이

어느 언어에나 남녀를 구별하여 가리키는 표현이 있고 거기에는 대
개 남녀를 차별하는 태도가 반영되어 있다. 우리는 앞에서 성별에 의
한 言語差가 주로 남성 우위의 태도에서 비롯됨을 보았거니와 Lakoff
(1975)는 다시 남녀를 가리키는 표현에도 이러한 태도가 깊숙이 반영
되어 있음을 밝히고자 하였는데 그 주요 내용을 몇 가지 간추려 보기
로 한다.

4.4.1 총칭으로서의 man 과 he

영어에서 〈man〉이나 〈he〉는 남성을 지칭하는 단어이면서 동시에
양성을 가리키는 총칭으로도 널리 쓰이고 있다. 〈man〉에서 파생한
〈mankind〉나 〈chairman〉의 경우도 마찬가지다.

Man has learned to control his environment to an astonishing
extent.
This discovery will benefit all mankind.

Jane Johnson and her brother Howard both serve as chairmen of major committees.

등에서 〈he〉나 〈man〉 및 그 파생어들은 분명히 남녀를 구별하지 않는 총칭적인 용법으로 쓰이고 있다. 이것은 무엇을 뜻하는가? 남성으로써 남녀 양성을 다 대표시킨다는 것은 바로 남성 본위의 사고의 한 발로가 아닐 수 없다. 특히 性이 구분되어 있지 않은 명사(reader, audience, bicyclist 등)를 he로 받는 규칙은 영어가 남성 중심으로 이루어져 있음을 가장 단적으로 보여 주는 예라 할 만하다.

이때 총칭으로 쓰이는 man이나 he가 그 형식은 어떻든 진정으로는 남성만을 가리키는 것이 아닌 만큼 하나의 의미 변화로 받아들일 일이지 오늘날 그러한 과거의 유습을 문제삼을 것이 없다고 할 수도 있다. 그러나 오늘날까지도 총칭의 man이나 he가 여성을 배제한 듯이 사용되고 있다는 실험 보고도 많이 이루어지고 있다. 가령 저 유명한 삼단논법의 예인

All men are mortal.
Socrates is a man.
Therefore, Socrates is mortal.

에서 Socrates 자리에 Sophia를 대입하면 어색하게 여겨진다는 것이다. man이 진정으로 남녀를 함께 가리키는 기능이 없다는 증거인 것이다. 또,

Like the mammals, man nourishes his young with milk.

와 같은 문장에서도 비록 man이 총칭으로 쓰였다 하더라도 역시 부적합하게 느껴진다는 것이다. man이 총칭이란 미명 아래 자유를 구

가하려 하지만 실제로는 여성을 배제하는 효력을 잃지 않고 있으며 그
렇다면 man은 분명히 진정한 의미의 총칭이라 하기 어려운 점이 있
다는 것이다.

이는 좀더 정밀한 실험을 통해서도 입증되고 있다. Mckay and
Fulkerson(1979)은

When a botanist is in the field, he is usually working.

과 같은 문장을 몇 개 들려 주고 이 문장이 여자에 관해 말하는 문장
일 수 있느냐에 대해 즉각 대답하도록 하여 통계를 냈는데, 20명의 미
국 대학생을 남녀 동수로 조사한 결과 90% 이상이 No라고 대답했다
고 한다. No라는 대답은 앞 문장의 〈he〉가 분명히 총칭으로 쓰인 만
큼 엄밀한 의미에서 틀린 대답인데 그처럼 높은 비율의 오답이 나온
것은 〈he〉가 진정한 총칭으로서의 기능을 하지 못하고 있다는 증거일
것이다. [12]

4.4.2 남녀 대립어의 의미와 어순

Lakoff(1975)는 또 조금 다른 방향에서도 이 문제에 접근하였다.
영어에는 gentleman과 lady, bachelor(노총각)와 spinster(노처녀)
등 남녀를 짝으로 표현하는 단어들이 있는데 이들 단어의 지위가 대등

---

12) 같은 문장을 두고 이 문장이 남자에 관한 이야기일 가능성에 대해 물었을 때
는 99%가 Yes라고 대답했다고 한다. 그리고 그 문장에서 대명사를 빼고
〈A botanist who is in the field is usually working〉이라 고치고 다시 이
문장이 여자에 관해 말하는 문장일 가능성을 물었을 때는 No라는 대답이
43%로 떨어졌다고 한다. 일반적으로 botanist(식물학자)는 남자가 많기 때
문에 No라고 대답했을 가능성이 더 높을 수도 있는데 〈he〉가 쓰였을 때보다
반 이하로 그 비율이 떨어졌음이 주목을 끈다. 어느 경우나 〈he〉가 진정한 총
칭으로서 자리를 잡지 못하고 있음을 뒷받침해 주고 있다.

하지 않다는 것이다. 한 예로 lady는 ladies' wear/men's wear의 짝에서 보듯 gentleman보다는 오히려 man과 同價로 쓰이고 있다. 또 governor는 행정 책임자로 막강한 권력을 가진 사람임에 반해 governess는 겨우 남의 집에 고용되어 어린 아이들이나 돌보는 사람이다. bachelor와 spinster는 外延上으로는 同價이지만 內延上으로는 남자의 경우는 자기 뜻에 따라 결혼을 늦추고 미혼 생활을 즐기는 듯한 느낌을 풍김에 반해 여자의 경우는 결혼에 실패하여 불만족스러운 삶을 살고 있는 듯한 인상을 풍긴다.

국어의 〈놈〉과 〈년〉에서도 비슷한 현상을 찾을 수 있을 것이다. 다 같이 卑俗語이지만 〈이 놈 좀 봐〉에 비해 〈이 년 좀 봐〉가 훨씬 큰 모멸을 나타내기 때문이다. 또 〈者〉는 통칭으로 쓰는데 그것을 〈놈 자〉라고 남성 지칭의 〈놈〉으로 訓을 단 것도 남성 본위의 태도가 반영된 예라 보아 좋을 것이다.

蔡琬(1986 : 156-157)은 국어의 語順에 남성 우위의 태도가 반영되어 있음을 지적한 바 있다. 〈아들 딸〉이라고 하지 〈딸 아들〉이라고 하지는 않는데 이것은 아들을 더 중시하는 데서 결과된 것으로 해석된다는 것이다. 〈소년 소녀, 신랑 신부, 장인 장모〉 등 남자를 앞 자리에 두는 어순은 꽤 일반적이다. 그런데 〈연놈〉이라고 할 때만은 〈놈년〉이라 하지 않는데 이것은 욕을 할 때는 여자를 앞세우고자 하는 것으로 역시 남성 우위의 발상이라 해석하였다.

우리는 흔히 〈신사 숙녀 여러분〉이라는 우리의 어순과 〈ladies and gentlemen〉이란 영어의 어순을 대조시켜 서양에서의 여성의 높은 지위에 대해 운위하곤 한다. 그런데 앞에서 본 바로는 영어에서 오히려 여성을 푸대접하는 언어 현상이 더 두드러지는 면이 있음을 보았다. 그렇다면 〈ladies and gentlemen〉의 어순은 어떻게 해석되는 것일까? 그 해답은 또 다른 방향에서 찾아야 할 것이다.

4.5 여성 지위 향상의 반영

　영어에는 근래에 남성 본위의 표현을 바꾸려는 운동이 활발히 전개
되고 있다. chairman 을 chairperson 으로 바꾸고, policeman 을
police officer, sales man 을 sales clerk, postman 을 letter car-
rier 로 바꾸려는 운동이 그것이다. 先行 총칭 명사를 〈he〉로 받지 않
고 〈he or she〉로 받는 규칙이 일반화되어 가고 나아가서는 아예
〈she〉로 받는 사례도 나타나고 있다. 남녀간의 사회적 지위가 변모됨
에 따라 언어에도 자연히 그 변화가 반영되는 현상일 것이다.
　그런데 이것은 얼마간 인위적이라는 인상을 풍긴다. 言衆들이 자연
스럽게 일으키는 변화가 아니고 일부 운동가가 정책적으로 운동을 펴
서 바꾸어 가는 현상으로 느껴지는 것이다. 그동안 전적으로 여자 이
름만 붙여 오던 태풍의 이름을 이제는 한 번씩 번갈아 남자 이름을 붙
이는 현상도 마찬가지인데 〈ladies and gentlemen〉이란 語順도 그러
한 정책적인 배려의 소산일 것이다.
　그러나 인위적이든 정책적이든 여성의 사회적 지위 향상의 결과가
언어에서도 뿌리를 내려 가고 있음은 엄연한 사실이다. 국어에서도
〈학부형〉이란 단어는 이제 거의 자취를 감추고 〈학부모〉가 그 자리를
차지하기에 이르렀다. 그리고 한때 대학교 여학생들 사이에는 선배 남
학생을 〈형〉이라 부르는 경향이 큰 세력으로 번지기도 하였다.[13) 남
녀의 차등이 점차 해소되는 사회적 물결에 따라 언어에서도 성별에 의
한 차이가 점차 줄어드는 것은 자연스러운 현상일 것이다. Lakoff
(1975)의 표지에는 여자의 입이 반창고로 봉해져 있는 그림이 있다.
여성들의 수세적인 현실을 표현한 그림일 것이다. 앞으로 출간되는 책
에서는 언젠가 그 반창고가 떨어지고 없는 그림이 나타날 것이다.

─────────────

　13) 학생들의 기말 리포트에 의하면 여학생들의 〈형〉이란 호칭이 근래에는 〈선
　　　배〉로 바뀌어 가는 경향을 보인다. 과격한 혁신의 부자연스러움이 인식되기
　　　시작한 결과가 아닌가 한다.

4.6 요약

성별에 따른 言語差는 여러 각도에서 찾을 수 있음을 이 장에서 보았다. 어떤 언어에서는 남자만 쓰는 語形, 여자만 쓰는 어형이 어휘에서는 물론 음운에서도 있음을 보았다. 성별이라고 할 때는 흔히 話者의 성별을 가리키는데 聽者의 성별도 어형의 선택에 작용하는 언어가 있음을 보았다.

그리고 어느 한 性에 한정된 어형이 있는 방식 이외에도 언어 선택의 유형에서 남자와 여자 사이에 차이가 있음도 보았다. 그것은 대체로 여자들이 표준어 지향적이라는 것으로 요약되었다. 이것은 서구에서 그것도 격식적인 말투에서 주로 나타나는 현상이라는 단서는 붙으나 꽤 일반적인 현상으로 성별 언어차의 중요한 몫을 차지하였다. 우리는 여자들의 표준어 지향성이 기존의 남성 우위의 질서에 대한 일종의 반란으로 해석되며, 반면 남자들이 사투리를 더 고수하려는 심리는 그 반대 심리로 해석되는 면이 있음도 아울러 논하였다.

남녀 사이의 대화에서 얼마나 더 주도적이냐 아니면 더 수세적이며 보조적이냐에서도 차이가 있음이 흥미롭게 관찰되었다. 남자들은 늘 주도권을 잡으려는 책략을 써 가로채기도 여자에 비해 훨씬 높은 비율로 하는 반면 여자들은 맞장구치고 보조적인 역할을 하는 경향이 높다는 것을 여러 조사 결과를 토대로 논하였다. 표현에 있어서도 남자들은 〈6시!〉식으로 단호한 데 비해 여자들은 〈6시쯤?〉식으로 유보적이면서 남의 동의를 구하는 투를 많이 쓴다는 것도 아울러 논하였다.

언어 면에서 여자들이 수세적이고 또 비하된다는 사실을 가장 강력히 내세운 것은 아마 Lakoff(1975)일 것이다. Lakoff(1975)는 이 방면의 고전이기도 한데 여기에서 마지막으로 강조된 것은 성별에 관계되는 언어 표현에서 남성 위주의 사고가 너무 뚜렷하다는 것이었다. man이 총칭이라고 하나 여성을 배제하는 용법이 많고, lady가

gentleman과 대등한 위치에 있는 듯이 착각하나 men's room/
ladies' room에서 보듯이 그것은 겨우 man에 맞먹는 정도며,
master와 mastress의 관계도 결코 대등하지 않다는 것 등 많은 예
를 동원하였다. 근래 chairman을 chairperson으로 postman을
letter carrier로 바꾸는 것은 이러한 언어에서의 불평등을 없애려는
운동이지만 어떻든 언어에 도사리고 있는 남녀 불평등 사상은 의외로
큰 것을 우리는 확인하였다. 그리고 전체적으로 성별 언어차는 의외로
다양한 모습을 띠고 있다는 것을 이 장에서 확인하였다고 할 수 있을
것이다.

제 5 장

연령과 언어 변화

연령이 언어 변이를 일으키는 주요한 사회적 요인, 또는 사회적 변수의 하나임은 이미 앞에서 여러 번 지적하였다. 전통방언학자들도 이 점을 일찍부터 인식하여 제보자 선정의 기준으로 연령을 문제삼았던 사실도 제3장에서 살펴본 바 있다. 할아버지와 아버지의 말이 다르고, 아버지와 아들의 말이 같지 않다는 것은 우리 일상 생활에서조차 쉽게쉽게 확인되는 사실이기도 하다. 사회언어학에서 이 연령에 의한 언어차의 문제는 어떤 중요성을 가지는지, 그 현상에서 우리가 추구해야 할 과제는 무엇인지 등 이 장에서는 〈연령과 언어〉를 그 주제로 하여 살펴보기로 한다.

5.1 연령 단계와 언어 습관

연령을 언어와 관련하여 관찰하고자 할 때는 연령의 두 가지 면을 구분하여 볼 필요가 있다. 연령이 언어에 작용하는 방식이 두 가지로 구분되어 나타나기 때문이다. 하나는 나이에 맞추어 어떤 언어 형식을 취하게 하는 방식, 즉 나이가 어리면 거기에 걸맞는 말을 쓰다가 나이가 들면 그 언어 형식을 어른들이 쓰는 언어 형식으로 바꾸도록 하는 방식이다. 그리고 다른 하나는 새 세상을 이끌어갈 신세대로서 기성세대들의 언어 형식을 바꾸어 가도록 작용하는 방식이다.

5.1.1 연령 단계와 연령차

사람은 나이에 따라 또는 발달 단계에 따라 거기에 어울리는 적절한 행동 양식이 있다. 아이들은 배가 고프면 울고 떼를 쓰지만 어른은 그럴 수 없다. 어른은 뒷짐을 지고 걸을 수 있지만 젊은이들이 만일 그런다면 건방지다고 질타의 대상이 될 것이다. 옷차림이나 헤어 스타일도 다 그 나이에 걸맞는 것이 따로 있다. 언어도 마찬가지다. 〈엄마, 맘마 줘〉와 같은 말은 어린애들이나 하는 표현이며 〈자네, 나 좀 보세〉와 같은 말은 나이가 꽤 들어야 하는 말이다.

나이를 이러한 현상과 관련시켜 논의할 때 그 구분을 명확히 하기 위해 연령 단계 (age-grading)라는 용어를 쓴다.[1] 우리의 일생을 몇 개의 연령층 (age level)으로 나누어 놓고 보면 각 연령층이 우리의 어떤 행동 양식에 어울리는 단계를 대표한다고 해서 붙여진 이름일 것이다. 청소년층, 중년층, 노년층, 또는 단순히 젊은이층, 늙은이층이 각각 어느 연령 단계를 대표하는 이름이라 할 수 있다.

---

1) age-grading 의 개념 및 이를 뒤의 age difference 와 구분하는 체계에 대해서는 Labov(1972 : 275), Wolfram and Fasold(1974 : 90-93), Holmes (1992 : 181-188) 등을 참조할 것. age-grading 은 〈발달 단계〉라는 일반화된 용어에 맞추어 연령 단계라는 譯語를 택하였다. 중립적인 용어로 연령층(age-level)이나 연령 집단(age-group)이란 용어도 함께 쓰고자 한다. 다만 이들은 연령 단계와 세대차에 두루 해당하여 가령 청소년층 또는 12-18세 연령 집단은 연령 단계의 어느 한 단계를 대표할 수도 있고 한 세대를 대표할 수도 있다.

연령을 두 가지 면으로 나누어 볼 때 연령 단계와 구분되는 용어 하나는 연령차(age difference)이다. 이것은 어떤 나이 또래에 알맞은 語形을 선택함으로써 연령별로 언어차가 생기는 것이 아니라 기성세대가 〈무릎이, 밭을〉이라고 하는 것을 신세대가 〈무릅이, 밧을〉이라고 하는 것과 같은 자연스러운 변화의 결과로서 언어차를 빚는 현상과 관련된 연령의 차이를 가리킨다.

연령차는 흔히 세대차(generation difference)로 바꾸어 부르기도 한다. 언어를 연령의 이쪽 면과 관련시켜 관찰할 때는 後述하다시피 주로 언어의 변화와 관련시켜 보는 것인데 언어 변화란 겨우 몇 년의 연령차가 문제되는 것이 아니고 세대 단위의 연령차가 문제되기 때문이다. 앞(註1)에서 지적한 대로 여기에서도 청소년층, 중년층 등의 중립적인 용어로 어느 세대를 가리킬 수 있을 것이며 젊은이층, 늙은이층 대신 젊은이 세대, 늙은이 세대로 바꾸어 부를 수도 있을 것이다. 그러나 이때는 그 연령층에 걸맞는 언어 습관을 관심사로 하는 것이 아니라 언어 변화와 관련시켜 어느 세대를 대표하는 이름이라는 것을 유의할 필요가 있다.

그러면 이 연령차 및 세대차에 따르는 언어 현상에 대해서는 뒤에서 다루기로 하고 먼저 연령 단계가 우리의 언어 사용에 어떤 영향력을 행사하는지를 살펴보기로 한다.

5.1.2 연령 단계와 유행어

연령이라는 사회적 변수를 연령 단계와 관련시켜 관찰하면 몇 가지 흥미있는 현상이 발견된다(Holmes 1992 : 181-186). 그 하나는 청소년층(adolescent)이[2] 일시적으로 유행하는 말들을 많이 만들어 쓴다는

---

2) 연령 단계의 각 단계의 우리 명칭과 저쪽 명칭을 맞추기가 마땅치 않다. 대충 adolescent 와 청소년층, pre-adolescent 와 소년층을 짝지웠는데 여기에서는 그 구분 시기가 그리 중요한 것이 아니므로 우리는 대개 청소년기, 중년기, 노

점이다. 〈골 때리다(황당하다, 웃기다)〉나 〈토끼다(도망치다)〉 및 〈쪽
팔리다(부끄럽다, 창피하다)〉와 같은 것이 그 일례로, 새로움을 찾아,
또 자기들끼리의 또래(peer)로서의 유대를 강화하기 위해 끝없이 새
유행어를 만들어 쓰는 것이다.

  이 유행어들은 이름 그대로 유행어이기 때문에 대개 그 생명이 짧다
는 특성을 가진다. 50년대에 꽤 폭넓게 자리잡았던 〈깔치(여자 친구,
애인)〉도 이제는 자취를 감추었고, 앞에 제시한 〈토끼다〉는 근래의 것
인데도 이미 젊은이층의 시야에서 멀어져 가고 있다. 또 〈골 때리다〉
의 괄호 속의 〈웃기다〉도 그 어형은 표준어이지만 그러한 유행어에 속
하는데 그것도 진부하게 느껴지면 〈골 때리다〉와 같은 좀더 신선한 느
낌을 주는 새 단어를 만들어 쓰는 것이다. 안정된 모습으로 가만히 두
지 못하는 것, 이것이 청소년층의 한 특징이요, 이들의 유행어는 바로
그러한 특징의 반영일 것이다.

5.1.3 청소년층과 비표준어

  연령을 연령 단계의 관점에서 언어와 관련시켜 관찰할 때 발견되는
또 하나의 좀더 중요한 특징은 청소년층이 어른들보다 비표준형(non-
standard form), 즉 사투리(vernacular form)요 卑俗形(stigmatized
form)인 것을 더 많이 사용한다는 점이다. 이 경우의 비표준형은 일
시적으로 유행하는 것들이 아니고 안정된 모습으로 자리를 잡은 語形
들이라는 점에서, 그래서 비록 비율은 낮아도 어른들도 상용하는 어형
들이라는 점에서 앞의 〈골 때리다〉와는 다른 부류요, 그 때문에 청소
년층이 이러한 비표준형을 많이 사용한다는 특징을 일시적 유행어를
많이 만들어 쓰는 특징보다 더 중요한 특징으로 간주한다.

  도표 5.1에서 청소년층이 높은 비율로 비표준형을 쓰는 한 실례를

  년기 등을 우리의 일상적인 용법과 같은 의미로 사용하였다.

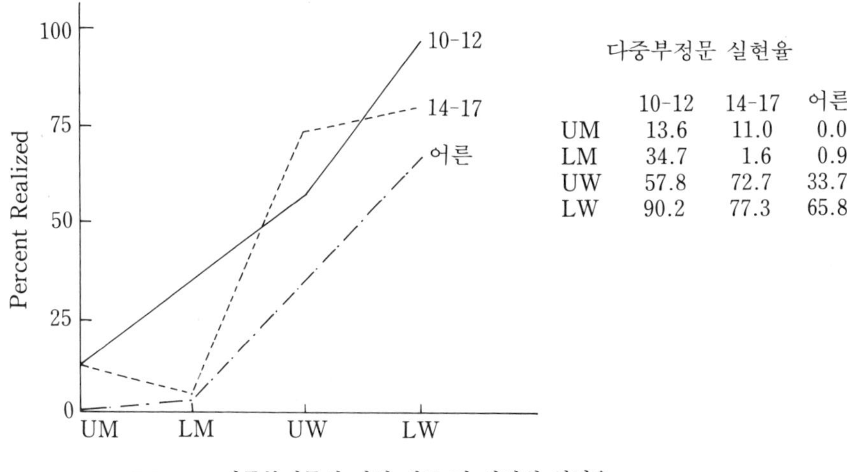

도표 5.1 다중부정문의 사회 계급 및 연령별 실현율

(Wolfram 1969 : 163, Wolfram and Fasold 1974 : 91)

볼 수 있다. 이 도표는 디트로이트의 흑인 사회에서 〈He didn't do nothing〉과 같은 多重否定(multiple negation) 문장의 사용률을 사회 계급과 연령층에 따라 조사한 결과를 보이는 것인데 10-12세층이든 14-17세층이든, 또 어떤 사회 계급에서든 젊은이들이 모두 어른들보다 비표준형을 더 많이 쓰고 있음을 볼 수 있다.

만일 위의 도표에서 사회 계급을 가르지 않고 통합하여 통계를 내보면 어떻게 될까. 10-12세층이 49.1 %, 14-17세층이 그보다 조금 낮은 40.9 %, 그리고 어른이 뚝 떨어져서 25.1 % 로 나타난다. 비록 큰 폭은 아니지만 청소년층을 다시 둘로 나눈다면 10대인 14-17세층보다는 10-12세층의 소년층(pre-adolescent)이 비표준형을 더욱 활발히 쓰고 있음을 볼 수 있다. 이것은 다른 한 조사 결과에서도 마찬가지로 나타나는데 도표 5.2에서 그것을 볼 수 있다.

이 도표는 앞의 디트로이트의 자료와 미국 아파라치아 지역의 자료를 비교하여 작성한 것인데 두 지역에서 모두 12세 이하의 소년층이 비표준형을 가장 많이 쓰고 10대들은 그보다는 덜 쓰는 것으로 나타나

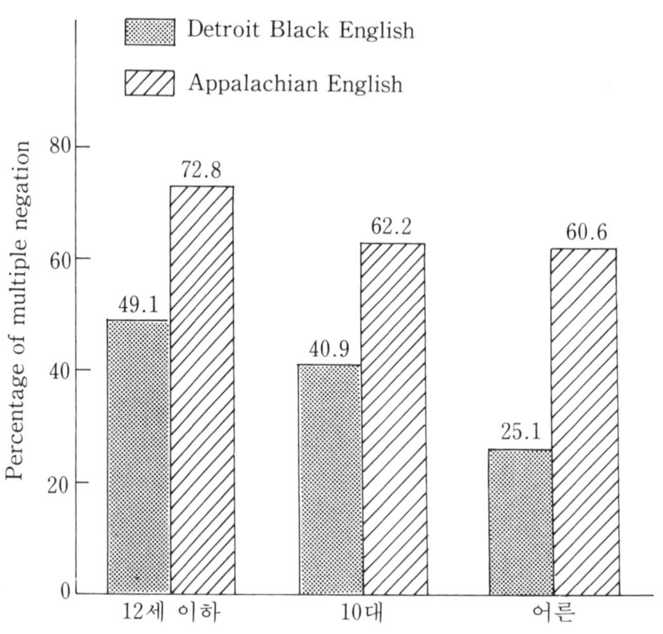

도표 5.2 두 공동체에서의 다중부정문의 연령별 실현율(Holmes 1992 : 185)

고 있다. 다음의 도표 5.3에도 이 점이 반영되어 있는 것으로 보이는
데 전체적으로 보면 청소년층이 비표준형을 가장 많이 쓰는 연령층이
지만, 더 세분해 보면 소년층이 비표준형을 가장 활발히 사용하는 것
이 언어를 연령 단계로 나누어 보았을 때의 한 일반적 경향으로 나타
나고 있다.

　이것은 아이들이 말을 배워 가면서 말투(style)에 눈을 뜨는 시기와
관계있는 것으로 풀이된다. Labov(1964 : 91)에 의하면 중학교 1년
때가 이웃보다 큰 집단에 노출되면서 큰 전환기를 맞는다고 한다
(Wolfram and Fasold 1974 : 92). 그 이전까지는 자기 말투 한 가지밖
에 모르는 단일 말투 화자(monostylistic speaker)이다가 이때에 비로
소 표준형의 존재도 깨닫게 되고 자기 말투에 신경을 쓰기 시작한다는

142

것이다. 14-17세층이 12세 이하보다 비표준형 사용률이 다소 감소하는 것은 이와 관련하여 이해할 수 있을 듯하다.

5.1.4 중년층과 노년층의 언어 습관

어떻든 크게 보면 청소년기에 비표준형을 가장 활발히 사용한다는 것이 지금까지의 결론인데 그렇다면 표준형, 즉 威勢形(prestige form)을 가장 활발히 사용하는 연령 단계는 언제일까. 청소년층이 그처럼 비표준형을 많이 쓰는 것은 흔히 또래들끼리 몰려다니는 그들의 특성과 관련하여 이해하려고들 한다. 부모로부터의 영향보다 또래들로부터의 영향이 훨씬 커서 집에서 부모들이 아무리 표준형만 사용하여도 결국 밖에 나가 비표준형을 배우게 되고 그것으로써 무엇보다 중요한 규범으로 삼는다는 것이다(Labov 1972 : 304-307). 그러다가 성인이 되고 직장을 가지면 자연히 그 사회의 일반화된 규범을 따르게 되면서 그 사회에서 전반적으로 통용되는 위세형을 따르게 된다는 것이다. 그리하여 대개 사회 규범의 압력을 가장 많이 받는 30-55세에 표준형 사용의 정점을 이룬다고 한다(Holmes 1992 : 186). 다음 도표 5.3은 바로 이러한 현상을 나타내는 도형을 보여 준다.

이 도표는 중년기가 지나면 비표준형 사용율이 다시 증가함도 보여 준다. 이것도 일반적으로 지적되는 현상이다. 정년이 되어 사회활동이 줄어 들고, 사회적 압력에서도 그만큼 벗어나게 되면 표준형의 사용이 줄어든다는 것이다. 이 도표의 상승률은 좀 과장된 인상을 주는 것이기는 하나 이를 뒷받침하는 현상은 뒤(제10장)에서 다시 보게 될 것이다. 거기에서는 몬트리올의 불어 사용자들이 사회활동을 하는 30-50세에 영어를 가장 활발히 사용하다가 노년기에 접어들면 다시 어릴 때처럼 불어만 사용하는 생활로 돌아간다는 것이다. 장년기가 위세형을 가장 활발히 사용하는 시기라는 점에서 동일한 현상이라 보아야 할 것이다.

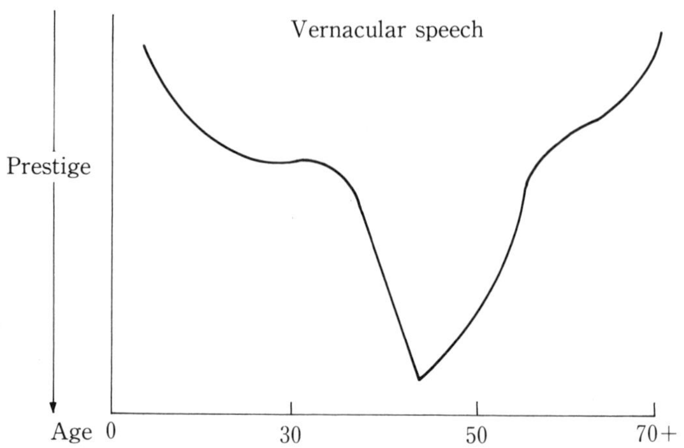

도표 5.3 연령별 비표준형 사용률(Downes 1984 : 191, Holmes 1992 : 185)

이상에서 본 것은 한 마디로 연령 등급 유형(age-grading pattern)으로서 이를 통해 우리는 연령 등급이 우리의 언어 선택에 큰 영향력을 미치는 현상을 보았다. 연령이 언어의 사회적 변이에 중요한 몫을 하는 변수임을 새삼 확인하였다고 할 것이다.

5.1.5 연령 단계와 언어 예절

표준형이냐 비표준형이냐에 초점을 맞추지 않고 언어 예절, 또는 경어법에 초점을 맞추어도 연령 단계가 언어 선택 내지 언어 습관과 깊은 상관성을 가지는 현상이 발견된다. 가령 〈엄마〉라는 호칭은 근래 출가한 딸도 쓸 만큼 그 연령층이 높아지기는 하였어도 중년이 되면 쓰지 못한다. 나이에 걸맞지 않고 전체적으로 언어 예절에 어긋나기 때문이다.

국어의 경어법은 특히 이 방면의 가장 좋은 예를 제공하는 것으로 보인다. 앞에서 〈자네, 나 좀 보세〉라는 말은 나이가 꽤 들어야 하는 말투라는 것을 언급한 바 있지만 국어의 하게체는 현재로서는 대학생 나이가 되어도 쓰기 거북해 하는 듯하다. 예전에 비해 하게체를 쓰는

144

연령 단계가 점차 높아지는 듯한데 어떻든 연령 단계가 언어 습관을 크게 지배한다는 실례로 이보다 좋은 실례도 드물 듯하다.

하오체는 그 사용 범위가 더욱 위축되어 있는데 이것은 무엇보다 연령 단계와 얽히는 현상으로 풀이된다. 하게체나 하오체가 나이가 들어야 쓸 수 있다는 것은 이 말투가 어떤 권위를 얹어서 하는 말투라는 뜻이다. 나는 나이가 들만큼 들었고 자네(또는 당신)도 이제 너무 만만히 대하기가 어렵도록 나이가 들었으니 내가 점잖게 이 말투를 쓰노라는 그런 점잖음, 격식, 권위 같은 것들이 이들 말투에 함축되어 있는 것이다. 그런데 근래에 오면서 격식을 차리는 일을 번거롭게 여기고 권위주의를 배격하는 풍조가 있어 그러한 냄새가 풍기는 하게체와 하오체는 자연히 경원하게 되고, 그래서 예전보다 나이가 더 들어야 겨우 쓰게 된 것이 아닌가 한다.[3] 어떻든 하게체와 하오체는 연령 단계와 떼어서는 생각하기 어려운 종류임이 분명하다.

〈여보〉라는 호칭도 결혼을 했다고 해서 곧 사용되지는 않는다. 〈마누라〉와 〈영감〉이라는 호칭은 더욱 그러하다. 〈누나〉라 부르는 연령 단계가 있고 〈누님〉이라 부르는 연령 단계가 있다. 자식을 이름으로 부르다가, 이것은 자식의 연령 단계나 성혼 여부의 조건도 충족되어야 하지만 화자 스스로도, 어느 연령 단계가 되면 〈애비〉나 〈아범〉으로 바꾸어 불러야 한다. 국어 경어법은 연령 단계가 언어 사용에 영향력을 행사한다는 실례의 전시장과도 같다고 해야 할 것이다.

그런데 이상의 국어의 실례는 만일 그래프로 그리면 앞의 도표 5.3과는 다른 모습이 될 것이다. 도표 5.3은 중년기에 정점을 이루었다가 노년기에 다시 제자리로 돌아가는 모습이어서 전체적으로 鍾과 비슷한, 아니면 조롱박과 같은 형국을 띤다. 그런데 국어 경어법의 경우는 노년기에 다시 청소년층의 말투로 돌아가지는 않기 때문에 차라리 후술할 언어 변화의 곡선과 비슷한, 일단 방향이 잡히면 상승곡선을

---

3) 이에 대해서는 뒤(제7장)에서 다시 국어 경어법 전반과 관련하여 논의하게 된다.

지속하거나 하강곡선을 지속하는 모습을 띠게 될 것이다. 이것은 이 경우의 어형은 어느 것이나, 가령 〈누나〉와 〈누님〉이나 다같이 표준형이기 때문일 터인데 어떻든 공히 연령 단계와 얽히는 현상이면서도 곡선의 모습이 두 가지로 구별된다는 점은 유의할 점이라 하겠다.

5.2 세대차와 언어 변화

앞 절에서 연령 단계에 따라 언어차가 있는 현상을 보았다. 그것도 결국은 연령차에 따른 언어차요 세대차에 의한 언어차이기는 하다. 그러나 그것은 어떤 새로움을 향하기 위해 발생하는 언어차가 아니라 개인적으로 어떤 나이에 걸맞은 語形을 선택하는 과정에서 발생한 언어차였다. 그 때문에 우리는 그 현상을 단순한 연령차나 세대차와 관련시켜 이해하지 않고 연령 단계라는 특별한 개념과 결부시켜 논의했었다. 여기에서는 젊은 세대에 의해 언어가 새로와지고 그로써 언어가 변화를 겪게 된다는 관점에서 연령과 언어를 관련시켜 관찰하고자 한다. 앞에서 연령 단계와 구분하였던 연령차 내지 세대차가 일으키는 언어의 사회적 변이, 그리고 거기에서 결과되는 언어의 변화, 그것이 곧 이 절의 논제인 셈이다.

5.2.1 변화하는 언어

흔히 언어는 끊임없이 변한다고 한다. 100년 전의 말과 현재의 말은 결코 같을 수 없다. 훈민정음 창제 당시의 국어는 외국어처럼 느껴질 정도로 현대국어와 큰 차이를 보인다. 잠시도 쉬지 않고 언어가 변해 온 결과인 것이다.

이러한 언어는 작게 보면 세대간의 언어차의 축적이라고 보아야 할 것이다. 아버지 세대와 아들 세대 사이에 언어차가 있다는 것은 널리 인식되어 있는 사실이요, 또 누구나 쉽게쉽게 체험하는 일이다. 아니 오히려 그 변화의 빠른 속도에 놀라와할 정도인지도 모른다. 젊은이들이 보기에 어른들은 너무 구식으로 말하는 듯이 보이고, 반면 어른들이 보기에 젊은이들은 너무 新奇를 좇는 듯한 느낌을 받는 일이 많기 때문이다.

필자는 은사 李熙昇 선생님이 당신의 성함을 댈 때 〈희〉의 [ㅢ] 발음을 내던 것을 신기해 했다. 우리 세대들은 이미 〈희망, 환희〉의 〈희〉를 [히]로 발음하고 있었는데 선생님은 꼭 [희]로 발음하셨던 것이다. 선생님은 〈문법〉의 〈법〉도 [뻡]으로 발음하는 일이 없으셨다. [문법]의 [법]이 왜 그리 맥풀린 발음으로 들리고, 심지어 語法에 맞추기 위한 조작적인 발음으로까지 들리던지. 아마 요즘 필자의 제자들은 나에게서 당시 우리가 느끼던 괴리감, 그야말로 문자 그대로의 세대차를 느끼고 있을지 모른다. 그리고 李熙昇 선생님은 지금 필자가 학생들에게 느끼는 세대차를 우리들의 언어를 통해 느끼셨을 것이다. 어느 시대에나 새 세대에 의한 改新(innovation)은 하나의 필연적인 현상인지도 모른다.

이것은 무엇보다 한 세대 사이에도 무수히 일어나는 세상의 변화에서 비롯되는 현상일 것이다. 아버지 세대는 호드기(버들피리)를 만들어 불었으므로 그 단어를 어른이 되어서도 쓴다. 그러나 아들 세대는 이미 그 물건을 볼 수 없게 되었고 자연히 그 단어도 모르게 된다. 구식 한옥에서 살던 아버지들에게는 〈뒤껼〉이며 〈부뚜막〉이며 〈살창〉이 모두 익숙한 단어들이지만 아파트에서 사는 아들들에게는 이런 단어들은 마치 중세의 문헌쯤에서 보는 古語처럼 느껴질 것이다. 반대로 아버지 세대들은 새 세상에 어두워 새로이 등장하는 무수한 새 사물의 이름들에 대해 아들 세대만큼 밝지 못하다. 언어의 세대차는 일차적으로 이러한 사물의 변화에서 비롯되는 현상일 것이다.

그러나 세대간의 언어차는 그처럼 단순한 원인에서만 비롯되는 것은 아닌 듯하다. 〈科〉의 내용이 달라져서 교수들은 〈과 사무실〉이라고 하는 것을 학생들 세대들은 〈꽈 사무실〉이라고 하는 것은 아닐 것이다. 아버지 세대가 〈꽃이〉라고 하고 〈무릎에〉라고 하는 것을 아들 세대들이 〈꼿이, 무릅에〉라고 하는 것도 마찬가지일 것이다. 〈희망, 무늬〉가 〈히망, 무니〉로 바뀌고, 〈서 말, 넉 달〉을 새 세대들이 〈세 말, 네 달〉이라 하는 것도 〈희망, 무늬〉의 내용이나 〈말〉이나 〈달〉의 내용이 바뀐 탓은 아닐 것이며, 아버지 세대들이 〈달력, 수건〉이라 하던 것을 아들 세대들이 〈캘린더, 타월〉이라 하는 것도 그 내용물의 변화 때문은 아닐 것이다.

어떤 이유에서건 한 代가 바뀌면 언어도 얼마만이라도 변화를 입기 마련인 듯하다. 신세대는 어쩔 수 없이 改新形(innovative form)을 더 많이 쓰게 되기 때문이다. 이러한 개신형이 자리를 잡으면서 세대간의 언어차가 쌓이고 쌓이면 중세국어와 현대국어 사이만큼의 큰 언어 변화를 만들어 내게 될 것이다. 그렇게 보면 세대간의 언어차는 언어 변화의 한 작은 입자요, 언어 변화의 進行相이라고 보아 좋을 것이다.

5.2.2 변이와 변화

언어가 끊임없이 변하고, 또 이미 한 세대 사이에서도 그 변화가 관찰된다고 하지만 그것은 일순에 일어나지는 않는다. 전체적으로 보면 아주 느리고 점진적인 모습을 띤다. 가령 〈부뚜막〉이란 단어가 어느 가정에서 60세를 넘은 부모들이 작고하면서 30세의 자녀가 그 단어를 모르게 되고 그로써 언어 변화가 완료되었다고 해도 이웃의 50대 부모들이나 또 그 이웃의 40대 부모들이 아직도 〈부뚜막〉이란 단어를 쓰고 있다면, 비록 이들의 자녀들 역시 〈부뚜막〉이란 단어를 모른다 하더라도 그 언어 공동체를 전체적으로 보았을 때는 언어 변화가 일어났다고(완료되었다고) 말할 수는 없다.

또 어떤 음운 변화가 일어난다 하여도 그것이 한꺼번에 모든 사람에게, 모든 단어에 동시에 일어나는 것은 아니다. 가령 이중모음 〈ㅓ〉

가 제 音價를 잃는 변화가 생긴다 하여도 그것이 〈희망, 무늬〉에는 적용되어도 자음을 선행시키지 않은 〈의미, 하의〉에는 적용되지 않을 수 있고, 또 어떤 지역에서는 제2음절의 〈하의〉까지는 적용되어도 제1음절의 〈의미〉에서만은 제 음가를 유지할 수 있을 것이다. 이때에도 〈ㅢ〉의 변화는 비록 진행중에 있다고 할 수는 있어도 완료되었다고 할 수는 없을 것이다. 〈무릎〉이 〈밭이〉의 名詞末音 〈ㅍ, ㅌ〉 등이 平音으로 바뀌는 예에서도 비슷한 실례를 볼 수 있다. 〈무릎이 → 무릅이, 무릎에 → 무릅에〉가 완성된 사람들에게도 〈앞이, 잎이〉의 〈ㅍ〉을 〈ㅂ〉으로 바꾸지는 않고 있다. 또 〈밭이 → 밧이, 밭을 → 밧을〉이 완료된 지역에서도 〈밭에, 밭에서〉에서는 〈ㅌ〉을 그대로 유지하는 경우가 많다(李翊燮 1970 : 84).

언어의 변화는 처음에는 이처럼 유동적인 모습을 띤다. 달리 말하면 그것은 당장 변화(change)이기보다는 변이(variation)의 모습이다. 당장은 변이의 양상을 띠다가 그 중 어느 것이 세력을 얻어 확산되고 다른 한쪽이 쇠퇴의 길을 걸으면서 어떤 결과에 도달하면 비로소 변화의 단계에 이르는 것이다. 세대간에서 일어나는 언어 변화는, 변화라는 표현을 굳이 쓴다면 〈진행중에 있는 언어 변화(linguistic change in progress)〉라고 해야 할 것이다. [4]

물론 변이 중에는 오랜 기간 비슷한 상태로 안정되어 있어 그것이 변화로 발전될 것인지를 점치기 어렵게 하는 것도 있고 바로 이것은 변화의 진행형이라는 판단이 서게 하는 것도 있다(Holmes 1992 : 225). 영어의 경우 과거시제의 접미사 (-ed)를 탈락시키는 변이는 전자의 예에 속한다. 그 변이가 사라지지도 않고 그렇다고 과거시제를

---

4) linguistic change in progress 또는 sound change in progress 등은 Labov(1966, 1972)의 용어로서 사회언어학자들이 즐겨 쓰고 있다. 편의한 대로 〈진행중의 언어 변화〉〈진행중의 변화〉 등으로 부르고자 한다. 변이와 변화의 관계에 대한 이 부근의 내용도 Labov(1966, 1972)의 것이다. Holmes(1992 : 211-213)도 간명하여 좋은 길잡이가 된다.

이 접미사 없이 표현하는 쪽으로 영어의 규칙이 변화할 조짐도 보이지 않는다. working 의 (ɪŋ)이 탈락하는 현상이나 house 의 (h)가 탈락하는 현상도 역시 전자의 예에 속한다. Norwich 의 경우 지난 5,60년 동안 어떤 진전도 발견되지 않았기 때문이다. 뉴욕에서 then, than 의 (ð)을 [d]로 발음하는 세력도 제자리 걸음을 할 뿐이다. 현재로서는 이들 비표준형으로 변화의 방향이 잡혀 갈 조짐은 보이지 않고 있다.

그러나 모음 뒤의 (r)의 경우는 사정이 다르다. 뉴욕의 경우 이 언어 변수의 [r]음은 이미 威勢形의 자리를 굳히고 젊은이층에서 점차 큰 세력을 잡아 가기 때문이다. 이 경우의 변이는 단순히 변이에 머물지 않고 변화로 이어진다고 진단하여도 좋을 것이다. 세대간의 언어차를 관심사로 하는 것은 바로 이러한 변화로 이어지는 변이가 있기 때문이라고 할 수 있다.

여기에서 언어 변화가 변이의 단계를 거치는 현상을 그림처럼 보여 주는 한 사례를 보기로 한다. 다음 표 5.1은 사회언어학이 본 궤도에 오르기 훨씬 이전의 한 연구인 Gauchat(1905)의 것으로 불어권인 스

표 5.1 스위스 Charmey 에서의 음운 변화

	I (90-60세)	II (60-30세)	III (30세 이하)
(λ)	*λ*	*λ*-y	y
(aw)	*a°-(a·)*	*a·*	*a·*
(ey)	*ε-(ε^{i})*	*ε-ε^{i}*	*ε^{i}*
(ʋ)	*ʋ*	*ʋ-a°*	*a°*

위스의 Charmey 에서 3대에 걸쳐 일어난 음운 변화를 1899년에 세대별 언어차에 의해 관찰한 것이다(Labov 1972 : 278).

이 표에서 보면 (가)λ→y 의 口蓋音化는 제 II 대에 변이 단계를 거

쳐 제Ⅲ대에서 완성되며, (나) /ao/의 單母音化는 이미 제Ⅰ대에 변이가 일어나 제Ⅱ대에 완성되며, (다) ε^{l}의 二重母音化는 제Ⅰ대에 시작된 변이가 제Ⅱ대에 활발해졌다가 제Ⅲ대에 가서 완성되며, (라) $v \to a^{\circ}$의 이중모음화는 제Ⅱ대의 변이 단계를 거쳐 제Ⅲ대에 완성되는 양상을 보인다. 언어의 변화가 변이의 단계를 발판으로 하여 그것을 딛고 이루어지는 현상임을 이처럼 선명히 보여 주기도 어려울 것이다.

5.3 진행중의 언어 변화

앞에서 〈진행중의 언어 변화〉에 대해 간략히 언급하였다. 그런데 전통적 언어학에서는 Saussure(1916)와 Bloomfield(1933)를 필두로 하여 대부분 언어의 변화는 그 자체로서는 관찰될 수 없고 그 결과만 관찰의 대상이 될 수 있다고 주장하여 왔다(Labov 1972 : Xiii-Xiv). 또는 小壯文法家들의 원리에 입각하여 우리 주변에서 일어나는 언어 변화란 너무 느리게 진행되고 너무 안개 속 같아서 그것을 관찰하고 연구하는 일은 불가능하다고 주장하였다(Labov 1972 : 275). 말하자면 〈진행중의 언어 변화〉는 좀더 기다려 보아야 할 대상일 뿐 당장 뛰어들어 헤집어 볼 대상은 아니라는 것이었다. 그것은 단지 몇 방언이 뒤섞여 뒹구는 상태이거나 아니면 이른바 자유 변이(free variation)로서 어떤 원칙이 없이 그야말로 제멋대로 움직이는 변이라고 믿었던 것이다(Wardhaugh 1986 : 187).

그러나 사회언어학자들의 시각은 달랐다. 그 변이가 결코 제멋대로 불규칙하게 움직이는 것이 아니고 어떤 사회적 분포를 정연하게 보여 줄 뿐만 아니라 언어 변화의 조짐과 방향에 대한 정보도 제공한다고 보았던 것이다. 그리하여 언어 변화는 그 자체로도 관찰할 수 있다고 선언하고 〈진행중의 언어 변화〉를 무엇보다 중요한 관찰의 대상으로 삼기에 이르렀다. 이 절에서는 진행중의 언어 변화를 관찰하는 방법과 그 연구 성과에 대해 간략히 살펴보기로 한다.

5.3.1 현장시간과 실제시간

언어의 변화를 가장 확실하게 관찰하는 방법은 두 시대를 비교하는 방법일 것이다. 어느 지역을 1920년에 한 번 조사해 놓고 50년을 기다렸다가 1970년에 조사한다면 그 사이의 언어 변화를 살피는 방법으로 가장 좋은 방법일 것임에 틀림없다. 우리가 과거의 문헌을 통해 언어의 역사를 추적하는 방법은 결국 이 방법에 속한다.

그러나 사회언어학자들은 어느 한 시기에 두 (또는 그 이상의) 다른 연령 집단, 즉 두 다른 세대의 언어를 비교함으로써 언어 변화의 실마리를 잡으려 한다. 이른바 現場時間 方法(apparent-time method)을 취하는 것이다. 현장시간(apparent time)이란 실제시간(real time)과 대립되는 개념으로 한 시기의 두 다른 세대가 실제시간을 반영해 준다고 하여 설정된 개념으로서 현재 살아 있는 사람들의 연령 집단에 의해 형성되는 시간을 가리킨다. 가령 현재의 20세와 50세는 30년 사이의 실제시간의 한 다른 모습으로서 만일 50세의 언어가 1990년의 한국어를 대표한다면 20세의 나이는 2020년의 한국어를 앞당겨 보여 준다고 해석하는 것이다. [5]

물론 현장시간 방법에는 위험도 도사리고 있다. 그 대표적인 것이 전술한 연령 단계 유형을 언어 변화로 오인하는 일이다(Holmes 1992 : 231). 쉬운 예로 노년층이나 중년층에서는 〈어머니〉이던 것이 젊은층으로 갈수록 〈엄마〉의 사용 빈도가 높아지는 현상을 자칫 잘못 해석하면 〈어머니〉라는 語形이 〈엄마〉라는 改新形으로 바뀌는 것으로 오해할 수 있다. 종 모양의 곡선을 보이는 연령 단계 유형이 언어의 변화를 예고하는 모습이 아니라는 것은 더욱 분명하다. 노년기에 청소

---

5) apparent time(및 real time)에 대해서는 Labov(1972 : 163) 및 Wolfram and Fasold(1974 : 89)를 참조할 것.

년기의 어형이 다시 증가하는 현상을 고려하지 않고 다만 중년기에 비해 청소년기의 어떤 어형이 더 높은 비율로 나타난다고 해서 그것을 언어 변화의 조짐으로 잘못 진단하는 일은 없도록 해야 한다. 더욱이 종 모양 곡선에서의 청소년층 어형이란 비표준형인 경우가 대부분이고, 또 개신형이 비표준형인 경우는 특수한 경우이므로 이 유형을 언어의 변화와 연관시키는 일은 여간 주의를 기울이지 않으면 안된다. 젊은이층에서의 어떤 새 어형의 확산을 언어 변화의 실마리로 해석하려면 그 젊은이층들이 늙어서도 그 어형을 유지하리라는, 그래서 그것이 어른 사회에서의 표준형이 되리라는 보장이 전제되어야 하는 것이다.

이러한 보장을 확보하기 위해 현장시간 방법에 의한 연구에서도 실제시간을 통한 관찰 자료를 원용하는 수도 흔히 있다. 뒤에서 곧 보게 될 Martha's Vineyard의 경우에도 그보다 30년 전에 실시된 방언 조사 자료를 참조하였으며, 역으로 Gauchat(1905)의 Charmey에서의 연구는 24년 후의 다른 한 연구에 의해 확인을 받았다(Labov 1972 : 276-279). Trudgill(1974)의 연구 역시 15년 후에 본인이 직접 다시 Norwich에 가 애초 예상했던 변화, 가령 beer와 bear의 두 모음이 1968년만 해도 많은 사람들에 의해 변별되던 것이 1983년에 와서는 최상위층을 제외하고서는 하나로 통합된 현상을 확인하는 작업을 한 바 있다. 동시에 1968년에는 발견되지 않던 변화의 조짐을 1983년에 새로 발견한 것도 있었는데 젊은이층의 30%가 thing, thin의 [θ]를 [f]로 바꿈으로써 그들의 음운 목록에서 [θ]를 완전히 제거하는 현상이 일어나고 있는 것이 그것이었다(Holmes 1992 : 228). 두 가지 방법이 상호 보완되면 더 완벽한 연구가 될 것은 두말할 나위도 없을 것이다.

그러나 중요한 것은 실제시간의 두 시기를 비교하지 않고도 언어 변화를 관찰하고 분석할 수 있다는 사실일 것이다. 사실 우리의 인상만으로도 언어의 세대차에서 언어의 변화를 예측하게 되는 경우가 많다. 당장 현재 국어에서의 현상을 예로 보아도 音長이 未久에 그 변별적 기능을 잃게 되리라는 예측을 쉽게 할 수 있다. 젊은이층으로 갈수록 음장에 대한 변별력이 점차 감소해 가는 것이 어떤 치밀한 장치를 통하지 않고도 쉽게 목격되기 때문이다. 〈ㅐ〉와 〈ㅔ〉의 변별력도 비슷한 운명에 있는 것으로 보인다. 서울에서 태어나 서울에서 성장한 필자의 세 자녀는 그 부모들이 그리도 잘 분별하는 이 두 모음을 제대로 구별하지 못하며, 어느 지역의 태생을 가릴 것 없이 서울대학교 국문학과 1학년 학생을 대상으로 조사해 보아도 〈ㅐ〉와 〈ㅔ〉를 바로 구별해 듣는 학생은 10 % 에도 못 미치기 때문이다. 音韻 合倂(phonemic merger)이 활발히 진행되고 있다고 보아야 할 것이다. [6] 앞에서 자주 예로 들었던 〈무릎→무릅〉과 아울러 〈동녘에→동넉에〉, 〈부엌이→부억이〉, 〈빛이→빗이〉와 같은 변화도 이미 그 물결의 방향을 돌리기 어려운 상태에 이른 것이 아닌가 한다. 만일 현장시간 방법을 이들에 적극적으로 적용한다면 이들 현상이 〈진행중인 언어 변화〉인지 아닌지를 밝히는 일은 분명히 큰 결실을 얻을 것이다.

그러면 과연 현장시간 방법에 의한 성공적인 성과로 어떤 것들이 있는지를 살펴보기로 한다. 그동안 사회언어학에서 거둔 성과는 사실 이 방면에서 가장 큰 빛을 냈다고도 볼 수 있고, 양적으로 많은 업적들이 이 방면에서 쌓여 왔다. [7] 여기에서는 그 중 가장 대표적인 한 예를 집중적으로 검토하고자 한다.

---

6) 〈ㅐ〉와 〈ㅔ〉 및 音長에서의 음운 합병에 대한 본격적인 논의로는 서울에서의 〈ㅐ〉와 〈ㅔ〉의 합병 현상을 다룬 홍연숙(1991)과 충청북도 충주시의 자료를 조사 분석한 朴禜來(1993)를 참조할 것.

7) 국내에서의 업적은 특히 이쪽으로 편중되어 있는 편이다. 사회 계층이나 성별 등의 사회적 요인보다 이 방면에서 두드러진 언어 분화 현상이 발견되기 때문일 것이다. 대표적인 것으로 王翰碩(1984, 1986), 朴禜來(1984, 1993), 이미재(1988), 홍연숙(1991), 이정복(1992) 등을 들 수 있다. 여기에서 미처 그 내용을 다루지 못함을 아쉽게 생각한다.

5.3.2 Martha's Vineyard에서의 언어 변화

진행중인 언어 변화를 가장 선도적으로 우리들에게 분석해 보인 것
은 아마 Labov(1963)일 것이다. 그의 석사 논문을 발전시킨 이 논문
은[8] 미국 매사추세츠 주 연안에 있는 인구 6천의 조그만 섬 Martha's
Vineyard라는 지명을, 만일 우리들이 그 이름을 모르면 무식한 사람
으로 지목될 정도로 유명하게 만들었을 뿐 아니라, 진행중의 언어 변
화가 매우 성공적으로 관찰·분석될 수 있다는 확신을 우리들에게 심
어 준 논문이기도 하다.

Labov(1963)가 Martha's Vineyard 섬에서 주목한 언어 변수는
time, night 등의 이중모음 (ay)와 out, house 등의 이중모음 (aw)였
다. 이들 이중모음은 각각 남서부 뉴잉글랜드 표준형인 [aɪ]와 [aʊ]
이외에 이 섬의 傳來的 방언형으로 이중모음 첫모음을 中舌化한 [eɪ]
와 [eʊ] 및 심지어 그보다 중설화의 폭이 더 큰 [əɪ]와 [əʊ]와 같은
변이형이 있었는데 Labov(1963)는 이들 방언형이 이 섬에서 새 세력

표 5.2 Martha's Vineyard에서의 (ay), (aw)의 中舌化의 연령별 분포

나이	(ay)	(aw)
75	25	22
61-75	35	37
46-60	62	44
31-40	81	88
14-30	37	46

(Labov 1972 : 22)

---

8) 석사 논문의 제목은 "The Social History of a Sound Change on the
Island of Martha's Vineyard, Massachusetts"로서 Uriel Weinreich 교수
의 지도로 1962년 Columbia University에 제출되었다(Labov 1972 : 4,
xiv).

을 확장해 가고 있는 현상을 포착한 것이다. 앞의 표 5.2에 이 현상이
잘 드러난다.

이 표는 이 섬의 토박이 69명을 대상으로 두 언어 변수의 中舌化된
이중모음의 실현율을[9] 몇 개의 연령群으로 나누어 본 것인데, 마지막
14-30세의 연령군을 일단 논외로 하면 어느 언어 변수에서나 젊은이층
으로 갈수록 방언형의 세력이 확장되고 있음을 볼 수 있다. 이것은 분
명히 언어 변화의 조짐이며, 언어 변화이되 표준형 쪽으로의 변화가
아니라 비표준형, 즉 사투리형(vernacular) 쪽으로의 변화라는 특수
한 양상을 연출하는 변화임을 묘示한다.

Labov(1963)는 이러한 특수성이 이 섬의 사회적 배경으로 풀리는
것으로 보았다. Martha's Vineyard는 유명한 하계 휴양지다. 매년
여름이면 원주민보다 많은 피서객(대략 42,000명)이 몰려와 법석이는
곳이다. 그러면서도 320년의 역사를 꾸준히 지키며 오랜 기간
Boston류에 물들지 않으려는 저항을 펴 온 보수적 성향이 강한 곳으
로 언어학자들에게는 중요한 殘滓地域(relic area)으로 알려져 있기도
하다. 앞의 표 5.2에 나타나는 언어 변화의 조짐은 이 고장 사람들이
외지인들로부터 자신들의 고유성을 지키고 그들과 스스로를 구분짓는
어떤 징표를 만들려는 몸짓이 젊은이층으로 내려갈수록 확산되어 가는
모습을 보이는 것으로 풀이된다.

그런데 젊은이들로 하여금 외지인들과 스스로를 구분짓고 싶어하는
심리는 왜 일어났을까. Labov(1963)는 이에 대해서도 치열하게 공략

---

9) 69명의 제보자와의 인터뷰에서 (ay)는 3,500번의, (aw)는 1,500번의 사례
를 접하였다고 한다. 표 5.2의 수치는 이 모든 사례에서의 中舌化의 평균치이
지만 그 내용은 좀 복잡하다. 먼저 중설화를 두 등급으로 나누었다. 그리하여
[ɘ]에 가까운 [ɐ]에는 2점, [a]에 가까운 [ɘ]에는 1점, 중설화가 전혀 일어나
지 않은 [a]는 0점을 매겨, 그들이 이중모음 (ay), (aw)를 발음했던 총 횟수
로 이들 점수의 총합을 나눈 다음 그것을 100으로 곱한 것을 각 개인의 中舌化
率로 삼은 것이다. 표 5.2를 비롯하여 뒤의 통계에 나타나는 수치들은 이들
각 개인의 중설화율의 평균치를 가리킨다.

해 들어갔다. Martha's Vineyard는 풍광이 뛰어나 살기 좋은 곳이지만 마땅한 산업이 없어 무척 가난하고 낙후한 곳이다. 한때 고래잡이로 좋았을 때도 있었고, 농사나 목장 사업이 괜찮았을 때도 있었으나 1960년 센서스에 의하면 이제는 급기야 매사추세츠 주에서 가장 가난하고 실업률도 가장 높은 곳이 되고 말았다. 자연히 여름철 외지인을 상대로 하는 사업에 의존하는 비율이 높아져 노동력 2,000명이 이 일에 종사하는 정도가 되었다. 여기에서 어떤 위기감이 조성되었던 것으로 보인다. 이미 상당 부분의 땅이 외지인의 소유가 되었지만 이러다간 마치 인디언들이 당했듯이 이 섬을 다 내주고 빈털털이로 물러나 앉게 되리라는 걱정을 하기 시작한 것이다. 이것이 곧 외지인들에 대한 저항으로 이어졌다.

　이 저항은 Chilmark라고 하는 시골 어촌에서 가장 강렬하게 전개되었다. Martha's Vineyard는 영국계, 포르투갈계, 아메리칸 인디언계로 구성된 섬으로 크게 윗마을(Up-island)과 아랫마을(Down-island)로 갈린다. 아랫마을은 이 섬의 인구의 70%가 거주하는, 소도시도 세 개가 있는 좀더 개방된 곳이고, 윗마을은 시골 지역으로 농토, 염전, 별장, 숲 등으로 이루어진 곳이다. Chilmark는 이 윗마을의 한 중심지로서 아직도 어업이 생업의 주종을 이루는 유일한 곳으로 이 섬에서 전래의 생활 방식을 가장 고집스럽게 유지해 오는, 전형적인 옛 시절의 Yankee들로 구성된 곳이다. 말도 자기들은 육지 사람들과 전혀 다른 말을 쓴다고 공언하기까지 하는 고장이기도 하다.[10] 그만큼 외지인으로부터 이 섬을 지키려는 저항을 가장 강하게 펴고 있

────────────

10) 다음은 Chilmark의 한 제보자가 Labov에게 한 말이다. Labov(1972 : 29)도 이것이 희망사항뿐이고, 실제로 완전히 다른 말이란 대부분 고래잡이에 관계되는 어휘들이라는 점을 지적하고 있지만 이 고장 사람들의 강한 독립심은 충분히 읽을 수는 있을 듯하다.
　　I think perhaps we use entirely different···type of English language··· think differently here on the island···it's almost a separate language within the English language.

는 곳인 것이다.

앞의 표 5.2에 나타난 언어 변화의 조짐이 바로 이러한 외지인에 대한 저항과 직결되는 현상임은 의심의 여지가 없어 보인다. 이는 표 5.2를 다음 표 5.3처럼 분석적으로 해체해 보면 더욱 분명해진다. 즉 이 표에서 보면 Chilmark가 어떤 다른 마을보다 中舌化에 적극적임을 알 수 있는데 이는 (ay), (aw)의 중설화가 외지인으로부터 스스로를 지키려는 의지의 한 산물임을 일깨워 주는 확실한 증거가 아닐 수 없다. 1933년에 56세부터 82세에 이르는 4명의 제보자를 상대로 조사한 「뉴잉글랜드 언어지도(Linguistic Atlas of New England, LANE)」의 자료에 의하면 이 섬에서의 중설화 이중모음의 세력은 弱化一路에 있었던 것인데 이제 외지인에 대한 저항의 한 방식으로 복고주의를 펴며 그 고풍스러운 중설화를 되살려내고 있는 것이다.

Labov(1963)는 中舌化率을 직업별로도 내 보았는데 (ay)의 경우 어민이 농민 및 기타 직업에 비해 100 : 32 : 41로 가장 높고, (aw)의 경우에도 79 : 22 : 57로 역시 가장 높은 것으로 나타났다. 이것은 외지인에 대한 저항이 Chilmark의 어민들에 의해 주도되는 것과 일치하는 현상이다. 어떤 식으로 분석하여도 이 섬에서의 언어 변화가 이 섬

	(ay)	(aw)
Down-island	35	33
Edgartown	48	55
Oak Bluffs	33	10
Vineyard Haven	24	33
Up-island	61	66
Oak Bluffs	71	99
N. Tisbury	35	13
West Tisbury	51	51
Chilmark	100	81
Gay Head	51	81

표 5.3 Martha's Vineyard에서의 (ay), (aw)의 중설화의 지역별 분포(Labov 1972 : 25)

의 사회적 배경과 밀접하게 얽혀 있음을 드러내 준다고 하겠는데 Labov는 다시 제보자가 자기들 섬에 대해 긍정적인 감정, 부정적 감정, 중립적 감정 중 어느 감정을 가지고 있느냐에 따라 중설화율이 어떻게 달리 나타나는가도 분석해 봄으로써 이 점을 다시 확인하고자 하였다. 그런데 다음 표 5.4를 보면 이 점이 매우 놀라운 결과로 나타난다.

표 5.4 Martha's Vineyard에 대한 태도에 따른 (ay), (aw)의 중설화율

인원(명)		(ay)	(aw)
40	긍정적	63	62
19	중립적	32	42
6	부정적	09	08

즉, 표 5.4를 보면 섬에 대한 긍정적 감정을 가진 사람일수록 중설화의 비율이 높아지는 현상을 놀랍도록 선명히 드러내 주고 있다. Labov는 섬에 돌아와 살기를 결정한 어떤 대학 졸업자 하나가 過矯正(hypercorrection)의 경향까지 보이며 중설화율이 211에 달하는 사례도 소개하고 있다. 어느 경우나 이 섬에서의 언어 변화가 무엇에 기인하는 것인지를 분명히 설명해 주고 있는 것이다.

이제 하나 남은 숙제는 앞의 표 5.1에서 왜 최하단의 연령군, 즉 가장 어린 층인 14-30세층이 그 앞의 31-45세층보다 중설화에 소극적인가 하는 점이다. 이에 대해 Labov(1963)는 이들 연령층은 아직 이 섬에 남기를 확정하지 않은 단계라는 것을 그 이유로 들었다. 그리고 이 섬의 고등학교에 다니는, 15세의 학생 4명을 뽑아 조사한 결과, 졸업 후 외지로 직장을 구해 나가고자 하는 아랫마을 학생 둘은 (ay)-(aw)의 중설화율이 각각 00-40과 00-00인 데 비해 졸업 후 대학에 갔다가 이 섬에 돌아와 영주하기를 원하는 윗마을의 두 학생은 각각 90-100과 113-119의 높은 중설화율을 보인 충격적인 현상도 보고하고

있다. 마지막 숙제도 풀린 셈이다.

5.4 언어 변화의 확산

앞 절에서 우리는 진행중의 언어 변화가 훌륭히 관찰될 수 있음을 Martha's Vineyard의 사례를 통해 비교적 상세히 살펴보았다. 그것은 단순히 진행중의 언어 변화가 관찰될 수 있다는 것을 보여 주는 수준이 아니라 그 방면의 연구가 우리에게 얼마나 중요하고, 또 흥미진진한 정보들을 주는가도 일깨워 주었다.

그러나 우리는 이제 겨우 한 사례를 보았을 뿐이다. 진행중의 언어 변화에 대한 연구는 이 이외에도 수없이 많고 거기마다 또 다른 세계를 우리에게 펼쳐 보인다. 여기에서는 이들 연구에서 드러나는 언어 변화의 일반적 특징들을 몇 가지 정리해 보고자 한다. 언어 변화는 어떻게 세력을 넓히며 자리를 잡아 가는지, 언어 변화는 어느 계층, 어느 부류에서 주도해 가는지, 언어 변화에서 선택되는 語形은 어떤 것들인지에 대해 간략히 보아 가기로 한다.

5.4.1 파동설과 어휘 확산설

우리는 앞에서 언어 변화가 일련에 완성되는 것이 아니고 처음에는 변이의 양상을 띠다가 여러 단계를 거치며 완성되어 간다는 것을 국어의 〈무릎이 → 무릅이〉, 〈밭이 → 밧이〉 등의 예로 추론해 본 바 있다. 이와 관련하여 Bailey(1973)의 語彙 擴散(lexical diffusion)의 원리는 우리에게 흥미를 던져 준다. [11] 어휘 확산설은 어떤 음운 변화(sound change)든 그 변화가 적용되는 어휘의 범위가 점차 확산되면서 점진

______

11) 이하의 Bailey(1973)의 내용은 Wardhagh(1986 : 206-208) 및 Holmes (1992 : 222)에 의거한 것이다.

적으로 이루어진다는 설이다. 가령 〈·〉가 국어에서 자취를 감추어 가는 과정은 이 음을 가진 모든 어휘의 〈·〉가 한꺼번에 〈ㅏ〉면 〈ㅏ〉로 바뀌는 것이 아니라 처음에는 제2음절 이하의 어떤 조건에 있는 〈·〉가, 그 다음에는 또 어떤 조건에 있는 〈·〉, 그리고 마지막에는 1음절로 된 단어에 있는 〈·〉가 제 음가를 잃는 식의 점진적인 모습을 떤다는 것이다.

그런데 이럴 때 〈·〉 소실과 같은 음운 변화가 어휘에 적용되는 시간당 비율이 일정치 않다는 것을 Bailey는 강조한다. 처음 20% 정도의 어휘에 적용될 때까지는 시간이 많이 걸리고, 그리고 그 다음의 60%의 어휘에 확산되는 것은 단기간에 이루어지고, 나머지 20%를 채우는 것은 다시 오랜 기간에 걸쳐 이루어진다는 것이다. 이것을 그림으로 보이면 S 곡선의 모양이 되는데 도표 5.4가 바로 그것이다.

앞의 〈·〉의 소실 과정은 얼마간 가정적으로 말해 본 것이지만[12] 실

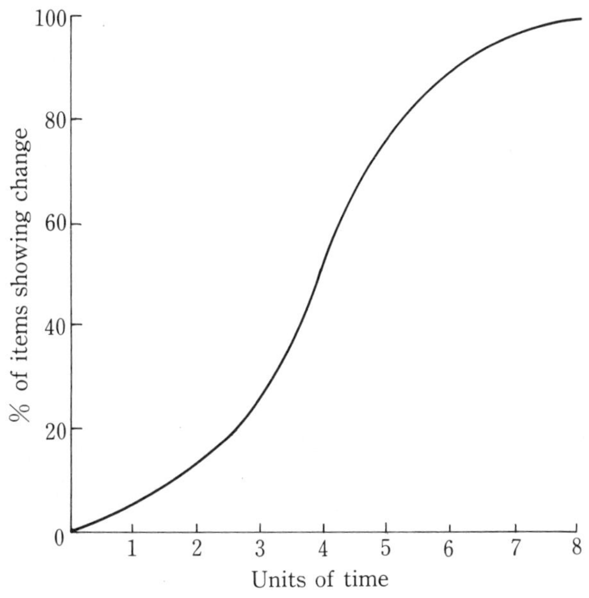

도표 5.4 시간의 흐름에 따른 어휘 확산의 비율(Bailey 1973)

제로 어휘 확산이 어휘의 종류를 가려 일정한 순서를 밟는다는 보고도 많이 나와 있다. 한 예로 Belfast에서 pull, put 및 should의 [u]가 [ʌ]로 변하는 것을 보면 단어마다 그 비율이 달라 pull이 74% 임에 비해 put은 39%에 불과하고 더욱이 should는 8% 밖에 안 되었다고 한다(Hudson 1980 : 168-169). 그리고 영국의 East Anglia와 East Midland 지방에서 보이는 한 음운 변화도 must, come에서는 완성 단계에 있는데 uncle, hundred에는 거의 적용되지 않는다는 것이다(Chambers and Trudgill 1980 : 177). 국어에서 〈무릎→무릅〉〈밭→밧〉〈팥→팟〉에 적용되는 음운 변화가 〈앞〉이나 〈곁〉에는 적용되지 않는 것과 같은 현상일 것이다. 어휘들이 무리를 지어 음운 변화를 더 먼저 받아들이는 무리가 있고 좀더 끝까지 버티는 무리가 있는 것이 분명하다.

이것은 다음 표 5.5에서 그 한 압권을 보여 준다. 이것은 7명을 대상으로 단어 리스트 읽히기 조사를 통해 테헤란이란어(Tehran Persian)의 모음동화가 단어에 따라 적용되는 범위가 다름을 보인 것인데 개인별 적용 범위가 함축 척도(implicational scale)의 모습을 띠고 있다. 아래로 내려갈수록 모음동화의 적용을 받는 범위가 좁아 만일 마지막 단어 bebor에 누군가가 모음동화를 적용하였다면 그 사람은 그 위의 모든 단어들에 모두 그 규칙을 적용한다는 것을 함축하는 것이다. 이 적용 범위는 전체 사용자의 일상 말투에서의 비율에도 마찬가지로 적용되는데 이처럼 함축 척도로까지 표시될 정도로 음운 변화가 어휘에 적용되는 순서가 질서정연하다는 것은 놀라운 사실이 아닐 수 없다.

언어 변화의 점진성과 그 규칙성은 말투와 사회 집단에도 적용되는 것으로 알려져 있다. 제1단계로 한 개인의 말투에서 일어나 가령 격식적인 말투에 먼저 적용되고 나중에 일상 말투에까지마저 적용되었다

---

12) 〈ㆍ〉의 소실 과정에 대한 정밀한 논의는 李基文(1972)을 참조할 것.

	7인의 단어 리스트 읽기							전체 사용자의 일상 말투	
	A	B	C	D	E	F	G	동화율(%)	인원
/bekon/ 'Do!'	+	+	+	+	+	+		91	331
/bedo/ 'Run!'	+	+	+	+	+			78	23
/bexan/ 'Read!'	+	+	+	+				40	139
/begu/ 'Tell!'	+	+	+					22	132
/bekub/ 'Hit!'	+	+						4	122
/bebor/ 'Cut!'	+							3	124

표 5.5 테헤란이란어의 모음동화 적용표 (Hudson 1980 : 170)

가 제2단계로 한 개인에서 다음 개인으로 확산될 때는 먼저 동일한 사회 집단에 있는 사람 사이에서 일어난 다음 마지막 단계에서 다른 사회 집단으로 확산된다는 것이다. 이를 그림으로 보이면 다음 도표 5.5와 같다. 이 그림은 언어 변화를 3단계로 나누어 보인 것인데 +는 改新形이 완전히 자리를 잡은 단계, ×는 변이의 단계로서 개신형이 점차 모습을 드러내는 단계, ─는 아직 舊形이 독무대를 이루는 단계를 나타내는 것으로서 개신형의 확산이 사회 집단과 말투에 따라 한 단계씩 진전됨을 도식화하고 있다. [13]

이렇게 보면 언어 변화는 결국 파동의 모양으로 번져가는 것으로 바꾸어 이해하여도 좋으리라는 것을 알 수 있다. 전통적인 파동설

---

13) 이 도표는 Bailey(1973 : 176)의 것을 Holmes(1992)가 좀더 간략한 모습으로 변형시킨 것이다.

	Social group		
Style	1	2	3
Formal	+	×	−
Casual	×	−	−

Time 1

	Social group		
Style	1	2	3
Formal	+	+	×
Casual	+	×	−

Time 2

	Social group		
Style	1	2	3
Formal	+	+	+
Casual	+	+	×

Time 3

도표 5.5 말투 및 사회 집단별 언어 변화의 단계 (Holmes 1992 : 220)

(wave theory)은 이 점에서 다시 음미해 볼 만한데 다만 어휘 확산설은 그것을 좀더 정밀화한 것이라고 보면 좋을 것이다. 어느 경우이든 점진적이라는 것이 언어 변화의 주요 특징으로 부각되어 있다는 것에 주목할 필요가 있겠다.

5.4.2 언어 변화의 주도층

평소에도 우리는 언어 변화를 애초 시작하는 사람은 누구였을까가 궁금할 때가 있다. 가령 〈뻥까다〉라는 말은 누가 만들어 쓰기 시작했으며, 애인을 또는 부부간에서 상대를 〈자기〉라고 부르기 시작한 사람은 누구였을까? 또 〈생각되다〉를 〈생각되어지다〉라고 하기 시작한 것은 누구였으며, 둔한 사람을 〈형광등〉이라고 부르기 시작한 사람은 누구였을까? 분명히 어떤 한 개인이 시작한 일이었을 것이다. 그러나 그 개인을 추적해 들어가는 일은 누구도 하려 하지 않으며, 또 한다고 해도 어떤 성과를 기대하기는 어려울 것이다.

그렇다면 우리의 질문을 좀 완화해 볼 수 있을 것이다. 그 언어 변화를 시작한 부류는 젊은이층이었을까 중년층이었을까, 남자쪽이었을까 여자쪽이었을까, 상류층이었을까 하류층이었을까, 도시 사람들이었을까 시골 사람들이었을까? 진행중의 언어 변화를 면밀히 관찰하면 적어도 그 주요 세력이, 다시 말하면 改新者(innovator)들이 어떤 부류인지는 발견되는 것으로 보고되고 있고, 또 그것이 한결같지 않음도 널리 알려져 있다.

연령층으로 보면 대개 젊은이층이 언어 변화를 주도한다는 것은 일반적인 상식일 것이다. 그러나 그 젊은이층에서도 정확히 어느 연령층인가는 경우에 따라 다를 수밖에 없을 것이다. 전술한 Martha's Vineyard의 경우는 31-45세층이 그 핵심 세력이었는데 이것은 이 연령층이 제2차 대전과 한국의 6·25에 참여한 세대로 가장 어려운 시기를 겪으면서 그 섬을 지킬 수밖에 없는 처지와 결부되는 것으로 해석되었다(Labov 1972 : 30). 단순히 젊은이층이라고 하고 말기에는 연령층에도 다시 어떤 사회적 배경이 작용하는 것으로 보아야 할 것이다.

이 Martha's Vineyard에서는 어부들, 즉 남자들이 언어 변화의 주도 세력이었다. 그러나 여자들이 주도권을 잡는 경우도 있다. 이것은 그 언어 변화가 표준형, 즉 威勢形이 확장하는 방향으로 가느냐 비표준형, 즉 사투리형이 확장하는 방향으로 가느냐에 따라 결정되는 경향을 보인다. 즉 대개 사투리 쪽으로 흐르는 언어 변화는 남자들에 의해, 위세형 쪽으로 흐르는 것은 여자들에 의해 주도되는 경향을 보이는 것이 그것이다(Holmes 1992 : 231). Martha's Vineyard의 中舌化 이중모음은 비표준형이었는데 그것이 남자들에 의해 주도된 것이나, Norwich에서 tell, letter 등의 모음 (e)를 주변 사투리의 발음인 [ɜ]나 [ɐ] 등의 역시 중설화된 음으로 발음하는 현상이 上근로계급의 남자 젊은이층에 의해 확산된 현상이 그 한 예요(Trudgill 1974 : 105), Belfast에서 외부에 나가 직장 생활을 하는 여자들에 의해 표준형 쪽으로 언어 변화가 주도된 것이 그 다른 한 예다(Milroy 1980).

그러나 여자들이 사투리형 쪽으로 언어 변화를 이끌어 가는 수도 있고, 또 여자들은 아예 언어 변화에 앞장서는 일이 없는 곳도 있다는 것도 사실이다. 남자들이 표준형 쪽으로 언어 변화를 이끌어 가는 예도 물론 있다. 어떻든 중요한 것은 곳에 따라, 또 언어 변화의 종류에 따라 언어 변화의 주도권이 남자에도 있을 수 있고 여자에도 있을 수 있으며, 그것이 어느 쪽인지 구별되어 관찰될 수 있다는 사실일 것이다.

사회 계층으로 보면 어느 계층이 改新의 열쇠를 쥐는 것일까? 대체로는 중상층계급을 포함한 상위 계층의 말이 威勢(prestige)의 기능을 가져 많은 사람들이 본받고자 하는 대상이 되고, 따라서 상위 계층이 언어 변화의 主導役을 하기 마련이다. 어떤 지역에서 그 고장 특유의 방언 특징인 〈덩거당〉류의 非口蓋音化 현상이나, 〈짐치, 성님〉류의 구개음화 현상이 점차 감소하면서 〈정거장, 김치, 형님〉과 같은 표준형이 자리를 잡아가는 추세를 보인다면 이는 분명히 상위 계층의 주도에 의해 자행되는 변화일 것이다. 근래 세력이 커지고 있는 〈생각되어지다〉류나 〈세상이 좁다라는 실감이 났다〉류의 말버릇도[14] 상위 계층

─────────────────────

14) 〈생각되다, 판단되다, 읽히다〉 등은 이미 완벽한 피동형인데 여기에 〈지다〉를 다시 덧붙여 〈생각되어지다, 판단되어지다, 읽혀지다〉와 같은 중복형을,

에서 쓰이기 시작하여 그것을 그럴 듯하게 여긴 사람들에 의해 번져가는 현상이 아닌가 싶다. 그렇다면 이 또한 상위 계층에 의해 주도되는 언어 변화일 것이다.

뉴욕에서의 모음 뒤 (r)의 확산도 중상층계급의 젊은이층에 의해 주도되는 것으로 보고 되어 있다(Labov 1972 : 150-155, 287-291). 뉴욕은 18세기에는 (r)을 발음하는 지역이었는데 19세기에는 보스턴을 중심으로 한 뉴잉글랜드와 런던의 위세형을 좇아 (r)을 발음하지 않는 지역으로 바뀌었다. 1930년대의 언어지도 자료에도 제보자 21명 전원이 (r)을 발음하지 않는 것으로 되어 있다. 그러던 것이 1950년에 A. F. Hubbell이 행한 보고와 1962년에 A. Bronstein이 행한 보고에 의하면 (r-1)의 사용이, 즉 (r)을 발음하는 일이 대학생들 사이에서 증가하는 현상이 나타났다. 말하자면 상위 계층에서 언어 변화가 일어나기 시작한 것이다. 그 이후 (r-1)은 새 위세형으로 등장하여 그 세력을 점차 넓혀 가 제2장에 제시된 도표 2.1에 의하면 적어도 격식 말투에서는 어느 계급에서나 이 改新形이 행세를 하기에 이르렀다.

그런데 이 단계에서도 이 언어 변화를 이끌어가는 것은 상위 계층, 그 중에서도 중상층계급임이 다음 표 5.6에 잘 나타난다. 즉 여기에서 보면 일상 말투에서는 (r-1)의 세력이 아직 크게 확산하지 않아 근로계급이나 중하층계급에는 거의 침투하지 않음을 볼 수 있다. 그럼에도 중상층계급에서만 젊은이층으로 갈수록 (r-1)의 세력이 점차 확산하고 있다. 상위 계층이 언어 변화를 주도하는 한 전형적인 예라 할 수 있을 것이다.

굳이 이름을 붙인다면 과잉 피동형을 만들어 쓰는 현상이 근래에 점차 확산되고 있다. 심지어 〈식어진다, 변해진다〉는 語形도 쓰인다. 가히 〈지다〉의 전성시대라고 할 만하다. 아울러 〈간다고, 간다는〉과 같은 간접 인용문을 〈간다라고, 간다라는〉과 같은 직접 인용문의 형식으로 말하는 현상도 최근에 급격한 성장률을 보이고 있다. 두 경우 모두 대학 사회가 발원지인 듯한데 이러한 어형을 번지게 하는 심리 상태를 한번 캐어 보면 흥미있으리라 생각된다.

표 5.6 뉴욕의 일상 말투에서의 (r-1)의 연령 및 계급별 실현율

연령	사회 계급			
	0-1	2-5	6-8	9
8-19	00	01	00	48
20-29	00	00	00	35
30-39	00	00	00	32
40-49	00	06	10	18
50-	00	08	00	05

(Labov 1972 : 291)

그러나 언어 변화가 하위 계층에 의해서 주도되는 실례도 여러 곳에서 보고된 바 있음을 우리는 이미 앞에서 보아 왔다. 당장 Martha's Vineyard의 경우가 그러하였고, Norwich의 경우나 Belfast의 경우가 다 그러하였다. 이들은 대개 근로자들이 스스로들의 유대관계를 다지기 위해 사투리형을 확산해 가는 경우인데 이때 하위 계층은 대개 최하위 계급이기보다는 上근로계급인 것이 일반적이라 한다(Holmes 1992 : 230).

하위 계층에 의한 변화는 덜 의식적인 특성도 띤다고 한다. Labov (1972 : 178-179)는 언어 변화를 〈위로부터의 변화(change from above)〉와 〈아래로부터의 변화(change from below)〉로 나누어 이해했는데 전자는 사람들이 사회적 의식을 가지고 그 변화에 참여하는 경우를 가리키며, 후자는 자기가 말을 바꾸고 있다는 것을 사회적 의식 없이 참여하게 되는 언어 변화를 가리킨다. 즉 〈위〉와 〈아래〉는 의식의 위와 아래인데 언어 변화의 초기 단계는 아래로부터의 변화의 양상을 띠어 말투에 따라 달라지지 않는, 또 사회적 기능도 뚜렷하지 않은 반면 나중 단계에 이르면 위로부터의 변화의 양상으로 바뀌어 말투에도 영향을 주게 된다는 것이다. 그런데 하위 계층에 의해 일어나는 언

어 변화가 의식성이 약한 특성을 띤다면 그 변화는 결국 아래로부터의 변화의 성격을 띤다고 할 수 있다. [15]

하위 계층에 의해 주도된 언어 변화가 표준형으로까지 인정될 정도로 세력을 얻으려면 중상류층의 저항을 받지 않아야 한다. 이러한 고비가 하나 있다는 것이 상위 계층에 의해 주도되는 언어 변화가 겪지 않는 한 난관이라 할 수 있다. 만일 중상류층이 하위 계층으로부터의 비표준형의 확산을 경계하고, 그 비표준형을 卑俗形으로 몰아 그 확산의 저지에 나서면 이 언어 변화는 더 진전되기 어려운 상황을 맞게 되는 것이다(Labov 1972 : 179, Holmes 1992 : 230).

이상에서 보면 언어 변화는 남자가 일으킬 수도 있고 여자가 일으킬 수도 있으며, 상류 계급이 일으킬 수도 있고 하류 계급이 일으킬 수도 있다. 한마디로 그 언어 변화의 내용과 성격에 따라 그 주도 세력이 달라질 수 있는데 그만큼 언어 변화는 다양한 모습을 띨 수밖에 없다고 할 수 있을 것이다.

5.4.3 접촉 형식과 언어 변화

언어 변화는 결국은 사람들의 접촉에 의해 진행된다. 사람들이 서로 만나 저쪽 사람의 새 語形을 받아들이고, 그 새 어형을 또 다른 사람에게 전파해 주어야만 언어 변화가 자리를 잡아 가는 것이다. 그렇다면 이 사람들의 접촉 상태의 여하에 따라 언어 변화의 양상이 달라질

---

15) 동시에 상위층으로부터 주도된 언어 변화는 강한 의식이 동반되는 것이 일반적이며, 따라서 그것은 위로부터의 변화의 성격을 띤다. 이 때문에 〈위로부터의〉와 〈아래로부터의〉의 〈위〉와 〈아래〉는 각각 상위 계층과 하위 계층으로 해석해도 대개 맞아떨어지며, Labov 스스로도 〈change from below, that is, below the level of social awareness〉(Labov 1972 : 178), *below* is meant 〈below the level of conscious awareness〉(Labov 1972 : 123)이라고 하면서 한편으로는 〈change from above — originating in the highest social group —〉(Labov 1972 : 145)이라는 설명을 하고 있다.

수 있으리라는 것은 쉽게 짐작이 되고도 남는다. 여기에서는 사람들의 접촉 상태가 언어 변화에 어떤 영향을 미치는지 그 한두 가지 예만 보기로 한다.

언어 변화는 외부와의 접촉이 극히 제한되어 있는 고립된 곳일수록 그 속도가 느리다고 한다(Holmes 1992 : 235). 흔히 이민 사회에서의 언어 변화가 본바닥에서의 것보다 느리다는 이야기를 한다. 하와이의 일본 교포들의 일본어에 古語가 많이 남아 있다는 것이 그 한 예다. 거기에서 접촉하는 일본 사람들이 한정되어 있어 그만큼 변화를 적게 겪은 것이라고 풀이할 수 있을 것이다. 지구상에서 사라져 가는 언어가 그나마 명맥을 유지하고 있는 곳이 외부로부터 고립된 곳이라는 것도 여러 경우 알려져 있다. Scots Gaelic 어가 스코틀랜드의 Western Isles 에 가장 잘 보존되어 있고, Maori 어가 뉴질랜드의 East Cape 에, 이탈리아어나 불어의 古形이 이탈리아나 스위스의 작은 산골 마을에 가장 잘 보존되어 있다는 것이 그 일례다. 이른바 殘滓地域은 말하자면 古形이 끝까지 남은 지역인데 이런 곳은 대표적 잔재지역일 것이며 그것은 결국 외부와의 접촉이 그만큼 제약되었던 결과일 것이다.

언어 변화를 가장 적게 겪는 지역으로 널리 알려진 가장 대표적인 곳은 아이슬란드다. 다른 세계에서 멀리 떨어져 있는 이 섬은 13세기 이래 이렇다 할 언어 변화를 겪지 않아 방언 분화조차 거의 없는, 세계에서 예외적으로 존재하는 단일언어국가로 알려져 있는 곳이다(제7장 참조). 아이슬란드는 그 섬 안에서도 얼음으로 뒤덮여 지리적으로 분리되어 있고 교통이 불편한 관계로 방언의 분화가 심할 법하다. 그러나 워낙 정치 문화적으로 꽁꽁 묶여 있고 친족 관계와 우정을 중히 여겨 대대로, 또 먼 지역까지 모두 긴밀한 유대 관계를 유지함으로써 서로 많은 대화를 나누게 되고, 그러한 긴밀한 접촉이 언어를 늘 제모습으로 유지하게 한다는 것이다. 외부와의 단절에다가 내적인 긴밀한 접촉이 언어 변화를 막는 요소임을 표본적으로 보여 주는 곳이 바로 아이슬란드라 할 수 있다.

접촉의 형식도 언어 변화에 영향을 미치는 요소로 지적되고 있다 (Holmes 1992 : 236-238). 사람과 사람이 직접 얼굴을 맞대고 하는 접촉이 라디오나 TV 등의 매체를 통한 접촉보다 결정적인 영향력을 미친다는 것이 일반적인 견해로 알려져 있다. 이는 영국에서 bitter 의 (t)를 표준음 [t] 대신 聲門閉鎖音으로 발음하는 현상의 확산이 런던에서 가까운 지역일수록 더 크게 일어나는 것으로 입증되는데, TV 의 영향력이 크다면 런던에서 아무리 멀리 떨어진 곳이라도 이 변화가 더 늦어질 이유가 없기 때문이다. 매체는 어떤 마음의 자세를 준비하게 하는 구실을 하여 나중에 직접 어떤 사람에게서 새 어형을 접했을 때 그것이 TV 에서 자주 듣던 것이면 더 쉽게 그쪽으로 마음의 문을 열게 하는 면에서 영향력을 행사한다는 것이 한 유력한 견해인데, 어떻든 어떤 改新形이 전파되는 것은 매체를 통해서보다 상면하는 사람과의 직접적인 접촉에 의해서라는 것이 더 일반화된 견해다.

사람들은 한두 사람의 말만 듣고 언어 변화에 가담하지는 않는다고 한다. 주위의 여러 사람들이 다같은 개신형을 쓸 때 비로소 그것을 받아들이게 되는데 이는 우리가 앞에서 파동설 내지 어휘 확산설을 이야기할 때 언어 변화가 단계를 밟으며, 같은 나이 또래에서, 같은 性에서, 같은 사회 계층 안에서 먼저 번지고 차츰 다른 세계로 그 영역을 넓혀 간다고 했던 것과 일치하는 내용이다. 매체를 통해서보다 자주 접촉하는 사람들을 통해 언어 변화가 진전된다는 사실은 언어 변화의 여러 면을 바로 이해하는 한 핵심적인 내용이라 해도 좋을 것이다.

5.5 요약

이상에서 우리는 연령이 언어에 어떤 영향력을 행사하는가를 살펴보았다. 이때 우리는 연령을 연령 단계와 연령차로 나누어 볼 필요가 있

음을 논하였다. 연령 단계는 그 나이에 걸맞는 언어 행위를 지배하는
요소로서의 나이를 문제 삼을 때의 개념이며, 연령차는 주로 세대차로
바꾸어 이해하면서 언어의 변화가 새 세대에 의해 일어난다는 관점에
서 보는 측면에서의 나이였다.

　여기에서 우리는 세대차에 따른 언어의 변화에 주된 관심을 보였다.
그 중에서도 〈진행중의 언어 변화〉가 現場時間 方法에 의해 매우 흥미
있게 관찰될 수 있음을 보이려고 애썼다. 사실 이 과제는 우리들에게
큰 흥미를 던져 주었다. 하나의 언어 변화에 얼마나 많은 요소들이 작
용하는지 놀랍기조차 하였다. 〈진행중의 언어 변화〉는 전통 언어학에
서의 부정적인 시각과는 달리 훌륭히 관찰 분석될 수 있을 뿐 아니라
오히려 실제시간을 통한 연구에서보다 더 생생하고 풍부한 정보를 제
공하며, 다른 한편으로는 과거의 言語史를 푸는 열쇠 구실도 할 수 있
으리라는 것을 깨닫게 되었다. 그것이 이 장에서 우리가 얻은 가장 큰
소득이기도 할 것이다.

제 6 장

호칭과 경어법

언어가 사회적 문맥에 따라 여러 변종으로 갈린다고 할 때 그것이 가장 극명하게, 또 가장 미묘하고 복잡하게 드러나는 것은 좁게는 호칭에서일 것이며, 넓게는 경어법에서일 것이다. [1]

우리가 언어 생활에서 적절한 변종을 바로 선택해 구사하기 위해 고

---

1) 이 장에서 다루는 호칭은 경어법의 시각에서 다루는 것이므로 굳이 따로 제목을 내세울 것 없이 경어법의 이름 밑에서 함께 다루어도 좋을 것이다. 그러나 호칭 이외에는 달리 경어법의 현상이 없는 印歐語에서 호칭 문제를 따로 집중적으로 다루어 왔기 때문에 호칭과 경어법을 양립시키면서 기술해 나가고자 한다. 여기에서의 호칭은 〈이거 형이 가져〉 또는 〈형, 내일 몇 시에 깰거야?〉의 〈형〉처럼 상대방을 그 면전에서 직접 지시하는 형식을 가리킨다. 흔히 指稱(term of reference)이라고 하여 제3자에게 말하는 형식, 가령 〈이건 제 아우의 사진입니다〉의 〈아우〉와 같은 형식은 포함하지 않는다. term of address 또는 일반적인 용어인 address form에 해당하는 용어라고 할 수 있겠다. 〈호칭〉과 〈호칭어〉를 구별하여 쓰는 일들이 있으나 〈호칭〉만으로 충분히 제 뜻을 드러낸다고 생각하여 우리는 〈호칭어〉라는 용어는 채택하지 않는다. 그리고 〈애, 어디 가니?〉라든가 〈여보, 나 좀 봐요〉의 〈애〉나 〈여보〉와 같은 呼出語(summons)는 논의의 대상에서 제외한다.

려해야 할 사항은 한두 가지가 아니다. 우선 스스로의 처지에 맞추어 어른이면 어른답게, 남자면 남자답게, 대학 교수면 대학 교수답게 말해야 한다. 자연보호에 대한 토론이라면 그 상황에 맞게, 문상을 갔으면 거기에서의 범절에 맞게, 술자리면 술자리 분위기에 맞게 말해야 한다.

그러나 이런 것은 우리를 그리 크게 고민시키지는 않는다. 대개 얼마간의 정성만 들이면 이 정도는 쉽게 극복할 수 있기 때문이다. 그러나 1 대 1로 대면하는 상황에서 상대방을 언어적으로 어떻게 적절히 대우하느냐는 문제는 그리 단순하지 않다. 고려해야 할 사항들이 많고, 또 그것들이 복잡미묘하게 얽히기 때문이다. 언어가 사회적 문맥에 따라 여러 모습의 변종으로 나타나는 현상을 살피려 할 때 호칭 및 경어법은 우리가 가장 세심한 관심을 기울여야 할 분야일 것이다.

특히 한국어는 호칭이나 경어법의 체계가 유난히 복잡하게 발달되어 있는 언어로 정평이 나 있다. 외국인에게 한국어 중 무엇이 가장 배우기 어려우냐고 물으면 흔히 경어법이라 말한다. 그런데 그것은 반드시 외국인에게만 어려운 것이 아니다. 아이들이 말을 배울 때 부모들이 가장 자주 시정해 주는 것도 경어법일 것이다. 그리고 어른이 되어서도 상대방에게 어떤 호칭을 써야 좋을지 몰라 망설일 때가 많다. 가령 동사무소에 갔을 때 젊은 직원을 어떻게 불러야 할까? 〈총각〉? 〈젊은이〉? 〈형씨〉? 〈아저씨〉? 최근 심의를 거쳐 확정한 「우리말의 예절」[2]에서는 〈선생〉을 추천하고 있다. 그러나 우리의 경험으로는 좀체 〈선생〉이라 부르게 되지 않는다.

이 심의에서 마땅한 호칭을 찾지 못해 가장 애를 먹었던 것은 시누이 남편에 대한 호칭이었다. 전통적으로 여기에는 따로 독자적인 호칭이 마련되어 있지 않았던 듯하다. 〈아저씨〉 정도의 凡稱이 쓰인 듯하고, 근래에는 자기 자식들이 부르는 대로 〈고모부〉라 부르고 있다. 영국에서는 장인 장모를 어떻게 부를지 어려워 하고 그래서 아예 호칭

---

2) 「우리말의 예절」(朝鮮日報社 1991)

을 쓰지 않고 우물쭈물해 버리는 경우가 많다고 한다(Trudgill 1983
b : 102). 우리는 시누이 남편뿐만 아니라 많은 경우 호칭을 쓰지 못하
고 우물거려 버리는 것이 아닌가 한다.

이처럼 호칭의 선택에 어려움을 겪는 것은 말할 것도 없이 호칭 내
지 경어법을 결정짓는 요인이 매우 복잡하게 얽히기 때문일 것이다.
그렇다면 그 요인들은 무엇이며 그것들은 어떻게 상호작용을 하는 것
일까? 앞으로 두 장에 걸쳐 이 문제에 초점을 맞추어 논의를 계속하
기로 한다.

6.1 권세와 유대

상대방을 경어법으로 대우하는 절차는 일차적으로 그 상대방을 호칭
하는 대명사에서 가장 간명하게 체계화되는 듯하다. 이름이나 직함 및
친족 명칭 등 다른 호칭에서도 경어법의 체계가 반영되지만 그 간명함
에서 제2인칭 대명사(그 중에서 單數)를 앞서는 것은 없는 듯하다.

	平稱	敬稱
불어	tu	vous
이탈리아어	tu	Lei
스페인어	tú	usted
독일어	du	Sie
스웨덴어	du	ni
러시아어	ty	vy
노르웨이어	du	De
네덜란드어	jij	u

2인칭 대명사가 가장 단순화하여 경어법을 거의 반영하지 못하는

언어도 있다. 〈you〉 하나로 누구에게나 쓸 수 있는 영어가 그 대표적이다. [3] 그러나 경어법이 별로 활발하게 행세하지 못하는 서양의 언어에서도 대부분 2인칭 대명사는 平稱形(familiar pronoun)과 敬稱形(deferential pronoun)으로 양분되어 있다.

이 두 계열의 대명사를 구분하는 원리는 무엇인가? Brown and Gilman(1960)은 이들 언어 중 불어, 독일어, 이탈리아어, 스페인어의 2인칭 대명사의 용법을 드라마 등의 문헌 분석, 면담 조사, 질문지 조사 등의 다각적인 방법을 동원하여 분석한 것으로서 이 방면의 가장 권위있는 고전이 되다시피 하였는데 이제 그 내용을 간추려 보기로 한다. 앞의 언어들의 2인칭 대명사에는 V(←라틴어 vos)와 T(←라틴어 tu)로[4] 대표되는 두 형태가 있다. 이들의 사용은 우선 權勢(power)에 의해 결정된다. 年長者와 年下者의 사이, 부모와 자녀 사이, 고용주와 고용원 사이, 귀족과 평민 사이, 장교와 사병 사이에는 권세 면에서 차이가 있는데 이때 上位者는 下位者에게 T를, 하위자는 상위자에게 V를 사용한다. 만일 권세 면에서 동등한 사이라면 상호 V를 사용하거나 상호 T를 사용하는데 V의 생성 과정상 초기에는 귀족 사회에서는 V가, 서민층에서는 T가 사용되었다.

그런데 이들 대명사의 선택을 지배하는 요인으로는 권세 이외에 紐帶(solidarity)가 하나 더 있다. 같은 가족이라든가 동향이라든가, 또는 同志 등과 같은 어떤 공통된 바탕에 따라 유대의 두터운 정도, 즉

---

3) 영어도 애초에는 〈you〉와 〈thou〉의 구분이 있었다.
4) 라틴어에서 복수 대명사 vos는 애초(4세기)에는 임금을 가리킬 때 쓰였다고 한다. 이에 대한 해석은 두 가지인데 그 하나는 당시의 임금이 로마와 콘스탄티노플 두 곳에 있었기 때문이라는 것이다. 그리고 다른 해석 하나는 임금은 백성을 모두 대표하므로, 임금 스스로 〈우리〉라는 복수형을 쓰듯 백성들도 임금을 복수로 불렀다는 것이다. 임금을 가리키던 형태가 일반인에게 쓰이면서 敬稱을 대표하게 된 것은 자연스러운 결과일 것이다. 라틴어 외에도 불어의 〈Vous〉도 2인칭 복수형에서, 독일어 〈Sie〉도 3인칭 복수형에서 轉用되었듯이 경칭이 복수형에서 유래되는 일은 꽤 일반적인 현상으로 보인다.

가깝게 지내는 정도가 사람마다 다른데 그러한 가까움의 정도가 권세
와 쌍벽을 이루는 요인으로 작용한다. 예를 들어 권세의 조건이 같더
라도 서로 가까운 사이가 아니라면 상호 V를 쓰고, 서로 가까운 사이
라면 상호 T를 쓴다. 이것을 그림으로 보이면 아래와 같다.

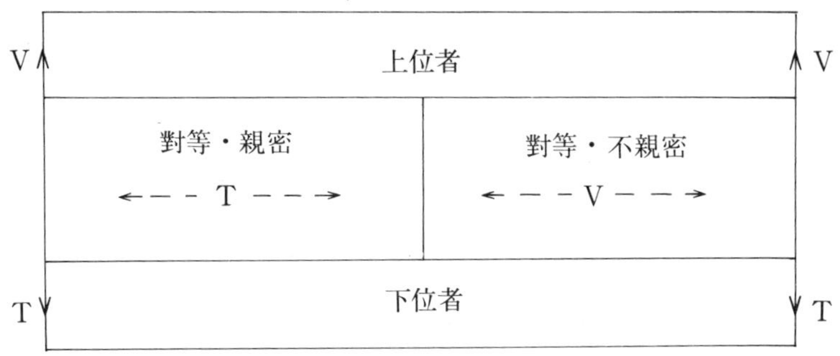

도표 6.1 印歐語 2인칭 대명사의 요인 작용도(1)

위의 도표는 물론 가장 단순한 경우를 상정하여 규칙화한 결과다.
권세에서 차이가 있을 때에는 서로 V와 T를 주고 받고, 권세가(곧 지
위가) 대등한 경우에는 유대의 정도(즉 친근도)에 따라[5] 서로 T를 주
고받기도 하고 V를 주고받기도 한다는 극히 단순하고 도식화된 규칙
인 것이다. 즉 이 도표는 당장 지위가 다르면서 친근한 경우, 또는 지
위가 다르면서 친근하지도 않은 경우는 다루지 않고 있다. 실제로는
이처럼 지위와 친근도가 갈등을 일으키는 경우가 많다. 가령 고객은
점원보다 권세 면으로는 높은데 생판 모르는 사이다. 도표 6.1의 규
칙에 따르면 권세의 차이만으로 손님이 점원에게 T를 써야 하나 실제

5) ⟨power⟩와 ⟨solidarity⟩는 뒤에서 보듯이 몇몇 다른 용어로 조정되는 국면
   을 맞는다. 그만큼 이 용어는 이것대로의 독자성을 가지며 그것을 반영하기 위
   하여 우리는 ⟨권세⟩와 ⟨유대⟩라는 좀 낯선 譯語를 채택해 쓰고 있다. 그러나
   power는 결과적으로 지위를 결정짓고 solidarity는 친근도를 높이므로 뒤에서
   용어의 조정이 있을 때까지 편리를 좇아 ⟨지위⟩와 ⟨친근도⟩라는 용어를 함께
   이용하기로 한다.

로는 그러기 어렵다. 부모와 자식 사이는 그 반대의 경우일 것이다.
권세만에 의해서는 자식은 부모에게 V를 써야 한다. 그런데 워낙 친
근한 사이이기 때문에 T를 쓰는 일이 흔하다. 이렇게 두 요인이 갈등
을 일으키는 상황까지 포괄하여 앞의 도표를 수정하면 다음 도표 6.2
와 같다.

V↑	上位·親密　　　　　　　　T↑	V	上位·不親密	↑V
	對等·親密　　　　　　←-- T --→		對等·不親密　　　　　　←-- V --→	
T↓	下位·親密　　　　　　　　T	V	下位·不親密	↓T

도표 6.2　印歐語 2인칭 대명사의 요인 작용도(2)

　위 도표에서 가운데 칸은 도표 6.1과 달라진 바가 없으니 문제가 없
다. 또 오른쪽 위의 칸과 왼쪽 아래 칸도 갈등을 일으키지 않는 경우
여서 도표 6.1에서처럼 윗사람은 V를 받고 T를 쓰며, 아랫사람은 T
를 받고 V를 쓰면 된다. 다만 왼쪽 위와 오른쪽 아래의 두 칸이 갈등
을 일으키는 경우인데 이때는 지위보다는 친근도에 우선 순위를 주어
지위에 관계 없이 친근한 사이에서는 상호 T를, 친근하지 못한 사이
에서는 상호 V를 사용하는 것으로 규칙을 세웠다.
　역사적으로 보면 20세기 중엽쯤에는 이미 紐帶가 권세보다 더 중요
한 요인으로 부상한다. 그 결과 고객은 점원에게 V를 쓰게 되고, 아
이들은 부모에게 T를 쓰는 새 규칙이 생기고, 아울러 상호 V 상호 T
의 사용 빈도가 높아져 불어, 이탈리아어, 독일어에서 한쪽에서 V를,
다른 한쪽에서 T를 쓰는 상황이란 아주 한정적인 수준이 되었을 정도
다. 그나마 지위의 高下가 명맥을 유지하고는 있다. 서로 V를 주고받
다가 친해지면서 서로 T로 말을 놓자고 제안할 때 그 제안자는 上位

者이기 때문이다.

어떻든 유대가 권세보다 큰 영향력을 가지게 된 것은 몇 나라에서 공통적이었는데 그 유대를 결정짓는 배경은 나라마다 조금씩 다른 면을 보인다. 독일에서는 가족 관계가 더 큰 몫을 하는 데 비해 프랑스에서는 동창, 동향 등이 더 큰 영향력을 발휘하는 듯하다. 그리고 이탈리아 사람들 말로는 자기들은 가족 관계에서는 거의 독일 사람만큼, 친구 관계에서는 프랑스 사람보다 더 적극적으로 T를 사용한다고 한다.

이상이 대개 Brown and Gilman(1960)의 중요한 내용이다. [6] 이 연구 이후 이와 관련된 연구가 여러 편 나왔는데 대개 비슷한 결론을 얻는 결과를 보였다. 무엇보다도, 비록 약간씩 수정을 가하였지만 권세와 유대가 2인칭 대명사의 경어법 등급을 결정짓는 중요한 요인임을 한결같이 확인하곤 하였다. 〈권세〉와 〈유대〉, 이것은 앞으로 이 방면의 논의에서는 늘 꼬리처럼 따라다닐 필수적인 용어가 되다시피 하였다.

6.2 미국 영어의 호칭 체계

영어는 앞에서 지적하였듯이 2인칭 대명사로는 〈you〉 하나밖에 없

---

6) Brown and Gilman(1960)은 미국에서 조사한 결과도 덧붙이고 있다. 미국에 유학하고 있는 프랑스 학생들을 대상으로 2인칭 대명사의 선택과 急進主義 (radicalism) 성향과의 상호성을 조사한 것인데 그 내용도 흥미롭다. 급진주의 성향의 측정은 산업의 국유화, 시험 결혼 등에 대한 의견을 써 내도록 함으로써 하고, 대명사의 조사는 여러 상대자, 가령 어머니, 할아버지, 손위 여자 가정부, 남자 친구, 여자 친구, 형수, 직장 우두머리 등을 상정하고 그들에게 T와 V 중 어느 것을 사용하느냐는 설문으로 하였다. 그리고 모든 경우에 T를 사용하면 7점, 최하를 1점으로 하고 이것과 급진주의 성향과의 상관성을 측정하였는데 점수가 낮을수록 급진주의의 성향이 높은 현상이 완벽하게 맞아떨어졌다고 한다.

어 사회적 문맥에 의해 어떤 변종으로 나타날 여지가 없다. 그렇다고 하여 영어에서는 상대방의 호칭이 늘 하나로 통일되어 있는 것은 아니다. 대명사로써는 상대방을 달리 대우할 수단이 없지만 성명이나 직함을 여러 가지로 달리 호칭함으로써 자신과 상대방의 관계를 언어로써 규정하는 방법을 가지고 있는 것이다. 언뜻 단순해 보이지만 여기는 여기대로 꽤 복잡한 조건들이 작용한다. 특히 미국 영어를 대상으로 그 호칭 체제를 분석한 연구들 중 먼저 Brown and Ford(1961)의 내용을 정리해 보도록 한다.

6.2.1 Brown과 Ford의 연구

Brown and Ford(1961)는 그 자료를 미국 현대 희곡, 보스턴의 製圖會社 직원 80명간의 상호 호칭, 미국 중서부의 어린이 56명의 호칭, 회사 간부 34명에게 실시한 설문지 조사 등에서 다양하게 수집한 결과로서 후술할 Ervin-Tripp(1972)와 함께 미국 영어의 호칭에 대한 연구의 고전이라 평가되는 연구다.

미국 영어의 호칭에서 가장 일반적으로 쓰이는 것은 상대방의 이름(FN ← first name)을 부르는 방식 하나와 직함(T ← title)과 姓(LN ← last name)을 묶어 (즉 TLN으로) 부르는 방식 하나다. 이때 FN은 대개 앞 절에서 논한 대명사 T에, TLN은 V에 맞먹는다고 할 수 있다. 즉 FN이 平稱이고 TLN이 敬稱인 셈이다. 이들 두 가지 호칭을 화자와 청자가 상호간 주고 받는 語形은 다음 세 가지다.

(가) 상호 FN 교환
(나) 상호 TLN 교환
(다) FN과 TLN의 교환

이때 (가)에는 〈Bob, Jim〉 등 略稱으로 부르는 경우도 포함되며,

(나)에는 ⟨Mr, Mrs, Dr⟩ 등의 T(title)만으로 부르는 경우도 포함된다.

(가)와 (나) 중의 선택은 친근도에 따라 결정되는데 겨우 知面만 있는 정도면 (나)가 선택되다가 좀더 가까운 사이가 되면 (가)로 바뀐다. 그러나 미국에서 이 두 호칭간의 골은 깊지 않다. 말을 나누고 5분만 지나면 (나)에서 (가)로 바뀌는 정도다.[7]

(다)의 선택은 나이와 직장 직위에 의해 결정된다. 나이는 대개 15세 이상의 차이가 있을 때, 그리고 직장에서는 직위의 상하가 다를 때 한쪽은 FN을, 한쪽은 TLN을 쓰게 된다. 이때 나이와 직위가 상충할 때는 직위가 더 큰 영향력을 행사하는 것으로 보인다.

그런데 앞의 (가)-(다)의 세 유형을 선택하는 데는 어떤 발전 과정이 있다. 가령 처음 만나 아직 겨우 知面만 있는 사이일 때에는 서로 TLN을 쓰다가 나이며 신분을 알아 상하의 관계가 확인되면 일단 하위자는 TLN을, 상위자는 FN을 쓰는 단계가 되었다가 나중에 서로 친근한 사이가 되면 서로 FN을 주고받는 관계로 발전하는 단계를 밟는다는 것이다. 이를 그림으로 보이면 도표 6.3과 같다.

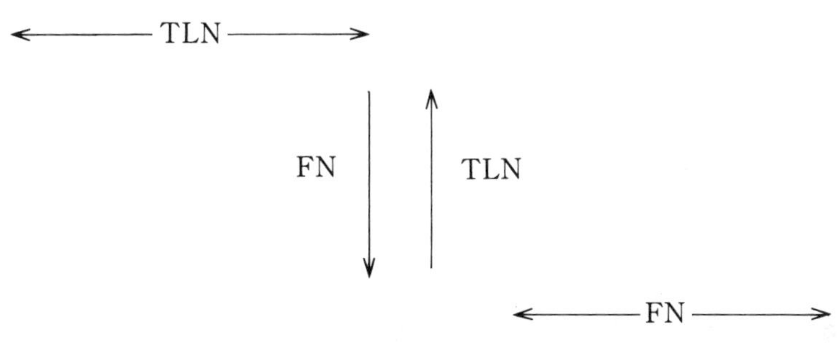

도표 6.3 미국 영어 호칭의 발전 과정(1)

---

7) Fasold(1990 : 8)에 의하면 5분도 길고, 이웃에 이사온 경우나 직장에 새로 취직한 경우에는 통상 인사가 끝나면 곧바로 상호 FN의 사용으로 바뀐다고 한다.

이 3단계의 발전 과정은 극히 단순한 경우인데 미국에서 호칭이 쓰이는 모든 현실을 고려하면 이를 9단계로 정밀화할 필요가 있다. 여기에는 FN과 TLN 이외의 호칭이 세 개 추가된다. T, LN, MN(← multiple name)이 그것이다. T는 상대방을 〈Doctor, Professor〉 등의 직함만으로 부르는 경우로서 가장 정중한 호칭이다. LN은 姓만을 부르는 경우로 TLN보다는 덜 정중하지만 FN보다는 더 정중한 형식이다. MN은 직함이나 성을 불렀다가 이름을 불렀다가 또는 약칭을 불렀다 하는 경우로 허물이 가장 적은 사이에서 허용되는 형식이다. 이들까지 포함시켜 호칭의 발전 과정을 도표로 보이면 다음과 같다.

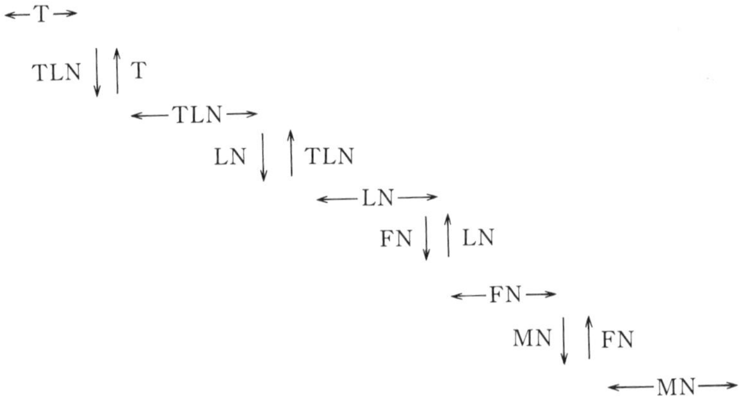

도표 6.4 미국 영어 호칭의 발전 과정(2)

이 9단계는 실제에 있어서는 다 거쳐야 되는 것은 아니다. 어느 단계가 생략되는 수가 많다. 그러나 분명한 것은 어느 단계를 일단 거쳤으면 그리로 역행하지는 않는다는 사실이다. 사이가 가까워져 더 친근한 호칭을 쓰다가 다시 더 격식적인 호칭을 쓰는 일은 없다는 것이다.

그러나 여기에 예외가 두 가지 있다. 하나는 노여움이나 질책을 표현할 때다. 평소 FN을 쓰다가 어떤 노여운 일이 생겼을 때 두 사람

182

사이의 관계에 균열이 생겼음을 나타내는 한 수단으로 TLN을 쓰는 수가 있는 것이다. 이때는 화해가 되면 다시 FN으로 돌아간다. TLN 과 FN을 주고받는 사이에서 하위자가 먼저 FN을 썼을 경우 그 잘못을 경고하는 의미로[8] 이번에는 역으로 상위자가 TLN을 쓰는 경우도 이 예외에 속한다.[9]

예외의 다른 하나는 MN을 사용할 경우다. 아주 친한 사이가 되면 FN만으로는 부족함을 느껴 TLN으로 불렀다가 FN으로 불렀다가, 또는 LN이나 별명을 불렀다가 그야말로 자유자재 아무 거리낌이 없이 호칭을 쓰는데 그러다 보니 형식적으로는 이미 거쳐온 단계로 되돌아가는 결과가 생기게 되는 것이다.

이상이 Brown and Ford(1961)의 주요 내용이다. 여기에서도, 비록 여기에서는 〈power〉와 〈solidarity〉의 용어를 직접 쓰지는 않았지만, 유럽 언어에서와 마찬가지로 권세와 유대 두 요인이 호칭을 결정짓는 두 큰 기둥임이 확인된 셈이다. 아울러 power를 나이와 직장 직위로 나누었을 때 나이보다는 직장 직위가 우선권을 가진다는 것과, 또 미국 영어에서는 유난히 쉽게 상호 FN의 관계로 진입한다는 것도 밝혀진 셈이다.

미국 영어의 이러한 특징은 Slobin *et al.*(1968)에서도 확인된다. 이 연구는 샌프란시스코의 보험회사의 직원 87명(남자 57명, 여자 30명)을 대상으로 조사한 결과인데 직위가 동급이거나 하위인 사람에게는 100% FN을 사용하는 것으로, 또 바로 한 단계 상위자에게도 대부분(80% 이상) FN을 사용하는 것으로 나타났다. 미국 영어에서 FN이 얼마나 널리 쓰이는 호칭인가를 드러내 주는 장면이라 하겠다. 한

---

8) 유럽의 대명사 호칭에서와 마찬가지로 서로 말을 놓자는 제안은 미국에서도 상위자가 하는 것이 원칙이다. 앞 절 참조.

9) 우리 말에 어린 자식을 야단칠 때 〈최준식, 뭐 하는 짓이야? 〉 식으로 정식 성명을 부르는 수가 있다. 학교 선생님이 하는 투를 흉내내는 방식이긴 하겠는데 야단을 칠 때 더 격식적인 호칭으로 되돌아가는 점에서 공통적이다.

편 이 회사에는 나이는 아래이면서 직위는 위인 직원이 26명 있었는데
이들은 그 상대, 즉 직위는 아래이나 나이는 위인 사람들과의 상호 호
칭에서 나이에 맞추어 TLN을 주고 FN을 받는 건수는 한 건도 보고
되지 않았다. 그렇다고 직위에 맞추어 전적으로 젊은 상위자가 FN
을, 늙은 하위자가 TLN을 쓰는 것도 아니어서 이 직위에 맞춘 호칭
은 많아야 5건, 나머지는 상호 TLN 2건을 제외하면 상호 FN의 관
계를 유지하였다. 나이도 고려될 만큼 고려되는데 그래도 직위가 얼마
만이라도 더 큰 영향력을 미치는 장면이라 보아야 할 것이다.

6.2.2 Ervin-Tripp의 호칭 체계 연구

한편 Ervin-Tripp(1972)은 앞의 Brown and Ford(1961)의 연구
를 기초로 하여 그것을 발전시킨 것이지만, 미국 영어의 호칭이 선택
되는 규칙을 아주 특이한 방법으로 정밀화하여 앞에서도 지적하였듯이
이 방면의 또 하나의 고전으로 되어 있다. 이 연구는 아래 도표 6.5의
도형 하나로 압축된다. 이 도형은, 호칭 체계란 결국 일련의 선택이라
고 해석하여 컴퓨터의 順序圖(flow chart)의 모양을 본뜬 것으로서 미
국 서부 대학 사회의 어른의 호칭 체계를 모형화해 보인 것이다.

도형은 왼쪽에서 출발하여 오른쪽으로 가면서 다이아몬드 모양의 접
합점을 만날 때마다 갈림길의 어느 한쪽을 택하여 오른쪽 끝에 다다르
면 어느 호칭 하나를 만나도록 되어 있다. 이 내용을 좀더 자세히 보
기로 한다.

왼쪽 아래의 〈E〉는 출발점을 가리킨다. 각 다이아몬드는 分離器
(selector)로서 각기 어떤 사회적 범주(social category)를 대표한다.
여기에서 그 사회적 범주의 조건을 충족하느냐 않느냐에 따라 갈림길
의 하나를 선택하게 된다. (이 점에서 분리기는 〈갈림목〉이라 바꾸어 부르
고자 한다.)

첫 갈림목이 〈成年(ADULT)〉인가 아닌가로 설정되어 있는 것이 이

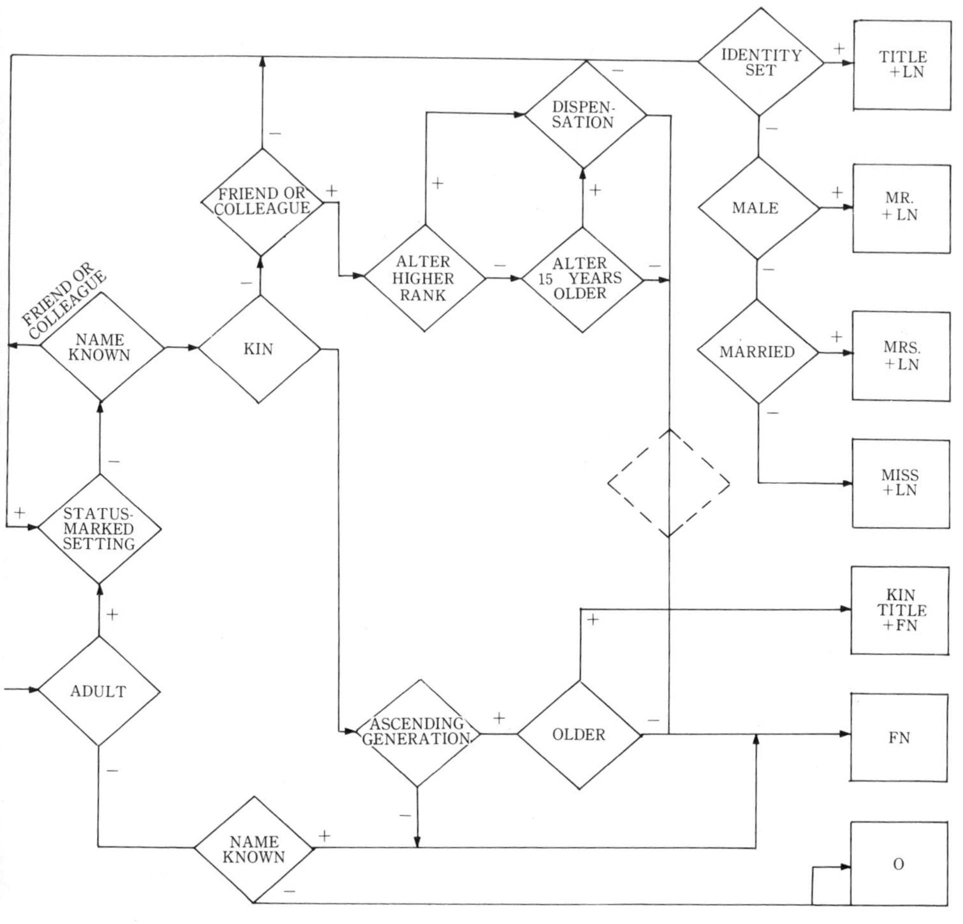

도표 6.5 미국 영어의 호칭 체계의 順列圖 (Ervin-Tripp 1972 : 219)

도형의 한 특징이라 할 만하다. 아이라면 나머지 조건들이 무의미하기 때문에 이처럼 첫머리에 배치한 것이다. 성년의 경계는 대개 고등학교를 졸업하는 18세 언저리로 잡았다. 그러나 이미 직장에 다니고 있다면 16세도 성년으로 대접해 줄 수 있도록 하였다.

두번째 갈림목인 〈身分 標示 場面(STATUS MARKED SETTING)〉은

법정이라든가 교수회의 또는 국회 등 어떤 특정 신분이 분명히 드러나는, 그래서 말투(speech style)가 극히 규범화되어 있는 장면을 가리킨다. 아무리 친근한 사이라도 이름을 못 부르고 〈의장〉이라고 불러야 하는 장면인가 아닌가가 문제되는 갈림목인 것이다.

〈知名(NAME KNOWN)〉은 FN을 아느냐 모르느냐를 뜻하는데 상대의 이름을 아는가 모르는가는 호칭의 선택에서 중요한 구실을 하므로 어른 쪽과 아이 쪽에 모두 나타난다. 〈친척(KIN)〉이란 갈림목이 설정되어 있는 것도 이 도형의 한 특징이다. 〈aunt〉와 같은 친족 명칭을 쓰는 경우를 대비한 것이다.

〈친구 및 동료(friend or colleague)〉란 갈림목은 친근도라고 바꾸어 불러도 좋을 정도로 비슷한 범주이긴 하나 미국 사회에서는 직장 동료이기만 하면 인사하는 순간부터 FN을 사용하기 때문에, 즉 친분(familiarity)은 독립된 요인으로 작용하지 않기 때문에 양자는 얼마간 구분될 필요가 있다. 〈序列(rank)〉은 한 직장에서의 상하 관계, 선생과 제자의 관계 등을 가리킨다. 직립적인 관계가 아니면 서열이 큰 의미를 가지지 않는다는 뜻이다.

연령차도 미국에서는 영향력이 약한데 거의 한 세대 정도의 차가 날 때, 다음에 언급할 〈施惠〉의 행사권을 가진다는 정도의 영향력을 가지는 것으로 고려된 것이다. 〈15세의 연령차(ALTER 15 YEARS OLDER)〉의 범주는 그것을 반영하는 것이다. 이것이 〈서열〉 뒤에 배치된 것도 물론 그 영향력의 선후를 고려한 것이다. 〈시혜(DISPENSATION)〉란 범주는 윗사람이 아랫사람에게 자기를 FN으로 불러도 좋다는 제안을 가리키는데 이것이 윗사람의 소관이라는 것은 앞에서 지적한 바 있다.

〈身元 리스트(INDENTITY SET)〉란 〈Judge, Doctor, Professor〉 등 상대방의 직함의 리스트를 가리킨다. 이들 사회적 직함과 달리 〈aunt〉와 같은 친척 명칭을 선택하는 갈림목에서 아래쪽에 〈상위 항렬(ASCEND GENERATION) 〉이 있는데 이는 하위 항렬에는 FN을 쓰기 때문에 취한 배려다. 여기서 친척 명칭 다음에는 LN이 오지 않고 FN이 온 것도 주목을 요한다. aunt가 하나일 때는 ⟨aunt⟩라고만 부르지만 여러 aunt가 있을 때는 ⟨Aunt Louise⟩라고 FN을 덧붙여 부른다는 것이다.

이상의 여러 갈림목을 거쳐 한 단계 한 단계 전진하면 종내엔 적절한 호칭에 인도된다는 것이 이 도형의 정신이다. 종착역에 있는 호칭 중 제일 아래쪽의 φ는 호칭을 쓰지 않는 상태를 가리킨다. 그리고 ⟨title+LN⟩이나 ⟨Mr +LN⟩에서도 φ가 결과될 수 있다. LN을 모르는 경우 의사나 신부는 직함만으로 ⟨Father⟩나 ⟨Doctor⟩라고 부를 수 있는데 교수나 Mr는 그렇지 못하기 때문에 ⟨Professor⟩니 ⟨Mr⟩라고 부르지 못하고 아예 아무 호칭도 쓰지 않게 된다는 것이다.

한마디로 Ervin-Tripp(1972)은 미국 영어에서 쓰이는 호칭이 어떤 조건이 관여되어, 또 그것들이 어떤 순서로 작용하여 선택되는가를 매우 정밀하게, 또 일목 요연하게 정리해서 보여 준다. Ervin-Tripp (1972 : 219)은 이것이 일종의 論理的 模型(logical model)임을 강조한다. 形式文法(formal grammar)이 그렇듯이 우리가 실제로 겪는 과정을 모형화한 것이 아니고 어느 능력있는 사람의, 호칭에 대한 지식 (knowledge)을 모형화한 것이라는 것이다. 그것은 어떻든 이 도형은 우리가 어떤 다른 언어의 호칭 체계나 경어법을 분석하려 할 때에도 좋은 표본의 구실을 할 것임에 틀림없다.

6.3 사회언어 규칙의 다양성

앞에서 우리는 미국 영어 호칭 체계를 보았다. 그 앞에서는 유럽의 몇 언어의 것도 보았다. 이미 여기에서도 언어마다 호칭 체계가 다르다는 것이 드러났다. 뒤에서 우리는 한국어의 호칭 체계와 경어법을 살피면서 이를 다시 확인하게 되겠거니와 여기에서는 특히 한 언어간에서도 지역에 따라, 사회 계층에 따라, 성별이나 연령에 따라, 나아가서는 한 개인조차 상황에 따라 호칭 체계나 그 용법이 다양하게 달라질 수 있음을 몇몇 사례를 중심으로 논의하고자 한다.

6.3.1 언어 공동체마다의 규칙

먼저 앞의 Ervin-Tripp(1972)은 같은 영어일지라도 영국 영어는 社會言語 規則(sociolinguistic rule) 면에서 구별되는 점이 있음을 지적하고 있다. 한 예로 영국의 상류층 기숙학교의 남녀 학생들은 상호 FN 대신 LN을 사용하여, 어떤 대학에서는 아는 남자에게도 FN을 쓰지 않고 LN을 사용한다. 한편 남자가 여자에게는 Miss+LN이나 Mrs+LN을 쓰는데 여자가 여자에게는 FN을 쓴다. 話者 및 聽者의 性이 미국에서와는 달리 중요한 몫을 하는 것이다.

Ervin-Tripp(1972)은 Howell(1967)의 연구를 인용하여, 한국어에서는 영어의 3등급보다 더 여러 등급으로 나뉘고, 남편과 아내 사이에서도 등급이 나뉘는가 하면 나이는 두 살만 차이가 나도 호칭을 대등하게 하지 못한다는 것, 또 한국어에서는 서열이 가장 중요하고 그 다음이 나이, 다시 그 다음이 친근도의 순이어서 영어와 다른 점이 많음을 지적하였다.

나아가 Ervin-Tripp은 이러한 차이를 미국 영어의 호칭 체계 도형과 다른 모습의 도형으로 비교할 수 있음을 실증해 보이기 위해 19세기의 러시아어, 이디시어(Yiddish), 푸에르토 리코어의 호칭 체계를 각각 도형으로 제시하기도 하였다. 참고로 가장 단순한 모습을 띠는 푸에르토 리코어의 도형을 보이면 도표 6. 6과 같다.

Ervin-Tripp보다 좀더 적극적으로 호칭 용법의, 지역에 따른, 집단에 따른, 개인에 따른 다양성의 발견에 주력을 한 연구들도 많이 있다. 그 중 여기에서 영국 영어에 Ervin-Tripp의 도형을 적용한

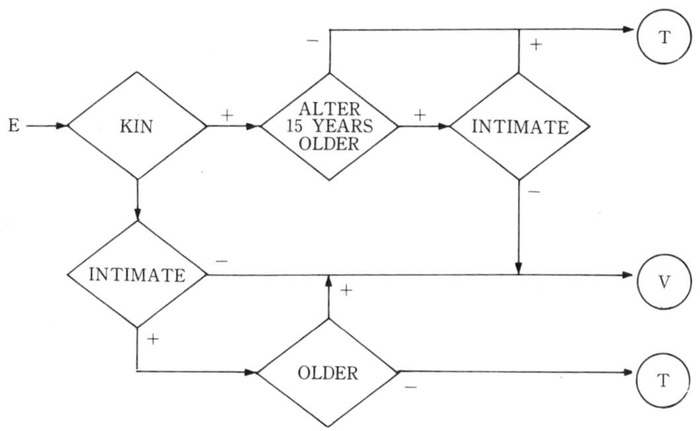

도표 6.6 푸에르토 리코어의 호칭 체계의 순열도

Laver(1981)의 예를 하나 더 보기로 한다. 이것은 1970년대의 영국 영어의 호칭을 선택할 때 작용하는 요인들을 順列圖로 만든 것인데 Kin의 위치가 조절되는 등 약간의 변모가 있음을 볼 수 있다. 이것이 그대로 미국 영어와 영국 영어에서의 호칭 체계 전반의 차이라고 보기는 어려우나 도표 6.7과 앞의 도표 6.6을 비교해 보는 것은 뜻이 있을 것이다.

Lambert and Tucker(1976)는 특히 言語圈에 따라, 또 동일 언어권 안에서도 집단에 따라 호칭의 용법이 크게 달라질 수 있음을 찾으려 힘을 기울인 연구다. 이 연구는 캐나다의 불어권인 퀘벡에서 학생들을 9-13세(국민학생)群과 13-16세(중학생)群으로 나누어 조사한 다음 추가로 프랑스 및 캐나다海 안의 佛領인 Pierre-Miquelon 섬, 그리고 푸에르토 리코 및 콜롬비아의 스페인어권에 걸쳐 광범위한 자료를 모아 여러 집단별로 나누어 비교한 것인데, 그 결과 불어권과 스페인어권에 따라, 그리고 동일 언어권 안에서도 나라에 따라, 농촌과 도시에 따라, 사회 계층, 연령, 성별 등에 따라 호칭의 용법에 차이가 있는 여러 사례를 발견해 냈다. 한 예로 당장 부모와 자식 간의 호칭

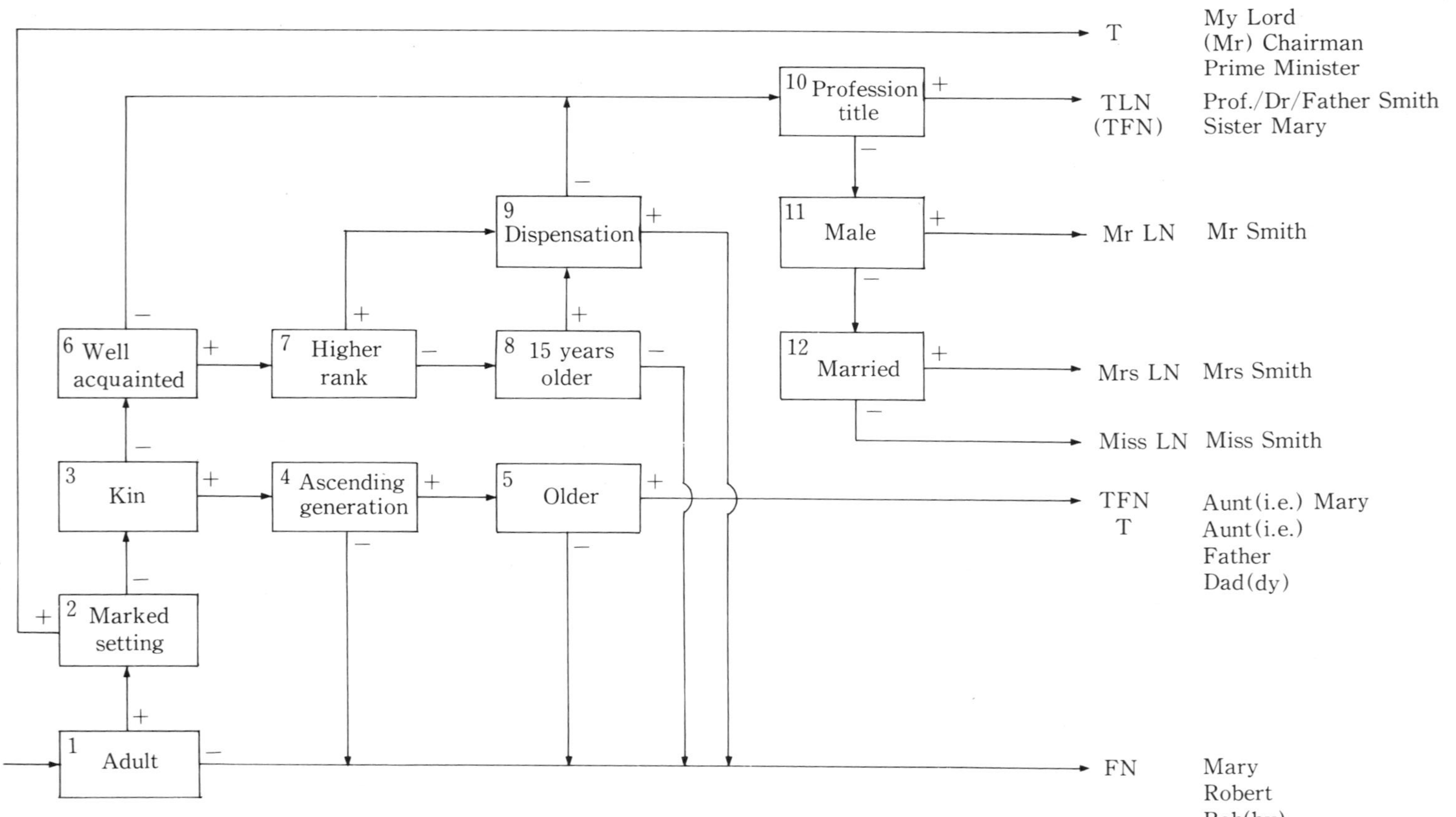

도표 6.7 영국 영어의 호칭 체계의 순열도 (Laver 1981 : 297, Holmes 1992 : 298)

사용에서 농촌 학생들은 부모에게 V를 사용하는 경향이 높은 데 비해 도시 학생들은 주로 T를 사용하는 것으로 나타나고 있다. 즉 농촌에서는 부모 자식 간에 T와 V가 오고가는 데 비해 도시에서는 상호 T를 사용하는 차이가 있다. 다른 한 예로는 남자 어른들이 남학생들에게는 안 그러면서 여학생들에게는 중학생이 되면 T를 V로 바꾸어 머리가 컸음을 대우해 주는 배려를 한다. 그런데 여자 어른들은 여학생들에게든 남학생들에게든 학생들이 중학생이 되었다고 해서 달리 배려하려는 태도를 보이지 않는다.

비슷한 결과는 Bates and Benigni(1975)에도 보고되어 있다. 이탈리아에서의 조사 결과, 상류 젊은이들이 가장 덜 격식적이고, 하류 젊은이가 가장 격식적이며 하류 노년층이 그 중간이었다는 것이 그 하나다. 여기에서도 농촌과 도시가 차이를 보였는데 도시 상류에서는 가족 사이에서 상호 〈tu〉를 쓰는데 남부 농촌에서는 일반적으로 쓰는 平稱 〈tu〉, 敬稱 〈Lei〉 이외에 가족에게만 쓰는 경칭으로 〈voi〉라는 호칭을 더 쓴다는 것이 그것이다.

지역, 사회 계층, 나이, 성별 등은 언어 전반에 걸쳐 그 분화에 영향을 미치는 만큼 이들이 호칭 체계를 여러 변종으로 분화시키는 일은 사실 조금도 기이할 것이 없다. 이보다도 오히려 한 개인이 호칭 선택에서 어떤 책략에 따라 독자성을 발휘하는 일이 호칭 체계(내지 경어법)를 더욱 미묘하고 복잡한 양상을 띠게 만들 뿐만 아니라 우리의 흥미를 더욱 크게 불러 일으키는 바가 있다.

6.3.2 개인의 책략에 따른 호칭의 운영

먼저 Ervin-Tripp(1972) 첫머리(p. 218)에 소개되어 있는 일화는 경어법 사용의 미묘함을 보여 주는 좋은 본보기라 할 만하다. 흑인 의사 Alvin Poussaint이 자신이 백인 경찰한테 겪은 이야기를 소개한 것으로 원문을 그대로 옮기기로 한다.

“What’s your name, boy?” the policeman asked……
“Dr. Poussaint. I’m a physician……”
“What’s your first name, boy?……”
“Alvin.”

이 대화에서 백인 경찰은 미국 영어 호칭의 일반 규칙을 세 번이나 어기고 있다(Ervin-Tripp 1972 : 223). 첫째 〈人種〉이란 범주의 갈림목을 자의적으로 신설하여 나이, 지위, 신원 모두를 뭉개 버리고 의젓한 어른에게 〈boy〉라는 호칭을 쓴 것, 둘째 흑인 의사가 직함과 LN을 대고 신원까지 알려 주었음에도 불구하고, 그리고 이 경우 경관은 당연히 〈Dr. Poussaint〉이란 호칭을 쓰는 것이 정상임에도 불구하고 (의사는 존경받는 신분이어서 낯선 사람으로부터 FN으로 호칭되는 일은 미국 영어에서도 없는 일이다) 그런 호칭은 필요 없다는 듯이 FN을 대기를 요구한 것, 셋째 이름을 모르는 사람에게나 쓸 〈boy〉를 이름이 밝혀진 다음에도 되풀이한 것이 그것이다.

경관의 뜻은 분명하다. 〈흑인으로서 어른 대접을 받겠다든가 직업상의 지위를 주장하는 게 말이나 돼, 이 애야.〉 흑인 의사는 이 일을 당하고 가슴이 떨리고 자기가 밉기까지 했다고 한다. 호칭 내지 경어법의 선택은 이처럼 話者가 자기 뜻에 맞추어 마음대로 휘두를 수 있는 구석이 있다.

Paulston(1975)이 들려 주는 경험담도 흥미롭다. 스웨덴에서는 백화점 점원이 고객에게 언제나 平稱인 〈tu〉를 쓰고 敬稱 〈ni〉는 기피한다. 그런데 5개월 동안 관찰하면서 단 두 번 〈ni〉를 쓰는 것을 목격했는데 한 번은 크리스마스 후 문을 연 첫날이었다고 한다. 선물을 교환하고 반환하느라 정신이 없이 법석이는 가운데서 점원이 수없이 〈ni〉를 사용했다는 것이다. 불만스러운 감정을 소원한 사이에서 쓰는 경칭을 씀으로써 간접적으로 표시한 것인데 어떤 특수 상황이 개인으로 하여금 일반 규칙과 다른 선택을 택하게 할 수 있음을 보여 주는 좋은 실례라 하겠다.

Leeds-Hurwitz(1980)이 보고한 사례는 호칭 내지는 경칭법 선택의 미묘함의 한 극치를 보여 준다고 할 만하다. Sue는 부사장(10명) 밑의 한 부서의 간부로 있다가 조사위원회의 長으로 승진한다. 이에 따라 社內 사람들과 호칭을 재조정해야 할 국면을 맞이한다. 먼저 그 동안 조사위원회 사람들과는 대등한 관계로 상호 FN을 사용하였는데 이제 그들의 상관이 되었으니 어떤 조처를 취하지 않을 수 없게 되었다. 그런데 앞의 Brown and Ford(1961)에서 FN 사이(친근한 사이)가 된 것을 FN ⇌ TLN의 관계(소원한 관계)로 후퇴시키는 일은 불가능하다고 한 바 있다. 여기에서 Sue는 부하 직원들을 별명을 만들어 호칭하는 한 방책을 강구한다. 그로써 그들은 자기를 여전히 FN으로 부르기 때문에 서로 FN을 부르는 대등한 관계를 깨고 FN ⇌ MN의 상하 관계로 만드는 길을 찾은 것이다.

부사장들과도 재조정을 거쳐야 한다. 그들은 애초 자기 상사들이었으므로 TLN으로 부르던(그들은 자기를 FN으로 부르던) 사람들이다. 그러나 승진한 지금의 자리는 부사장직과 형식상 대등한 자리다. 이제 자기도 그들을 FN으로 바꾸어 불러야 할 처지가 되었다. 그런데 앞에서 이것은 윗사람이 먼저 제안해 주어야 가능한 일이라고 하였다. 그런데 부사장들은 그러한 시혜를 베풀려 하지 않는다. 아마 지금의 자리가 비록 부사장직과 형식상으로는 대등한 자리지만 실질적으로는 좀 덜 알아 주는 자리이기 때문일 것이다. 여기서 Sue는 다시 한 길을 모색한다. 그들을 FN+LN으로 부르는 편법을 창안해 낸 것이다.[10] 그래도 완전히 상호적인 호칭이 된 것은 아니나 거리를 한 단계

---

10) Brown and Ford(1961)의 체계(도표 6. 4)에 따른다면 부사장들에게 쓰던 TLN은 그 다음 단계인 LN으로 바꾸는 것이 정상적인 순서일 것이다. 그런데 이것도 그들의 제안이 있어야 가능한데 지금 그들이 그러려고 하지 않을 뿐더러 LN은 미국에서 군대에서 남자들끼리, 간호사들 사이에서 여자들끼리나 쓸 정도로 극도로 제한되어 쓰이고, 더욱이 여자가 남자에게는 쓰는 일이 없어

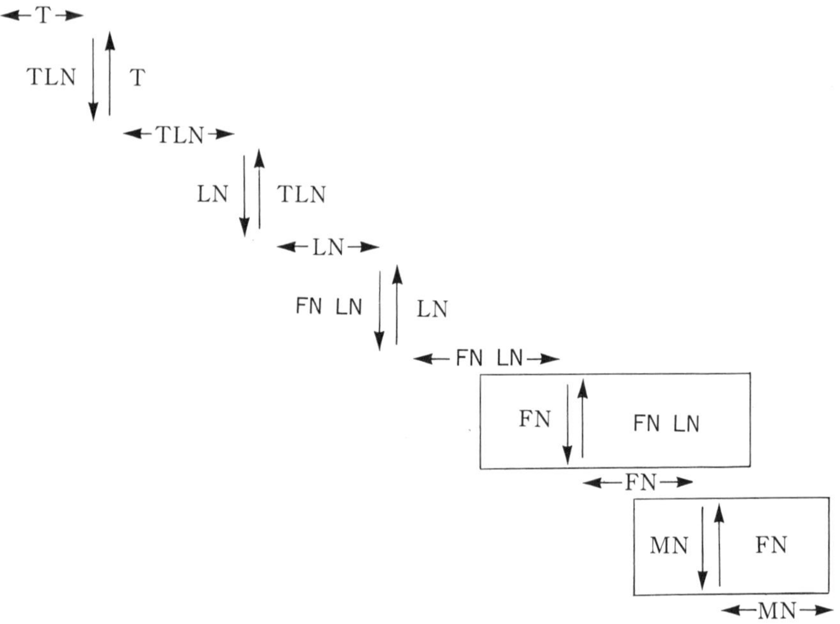

도표 6.8 Sue의 수정 호칭 체계(Fasold 1990 : 25)

좁히는 효과는 얻어낸 것이다.

이상에서 보인 Sue의 호칭 체계를 앞의 Brown and Ford(1961)의 체계(도표 6.4)에 대입하여 보면 도표 6.8과 같이 수정된 체계가 만들어질 것이다.

이상에서 Sue가 보여 주는 연출은 꽤 시사적이다. 승진에서 오는 미묘한 상황 변화를, 더욱이 그것을 당당히 대처할 수 없는 처지에서 교묘히 호칭에 반영해 가는 모습은 한편으로는 안쓰럽기조차 하고 또 조마조마하기도 하지만, 넓게는 우리 언어 생활의 미묘함, 좁게는 호

이 경우에는 채택하기 어렵다고 한다. Sue가 채택한 FN+LN은 도표 6.4에는 나타나지 않는 호칭이고 미국에서는 부모가 자식을 야단칠 때 주로 쓰는 형식이어서 좀 억지스러운 데가 있는데 이 경우에는 그러한 혼란을 일으킬 염려는 없으므로 Sue의 의도에 부합되는 한 형식이기는 하다고 한다(Fasold 1990 : 24).

칭 사용의 개인적인 변용의 폭을 여실히 보여 주는 한 결정판이라 할 만하다. 무엇보다 호칭이 개인적인 차원에서 책략적으로 이용될 수 있다는 것이 우리의 흥미를 자극한다.

중국어에서도 비슷한 현상이 보고 되어 있다(Fasold 1990 : 31-33). 공산 치하가 되면서 〈同志〉라는 용어가 급격히 신장하게 되었는데, 그 후 세월이 흐르면서 그동안 위축되었던 〈이 선생〉이나 〈老李〉류의 전통적인 호칭이 다시 일반화되고 〈동지〉는 잘 모르는 사람에게 성 없이, 직함도 없이 쓰는 식으로 용도가 한정되었다고 한다. 그런데 잘 아는 사람에게 〈이 동지〉(아랫사람에게), 〈동지〉(윗사람에게)가 쓰이는 수가 있는데 그때는 특별한 의의가 부여된다고 한다. 즉 아랫사람에게 〈이 동지〉라고 할 때는 잘못한 일을 견책할 때, 상사에게 〈동지〉라고 할 때는 그 상사가 뭔가 원칙에 어긋나게 처리하는 일을 바르게 하도록 직언할 때 쓴다는 것이다. 이것은 〈동지〉라고 하는 용어의 발생 배경상 화자가 그 용어 속에 〈인민 전체를 대표하여〉라는 뜻을 담을 수 있기 때문이라는데 어떻든 호칭 선택이 개인의 책략에 의해 좌우될 수 있다는 또 하나의 본보기라 하겠다.

6.4 복잡한 체계의 경어법

지금까지 우리는 경어법이 겨우 호칭에서나 실현되는 언어를 보아 왔다. 물론 거기에서도 어떤 호칭 하나를 선택하도록 작용하는 조건이 매우 많고 또 그 상호작용이 매우 복잡하게 얽히는 것을 보았다. 그러나 그 결과로 구별되어 나타나는 호칭은 2개, 많아야 3-5개가 고작이었다. 그만큼 단순한 체계의 경어법이었다고 할 수 있다.

그러나 경어법이 이처럼 단순하지 않다는 것을 우리는 누구보다 잘 알고 있다. 세계에서 가장 복잡한 경어법을 바로 우리가 쓰고 있기 때문이다. 한국어는 2인칭 대명사만 하여도 2-3개로는 도저히 우리의 언어 생활을 충당하지 못한다. 그리고 호칭만으로는 경어법을 운영해 가지도 못한다. 語尾 變化가 함께 적절히 움직여 주지 않으면 안 된다.

이런 복잡한 경어법을 가진 언어로는 한국어를 비롯해 일본어, 자바어 등이 알려져 있다. 그리고 필리핀의 한 언어인 Bisaya어도 19개의 호칭으로 나뉘어 있다고 하니 (Ervin-Tripp 1972 : 225) 역시 복잡한 체계를 가진 언어라고 보아야 할 것이다. 공교롭게 복잡한 경어법을 가진 언어들은 아시아 지역에 몰려 있는데 여기에서 특히 우리의 관심을 끄는 것은 인도네시아의 한 언어인 자바어의 경어법 체계다.[11]

자바어는 많은 단어들(및 몇몇 接辭들)이 〈집, 걷는다, 피동〉 등의 정상적인 外延的 의미 이외에 〈지위 의미 (status meaning)〉라고 할 법한 경어법적 등급도 내포하고 있다. 그리하여 같은 사물을 가리키는 단어가 경어법의 등급에 따라 다른 語形으로 갈려 있는 경우가 많은데 〈집〉을 가리키는 단어를 예로 보면 〈omah, grija, dalem〉의 세 어형으로 나뉘어 있는 것이다. 앞에서부터 각각 낮춤말, 중간말, 높임말을 대표한다.

자바어는 기본적으로 3등급의 경어법 체계로 이루어져 있다. 3등급에 대해서는 각각 ngoko(낮춤말), madya(중간말), krama(높임말)라는 독자적인 용어도 마련되어 있다. 그러나 모든 단어가 3등급에 맞추어 세 어형으로 분화되어 있지는 않다. 어떤 단어는 2개의 어형으로만 분화되어 있는가 하면 어떤 단어는 1개 어형뿐인 것도 있다.[12] 영어의 〈Are you going to eat rice and cassava now?〉에 해당되는 단어들을 예로 보면 표 6.1과 같다. (공대말에 대해선 곧 설명된다.)

---

11) 자바어의 경어법에 대한 이하의 기술은 Geertz(1972)에 의한 것이다. 이에 대해서는 Wardhaugh(1986)에도 비교적 상세히 소개되어 있고 Fasold (1990)에도 다루어져 있다.

12) Geertz(1960 : 283)에 의하면 경어법 등급에 따라 어형이 분화되는 단어는 수적으로 높은 비율을 차지하지는 않는다고 한다. 그럼에도 그것들이 대부분 사용 빈도가 높은 단어들이어서 실제 언어 생활에서는 아주 높은 비율로 나타난다고 한다.

표 6. l 자바어의 경어법 등급별 어형

	낮춤말	중간말	높임말	(공대말)
Are :	apa	napa	menapa	
you	kowé	sampéjan		pàndjenengan
going :	arep	adjeng	badé	
to eat :	mangan	neḍa		ḍahar
rice :	sega	sekul		
and :	lan	kalijan		
cassava :	kaspé			
now :	saiki	saniki	samenika	

이들 중 3등급으로 나뉜 단어들은 같은 등급끼리만 결합된다. 즉
下位者한테 말할 때는 낮춤말들(apa, arep, saiki 등)만 골라서 문장을
만들어야 하고 上位者에게 말할 때에는 높임말(menapa, badé, sameni-
ka 등)끼리 문장이 되도록 해야 한다. 그런데 2등급으로만 갈린 단어
는 중간말 문장을 만들 때가 문제인데 어떤 때는 〈lan〉과 같은 낮춤
말 쪽을 골라야 하고 어떤 때는 〈sekul〉과 같은 높임말 쪽을 써야 한
다. (앞의 표에서 수직선이 그 경계를 나타내 주고 있다.) 1개 어형밖에
없는 단어는 물론 3등급 문장에 공용된다. 이를 정리하여 앞의 문장
으로 세 등급의 모습을 낮춤 등급부터 보이면 다음과 같다.

　Are you going to eat rice and cassava now?
(가) Apa kowé arep mangan sega lan kaspé saiki
(나) Napa sampéjan adjeng neḍa sekul lan kaspé saniki
(다) Menapa sampéjan badé neḍa sekul kalijan kaspé samenika

그런데 자바어의 경어법 등급은 이 기본 3등급으로 끝나지 않는다.

이들 등급을 再分하는 부차적 등급이 더 있는 것이다. 이것은 사람, 또는 그 신체의 일부나 소유물 및 행위를 가리키는 단어들의 恭待形으로 이루어진다. 한국어로 말하면 〈아버지—아버님, 아들딸—자녀분, 밥—진지, 자다—주무시다, 먹다—잡수시다〉의 〈아버님, 자녀분, 진지〉에 해당하는 공대형이[13] 기본 3등급의 語形 이외에 따로 마련되어 있는데 이것들이 기본 등급을 다시 반 등급 올리는 역할을 하는 것이다. 앞의 표에서 you의 〈pàndjenengan〉과 to eat의 〈ḍahar〉가 바로 그러한 역할을 하는 공대형들이다.

공대형에 의한 반 등급 높이기는 중간 등급에는 적용되지 않고 높임 등급과 낮춤 등급에만 적용된다. 그리하여 앞의 (가)와 (다) 문장에서 you와 to eat에 해당하는 단어를 이들의 공대형인 〈pàndjenengan〉과 〈ḍahar〉로 바꾸면 각각 (가)와 (다)보다 한 단계식 높은 등급의 문장이 생긴다. 결과적으로 자바어의 경어법 등급은 기본 등급 3개에 변종 등급이 2개 더하여 전부 5개의 등급을 가지게 되는 것이다.

그런데 이상의 체계는 얼마간 교육을 받은 도시 사람들의 경어법 체계이며, 이상적인 모델로 평가받는 Prijaji 방언에서는 낮춤 등급에 또 하나의 변종이 있다. 그것도 역시 you와 to eat에서 만들어지는데 이번에는 공대형을 쓰는 것이 아니라 높임말을(즉 낮춤 등급에 어긋나는 어형을) 쓴다. 이 변종의 등급은 (가)와 같은 일반 낮춤 등급과 공대형을 써서 만든 등급의 중간 등급에 해당한다. 이렇게 되면 이번에는 전체적으로 6개의 등급이 성립되는 것인데 자바어는 이들 등급을 가리키는 이름이 아래와 같이 따로따로 붙여져 있다. 그만큼 각 등급에 대한 의식이 높다는 뜻일 것이다.

위의 6등급 체계는 공교롭게도 한국어의 相對경어법의 그것과 일치하며 흥미를 일으키는 바가 있다. 그 실현 방식은 서로 다르지만 복잡

---

13) 흔히 〈높임말〉이라 부르나 앞에서 기본 3등급의 하나에 이 용어를 썼으므로 혼동을 피하기 위해 〈공대형〉이라 부르기로 한다.

표 6.2 자바어의 경어법 등급명

등급	등급 이름
낮춤말 1	ngoko biasa 또는 ngoko
1a	ngoko madya 또는 madya
1b	ngoko sae 또는 ngoko alus
중간말 2	krama madya 또는 madya
높임말 3	krama biasa 또는 krama
3a	krama inggil

한 경어법 체계를 영위해 가는 절차도 상통하는 바가 없지 않다. 이에 대해서는 다음 장에서 다시 언급할 기회가 있을 것이다.

자바어에서는 높은 등급의 경어법으로 올라갈수록 말의 속도가 점차 느려지고 더 조용해지며, 용어도 더 고르게 된다고 한다(Geertz 1960 : 173). 경어법이 여러 모로 정교하게 발달한 언어임이 분명하다 하겠다.

6.5 요약

이 장에서 우리는 경어법이 발달되어 있지 않은 印歐語에서도 호칭 에 의해 敬語의 등급이 매겨짐을 보았다. 그리고 그 호칭, 특히 2인 칭 대명사의 경어법상의 등급, 즉 T 형과 V 형을 지배하는 두 요인으 로 Brown and Gilman(1960)의 고전적인 용어인 權勢와 紐帶를 집 중적으로 살펴보았다. 두 요인의 상호작용에 의해 호칭이 선택되지만 어느 한 요인이 우선적으로 작용하여 그 우선권이 시대에 따라 나라에 따라 다른 것도 아울러 보았다.

영어에는 2인칭 대명사가 〈you〉 하나뿐이어서 이것으로 경어법적 등급을 나눌 방도는 없으나 이름(FN)만을 부르느냐, 성(LN)만을 부르느냐, 또는 직함(T)을 동원하느냐에 따라 역시 등급을 달리하는 것을 보았고, 이때 대체로 그 등급의 차례가 T-TLN-LN-FN으로 이루어짐을 보았다. 아울러 우리는 Ervin-Tripp(1972)의 유명한 順列圖를 통해 미국 영어에서 이들 각각의 호칭이 연령, 사회적 지위, 장면 등 여러 요인이 순차적으로 적용되어 선택되는 것을 살펴보았다.

그러나 어떤 요인이 어떤 순서로 적용되느냐 하는 것은 같은 미국 안에서도 다를 수 있고 언어권이 달라지면 또 달라질 수 있다는 것도 우리는 알았다. 그것은 한 개인의 책략에 의해서도 달라질 수 있었는데 한 흑인이 경찰에 당하는 이야기와 Sue라는 여자가 社內에서 진급한 후 호칭의 조절로써 자기의 새 지위를 지키려 하는 장면은 특히 인상적이었다.

경어법이 호칭에 의해서만 영위되지 않는 사례로 자바어의 경어법 체계를 살펴보았다. 국어나 일본어 정도만 활용어미 등에 의한 복잡한 경어법 체계를 가지고 있는 것으로 알고 있던 우리에게 자바어의 경어법 체계는 신선한 느낌도 주지만 그 독특한 이원적 체계는 국어 경어법을 보는 시각을 넓히는 데에 기여하는 것이기도 하였다.

제 7 장

한국어의 호칭과 경어법

앞에서 본 여러 언어의 호칭 및 경어법과 비교하여 한국어의 그것들은 어떻게 다르다고 해야 할까? 워낙 차이가 커서 비교할 대상이 아니라고 해야 하는 것은 아닐까? 사실 어느 두 언어만의 비교라면 몰라도 각양의 여러 체계를 비교하는 일은 무리이기도 하다. 그러나 한국어의 호칭 및 경어법의 특징을 다른 언어들의 것과 비교하여 추출해 내지 못할 것은 없을 것이다. 특히 그 체계를 움직이는 요인들은 궁극적으로 같은 것들일 것이 틀림없다.

이제 한국어의 호칭과 경어법을 앞에서 살펴 온 여러 언어의 것과 비교하는 입장에서 살펴보기로 한다. 그동안 국내에서의 이 분야 연구는 사회언어학적 시점이 아니었기 때문에 기존의 연구에서 우리가 가져올 수 있는 자료는 의외로 적은 편이다. 이 장에서의 논의의 많은 것이 우리의 인상에 의존하게 되는 것은 어쩔 수 없는 일이 아닌가 한다. 먼저 호칭 체계부터 보기로 한다.

7.1 한국어의 호칭

한국어의 호칭 체계는 한마디로 매우 복잡하다. 그야말로 비교가 되지 않을 정도로 복잡하다. 이 복잡성은 워낙 정도가 심하여 대명사 계열의 호칭과, 이름이나 직함 계열의 호칭으로 나누어 보는 것이 좋을 듯하다. 그리고 이들과 活用語尾에 의한 경어법과의 조합에서 오는 복잡성은 또 따로 살펴보아야 할 것이다.

7.1.1 대명사 호칭

한국어 대명사의 경어법 등급은 대개 다음 표 7.1과 같이 정리될 수 있을 것이다. [1]

표 7.1 2인칭 대명사의 등급표

청자 신분	경어 등급	대명사
上位	가장 높임	어르신(귀하, 각하, 귀댁)
同位	많이 높임	댁
下位	보통 높임	당신
	조금 높임	자네
	(조금 낮춤)	(자기)
	보통 낮춤	너

---

1) 한국어의 2인칭 대명사는 그 목록 자체의 구성이 정립되어 있지 못하다. 다음 표의 〈댁〉이나 〈귀댁, 귀하, 각하〉는 흔히 목록에서 빠진다. 〈자기〉도 아직은 목록에 넣어야 할지 확실치 않다. (근래 심의 정리된 「우리말의 예절」에서는 이것을 제외시켰다.) 또 이 표에 〈그대〉는 포함시키지 않았는데 우선 잠정적으로 다음 목록만으로 2인칭 대명사의 체계를 이해해 보고자 한다.

한국어의 대명사 호칭의 첫번째 특징은 앞의 표에서 보듯 여러 등급으로 복잡하게 세분되어 있다는 점일 것이다. 그러나 그보다 더 큰 특징은 이처럼 세분되어 있으면서도 이들 대명사의 어느 것으로도 호칭할 수 없는 死角地帶가 남는다는 일일 것이다. 영어의 경우는 〈you〉하나로 친구는 말할 것도 없고 아버지, 어머니, 자기 선생님, 심지어는 대통령도 다 가리킬 수 있다. 불어의 경우는 〈tu〉아니면 〈vous〉로 누구나 가리킬 수 있다. 그런데 한국어는 그렇지 못하다. 〈아버지, 이번엔 아버지가 지시겠어요〉의 두번째 〈아버지〉자리에 대입될 2인칭 대명사는 한국어에 없다. 〈어르신〉이 가장 높이는 대명사라 하여 큰댁 할아버지나 장관에게 〈어르신 오셨습니까?〉라고 할 수도 없다. 담임 선생님, 은사, 자기 직장의 국장이나 사장, 시장, 친구 형님, 이모, 외삼촌…… 이렇게 헤아려 나가 보면 2인칭 대명사로 호칭할 수 없는 영역은 의외로 넓다. 종류는 많아도 그 포용 범위가 한정되어 있다는 것이 한국어 대명사 호칭의 가장 큰 특징의 하나로 보아 좋을 것이다.

대명사 호칭 하나하나의 용법이 까다롭다는 것도 큰 특징으로 꼽을 만하다. 한 예로 〈당신〉은 흔히 是非의 대상이 된다. 〈뭐, 당신? 누구한테 당신이라는 거야?〉와 같은 언쟁을 심심치 않게 만나게 된다. 〈너〉보다는 물론 〈자네〉보다도 더 높여 주는 형식인데 그 〈너〉나 〈자네〉에서는 일지 않는 시비가 〈당신〉에서 이는 까닭은 무엇일까? 그 용법이 미묘하기 때문일 것이다. 〈당신〉은 〈너〉나 〈자네〉보다 상대방을 높여 주는 등급이라고는 하나 결국은 아랫사람에게 쓰는 등급인데다가 그 경계가 불분명하여 선택해 쓰기가 까다롭기 그지없다. 호응하는 어미도 〈당신 직업은 뭐요?〉에서처럼 하오체 어미가 되기도 하고 〈당신 왜 그래?〉처럼 반말체 어미가 되기도 한다. 만일 누가 필자에게 〈이거 당신 우산이오?〉라는 문장을 쓸 상대를 대라면 글쎄 막막하다. 낯선 사람에게 그렇게 말할 일은 현재의 필자에게는 있을 것 같지 않다. 허물 없는 동료에게 혹 〈이거 당신 우산 아니야?〉라고 쓸 수

있을까. [2]

어쩌면 〈당신〉은 是非用 호칭인지도 모른다. 가령 우리는 자기보다 나이가 적은 택시 운전수쯤에게도 〈당신〉이란 호칭을 쓰기가 거북하다. 〈당신 운전 솜씨 좋은데(요)〉가 가능하기는 하나 용기가 필요할 것이다. 그러나 혹시 난폭 운전이라도 하여 〈당신 무슨 운전을 이따위로 해?〉라고 시비를 걸 때의 〈당신〉은 매우 적격이다. 부부 사이의 호칭으로만 남고 타인들 사이에서의 호칭으로는 시비용으로 밀려났는지도 모를 일이다.

그러나 〈당신의 우리말 실력은?〉이란 책 제목에서는 아무 저항도 느껴지지 않는다. 〈당신의 고민을 덜어드립니다〉라는 신문 광고에서도 마찬가지다. 과연 〈당신〉의 정체는 무엇일까? 마치 한국어 대명사의 복잡미묘한 용법의 단면을 보이기 위한 標本用과도 같다.

〈자네〉의 용법도 단순치는 않다. 앞의 Ervin-Tripp(1972)의 圖形에 〈어른(adult)〉이란 조건이 있었는데 이 조건은 〈자네〉를 위해서도 필요하다고 생각된다. 상대가 대학생 또래가 되어야 비로소 〈자네〉를 쓸 수 있기 때문이다. 그런데 〈자네〉는 話者 스스로도 나이가 들어야 쓸 수 있다. 이 나이는 점차 높아가는 경향을 보이는데 현재 그 나이가 어느 선인지 확언하기는 쉽지 않아 보인다.

〈자네〉에 대한 화자의 조건은 따로 주목해 둘 만하다. 말하자면 〈어른〉과 같은 조건이 호칭을 받는 쪽이 아니라 호칭을 보내는 화자 쪽에 하나 더 요구되는 특이한 현상이기 때문이다. Ervin-Tripp (1972)의 도형은 화자를 미국 대학 교수로 상정하고 작성하였는데 그처럼 화자를 중년쯤으로 잡아야 〈자네〉가 나타날(대학원생 정도로 잡

2) 필자 스스로는 이런 용법의 〈당신〉을 거의 쓰지 못하는 듯하다. 그러나 1년 年上의 동료 교수가 필자에게 이런 문장을 쓰는 일은 있고 또 그것이 듣기 거북하지도 않다. 나이 들어 사귄 허물없는 사이에서 반말체와 어울려 쓰일 때가 〈당신〉이 가장 편안한 자리를 찾은 때가 아닌가 한다. 어릴 때부터의 친구 사이라도 서로 나이가 노년에 접어들었을 경우에는 〈당신〉이 유용하게(기분좋게) 쓰이는 듯하다.

아도 도형에서 〈자네〉는 아예 나타나지도 않을) 특수성을 〈자네〉는 가지고 있는 것이다. 〈자네〉는 화자뿐만 아니라 청자의 성별에서도 영향을 받는 듯하다. 여자들이 〈자네〉란 호칭을 덜 쓸 뿐만 아니라 여자한테도 〈자네〉는 덜 쓰는 경향이 있기 때문이다. 〈자네〉를 적절히 선택해 쓸 수 있는 사람은 인생의 年條도 꽤 깊고 한국어의 구사 능력도 꽤 원숙한 경지에 이르렀다고 말해도 좋지 않을까 한다.

〈어르신, 귀하, 각하, 귀댁, 댁〉 및 〈자기〉는 정상적인 대명사라고 하기조차 어렵다. 〈어르신〉이나 〈댁〉은 고풍스러운 용법에 한정되며, 〈귀하, 귀댁〉은 말보다는 글에 쓰이면서 극히 격식적인 용법에 한정된다. 〈각하〉는 더욱 한정적이어서 대통령 이외에 쓰면 불경스럽다는 지탄을 받게 될 것이다. 〈각하 차례십니다. 어서 나가시지요〉와 같은 말의 상대로 상정될 수 있는 인물로 대통령 이외에는 거의 없는 듯하다. 그러면서 〈각하〉는 〈오늘 각하의 특별 훈령이 있으시답니다〉에서처럼 3인칭 대명사로도 쓰이고, 〈대통령 각하로부터〉처럼 직함 밑에 다시 일종의 접미사와 같은 용법으로도 쓰인다. 특이한 호칭임이 분명하다.[3]

〈자기〉는 근래에 확산되기 시작한 신생 호칭으로 구세대에게는 거부감을 불러일으키고 있어 아직 정식 호칭의 대열에 넣기조차 어려운 처지에 있다. 일정 세대 이상에서는 안 쓰인다는 제약 이외에 異性 사이에서만, 그것도 애인이나 부부 사이에서만 쓰인다는 제약도 있는 특수한 호칭의 하나다.

이렇게 보면 한국어의 온전한 대명사는 〈너〉뿐인 셈이다. 가까운 친구 사이나 존대할 조건에 있지 않는 아랫사람에게 〈너〉는 자유롭게 쓸 수 있다. 다만 印歐語와 비교하는 입장에서 보면 한국어의 〈너〉는

---

3) 이 특수성은 매우 비슷해 보이는 〈귀하〉와 비교해 보아도 분명해진다. 가령 사장을 지시하는 뜻으로 〈오늘 귀하의 특별 순시가 있으시답니다〉와 같은 말은 성립되지 않는다. 〈사장님 귀하로부터〉도 역시 성립하지 않는다. 〈각하〉의 용법은 매우 특이한 것임이 분명하다.

그 쓰임이 매우 한정되어 있다. 아버지, 어머니를 T로 부르듯 〈너〉로 부르는 일은 결코 허용되지 않을 뿐만 아니라 좀 친해졌다고 해서 〈너〉로 호칭을 바꾸는 일도 여간해서 일어나지 않는다. 印歐語의 T에 비해 〈너〉가 그 선택의 폭이 훨씬 좁다는 것도 한국어 호칭 체계의 중요한 특징의 하나일 것이다.

7.1.2 성명과 직함

한국어의 또 한 계열의 호칭 체계는 성명 및 직함 계열의 것으로서 이것은 2인칭 대명사보다 더욱 복잡한 양상을 띤다. 그 기본적인 유형은 미국 영어에서 보았던 T, TLN, Mr+LN, Mrs+LN, Kin term+FN, LN, FN 등과 크게 다를 바 없다. 경어법의 등급에 있어서도 T가 가장 높은 등급이고 FN이 가장 낮은 등급이라는 점에서는 일치한다. 그러나 한국어에는 〈님〉이나 〈氏〉와 같은 接尾辭(이를 〈호칭 접미사〉라 부르는 것이 좋을 듯하다)가 앞의 유형에 다시 덧붙어 체계를 더욱 복잡하게 만든다. 그뿐만 아니라 親族 名稱(kinship term, kin title)이 다채롭게 발달되어 있어 한국어의 호칭 체계는 여러 모로 더 복잡한 양상을 띤다.

〈님〉은 대부분의 직함에 隨意的으로 붙는다.

과장/과장님, 사장/사장님, 선생/선생님, 조교/조교님, 교수/교수님, 총장/총장님, 반장/반장님, 주임/주임님, 소령/소령님, 감독/감독님, 코치/코치님, 기사/기사님, 주부/주부님[4]

그러나 〈대통령님〉이라고 하지는 않는다. 〈대통령 각하〉의 〈각하〉가 〈님〉의 역할을 하고 있기 때문일 것이다. 반면 〈사모님〉은 〈님〉을

---

4) 〈주부〉는 〈金주부, 崔주부〉로는 못 쓰이나 TV 토론 등에서 보면 직함의 기능을 훌륭히 하고 있다. 또 〈金주부님, 崔주부님〉은 가능해 보인다.

빼고는 존립하지 않는다. 〈어이, 사모야〉 한다는 농담은 있지만 처음부터 敬稱으로만 필요한 호칭이었기 때문일 것이다. 〈도련님〉 역시 〈님〉이 필수적이다. 이런 특수한 경우를 빼고는 직함에 〈님〉이 결합하는 규칙은 단순해 보인다. [5]

〈님〉은 친족 명칭에도 결합된다.

형/형님, 누나/누님, 숙모/숙모님, 고모/고모님, 이모/이모님, 장모/장모님, 아주버니/아주버님, 아버지/아버님, 어머니/어머님, 할아버지/할아버님, 할머니/할머님, 조카/조카님

그러나 이 경우엔 직함에 결합될 때보다 제약이 많다. 〈언니님, 삼촌님, 외삼촌님, 매부님, 올케님〉 등은 성립하지 않는다. 또 〈아주머님〉은 쓰이는데 〈아저씨님〉은 성립하지 않는다. 〈님〉의 결합 규칙이 단순치 않음을 알 수 있다. 〈오빠님〉이 아니고 〈오라버님〉인 것도 일을 복잡하게 만든다.

근래엔 비록 글에서이지만 〈박영효 님, 최 님〉처럼 고유명사(성명) 뒤에 〈님〉을 결합시키기도 한다. 그러나 전통적인 용법으로 보면 이것은 우리 문법에 어긋난다. 〈님〉은 고유명사와는 결합되지 않는다는 것이 한국어 호칭 체계의 정상적인 규칙일 것이다.

〈씨〉의 용법은 단순하면서도 까다로운 데가 있다. 〈씨〉는 고유명사와 결합한다. [6] 〈님〉과 상보적인 관계에 있는 셈인데 〈박영호 씨〉처럼 성명하고 결합하기도 하고, 〈박씨〉나 〈영호 씨〉처럼 성이나 이름의

---

5) 〈도련님〉은 〈도령〉의 높임말로 되어 있다. 그렇다면 〈도련님〉의 〈님〉은 〈형님〉의 경우에서처럼 隨意的인 요소로 보아야 할 것이다. 그러나 〈도령〉은 〈李 도령과 춘향〉쯤에서나 쓰일 뿐 현대국어의 친족 호칭으로서의 생명은 있다고 보기 어렵다.

6) 〈애기씨, 계수(제수)씨〉처럼 보통명사에 결합되는 특수한 경우도 없지는 않다. 〈할마씨〉라는 좀 억지 호칭을 만들어 쓰는 수도 있다. 〈형씨〉는 친족 호칭은 아닐 것이다.

한쪽과만 결합하기도 한다.

이처럼 그 결합 규칙은 매우 단순한 편인데 그 쓰임, 그 사회언어적 의미는 그리 단순하지 않다. 〈님〉이나 〈씨〉는 다같이 尊待의 의미를 덧붙이는 접미사들이다. 그러나 그 존대의 정도는 같지 않다. 〈영호〉를 〈영호 씨〉로 바꾸었을 때의 폭과 〈박 과장〉을 〈박 과장님〉으로 바꾸었을 때의 폭은 거의 같다고 할 수 있다. 그러나 〈영호 씨〉는 후배나 부하 직원에게도 쓸 수 있고 〈영호 씨, 이것 좀 봐 줘〉처럼 반말체와 호응할 수도 있으나 〈박 과장님〉은 그렇게 쓰이지는 않는다. 전체적으로 〈씨〉보다 〈님〉이 더 적극적으로 상대방을 높이는 구실을 하는 것으로 보인다.

더욱이 〈씨〉가 성하고만 결합했을 때는 묘하다. 〈박씨〉라고 호칭했을 때의 語感은 대개 그 〈박씨〉가 신분이 높지 않은 사람이라는 쪽이다. 청소부 아저씨, 과수원에서 일을 돕는 아저씨, 자주 오는 계란 장수 그런 사람이 떠오르는 것이다. 전체적으로도 그러하나 특히 姓과 결합했을 때의 〈씨〉는 존대의 기능을 〈님〉에 비해 소극적으로 수행한다고 할 수 있다. [7]

〈씨〉가 성과 결합한 형식은 여자를 호칭할 때에는 쓰이지 않는다는 특수성도 주목된다. 〈영자 씨〉나 〈최영자 씨〉는 가능한데 어떤 여자를 〈최씨〉라고 부를 수는 없는 듯하다. 뒤에 다시 〈아주머니〉나 〈할머니〉를 붙여 〈최씨 할머니〉라고 하는 수는 있겠는데 〈최씨〉만으로 그 할머니의 호칭으로 쓰기는 어려워 보인다. 말하자면 〈최씨〉라고 하면 남자만을 가리키는 기능을 하는 셈이다.

〈님〉과 〈씨〉 이외에 〈君〉과 〈孃〉도 호칭 접미사로 쓰인다. 〈씨〉와

---

7) 일반적으로 이름 호칭보다는 姓 호칭이 경어법 등급이 높다. 영어의 경우는 특히 FN과 LN의 등급이 뚜렷하였다. 우리의 경우도 〈영호 군〉보다는 〈박 군〉이 좀더 높임을 받는 호칭이다. 그런데 〈영호 씨〉와 〈박씨〉의 경우는 그것이 역전되는 면이 있다. 이것이 〈씨〉의 용법의 또 하나의 묘한 부분이라 할 수 있다.

마찬가지로 고유명사(성명) 다음에만 결합되며 성명 다음, 성 다음, 이름 다음에 결합되는 세 유형을 보인다. 〈군〉은 남자에게, 〈양〉은 여자에게 쓰이나 자기 제자에게 〈양〉을 쓰지 않고 남녀 모두에게 〈군〉을 쓰는 편이어서 〈군〉은 얼마간 중성적인 성격을 띤다. 〈양〉은 사용의 폭이 그만큼 좁다는 의미이기도 한데 실제로 〈양〉은 주로 서비스에 종사하는 여자에게 쓰이는 한계를 보인다.

　아직 친족에 관련된 호칭에 관한 논의가 남아 있지만 친척 호칭을 빼고 이상에서 논의해 온 것을 바탕으로 하여 한국어 호칭의 경어법 서열을 매기면 어떻게 될까? 워낙 복잡하게 얽혀 있어 그것을 일렬로 차례를 매기기는 여간 어렵지 않다. 잠정적으로, 知面도 있고 이름도 아는 3,40대쯤의 남자를 〈형, 어디가?〉의 〈형〉 자리에 넣어 부를 때를 상정하여 한국어 호칭의 등급을 매기면 대개 다음과 같은 序列表를 만들어 볼 수 있을 듯하다. [8]

　　과장님—박 과장님—박영호 씨—영호 씨—영호 형—박 과장—박씨—박 형—박 군—박영호 군—영호 군—박영호—영호—영호야

　앞의 서열은 어떤 기준을 적용하느냐에 따라 얼마간 달리 조정될 수 있을 것이다. [9] 그러나 어느 두 호칭 형식을 비교하여도 등급의　차이

---

8) 마지막의 〈영호야〉는 呼格으로 쓰일 때만 나타나는 호칭이며 그 앞의 나머지는 공용으로 쓰이는 호칭이다.

9) 한 예로 〈박영호 씨〉와 〈박 과장〉의 순위를 바꾸는 것이 좋겠다는 調整案이 나올 수 있다. 비록 〈님〉을 붙이지는 않았지만 〈박 과장〉이 〈박영호 씨〉보다는 공손한 말씨 같기 때문이다. 그런데 필자의 기준은 이렇다. 대학 동창회에서 여자 동기생이 필자를 〈이익섭 씨〉 (또는 〈익섭 씨〉)라고 부르는데 그것은 분명히 필자를 높여 주는(그런 느낌을 주는) 호칭이다. 그런데 만일 〈이 교수〉라고 부르면 어떨까? 높임을 받는다는 느낌이 들지 않는다. 〈이 교수〉보다 〈이익섭 씨〉가 異性 사이의 조심스러움을 공손하게 표현하는 호칭일 것이다. 이런 기준도 가능할 법하다. 고등학교 동창이 전화로 〈이 교수야?〉라고 할 수는 있으나 〈이익섭 씨야?〉라고 하기는 어려울 것이다. 굳이 〈이익섭

가 전혀 없는 경우는 없을 것이다. 이것은 이들을 어떤 순서로 잡든 결국 한국어에는 적어도 14개의 등급이 있다는 것을 의미한다. 14개 등급, 현란한 체계가 아닐 수 없다.

그런데 이 등급은 더 세분될 수도 있다. 우리는 앞에서 〈박영호 과장님〉과 〈박영호 과장〉을 포함시키지 않았다. 이들은 각각 〈박 과장님〉 및 〈박 과장〉과 어떤 등급을 위해서이기보다는 같은 박씨 성을 가진 사람이 여럿일 때 구분을 하기 위해서 쓰인다고 판단해서였는데 만일 그 기능 이외에 이들 사이에 얼마간의 차이라도 있다면 위의 등급은 더 여러 개로 늘어날 것이다. 거기다가 〈선배님〉이나 〈아저씨〉도 당당히 한 자리 차지하고 들어갈 수 있을 것이다. [10]

또 〈선생님, 선생〉이란 직함을 위의 등급에 추가하여도 등급의 수는 더 늘어날 가능성이 있다. 특히 직업이 교수인 경우는 〈교수/교수님〉이란 호칭 이외에 〈선생/선생님〉이란 호칭도 자주 듣게 된다. 은사님을 〈교수님〉으로 못 부르고 〈선생님〉으로 부르는 것을 보면 이들 사이에는 분명히 등급의 차이가 있다. 그렇다면 위의 등급표에 〈선생/선생님〉을 추가하면[11] 한국어 호칭의 경어법 등급은 도대체 몇 개가 되는 것일까? 정말 현란하다는 말 이외에 달리 표현할 길이 없을 듯하다. 그러나 우리는 일단 앞의 14단계의 등급만 설정해 두고자 한다.

7.1.3 친족 호칭

앞의 14등급은 친족 관계의 호칭은 뺀 것임을 앞에서 밝힌 바 있다.

씨〉를 쓸 경우라면 〈이익섭 씨세요?〉라고 해야 할 듯하다.

10) 영어에서처럼 MN(multiple name)을 〈영호야〉 다음에 더 설정할 수 있을지도 모른다. 특히 〈영호야〉 대신에 〈호야〉라고도 부르는 수가 많은데 〈영호야〉와 〈호야〉를 마음대로 뒤섞어 부르는 단계는 〈영호야〉라고만 부르는 단계보다 더 허물이 없는 단계일 것이 분명하기 때문이다.

11) 〈선생〉은 〈교수〉나 〈과장〉 등과는 달리 〈님〉을 결합하지 않고 단독으로도 쓰이기까지 한다.

친족 호칭은 이름을 부르는 경우에서 보듯 겹치는 부분이 없지는 않으나 이들과 또 다른 계열을 이루므로 사실은 한데 묶을 수도 없다.

이들과 별개 계열을 이루는 친족 호칭은 등급 구분에서는 간단하다. 〈형/형님〉 정도의 두 등급 정도가 고작인 것이다. 그러나 앞에서도 잠깐 비쳤듯이 한국어의 친족 호칭 체계는 그것대로 복잡하게 세분되어 있다. 영어 uncle 하나를 우리는 〈삼촌, 작은아버지, 큰아버지, 당숙, 재당숙, 외삼촌, 고모부, 이모부, 아저씨〉 등으로 나누어 이해해야 한다. 그러나 여기에서 한국어의 친족 호칭 전반을 운위할 겨를은 없다. 몇 가지 중요한 특징만 지적해 보고자 한다.

앞서 본 Ervin-Tripp(1972)의 圖形(도표 6.5)에는 친척의 경우 항렬이 높은 경우에만 친족 호칭이 쓰이고, 낮은 항렬에는 FN이 쓰임을 명시하고 있다. 이 현상은 한국어에서도 보인다. 아들은 어머니를 〈어머니〉 또는 〈엄마〉라고 부르지만 어머니는 아들을 〈아들〉이라 호칭하지 않는다. 〈삼촌〉이라고는 불러도 〈조카〉라고 부르지는 않는 것도 마찬가지다.

그러나 이름을 쓰는 경우와 친족 호칭을 쓰는 경우의 경계를 한국어에서는 항렬만으로 긋기는 어렵다. 〈형〉은 같은 항렬이지만 이름으로 부르지 못하고 〈형〉(때로는 〈형님〉)이라 해야 한다. 반면 형은 동생을 〈동생〉이나 〈아우〉로 부르지 못하고 이름으로 부른다. 영어에서 형을 FN으로 부르는 것과는 대조적이며, 한국어에서는 FN을 부를 수 있는 경계가 항렬이 아님을 보여 준다.

대체로 한국어에서는 서열이 앞이냐 뒤냐가 이름을 호칭으로 쓸 수 있는지 없는지의 경계라고 할 수 있다. 한 살 앞선 형이나 누나라도 서열이 뚜렷하므로 〈형〉, 〈누나〉로 호칭해야 한다. 물론 여기에는 항렬도 작용하여 나이가 자기보다 훨씬 아래더라도 항렬이 叔行이면 〈아저씨〉라고 해야 한다. 어떻든 서열이 앞인 사람을 이름을 가지고 호칭하지 못한다는 규칙만은 엄격하다.

그러나 서열이 낮은 사람을 늘 이름으로 호칭하느냐 하면 그렇지도 않다. 나이가 한참 위인 조카(촌수 먼 조카)에게는 〈조카 왔어요?〉 또는 〈조카님 오셨어요?〉라고 하며, 아들도 결혼하여 아이들의 아버지가 되면 이름을 부르기보다 〈애비〉나 〈아범〉이라 부른다. 출가해 온 사람은 시가 사람들의 이름을 부를 자격을 아예 박탈당하여 〈도련님, 아가씨〉 등 나이가 어린 식구들에게도 깍듯이 친족 호칭을 써야 한다.

서로 나이가 많이 든 처지이면 친동생한테도 점차 이름을 쓰기 어려워진다. 〈동생 나 좀 볼까?〉처럼 직접 〈동생〉이란 친족 호칭을 쓰기도 하고 누구 아빠라고 간접 호칭을 쓰기도 하면서 어떻든 이름 호칭을 기피하게 된다.

사위들의 경우는 더욱 특이하다. 서열로는 아래인데도 이름을 부르지 않고 그렇다고 어떤 친족 호칭을 쓰지도 않는다. 〈김 서방, 최 서방〉처럼 마치 〈서방〉을 〈김 과장, 박 교수〉의 〈과장, 교수〉와 같은 직함처럼 쓰고 있는 것이다. [12] 친족치고는 특수한 친족이어서 호칭도 이처럼 직함도 아니요 친족 호칭만도 아닌 어정쩡한 형식을 취하는지 모른다. [13] 며느리와 함께 사위는 서열이 낮으면서 이름으로 못 불리는 대표적 예의 하나일 것이다.

이렇게 보면 항렬이 아래라고 해서, 또는 서열이 낮다고 해서 반드시 이름을 호칭으로 쓰는 것은 아니다. 한국어에서 친족 호칭으로 부르는 영역과 이름으로 부르는 영역 사이를 가르는 기준은 그리 단순해 보이지 않는다. 분명한 것은 만만하면 이름으로 호칭하는데 서열이 앞이거나, 비록 서열은 뒤일지라도 나이가 너무 높다든가 시댁 식구라든

---

12) 사위에 대한 호칭은 유동적이긴 하다. 장인은 이름으로 부르는 수가 많은데 장모는 그러지 못하며, 또 장모도 사위를 〈김 서방〉식으로 못 부르는 집안도 있다. 그러나 장모는 적어도 사위를 이름으로 못 부르고 서열이 앞인 기타 식구들도 대개 사위를 이름으로 호칭하지는 못한다.

13) 사위는 親戚, 姻戚으로 나눌 때는 후자에 속하므로 사위에 대한 호칭은 좁은 의미의 친족 호칭과는 구별해서 볼 필요는 있다.

가 아니면 만년 손님이라는 사위라든가 하여 만만하게 대하기가 어려운 상대이면 이름 대신 친족 호칭을 쓴다는 것이다. 이때 그 만만하다 아니다의 정확한 경계를 만드는 조건들을 어떻게 규칙화하느냐 하는 문제는 앞으로의 한 과제일 것이다.

다만 한두 가지는 미리 지적해 두는 것이 좋을 듯하다. 이것은 한국어 경어법 전반에 걸치는 것이지만 연령이 친족 호칭 선택의 주요 조건이라는 것이 그 하나다. 聽者의 나이는 물론 話者의 나이가 친족 호칭 선택에 결정적 영향을 미치는 것이다. 아들을 이름 대신 〈애비〉라 부르고, 동생을 이름 대신 〈동생〉이라 부르게 하는 것은 무엇보다 나이의 작용인 것이다.

나이와 아울러 결혼 여부가 주요 조건이라는 점도 지적되어야 한다. 당장 아들을 〈애비〉라 부르는 것은 결혼과도 얽히는 문제다. 결혼을 하면 〈삼촌〉도 〈작은아버지〉로 바꾸어야 하고, 〈형〉을 〈형님〉으로, 〈오빠〉를 〈오라버님〉으로 바꾸어야 하는 경향도 있다.

이와 관련하여 며느리의 특수한 위치에 대해서도 주의를 환기해 두고 싶다. 앞에서 이미 우리는 며느리의 특별한 지위에 대해 간간히 내비친 바 있다. 〈도련님, 애기씨〉는 순전히 며느리용 호칭이다. 〈아주버님〉도 마찬가지다. 그런데 〈아버님, 어머님〉도 사실은 며느리용 호칭이라 할 수 있다. 친자식이 부모를 이렇게 호칭하는 경우란 아주 특수한 경우일 것이다. 그런데 그 특수한 형식을 며느리는 상용해야 할 뿐만 아니라 그것만이 허락된 호칭이다. 이처럼 유난히 높임말 호칭이 많이 강요되는 며느리의 친족 호칭 사용이 한국어 호칭 체계의 한 특징이라 할 수 있을 것이다. 따라서 친족 호칭의 선택 조건에 며느리의 특수성도 하나 따로 포함되어야 할 것이다.

한국어 호칭에는 이상의 것 이외에도 宅號도 있다. 여자를 부를 때 〈羅州宅, 德實宅〉처럼 그 친정 고장의 이름으로 부르는 방식의 호칭이 그것이다.[14] 李光奎(1973, 1975a)는 이 방식의 호칭을 從地名호칭 (geononymy)으로 명명하였는데 그만큼 독특한 방식이다. 그러나 이 방식의 호칭은 이제 도시에서는 좀처럼 들어 보기 어렵게 되었다.

宅號와 아울러 從子名호칭(teknonymy)도 널리 쓰인다. 〈창호 엄마, 영숙이 아버지〉 식으로 자식 이름에 기대어 부르는 방식이다. 아들을 〈애비〉(또는 〈아범〉)으로 부르는 것은 자기 손자의 애비라는 뜻이므로 같은 범주에 속할 것이며 근래 여자들이 시아주버니를 〈삼촌〉, 시누이를 〈고모〉라 부르는 것은 결국 자기 자식들이 부를 호칭을 빌려 쓰는 것이므로 종자명호칭의 일종일 것이다.

그러나 이들 두 방식의 호칭에 대해서는 더 이상 논의치 않기로 한다. 이들이 경어법과 관련하여 어떤 특별한 현상을 보이는 것이 없기 때문이며 우리의 논의가 너무 번져 나가는 것을 막기 위해서다. 호칭에 대한 논의를 이만 줄이고 이와 별개로 또 하나의 체계를 이루고 있는 국어 경어법의 다른 한 세계로 들어가 보기로 한다.

7.2 한국어의 경어법

한국어 경어법과 관련하여 지금까지 살펴본 것은 호칭에 관한 것뿐이었다. 그 호칭 체계는 어떻게 보면 상상을 초월할 정도로 복잡하게 세분되어 있었다. 그런데 한국어의 경어법 등급은 그것으로도 부족하여 文末語尾(終結語尾)들이 등급에 따라 갈려 있고, 실상 그것이 한국어 경어법의 本領을 이루고 있다. 또 호칭(및 관계 명사)에 결합하는 助詞조차 구분되어 나타날 때가 있다. 그런가 하면 청자 이외의 인물에 대한 경어법, 즉 이른바 主體敬語法과 客體敬語法이 따로 마련되어 있기도 하다. 그러나 여기에서는 문말어미에 의해 구분되는 경어법, 즉 이른바 相對敬語法의 등급에 대해서만 집중적으로 살펴보기로 한다.

---

14) 宅號에 대한 자세한 내용은 王澣碩(1989) 참조.

7.2.1 문말어미의 등급

文末語尾에 의해 구분되는 경어법 등급은 대체로 다음과 같이 6등급으로 나뉜다. [15]

	서술형	명령형	의문형
(1) 해라체	믿는다	믿어라	믿느냐/믿냐/믿니
(2) 반말체	믿어	믿어	믿어
(3) 하게체	믿네	믿게	믿나
(4) 하오체	믿소	믿으오	믿소
(5) 해요체	믿어요	믿어요	믿어요
(6) 합쇼체	믿습니다	믿으십시오	믿습니까

이 6등급 체계에 대해서는 몇 가지 다른 견해가 있다. 그 중 대표적인 것이 4등급 체계다. [16] 이들 4등급 체계의 공통점은 반말체 (해체)와 해요체를 빼고 나머지로 경어법 등급을 매기면서 문말어미의 등급을 이원 조직으로 짠다는 점이다. 그 결과 반말체와 해요체는 독자적인 등급을 부여받지 못하고 다만 어느 한 등급의 격식상의 변종이거나 아니면 어느 두 등급에 걸쳐 있는 等外의 것으로 처리되었다.

이러한 처리의 근거는 상대경어법의 등급을 6등급으로 나누었을 때 그 등급 사이를 넘나드는 현상이 있음에 두고 있다. 동일 인물에게 해라체와 반말체를, 또는 반말체와 하게체를 뒤섞어 쓰고, 하오체와 해

---

15) 이 6등급 체계에 대해선 李翊燮(1974) 참조. 이와 일치하는 분류는 李孟成 (1973, 1975)에서 가장 먼저 본격화한 것으로 보인다. 그 이후 朴榮順 (1978), 趙後學(1982)도 궁극적으로는 일치하는 입장을 보인다. Martin (1964)도 6등급 체계인 점에서는 일치하며 이 방면의 초기 업적인 점에서도 주목할 만하다.

16) 成耆徹(1970, 1985), 서정수(1972), 黃迪倫(1975) 등이 그 대표적 업적들이다.

요체를, 또는 해요체와 합쇼체를 넘나들며 쓰는 현상은 곧 이들 사이에 등급상의 차이가 없다는 것을 뜻한다고 해석한 것이다.

그런데 어떤 두 형식이 동일 인물에게 함께 쓰인다고 해서 그 사이에 등급차가 없다고 판정하는 것은 경어법의 특성을 잘못 이해하는 길이 아닐까 한다. 우리는 앞에서 미국 영어에서이지만 늘 FN을 쓰던 아들에게 야단을 칠 때는 FN+LN을 쓰는 현상에 대해 말한 바 있다. 이름을 부르고 지내는 친구에게 회의석상에서는 〈의장〉(또는 〈최 교수〉)라고 하는 경우도 말한 바 있다. 실제로 우리는 아내에게 또는 제자에게 반말체를 썼다가 해요체를 썼다가 하기도 한다.

그런데 아무리 이렇게 넘나들어도 각 등급이 그때마다 제 기능을 잃지 않는다는 것이 간과되어서는 안 된다. 自由 變異(free variation)로 오가는 것이 아니라 상황에 맞추어 그때그때 더 적절한 등급을 골라 쓰고 있는 것이다. 그 상황이 숙성되지 않으면 함부로 넘나들지 못한다. 가령 하게체를 쓰는 사람에게 상황이 되면 반말체를 쓸 수 있지만 여자 동서 중 윗동서가 아랫동서에게 끝내 반말체를 쓰기 어려울 수도 있고, 사병이 장군에게 합쇼체를 끝내 해요체로 바꾸지 못하고 말 수도 있다. 아내에게 〈어디가?〉와 같은 반말체는 자연스러우나 〈어디 가니?〉와 같은 해라체는 어울리지 않는다. 어느 경우에나 넘나들고, 그 중 어느 쪽을 쓰든 사회적 의미에 변동이 생기지 않는다면 모르되 그렇지 않는 한 넘나드는 현상으로 등급을 묶는 일은 경어법의 본질을 잘못 파악하는 길일 것이다. 넘나드는 현상(overlapping)은 여러 언어 경어법의 보편적 현상인 것이다.

등급과 格式性을 이원화의 축으로 잡는 것도 경어법을 바로 이해하는 길이라고 보기 어렵다. 등급은 최종적인 결과요, 격식성은 그 결과를 일으키는 한 요인일 것이다. 격식을 더 갖추면 그만큼 더 정중해지고 그만큼 상대방을 공경하는 결과를 낳게 된다. 非격식체가 격식체로 바뀌면서 등급에는 변동을 일으키지 않는다는 진단은 우리로서는 이해하기 어렵다. 4등급 체계는 외형상 이원 조직에 의한 정연함이 보이지만 결과적으로는 중요한 경어법 등급차를 無化시키는 무리도 빚고 있는 것으로 보인다.

6등급으로 나누어 놓고 보면 반말체와 해라체는 그 등급차가 워낙 미세하기는 하다. 다른 두 등급의 비교에서 발견되는 뚜렷한 차이를 쉽게 느끼기 어렵다. 반말체와 해라체는 한 장면에서도 수시로 교체되기도 한다. 〈그래, 됐다, 됐어〉〈그래, 잘났다, 잘났어〉처럼 반복되는 표현에서는 두 어미의 교체는 거의 필수적이기도 하다. [17] 〈오늘 무척 덥지?〉〈뭐라고?〉와 같은 어미에서는 해라체와 반말체를 달리 구분할 장치도 마련되어 있지 않다. 그야말로 어떤 문체의 차이일 뿐이라고 하면 좋을 상황이다.

그러나 분명히 〈왔니?〉라고 하기에는 상대방이 나이가 너무 들어서, 또는 그렇게까지 허물없는 사이는 아니어서 〈왔어?〉라고 하는 경우가 있다. 가령 가정교사로 오는 대학생에게 주인 아저씨가 〈왔어?〉라고 할 수는 있어도 〈왔니?〉까지는 곤란할 것이며, 교수가 조교에게도 〈왔니?〉는 거북하며 〈왔어?〉가 어울린다. [18] 군대에서 중대장이 신병들을 모아 놓고 〈나는 너희들의 중대장이다. 알겠냐?〉라고 할 때와 〈나는 너희들의 중대장이야. 알겠어?〉라고 할 때는 그 차이가 뚜렷이 드러나기도 한다. 해라체와 반말체의 간격은 부부간의 대화에서 더욱 극명하게 드러나는 것으로 보인다. 남편이 부인에게 반말체를 쓰는 일은 흔히 있는 일이다. 그런데 〈어디 아프니?〉와 같은 해라체는 적어도 중년층 이상의 남자들에게서는 듣기 어렵다. 우리로서

---

17) 그런데 이상하게도 〈잘났어, 잘났다〉나 〈됐어, 됐다〉의 語順으로 표현되지는 않는 것 같다.

18) 이들 경우엔 끝내 반말체에 머물고 해라체로 발전하지 못할 것이나 그 발전이 이루어지는 상황도 있을 것이다. 대학생 아들의 친구라면서 낯선 목소리로 전화가 오면 반말체로 받게 되는데 나중 집에 자주 드나들어 친숙해진 다음에 전화를 받게 되면 〈그러니? 그래, 고맙다〉와 같은 말투가 가능해지는 것이 그 한 경우다. 대학교 신입생들이 입학 후 반말체를 쓰다가 해라체로 옮겨가는 과정을 면밀히 관찰하면 흥미있는 결과를 얻을 수 있을 것으로 기대된다.

는 일단 반말체를 해라체보다 한 등급 위의 등급으로서 이해하고자
한다.

6등급 중 하오체도 그 존립이 위태로운 점이 있다. 점차 주위에서
들어 보기 어려운 형식임이 분명하다. 機能負擔量이란 음운론 용어를
여기에 적용한다면 확실히 기능부담량이 극히 적은 형식이다.

그러나 하오체는 아직 생명을 다 잃은 것은 아니며 또 그 독자적인
기능[19]을 상실한 것도 아니다. 서울 중류층의 24가구의 143명을 대상
으로 조사 분석한 朴榮順(1976)에 의하면 하오체는 표 7.2에서 보듯
비록 빈도는 낮으나[20] 아직 생명을 유지하고 있고, 또 〈‘-오’ 形은 존
경을 받아야 하는 손위의 話者가 상호 대등한 speech level을 쓰기에는
뭔가 부족함이 있는 (연령이나 지위 혹은 인척간의[21] 항렬에 있어서) 손
아랫사람에게 쓴다. 예를 들면 직장에서의 손아랫사람, 학교 후배,
동생의 친구, 10년 이상의 연하에 있는 사람, 아내 등에게 이 형태를
쓴다〉(pp. 55-56)처럼 기술되어 있는 것을 보면 그 독자적인 기능도
잘 유지되고 있음을 알 수 있다.

빈도가 낮다고 해서 엄연히 일정한 분포를 가지고 있는 것을 체계에
서 제외하려는 태도는 성립하기 어려울 줄 안다. 우리나라의 식물 분
포를 이야기할 때 일부 고산지대에만 분포하는 식물이라고 해서 그것
을 한국 식물의 종류에서 제외할 수는 없는 일이다. 하오체는 가령 서
울 중류층의 50대 남자를 기준으로 보면 엄연히 존재하는 한 등급이
다. 〈누구요?〉는 남편의 말이요, 아내의 말일 수는 없다. 〈누구예
요?〉라는 아내의 말과는 선명하게 등급의 차이를 드러내기도 한다.

---

19) 높임말이되 年滿한 사람이 上位者가 아닌 사람을 하게체 이상으로 높이는
   기능(李翊燮 1974).

20) 이 표의 빈도 산출이 어떤 방식으로 된 것인지는 설명이 없어 알 수 없다.
   그러나 5,60代에서 〈해요〉와 대비해서는 그리 낮은 빈도만도 아님을 알 수 있
   다.

21) 이 논문에서 〈인척〉이란 용어는 친족 또는 친인척을 가리키는 뜻으로 잘못
   쓰인 듯하다.

표 7.2 국어 경어법 어미의 연령별 사용 빈도

연령 \ 어미	하십니까	하세요	해요	하오	하는가	하나	해	하느냐/하니
60대	48	34	6	4	2	3	17	32
50대	32	48	14	2	1	1	32	16
40대	36	51	12	1	2	25	—	20
30대	36	46	16	1	—	1	30	14
20대	20	50	10	—	2	—	42	24
14-19세	14	40	8	—	—	—	52	32
9-13세	8	38	18	—	—	—	50	32
6-8세	2	6	10	—	—	—	90	36

(朴榮順 1976 : 58)

우리는 하오체도 독립된 한 등급으로 이해한다. [22]

　文末語尾의 等分에 〈-나이다, -습니다요, -시나이까, -소서〉 등의 어미를 포함시키는 일이 있으나 정상적인 현대국어의 어미가 아니므로 함께 다루어서는 안 될 것이다. 그리고 문말어미로 운영되는 상대경어법과 先語末語尾 〈-시-〉로 운영되는 주체경어법은 분리해서 체계화해야 할 것은 말할 것도 없다. 〈해요〉와 〈하시어요(하세요, 하셔요)〉를, 또 〈합니다〉와 〈하십니다〉를 동일 선상에 놓고 혼란을 일으키지 않아

---

22) 그동안 한국어 경어법의 等分에서 가장 잘못된 대접을 받아 왔던 것이 하오체일 것이다. 학교문법에서는 오랫동안 해요체를 설정하지 않음으로써 하오체가 그 자리에 걸쳐 있는 꼴이 되게 하였다. 그 결과 하오체가 상위자에게도 쓰는 높임말이라는 잘못된 인식이 오랫동안 뿌리박혀 왔다. 빈도가 낮음을 근거로, 또는 젊은 세대를 기준으로 아예 빼는 것은 오히려 가능하나 하오체를 해요체와 묶는 일은 이 등급의 특성을 바로 파악하지 못해서일 것이다.

야 한다는 것은 너무도 당연하다.

이렇게 해서 한국어의 문말어미에 의해 실현되는 경어법 등급은 일단 6가지로 분류하고자 한다. 活用語尾에 의해 6개 등급의 경어법 등급이 나뉜다는 것도 한국어에서나 볼 수 있는, 대부분의 언어에서는 상상하기 어려운 특수한 현상일 것이다.

7.2.2 6등급의 확대

앞에서 한국어의 호칭은 적어도 14개 정도로 등급으로 나뉜다고 하였다. 그렇다면 그 14개의 등급과 문말어미의 6개의 등급은 어떻게 조정이 되는 것일까? 그리고 주체경어법의 선어말어미 〈-시-〉와 문말어미와의 결합이 이들에게 어떤 구실을 하는 것일까?

한국어 경어법은 대부분의 경우 문말어미에 의한 6등급 이상의 세분화는 이루어지기 어렵다. 가령 물건 값을 묻는 상황에서 호칭 없이 얼마냐고만 묻는다면 〈얼마니/얼마야/얼만가/얼마요/얼마예요/얼맙니까〉의 구분 이상은 어려울 것이다. 또 온전한 문장일지라도 비가 온다는 보고를 호칭 없이 말한다면 〈비가 온다/비가 와/비가 오네/비가 오오/비가 와요/비가 옵니다〉가 고작일 것이다.

그러나 당장 주어가 〈비〉와 같은 제3자가 아니고 聽者 당사자이기만 하여도 사정은 좀더 복잡해질 수 있다. 상대경어법과 주체경어법이 복합되기 때문이다. 가령 〈(너의) 요즈음 건강이 좋으냐?〉는 뜻의 물음을 상정해 보면 〈좋으냐/좋아/좋나/좋으오/좋아요/좋습니까〉의 6개 등급 이외에

(가) 요즈음 건강이 좋으셔?
(나) 요즈음 건강이 좋으시나?
(다) 요즈음 건강이 좋으시오?
(라) 요즈음 건강이 좋으세요?

(마) 요즈음 건강이 좋으십니까?

등이 더 추가될 수 있다. 보기에 따라서는 이것은 이치에 맞지 않는다. 〈-시-〉로 존대를 받을 인물이면, 문말어미도 일정 수준 이상의 것을 써야 마땅하다. 말하자면 호응을 이루어야 한다. 반말체를 쓰면서 그 동일 인물에 〈-시-〉로 존대의 뜻을 나타내는 일은 일관성이 없고 균형 감각이 없는 처사다. 그러나 현실적으로는 〈좋으셔?〉가 쓰인다. 〈많이들 드셔〉나 〈그만들 웃으셔〉 등 정상적이지는 않다는 느낌을 주는 형식들이 꽤 쓰이고 있다. [23] 하게체에 〈-시-〉가 결합된 형식은 더 빈번히 쓰여 TV 광고에도 〈아직 모르시나?〉라는 문장이 등장하며, 〈많이 드시게〉나 〈그럼 편히 놀다 가시게〉 등의 표현을 자주 듣게 된다.

　역으로 상대방을 해요체로 높이면서 동일 인물인 주어를 〈-시-〉 없이 낮춘다는 것도 사리에 어긋난다. 그러나 〈요즈음 건강 좋아요?〉라는 표현은 현실적으로 거부감을 일으키지 않고 쓰이는 수가 많다. 〈그럼 잘 가요〉 〈당신이 이겼어요〉도 마찬가지다. 〈-시-〉 없는 〈해요체〉는 의외로 빈도가 높은 면이 있다. 그러나 합쇼체로 極尊待하는 2인칭 주어에게 〈-시-〉를 빠뜨리는 일은 아무래도 괴리감을 일으킬 듯하다. 실제로 〈선생님, 요즈음 기력이 좋습니까?〉는 제대로 된 말이라고 하기 어렵다. 그럼에도 〈형님, 앞이 잘 보입니까?〉라든가 〈여러분이 이겼습니다〉와 같은 문장은 어색하게 들리지 않는다.

　이렇게 보면 청자가 곧 주어일 때는 〈-시-〉가 6등급의 거의 모든 문말어미에 결합하기도 하고 하지 않기도 하여 실질적으로 경어법 등급의 수를 배가시킨다. 우리는 앞에서 6등급의 문말어미 중 유일하게 해라체만 〈-시-〉의 선택권이 없는 것으로 다루었다. 〈너 요즈음 건강

---

23) 장난기가 섞인 느낌을 주기도 하고 좀 비꼬는 듯한 느낌을 주기도 한다. 절친한 친구에게 〈무슨 바람이 불어 오늘은 여기에 다 오셨어?〉와 같이 하는 말이 〈-시-〉와 반말체가 어울리는 가장 전형적인 용법일 것이다.

이 좋으시냐?〉라는 문장은 전혀 성립될 가망이 없기 때문이었다. 그렇게 보면 문말어미가 다시 선어말어미 〈-시-〉를 취함으로써 새로 생긴 등급은 5개인 셈이고 이것을 애초의 6등급과 합치면 문말어미 부근에서 실현되는 경어법 등급은 모두 11개인 셈이다.

11개 등급의 서열은 어떻게 될까? 말한 것도 없이 6개의 각 등급 앞에 〈-시-〉 결합형을 배치하면 자동적으로 그 서열이 매겨질 것이다. 물론 〈앉으셔〉와 〈앉게〉, 또는 〈여러분이 이기셨어요〉와 〈여러분이 이겼습니다〉 사이의 순위 매김에는 갈등의 여지가 있다. 그러나 일단 앞에서처럼 기계적으로 서열을 매기되, 그 서열보다는 문말어미와 선어말어미의 합작으로 한국어 경어법의 등급이 11개라는 엄청난 등급으로 세분될 수 있는 가능성에 더 큰 주의를 환기해 두고자 한다.

이와 관련하여 하나만 덧붙여 두는 것이 유익할 듯하다. 국어에는 〈자다/주무시다〉〈죽다/돌아가시다〉처럼 단어 자체가 예삿말과 높임말로 구분되어 있는 것이 있고, 이때 높임말에 〈-시-〉를 내포하고 있는 것은 자연스러워 보인다. 그런데 〈먹다〉라는 단어는 유난히 세분되어 있다.

먹다―자시다―잡숫다―잡수시다

일반적인 방식이라면 〈먹다/잡수시다〉의 구분으로만 이루어져 있어야 한다. 그런데 그 〈잡수시다〉의 축약형인 형태가 따로 독립되어 아무래도 〈잡수시다〉보다 덜 정중한 용법으로 쓰이고 있고 그것도 부족하여 〈자시다〉라는 중간 등급을 더 동원하고 있다. 도대체 〈먹는다〉는 동작을 몇 등급으로 표현하겠다는 것일까?

먹어라―먹어―먹게―먹어요―자셔―자시게―자시오―자셔요―잡숫게―잡숴요―잡수시오―잡수세요―잡수십시오 호칭의 도움 없이 文末 쪽에서 조작될 수 있는 등급이 문말어미에 의한 6등급에 머물지 않는 것만은 확실하다. 6개의 구분도 대단한 세분인데 그것을 다시 이리저리 나누어 미묘하고 복잡한 경어법의 세계를 만들어내고 있는 것이다.

7.2.3 共起 규칙

한국어 경어법은 한편으로는 호칭 쪽에서 다양하게 세분되고, 다른 한편으로는 문말어미 쪽에서 거의 비슷한 정도로 다양하게 세분되어 실현됨을 앞에서 보았다. 그렇다면 이들 사이에 호응 관계가 성립하리라는 것이, 다시 말하면 어떤 共起 規則(co-occcurence rule)이 있을 것이 쉽게 짐작된다. 그리고 그것은 자주 지적되어 온 사항이기도 하다.

그런데 이 공기 규칙은 지금까지 꽤 피상적으로 관찰되어 왔다. 6등급, 또는 4등급의 문말어미에 共起되는 대명사를 짝짓기하는 수준에 머물었던 것이다. 그러나 호칭 쪽의 등급이 14개 이상, 문말어미 쪽의 등급이 13개라고만 해도 이러한 짝짓기로는 세세한 공기 규칙이 밝혀지기 어려우리라는 것은 두말할 나위도 없다.

한국어 경어법의 공기 규칙은 유연성이 큰 편이다. 한 호칭과 공기할 수 있는 문말어미는 한 등급의 것으로 한정되지 않는다. 동일한 〈김 과장〉과 공기되는 어미를 예로 보면 다음에 보듯 4등급에 걸친다.

    (가) 김 과장, 뭘 해？
    (나) 김 과장, 뭘 하나？
    (다) 김 과장, 뭘 하오？
    (라) 김 과장, 뭘 해요？

그 逆도 眞이어서 한 문말어미와 공기할 수 있는 호칭은 한 등급의 것에 한정되지 않는다. 한 예로 교수가 역시 교수가 된 제자에게 계속 반말체를 유지하면서도 그 호칭은 몇 등급에 걸칠 수 있다.

> (가) 지현이, 어디 아퍼?
> (나) 김 군, 어디 아퍼?
> (다) 김 교수, 어디 아퍼?

　호칭과 문말어미 사이의 共起 規則에서 보이는 이러한 복합성은 한국어 경어법의 또 하나의 중요한 특성을 만드는 것으로 보인다. 앞에서 문말어미의 등급이 〈-시-〉에 의해 더 세분되는 현상을 보았거니와 거기에다가 복합성이 다시 경어법 등급의 세분화에 작용하기 때문이다. 다같이 〈어디 아퍼〉의 반말체라 해도 호칭을 〈지현이〉라 부를 때와 〈김 군〉 또는 〈김 교수〉라 부를 때는 등급을 달리하여 말한 것이 분명하다. 그렇다면 반말체에 다시 上반말체, 中반말체, 下반말체가 있다는 뜻이다. 동일 청자에 대해 각각 다른 화자가 말한 경우를 보면 이 구분은 더욱 선명해진다.

화자　　청자
　A　　H　　너, 왜 왔어?
　B　　H　　형, 왜 왔어?

에서 A-H, B-H의 상하의 폭이 같지 않음이 분명하다. 즉 〈왔어〉가 같은 수준의 반말체라고 하기 어렵다. 上반말체, 下반말체이든 반말체[1], 반말체[2]이든 어떻든 한 등급 안에서도 그것이 어떤 호칭과 짝이 되었느냐에 따라 다시 세분된다고 이해된다.

　이것은 우리가 상대방에 따라 경어법 등급을 정할 때 호칭과 문말어미의 어느 한쪽만 정하는 것이 아니라 양쪽을 동시에 정해야 한다는 뜻이기도 하다. 알맞게 어울릴 한 쌍의 짝을 찾아 짝짓기를 시킴으로

써 비로소 온전한 등급이 정해진다는 것이다.

이 조작은 동시에 일어나는 것이 아니라 간발의 차이지만 선후가 있다고 이해하는 편이 나을지 모른다. 어느 한쪽을 우선적으로 정하고 나머지 한쪽으로써 그 등급을 재조정하는 절차를 밟을 수도 있다는 것이다. 만일 그렇다면 어느 것이 우선적으로 정해지고 어느 것이 그 재조정의 역할을 담당하는 것일까? 이 질문은 〈-시-〉와 문말어미의 결합 때에도 해당된다. 〈여러분이 이겼습니다〉와 〈여러분이 이기셨습니다〉라고 할 때 〈-시-〉와 〈-습니다〉 중 어느 것이 일차적으로(더 큰 비중으로) 정해지는 것일까?

그 확실한 해답은 쉽지 않은 듯하다. 우리는 잠정적으로 이렇게 정리해 두고자 한다. 경어법 등급에서 가장 큰 비중을 가지는 것은 문말어미다. 그것이 일차적으로 정해지면 〈-시-〉와 호칭은 반은 자동적으로 선택되며 나머지 반의 울타리 속에서 이미 정해진 문말어미 등급의 재조정 작업이 이루어진다.

이것은 앞에서 반말체를 上반말체, 中반말체, 下반말체 등으로 再分하던 일과 일치한다. 실제로는 13등급이든 그 이상이든 한국어 경어법 등급은 일단은 6등급으로 나뉘며 나머지 등급은 이 틀 안에서의 재분이라고 이해하는 길을 택하고 있는 셈인 것이다. 이때 6등급은 〈主等級〉이라 명명하고 이들 안에서의 재조정에 의한 上반말체, 下반말체류의 등급은 〈副次等級〉이라 명명할 수 있을 것이다. 이원적인 체계로 한국어 경어법이 운영된다고 파악하는 것이다.

이원적이라 할 때는 〈-시-〉와 호칭을 묶은 상태에서다. 만일 이들을 다시 분리하면 이원적인 체계를 수정해야 할지 모른다. 그러나 우리는 거기까지는 확대하지 않으려 한다. 그리고 부차등급이 주등급마다 정확히 몇 개씩이나 될지에 대해서도 더 이상의 추구를 하지 않으려 한다. 다만 여기에서 강조하려 하는 것은 한국어의 경어법(정확히는 청자에 대한 경어법, 즉 相對敬語法)은 호칭, 문말어미, 〈-시-〉의 삼박자가 교묘히 얽히면서 말할 수 없이 정교한 세계를 연출한다는 것이다. 인간이 세상에 태어나 말을 습득하는 것이 가장 경이로운 일이라고 하지만 한국인들이 이 복잡한 경어법 체계를 익혀 매일 매일 바로 시행하는 일은 정말 경이라 해야 할지 모른다. 한국어는 분명히 세계에서 가장 복잡한 경어법을 운영하는 언어일 것이다.

7.3 경어법 선택의 요인

權勢(power)와 紐帶(solidarity), 이것이 유럽 언어들(불어, 독일어, 스페인어 등)의 경어법(그것은 고작 2인칭 대명사 T/V로 운영되는 초라한 체계이지만)을 결정짓는 요인이며, 이 중 유대가 더 강한 영향력을 가지고 있음이 Brown and Gilman(1960)에 의해 밝혀졌음을 앞에서 본 바 있다. 이 연구 이후 다른 언어의 경어법도 이 요인들과 관련되어 관찰되면서 한편으로는 그것을 확인하고 한편으로는 거기에 조그만 수정을 가하곤 하였다. 예를 들면 권세를 연령(age)과 직위(occupational status)로 쪼개어 이해하기도 하고(Brown and Ford 1961), 그 직위를 序列(rank)로 바꾸어 이해하는가 하면(Ervin-Tripp 1972), 권세는 권세대로 두고 그와 별도로 연령과 성별(sex)을 추가하여야 한다는 示唆를 펴기도 하였다(Fasold 1990 : 30).

한편 유대에 대해서도 중국어 경어법을 근거로 친족, 국적, 동향 등 이미 어떤 소속에 속하면 자동적으로 형성되는 관계만을 유대의 요소로 묶고 개인적인 접촉에 의해 형성되는 관계는 親分(familiarity)이라 하여 구별해야 한다는 수정안이 나오는가 하면(Scotton and Zhu 1983), 스웨덴어에서도 平稱인 du가 가까운 유대를 나타내는 du와 가까운 친분(intimacy-familiarity)을 나타내는 du로 구별됨을 밝히기도 하였다(Paulston 1975).

요인들의 영향력 크기에 대해서도 유대의 영향력이 더 크다는 보고 외에 미국 영어에서는 연령이 서열보다 우선적이라든가(Ervin-Tripp

1972) 이탈리아어에서 역시 연령이 유대나 권세보다 우선적이라는 보고(Bates and Benigni 1975)가 제시되고, 한국어에서는 서열이 연령이나 유대보다 우선적이라는 보고(Howell 1967) 등이 이어져 왔다.

7.3.1 서열과 친분

과연 한국어 경어법을 결정하는 요인들은 무엇이며 그 영향력의 순위는 어떠할까? 요인은 일단 서열과 친분으로 압축해 볼 수 있을 듯하다. 연령, 직위, 항렬 등 세분하면 모두 중요한 요인들이지만 이들은 결국 서열로 통합되는 요인들일 것이다. 친분도 중국어 경어법에서처럼 동향, 동창, 동본, 같은 직장 등의 단체적 관계를 따로 떼어 유대로 묶어 구분해야 할지 모르나 결국은 한데 통합되는 관계일 것이다.[24]

성별을 따로 독립된 요인으로 내세워야 할지는 의문이다. Fasold (1990 : 30)는 캐나다의 퀘벡에서 여학생들이 더 높은 경어법으로 대우되는 사례를 들어 그것을 권세 요인에 의한 것이라고 해석하기 어려운만큼 성별을 연령과 함께 별개 요인으로 독립시킬 수 있음을 시사하고 있다. 한국어에서도 성별 요인이 권세나 유대 중 어느 하나의 부속 요인으로 보기는 어려운 점이 있다.

한국어에서는 부부 사이에 상호 대등한 등급의 말이 교환되기보다 아내는 한 등급 낮은 경어법을 받고 한 등급 높은 경어법으로 남편을 대하는 경향이 높다.[25] 이것은 서열 요인으로 풀이될 것이다. 전통적

---

24) 따라서 우리의 〈서열〉은 power 및 rank, status를 다 포괄하는, 또 친분은 solidarity, familiarity 및 intimacy를 모두 포괄하는 넓은 의미를 가진다. 그러나 굳이 譯語를 하나씩 고르라면 각각 rank와 familiarity가 가장 적합할 것이다.

25) 굳이 예가 필요치 않을 정도로 이런 사례는 주위에서 수시로 접할 수 있다. 예를 하나 덧붙인다면 TV 프로에서의 한 현상이다. 사회자가 여자에게 〈그러

으로 남편을 가장으로 받드는 관습의 작용으로 해석될 수밖에 없기 때문이다. 그런데 아버지보다 어머니에게 더 오래 반말체를 쓰는 현상은 어떤가? 이것은 친분 요인과 관련되는 현상일 것이다. 어머니의 서열을 계산하여서가 아니라 평소 응석도 더 부리고 더 자주 이야기도 나누는 데서 오는 친근감이 일으키는 현상으로 해석되기 때문이다.

그렇다면 성별은 한편으로는 서열에, 다른 한편으로는 친분에 영향을 미친다는 뜻이다. 이것은 성별을 별개 요인으로 독립시킬 명분도 주는 셈이다. 그러나 성별은 서열이나 친분과 대등한 요인이라고 보기는 어렵다. 순전히 성별 때문에 경어법의 등급이 달라지는 일은 별로 있는 것 같지 않다. 성별은 서열이나 친분에 영향을 미침으로써 간접적으로 경어법 등급에 기여하는 것으로 해석하는 것이 더 타당한 길일 것이다.

연령도 좀 세심한 검토가 필요하다. 연령이라면 언뜻 年上/年下의 관계만 떠올리기 쉽다. 그런데 앞에서 〈話者가 30대쯤은 되어야〉라든가 〈나이가 들어 사귄 친구 사이에서〉〈서로 노년에 접어들면〉 등의 조건을 말하였다. 연령차 즉, 상대적 나이를 문제삼은 것이 아니라 화자나 청자의 절대적 나이를 문제삼은 것이다. 연령차는 바로 서열로 이어지므로 그럴 때의 연령은 서열의 한 부속적인 요인으로 보면 되겠지만 절대적 나이는 그리 단순치 않다.

〈너〉라고 부르던 사이가 〈김 사장〉〈이 교수〉로 바뀌게 만드는 것은 무엇일까? 나이가 들면서 서열에 변화가 일어난 것도 아니고 친분에 금이 간 것도 아니다. 변화가 생겼다면 格式性(formality)일 것이다. 서로 점잖은 체면에 아이들처럼 말할 수는 없지 않은가, 어른스럽게 체통을 살려야 하지 않겠는가 그런 심리가 작용하여 격식을 차리게 되는 것이 이 변화의 골자일 것이다. 그렇다면 연령은 서열, 친분 그 어느 것의 부속적 요소라고 하기 어렵다. 이들과 대등한 제3의 요인으

면 남편은 뭐라 안 합니까?〉라고 물으면 흔히 〈물론 싫어하시죠〉라고 대답한다. 이 반대의 경우 남편이 부인에게 〈-시-〉을 붙이는 일은 없을 것이다.

로 독립시켜야 할 만도 하다.

그러나 우리는 연령을 하위 요소로 인식하고자 한다. 굳이 연관시키려면 격식성의 개입은 親密 요소의 한 특수 현상으로 볼 수 있을 것이다. 허물없이 지내다 격식을 차리게 된다는 것은 친분 면에서는 얼마간 후퇴를 했다는 뜻일 것이다. 체면을 위해, 또는 권위를 위해 친분을 희생시킨 것이라고 해석하는 것이다.[26] 한국어 경어법에서의 연령의 영향력이 다른 언어에 비해 강하여 그리 단순한 문제만은 아니나 우리는 연령이 일으키는 영향력은 결국 서열과 친분으로 규합된다는 입장을 취하고자 한다.

다만 끝내 남는 숙제는 하게체와 하오체를 나이가 충분히 들어야 쓸 수 있다는 현상이 서열 및 친분과 어떻게 관련되느냐 하는 문제다. 격식 및 권위가 부여되는 것만은 확실한데 그것이 바로 서열이나 친분의 조정에 기여하는 것 같지는 않기 때문이다.

이런 것을 감안하면 굳이 上位에 서열과 친분을 따로 설정할 것 없이 연령, 성별, 항렬, 지위 및 신분, 친근도 등 여러 요인을 同位의 요인들로 인식하는 것이 현실에 가까울 수도 있다. 어떤 구체적 경어법 현상을 이해하려면 결국 이들 작은 요인들과 연관시켜야 하기 때문에 더욱 그러하다. 그것을 우리는 일단 2대 요인으로 통합하는 쪽으로 이해해 보려 하였다.

7.3.2 요인들의 순위

두 요인을 序列과 親分이라 할 때 그 영향력의 순위는 어떻게 될

---

26) Dredge(1977 : 1-2)에 묘사되어 있는 장면은 이의 이해에 도움을 준다. 군에서 막 제대하고 마을로 돌아오던 청년이 어렸을 때부터의 단짝이던, 그러나 그 사이 남의 부인이 된 복숙이를 만난다. 어떻게 말해야 좋을지 몰라 망설이다 존대말을 쓴다. 복숙이도 존대말로 대답은 하였으나 우스워 키득거리며 도망쳐 간다. 나이와 격식과 체면, 결국 친분에는 손상을 입히는 요소임이 다시 확인된다.

까? 한국어에서는 역시 서열이 앞이라고 판단된다. 印歐語에서 친분에 따라 V가 T로, 또는 TLN에서 FN으로 발전하는 현상이 우리에게는 잘 적용되지 않으며 적용된다 하여도 그 폭이 매우 좁다. 우리는 아버지나 어머니는 물론 형이나 언니도 〈너〉라고 부를 수 없다. 재수하여 절친한 동급생이 된 고등학교 1년 선배에게 그 선배의 종용에도 끝내 말을 놓지 못한 경험을 필자는 가지고 있다. 친분보다는 서열이 훨씬 막강한 힘을 발휘한다고 믿는다.

그러면 그 서열의 벽을 허물 수 있는 친분의 폭은 어느 정도일까? 한마디로 매우 좁다. 앞에서 형이나 언니를 〈너〉로 호칭할 수 없는, 서열의 강력한 통제력을 지적한 바 있지만 형의 친구나 언니의 친구(또는 누나의 친구, 오빠의 친구)만 되어도 〈너〉라는 호칭을 못 쓰는 것은 물론 반말로[27] 발전되기도 무척 어렵다. 또 항렬도 좀체로 허물어지지 않는 벽이다.

허물어지기는커녕 서열이 새로운 벽이 되는 수도 있다. 친구 사이에서 한 사람이 직장 상사가 되면 적어도 남들 앞에서는 상호 平交 관계를 깨야 한다. 친구 사이에서 하나가 오빠의 부인이 되었을 때도 같은 현상이 벌어진다. 친분이 서열을 극복하는 것이 아니라 그 서열에 압도당하는 것이다. 이는 미국 영어의 경우 FN으로 향해 발전해 가는 과정에서 역행 현상은 일어나지 않는다는 원칙에 어긋나는 것이기도 하다. 그만큼 한국어에서는 서열이 친분보다 훨씬 강력한 요인이라는 뜻일 것이다.

친분이 그나마 영향력을 발휘하는 서열의 벽은 나이에서일 것이다. 10년까지는 벗한다는 속담도 있다. 친분이 나이의 벽을 넘을 수 있음을 전해 준다. 물론 10년은 서로 반말을 쓴다는 기준으로 보면 너무

---

27) 〈반말한다〉는 표현은 그리 엄격한 용어는 아니다. 대체로 반말체와 해라체의 말을 동시에 가리키는 듯하며 여기에서도 〈반말〉을 그 두 등급의 말을 포괄하여 가리키는 뜻으로 쓴다. 〈말을 놓는다〉고 하는 표현도 같은 의미로 쓰며, 〈平交間〉이란 서로 반말을 하는 사이라는 뜻으로 쓴다.

길게 잡은 감이 있다. Howell(1967)은 다른 서열이 동등할 경우 2년을 그 폭으로 잡았다. 다른 한 연구(金周官 1989)는 방위병들간의 실례를 근거로 4년을 그 폭으로 진단하였다. 어느 쪽이든 연령은 얼마간 극복되는 벽임이 분명하다.

앞에서 고등학교 선후배간에는 1년도 허물어지기 어려움을 말하였다. 그러나 대학의 선후배간에는 1-2년의 여유는 있는 듯하고, 국민학교의 선후배 관계는 그 자체로는 별 큰 의미를 가지지 않는 듯하다. 학교의 선후배라는 서열도 얼마간 친분에 의해 극복되는 셈이다.

그러나 전체적으로 보면 한국어에서의 친분의 영향력은 한계가 있다. 친분이 아무리 두터워져도 相敬의 상태로 지속되는 범위가 印歐語에 비하여 훨씬 넓다고 하지 않을 수 없다.

다만 이것은 하나 고려하여야 할 점일 것이다. 지금껏 친분이 서열의 벽을 허문다고 할 때 우리는 서로 반말을 하는(平交間이 되는) 단계로까지 발전하는 상황만을 논의의 초점으로 삼았다. 그런데 이것은 문제를 너무 단순하게 접근하는 흠이 있다. T와 V, 또는 TLN과 FN 정도의 단순한 체계에서는 평교간이 된다는 것은 곧 끝에서 끝으로의 이동을 뜻한다. 그러나 복잡하기 이를 데 없는 한국어에서는 그렇게 一刀兩斷的일 수 없다. 친분이 〈아버지〉를 〈너〉로 바꾸지는 못하여도 〈아버님〉을 〈아버지〉로, 그것을 다시 〈아빠〉로 바꿀 수는 있다.[28] 〈기쁘시겠습니다〉를 〈기쁘겠어〉나 〈(애) 기쁘겠다〉로까지는 바꿀 수 없지만 〈기쁘시겠어요〉로는 바꾼다. 친분이 서열의 벽을 허는 정도를 이런 작은 변화에까지 적용하면 친분의 영향력은 의외로 활발하다는 것을 발견할 수 있을 것이다.

친분의 영향력은 사실 다른 면에서도 발견된다. 지금까지 친분(〔+친분〕)이 서열의 벽을 허는 쪽에서만 그 영향력을 찾았는데 그 친분의 부족(〔−친분〕)이 서열의 기능을 막는 쪽에서 보면 친분의 영향력은

---

28) 며느리가 자기를 〈아빠〉라고 불러 주어 기분이 좋다는 시아버지가 있다. 점차 그러는 일이 많은 좋은(?) 세상이 될지 모른다.

의외로 큼을 발견하게 된다. 직장에서 서열상 모두 대등한데, 나이도 같고 대학도 같은 해에 입학해서 졸업하고 직장 내의 직위도 같은데 相敬하는 경우가 많다. 이것은 무엇인가? 앞에서도 언급하였지만 어렸을 적 친구만한 친분이 충분치 않아서일 것이다. 또 서열로는 분명한 상하의 구분이 있는데 윗사람이 말을 놓지 못하는 경우도 많다. 이것도 친분의 조건이 성숙되지 못해서라고 해석해야 할 것이다. 친분의 영향력은 이처럼 일을 방해하는(?), 平交를 막는 쪽에서도 강한 면모를 보인다. 다만 그럼에도 서열의 영향력이 더 크다는 것이 우리의 판단일 뿐이다.

서열이 친분보다 경어법 선택에 우선적으로 적용된다는 것은 밝혀진 셈인데 하위 요인들 사이의 우선 순위는 어떨까? 가령 한 직장에서 나이 어린 상사와 年上의 부하 직원 사이에서 직위와 나이 중 어느 것이 힘이 더 센 것일까? 직위가 앞이라고 생각한다. 상사는 年下라도 존대를 해야 한다. 물론 부하 직원일지라도 연상이면 존대한다. 그러나 그것은 의무 사항이기보다는 그야말로 일종의 施惠(dispensation)라고 보아야 할 것이다. 1-2년쯤 연상이면 존대를 하지 않을 수도 있어 몇 살 이상부터 존대말을 쓰겠다고 정하는 것은 상사의 재량권이라 할 수 있다.[29) 반면 부하가 한 등급 높은 상사까지는 존대하지 않겠다는 것은 허용되지 않을 것이다.

이 사정은 항렬과 연령이 갈등을 일으킬 때도 비슷하게 적용되는 것으로 보인다. 가령 항렬이 叔行이면 상대가 20년 연하일지라도, 아직 성년이 되기 전이라면 몰라도 존대해야 한다. 연하의 숙항도 조카뻘 상대에게 나이에 따라 존대를 하지만 그것은 나이 차이가 많이 나야 되고 삼촌과 조카 사이처럼 가까운 친족이 아니어야 하는 등 조건이 더 복잡하다. 연령이 그만큼 부차적이라는 증거일 것이다.

친족 안에서의 서열과 직장 안에서의 서열이 갈등을 일으켰을 때는

---

29) 金周官(1989)의 4년의 연령차는 바로 여기에도 해당한다. 부하가 4년 이상의 연상이라야 비로소 나이 대접을 하기 시작하는 것이다.

어떨까? 친족 안에서의 서열이 앞이라고 생각한다. 왕자 아들과 어머니 사이의 경어법 사용법은 구습일 뿐 직위가 낮은 형이나 아버지, 또는 외삼촌에게 높은 직위의 권세를 휘두를 폭은 이들이 친족상의 높은 서열에서 확보한 권세의 폭을 도저히 앞지를 수 없을 것이다.

대략 눈짐작으로 짚어 온 것이지만 지금까지 살펴본 결과로 한국어 경어법에 영향력을 행사하는 요인들의 순위를 정리하면 다음과 같이 될 것이다.

친족 서열―직장(사회적) 서열―나이―친분

여기에 성별이 어딘가 자리를 잡아야 할 것이다. 그러나 성별은 분리해 놓고 보면 친분보다 영향력이 적을지 모른다. 한편 친분을 좀더 작은 요인들로 쪼개어 순위를 매기는 일도 남아 있다. 만일 중국어에 대해 그랬던 것처럼 유대와 친분으로 쪼갠다면 유대는 한국어에서 그리 큰 비중을 차지하지는 못하는 듯하다.

7.4 요약

이 장에서는 앞 장에 이어 호칭과 경어법을 다루었으되 그것을 한국어에 한정시켜 논의하였다. 한국어의 호칭과 경어법은 매우 복잡한 양상을 보여 주었다.

2인칭 대명사에서만도 국어는 T와 V로 나뉘는 정도가 아니었다. 다만 국어는 전체적으로 대명사가 잘 발달되어 있지 않은 편이어서 2인칭 대명사도 그 쓰임이 활발하지 못한 편이었다. 〈어르신〉과 같은 대명사만 보아도 공적인 호칭으로 쓰이기는 어려운 것이다.

성명과 직함에 의한 호칭은, 지금까지 경어법적 등급과 연관시켜 분석하려 하지 않았는데 그 면에서 무척 여러 단계로 세분될 수 있을 가

능성을 확인하였다. 적어도 14단계의 등급이 가능하다는 것이 우리의
결론이었다.

그렇다면 문말어미에 의한 6등급과 이 14등급은 어떤 관계에 있을
까에 대해서도 우리는 새로운 試案을 제시하였다. 1차적으로 문말어
미에 의해 6등급이 결정되고, 그리고 그것이 큰 골격을 이룬 다음 호
칭에 의해 하위 등급으로 재조정된다는 것이 그것이었다. 우리는 주체
경어법의 선어말어미 〈-시-〉도 문말어미에 의해 결정되는 상대경어법
의 6등급의 하위 등급 조정에 참여한다는 쪽으로 이해하려 하였다.

이 장에서도 국어 경어법을 결정하는 데 작용하는 여러 요인에 대해
앞 장에서의 논의와 관련시켜 다루었고, 또 거기에서도 국어만의 특성
을 물론 논하였다. 국어 경어법의 체계는 세계 여러 언어의 경어법 연
구에 좀더 적극적으로 기여하여야 하리라는 것이 이 장을 논의하면서
얻는 하나의 결론이기도 하였다.

다언어사회

　한국에 사는 한국 국민은 누구나 한국어를 사용하며, 그 한국어를 모국어(정확히 말한다면 오히려 母語, mother tongue)로 삼고 있다. 즉 한국은 한국어라는 한 언어만으로 구성된 單一言語社會(monolingual society)다. 이러한 환경에서 자라온 우리는 한 국가는 한 언어로 구성되어 있는 것이 당연하며 그것이 원칙인 것처럼 생각하기 쉽다. 실제로 프랑스, 이탈리아, 독일 등 한 언어만으로 구성되어 있는 나라들이 더 쉽게 머리에 떠오르기도 한다.

　그러나 한 국가, 또는 한 사회가 두 개나 그 이상의 언어로 구성되어 있는 예는 의외로 많다. 당장 가까운 일본도 일본어 이외에, 이제는 거의 사멸 상태에 있지만 아이누족의 언어인 아이누어가 쓰이고 있다.[1] 그리고 중국도 漢族 이외에 55개의 소수 민족들이 대부분 그들

---

1) 아이누(Ainu)어는 주로 일본 北海島에서 쓰이던 언어로 지금도 이 섬에는 아이누어 계열의 地名이 많이 남아 있다. 그러나 1940년의 통계조사에서도 이미 16,170명만의 이 언어 사용자가 있었으나 그나마 지금은 일본인과의 결혼, 이들에 대한 일본 정부의 동화 정책 등으로 말미암아 거의 사멸 직전에 있다고 한다. Shibatani(1990) 참조.

고유의 언어를 쓰고 있으며 그 중 어떤 소수 민족은 고유한 문자까지 독자적으로 쓰고 있다. [2] 스위스가 단일언어국가가 아니라는 것은 널리 알려져 있다. 독일어, 불어 이외에 이탈리아어와 로만스어 (Romansch)까지 국어로 쓰이고 있는 것이다. 캐나다의 퀘벡 주를 중심으로 한 불어권이 따로 있다는 것도 널리 알려진 사실이다.

소련(구소련)은 특히 여러 민족, 여러 언어로 구성되어 있는 것으로 유명하다. 1959년의 통계조사에 의하면 소련에는 109개의 민족이 있는데 그들 대부분이 고유한 언어를 지키고 있다. [3] 그렇다면 소련은 한 나라 안에서 100개나 되는 언어가 통용되는 나라인 것이다. 이 사정은 러시아만 떼어 놓고 보아도 크게 달라지지 않는다.

한국에서처럼 한 나라의 국민이 모두 동일한 언어를 母語로 하는 현상을 單一言語現象(monolingualism)이라 하고, 그러한 나라를 단일언어사회, 또는 단일언어국가라 한다면, 구소련이나 스위스처럼 한 나라 국민이면서도 이미 태어나면서부터 각기 다른 언어를 배우면서 그것을 모어로 삼는 현상은 多言語現象(multilingualism)이라 부를 수 있을 것이며, 그러한 나라를 다언어사회(multilingual society), 또는 다언어국가라 부를 수 있을 것이다. 만일 다언어현상 중 그것이 여러 언어에 걸치는 것이 아니고 단 두 언어에 한정될 때는 二重言語現象 (bilingualism)이라 하여 구별하기도 한다. 그러나 우리는 특별한 경우가 아니면 다언어현상이란 용어 속에 이중언어현상도 포함시키고자 한다.

---

2) 1982년의 통계조사에 의하면 소수 민족이 전체의 6.7%를 차지하는데 그 중 壯族이 1,300만으로 가장 크면서 고유 문자까지 가지고 있다. 위굴족, 夷族, 몽고족, 티베트족 및 우리 韓族 등도 모두 고유 문자까지 갖춘 10대 소수 민족에 속한다. Cheng and Pasierbsky(1988) 참조.

3) 109개의 민족 중 고유 언어를 잃고 러시아어를 쓰는 쪽으로 기울어져 가는 민족도 있으나 그것이 오히려 예외적이고, 적어도 국민의 반 이상이 고유 언어를 지키고 있는 민족이 78개 민족에 달하며, 32개 민족은 국민의 95% 이상이 그들 고유의 언어를 母語로 사용하고 있다고 한다. Lewis(1972) 참조.

어떤 국가, 또는 어떤 사회가 다언어사회라면 거기에는 단일언어사회에서는 볼 수 없는 특이한 문제들이 있을 것이 예견된다. 과연 다언어사회의 사회언어학적 특징들은 무엇일까? 그들의 유형은 어떤 것들이며, 그들이 안고 있는 고민은 무엇이며, 그것을 극복하는 길은 어떤 것들일까? 여기에서는 그러한 다언어현상의 여러 문제들을 몇 절로 나누어 논의해 보기로 한다.

8.1 다언어현상의 단위

8.1.1 개인과 국가

앞에서는 국가 단위의 다언어현상을 예시하였거니와 다언어현상은 순전히 개인적인 현상일 수도 있다. 한국은 국가 단위로 보면 분명히 단일언어사회다. 그렇다고 하여 이것은 한국인은 누구나 한국어 하나밖에 구사할 줄 모른다는 뜻일 수는 없다. 한국어를 母語로 하면서도 영어에 능통한 사람도 있고, 일본어를 일본 사람 못지않게 자유롭게 구사하는 사람도 있으며, 나아가서는 영어, 일본어를 동시에 또는 거기에 불어, 독일어까지 다 잘 하는 사람들도 있다. 이러한 개인을 가리킬 때 二重言語使用者(bilingual), 또는 多言語使用者(multilingual)라 하거니와[4] 다언어현상은 이처럼 순전히 개인적인 현상일 수도 있다.

국가 단위의 다언어현상은 몇 가지 점에서 개인적인 다언어현상과 구별할 수 있을 것이다. 일반적으로 어떤 나라가 多言語社會라고 하여 그 국민 모두가 多言語者(다언어사용자)는 아니다. 가령 스위스 국

---

4) bilingual, mulitilingual을 흔히 이중언어사용자, 다중언어사용자로 번역해 쓰고 있으나 우리는 그때그때 편의에 좇아 간편하게 二重言語者, 多言語者라는 譯語를 쓰고자 한다. 굳이 이러한 造語法의 근거를 찾자면 이중국적자, 다국적기업 등에서 찾을 수 있을 것이다.

민 중 독일어권에서 태어난 사람은 일생 동안 독일어 하나만으로 생활할 수 있다. 다언어국가에 살다 보면 다언어자가 될 기회가 높고, 또 그것이 편리하여 실제로 다언어자가 되는 비율이 높지만 그것이 필수적은 아니다. 따라서 국가 단위의 다언어현상은 국가 전체로 보았을 때 해당되는 현상일 뿐 개개인에 적용하였을 때는 해당되지 않는다는 특징이 있다.

다른 한 차이는 개인적인 다언어현상은 제1언어(first language), 제2언어(second language)의 구별이 있음에 반해 국가 단위의 다언어현상은 대부분의 경우 그러한 구별이 없다는 것이다. 가령 한국인으로서의 다언어사용자는 한국어를 모어, 즉 제1언어로 습득한 다음 어느 시기에 다른 한 언어를.제2언어로 습득한 것이다. 국제 결혼을 한 부모 사이에서 태어나 동시에 두 언어를 배우며 자라는 수도 있으나 그것은 예외적이며 대부분은 한국어를 먼저 습득하게 된다. 그런데 국가 단위의 다언어현상은 각 언어들이 처음부터 다같이, 적어도 그 언어 사용자들에게는 모어로 존재한다. 국가 단위로 보면 그 중 더 많은 국민들이 사용하여 더 주도적인 언어가 있고 그렇지 못한 언어가 있을 수 있으나 그것은 제1언어, 제2언어의 개념과는 같을 수 없다. 한 국가를 개인으로 바꾸어 생각한다면 여러 언어를 동시에 모어로 습득하고 평생 그것들을 상용하는 꼴이 국가 단위의 다언어현상의 모습인 것이다.

8.1.2 다언어 종족

그런데 다언어현상은 이상의 개인 단위의 다언어현상과 국가 단위의 다언어현상이 복합된 듯한 양상을 띠는 수도 있다. 한 사회가 다언어 사회이면서 그 성원들이 한결같이 다언어자인 경우가 있는 것이다. 마치 스위스가 독일어권, 불어권, 이탈리아어권 등의 구분 없이 모든 국민이 독일어, 불어, 이탈리아어 등에 다같이 능통한 형국을 띠는 현상이 있는 것이다. 그 한 실례는 브라질과 콜롬비아의 접경 지대인 북서 아마존강 지역에 거주하는 Tukano 족에서 볼 수 있다(Sorensen 1971, Wardhaugh 1986). 이 종족에서는 혼인할 때 동일 언어를 사용하는 종족에서는 신부를 맞이할 수 없다고 한다. 따라서 어떤 마을이든 자연스럽게 다언어사회가 된다. 자식은 태어나면서 아버지 말, 어머니 말을 배우고, 나아가 이웃의 또 다른 말을 들으며 자라게 된다. 이러한 환경 때문에 이 종족은 말 배우기에 유별나게 흥미를 느껴 자기 고장에서 쓰이는 언어라면 대부분 잘 익힌다고 한다. 그리하여 얘기 도중 이 언어 저 언어를 섞어 쓰는 것은 말할 것도 없고 다언어 사용이 워낙 체질화되어 있어 스스로 다언어자라는 것을 의식하지 못할 정도라고 한다. 결국 이 Tukano 족 사회는 그 사회 전체가 다언어사회이면서 그 종족 개개인도 모두 다언어자인, 다언어현상의 제3의 유형을 보이는 사회인 것이다.

비슷한 실례는 뉴기니의 Siane 족에서도 발견된다(Salisbury 1962, Wardhaugh 1986). 이 종족은 여러 언어를 구사하는 것이 아주 일반화되어 있을 뿐만 아니라 상황에 따라 가장 적절한 언어를 훌륭히 골라 쓴다고 한다. 그리고 말 배우기를 자랑으로 여겨 자기들이 모르는 말을 하는 사람이 그 고장에 나타나면 그 말을 하나라도 더 배우려 하고 또 그것을 써 볼 기회를 찾으려고 애쓴다는 것이다. 극단적인 한 예는 混成 英語(pidgin English)를 쓰는 근로자들이 해안 근무처에서 돌아올 때인데 이때는 근로자들이 마을에 도착하면 바로 학교가 열려 마을 남자들이 그 혼성 영어를 배우려 한다는 것이다. 그만큼 사회 전체가 다언어사회이면서 그 성원이 또 한결같이 다언어자인 또 하나의 전형적인 실례라 할 것이다.

그러나 이상의 Tukano 족이나 Siane 족의 현상은 완전히 국가 단위의 다언어현상은 아니다. 그것은 어쩌면 개인 단위의 현상이되 그것이 워낙 여러 사람들에게 널리 확산되어 있어 사회 전체가 다언어사회가 되었다고 해석함이 오히려 사실에 가까울지 모른다. 이에 비해 국

가 단위의 다언어현상이면서도 동시에 대다수 국민이 다언어자인 사례
도 없지 않다. 스위스에서 보는 바와 같은 유형과는 구별되는 특수한
유형인 것이다. 다음의 파라과이에서의 다언어현상을 통해 이 유형의
한 전형을 볼 수 있을 것이다.

8.1.3 연립형과 융합형

파라과이는 아주 특이한 다언어현상을 간직하고 있어 사회언어학자
들의 비상한 관심의 표적이 되어 온 나라다. 파라과이는 일찍이 스페
인의 식민지였고, 그 때문에 아직까지도 스페인어가 정부의 언어, 교
육의 언어로 쓰이고 있다. 그런데 특이한 것은 스페인어의 그 오랜 군
림에도 불구하고 원주민(아메리칸 인디언)의 언어인 과라니어(Guar-
aní)가 그 세력을 잃지 않고 이 나라에서 가장 널리 쓰이는 언어로서
의 자리를 굳히고 있다는 점이다. [5]

1950년의 통계조사에 의하면 파라과이 국민의 95%가 과라니어를
쓰고 있다. 南北美의 모든 토인 인디언들이 고유 언어를 통치자의 언
어에 의해 잃어 온 현상과 비교하여 아주 특이한 현상이 아닐 수 없
다. 16세기부터 이미 스페인에서 온 통치자들 및 그 후손들이 과라니
어를 채택해 쓰기 시작하였다고 하는데 이는 초기부터 식민지의 언어
가 통치자의 언어를 압도하였다는 뜻일 것이다. 그 결과 아직까지 스
페인어를 전혀 모르고 과라니어만 쓰는 국민이 전 국민의 반을 넘고
시골에 가면 거의 모두 과라니어만을 쓰는 單一言語者들인 상태가 유
지되고 있다.

그러나 오랜 기간 정부의 언어, 교육의 언어로 쓰여 온 스페인어가
세력을 확보하고 있을 것도 의문의 여지가 없다. 파라과이 국민으로서
과라니어를 모르고 스페인어만 아는 사람은 수도인 Asunción에서도

---

5) 파라과이의 다언어현상에 대해서는 Rona(1966), Rubin(1978) 참조.
　Fasold(1984)에도 자세히 소개되어 있다.

13% 정도로서 극히 드물지만, 두 언어를 함께 사용하는 이중언어자가 수도에서는 89.1%에 이르고 있고, 도시에서는 60% 정도는 되는 것으로 나타나고 있다. 국민 전체로 보면 스페인어를 아는 사람이 절반에도 못 미치고, 또 두 언어를 다 구사하는 국민은 40%에도 못 미치지만 도시를 기준으로 보면 공용어인 스페인어의 세력도 상당한 수준인 셈이다.

파라과이 사람들은 과라니어와 스페인어에 대해 양면적인 태도를 지니고 있는 것으로 알려져 있다. 하나는 자기들의 고유 언어인 과라니어를 모르는 사람은 진정한 파라과이인이라고 할 수 없다는 태도다. 과라니어의 구사를 파라과이인이 되기 위한 필수적인 요건으로 생각하는 것이다. 그러면서 다른 한편으로는 과라니어만으로는 나라를 발전시킬 수 없다는 태도가 특히 도시인들을 중심으로 일반화되어 있다고 한다. 스페인어가 더 우아하고 훌륭한 언어라고 믿고 스페인어까지 구사하는 이중언어자가 많을수록 나라가 더 발전한다는 태도가 한편에는 있다는 것이다. 그 때문에 과라니어를 사용하는 일을 필수적인 일로 생각하면서도 동시에 과라니어밖에 모르는 단일언어자는 경멸의 대상이 된다.

이와 같은 양면성은 한편으로는 과라니어를 그처럼 큰 세력으로 줄기차게 살아남게 하면서 다른 한편으로는 스페인어도 만만치 않은 세력을 확보할 수 있도록 하는 원동력이 되었을 것이다. 어떻든 파라과이는 적어도 도시를 중심으로 보면 다언어국가이되 국민 개개인이 많은 경우 두 언어를 다 구사할 줄 아는 다언어국가가 되었다. 이것은 앞에서 말한 스위스와 구별되는 다언어국가임을 뜻한다. 파라과이는 스페인어권과 파라과이어권이 따로 분리되어 있지 않다는 점에서도 스위스와는 구별된다. 앞에서 파라과이는 스페인어만 사용하는 단일언어사용자가 극히 적다는 것을 밝힌 바 있다. 그러므로 스페인어가 주된 언어인 지역, 즉 스페인어권이 따로 성립될 수가 없다. 독일어권, 불어권, 이탈리아어권 등이 따로 엄존하는 스위스와는 판연히 구별되는 점이 아닐 수 없다.

 아직 어떤 용어가 채택되어 쓰이는 것이 없지만 굳이 필요하다면 스위스에서와 같은 유형의 것은 聯立型 다언어현상이라 부르고, 파라과이의 도시에서와 같은 유형을 融合型 다언어현상이라 부를 수 있을 듯하다. 한쪽은 독립된 국가를 그 자치성을 인정하면서 연방으로 묶은 형상, 아니면 두 종류의 나무들이 각각 독립된 영토를 지키면서 숲을 이룬 형상이고, 다른 한쪽은 두 종류의 나무를 접목하여 한 나무에서 두 가지 꽃이 피는 새 나무들이 숲을 이룬 꼴이라고 비유할 수 있을지 모르겠다. 어떻든 다언어사회는 일단 위의 두 가지로 구별해 인식하는 것이 편리하다고 생각된다.

 물론 각 나라의 다언어현상은 그 양상이 워낙 多岐하여 상기한 두 유형만으로 구분하는 것은 무리인 면이 없지 않다. 더욱이 한 나라 전체를 대상으로 그 나라의 다언어현상을 어느 한 종류로 분류하는 것은 불가능할 때가 많다. 당장 파라과이만 하더라도 도시를 대상으로 하면 융합형이라고 할 수 있지만 시골은 그렇지 못하여 파라과이를 전체로 보았을 때에는 한 유형으로 분류하기 어렵다. 그러나 다언어현상을 일단 두 유형으로 구분하여 파악하는 일은 어느 국가, 어느 사회에서의 이 현상을 파악하는 데 매우 유익해 보이며, 또 대개는 이 두 유형으로 그 특성을 파악할 수 있을 것으로 보인다. 가령 전술한 Tukano족 사회나 Siane족 사회의 다언어현상이나 후술할 兩層言語現象은 대표적인 융합형에 속할 것이며, 중국과 같이 소수 민족이 많은 나라의 다언어현상은 국가 전체로 보면 연립형적인 면이 있으나 소수 민족이 거주하는 지역을 대상으로 보면 그들이 거의 중국어도 사용하므로 융합형이라는 식으로 파악하는 길이 있을 수 있을 것이다.

 특히 한 국가 전체가 융합형 다언어현상으로 뒤덮인 나라는 없을 것이므로 융합형은 그 국가의 특정 지역을 분리하여 그 특성을 논할 때 유익하다고 생각된다. 가령 캐나다는 대체로 영어권과 불어권이 분리되어 있다. 이 점에서 캐나다의 다언어현상은 연립형이라 할 만하다.

그러나 영어권에 거주하는 사람들은 대부분 영어 하나만 사용하는 단일언어자들이지만 불어권인 퀘벡에 거주하는 주민(그 중에서 불어를 母語로 하는 주민)들은 불어 이외에 영어로 사용하는 이중언어자들이 상당히 높은 비율을 차지하며, 또 그 불어권에 거주하면서도 영어를 모어로 하는 북프랑스계 주민도 꽤 있는데 그들도 50% 가량은 영어 이외에 불어를 사용하는 이중언어자들이다(Labrie 1988 : 1309). 그렇다면 퀘벡을 중심으로 보면 이곳의 다언어현상은 융합형이라고 보아야 할 것이다. 그리고 한 나라의 다언어현상이라도 이처럼 분리하여 파악하는 것이 그 현상의 진면목에 좀더 가까이 접근하는 길일 것이다.

8.2 다언어현상의 발생 요인

국가는 동일한 언어를 공유하는 동일한 민족으로 구성되는 것이 정상적일 것이다. 그러나 끝없이 변동하는 역사를 겪으면서 어떤 국가든 온전히 그러한 순수한 모습으로 남아 있기 어려웠던 것도 사실이다. 多言語國家가 생기는 것은 대부분 그러한 역사의 산물이거니와 이것은 다시 몇 가지 유형으로 나누어 볼 수 있을 것이다. Fasold(1984 : 9-12)는 이를 네 유형으로 나누고 있는데 여기에서는 그 분류를 중심으로 논의해 보고자 한다.

(가) 移民 : 이민은 어떤 국가를 다언어사회로 만드는 중요한 요인의 하나다. 서로 다른 언어를 쓰는 異民族이 이민에 의해 뒤섞여 살게 됨으로써 그때까지 단일언어사회이던 것을 다언어사회로 바꾸게 되는 것이다.

이민은 두 형태로 나누어 보는 것이 편리하다. 하나는 대집단의 이민으로서 어떤 대집단의 민족이 자기들 영토를 확장하여 이웃 지역으로 옮기는 경우다. 이때는 토착인들이 오히려 소수 민족으로 전락하여 이민들이 세운 나라의 국민으로 편입됨으로써 다언어사회가 형성된다. 이때 만일 그 소수 토착인들이 이민들이 세운 나라에 종속되기를 저항한다면 분란이 생길 것은 당연하다. 스페인의 Catalonia 족이나 프랑스의 Breton 족이 계속 독립운동을 펴는 경우가 그 한 예인데 이것이 大集團 移民에 의해 형성된 다언어국가가 안고 있는 한 문제라 할 만하다.

이민의 다른 한 종류는 소집단의 종족이 다른 민족으로 이루어진 나라로 이주해 가는 경우다. 우리가 이민이라고 할 때 일반적으로 머리에 떠올리게 되는 종류일 것이다. 이때 소집단 종족이 자기들 언어를 계속 계승하게 되면 그 국가는 이민 오는 종족이 늘어나는 만큼 더 많은 언어가 혼용되는 다언어사회가 될 것이다. 미국이 이러한 이민에 의해 다언어사회가 된 대표적인 예라 할 만하다. 19세기로부터 20세기 초에 걸친 유럽 여러 나라 및 중국으로부터의 이민을 비롯하여 근래 동남아, 한국, 쿠바, 아이티 등지로부터의 이민이 끊이지 않고 계속되어 그야말로 세계 각국 인종의 전시장이 되면서, 사용되는 언어의 類에서도 다채로운 면모를 띠게 된 것이다. 한국인들이 집단적으로 이주하여 아직까지 한국어가 계승되고 있는 중국 연변 쪽이나 구소련 쪽의 경우도 이민에 의해 다언어사회가 된 예일 것이다. 그리고 앞에서 우리는 한국은 단일언어사회라고 규정하였지만 화교들이 계속 중국어를 계승해 가고 있는 것을 계산에 넣는다면 비록 그들의 수가 미약한 것이긴 하나 한국도 엄격한 의미에서는 단일언어사회라고 하기 어려울 것이다.

(나) 植民地化 : 식민지에서는 으레 애초부터 쓰이던 토착 언어와 정복자들의 언어가 함께 쓰이게 되므로 식민지화는 다언어사회를 만드는 결정적 요인의 하나다. 토착인들을 지배 통치한다는 점에서는 식민지화와 대집단의 이민이 일치하나 후자의 경우는 이주해 들어가는 종족이 토착 종족보다 수적으로 앞서는 데 반해 전자는 침략자가 수적으로는 토착 종족보다 열세라는 점에서 다르다. 그런데 수적으로는 열세

이면서도 그 언어는 통치자의 언어이므로 곧 행정의 언어, 교육의 언어로서의 지위를 확보하게 되고 그로써 식민지는 어쩔 수 없이 다언어사회가 되게 마련이다. 인도에 영국 사람들이 얼마 와 거주하지 않았으면서도 영어가 뿌리를 박은 것이 가장 대표적인 예의 하나일 것이다. 한국도 한때 공공 장소에서는 한국어를 쓰지 못하는, 온 나라가 다언어사회였던 뼈아픈 역사를 체험하였다.

과거 식민지였던 아프리카, 남미, 아시아의 여러 나라들은 오늘날 대부분 독립 국가가 되었다. 2차 대전 후에 소련의 식민지가 되었던 발트 삼국, 라트비아, 리투아니아, 에스토니아조차 최근 독립하였다. 그런데 이들이 독립하면서 침략국의 언어를 한국처럼 완전히 떨쳐 버린 나라는 그리 많지 않다. 독립은 하였으되 여전히 다언어국가의 틀을 벗지 못하고 있는 것이다. 침략국의 언어를 떨쳐 버리는 일이 이들 국가들이 안고 있는 한 과제가 되고 있거니와 이것이 한때 식민지였던 다언어사회가 안고 있는 한 특수성이기도 하다.

(다) 聯邦化 : 몇몇 종족을 연합하여 한 국가, 즉 한 연방국을 만듦으로써 다언어사회가 되는 수도 흔히 있다. 연방은 自意로 이루어지는 수도 있고 강제로 이루어지는 수도 있는데 전자의 예로는 스위스가 대표적이다.

벨기에도 자의로 연방국이 된 나라인데 그 결과 이 나라는 크게 두 언어가 쓰이고 있다. 하나는 불어로 남부에 거주하는 Walloon 족이 쓰고 있으며, 다른 하나는 북부에 거주하는 Flanders 족이 쓰는 플란다스어(Flemish)다. 플란다스어는 1830년 벨기에가 독립하였을 당시만 하여도 그 종족에서조차 널리 쓰이지 않았는데 금세기에 와서 민족의 독자성에 대한 인식이 커지면서 그 언어 신장에도 노력을 기울여 오고 있다.

카메룬도 두 다른 언어 지역을 자의로 연합하며 세움으로써 다언어국가가 된 나라다. 그러나 이 경우는 좀 특이하다. 그 두 다른 언어 지역이란 하나는 과거 프랑스의 식민지였던 지역이고 다른 하나는 영

국의 식민지였던 지역이다. 그리하여 연방국이 된 이후의 다언어현상
은 불어와 영어 및 그들 고유의 언어가 함께 쓰이는 복잡한 형태를 띠
게 된 것이다.

　강제적으로 연방을 만들었을 때에도 다언어국가를 형성하게 될 것은
당연하다. 강제적인 연방 중 특이한 것의 하나는 식민지화의 한 형태
로서의 그것이다. 이미 한 종족이 국가의 형태를 갖추고 있는 것을 식
민지화한 것이 아니고, 지금껏 한번도 그런 국가가 있어 본 일이 없는
형태로 국가를 만들되 그때까지 몇 종족이 따로 지배하던 영역을 묶어
식민지로 만든 경우가 이에 해당한다. 이들은 독립할 때에도 그 상태
를 그대로 유지하므로 결국 몇 종족에 의한 다언어국가로 남는 것이
다. 다만 이러한 나라들에서는 각 종족이 독자적인 국가로 독립하려는
운동이 빈번히 일어나는 것이 한 특징이다. 나이지리아로부터 Biafra
가, 자이레로부터 Katanga가 독립하려고 하는 것이 그 한 예며, 파
키스탄으로부터 방글라데시가 독립하게 된 것도 그러한 노력의 결과인
것이다.

　(라) 언어 접촉 : 각기 다른 언어를 쓰는 두 나라의 접경 지대는 다
언어사회가 되는 수가 많다. 국경은 엄격히 구분되어 있지만 사회 문
화적으로는 상대편 지역에 소속되어 있는 경우가 많기 때문이다. 한
예로 캐나다 퀘벡 지방에 접해 있는 미국 북동부는 불어도 함께 통용
되는 다언어 지대다.

　전쟁에 의해 그 소속이 이 나라 저 나라로 옮겨 다녔던 지역은 특히
다언어사회인 경우가 많다. 이런 지역은 종족도 양쪽 나라의 종족으로
이루어지는 일이 있는데 대표적인 지역으로는 Alsace-Lorraine 지역
을 들 수 있다. 프랑스와 독일 쪽을 넘나들던 이 지역은 지금은 프랑
스 령이 되었으나 독일어를 사용하는 주민들도 많아 전형적 다언어 지
역이 되어 있는 것이다.

　다언어사회는 이상의 네 유형 중 어느 한 가지만에 의해서가 아니라
몇 가지가 동시에 적용되어 이루어질 수도 있다. 또 때로는 어떤 사건

을 반드시 어느 한 유형에 속한다고 명쾌히 선을 긋기 어려운 경우도 없지 않다. 그러나 이상의 네 유형을 나누어 보는 일은 유익하며 또 가능한 일이기도 하다. 그리고 그보다 중요한 것은 어떤 요인에 의해서든 다언어사회가 의외로 많다는 사실일 것이다. 정상적이라고 생각되던 단일언어사회가 오히려 드물고 다언어사회가 더 일반적이기까지 하다고 보는 것이 사실에 더 가까울지 모른다. 이제 이러한 다언어사회 중 가장 대표적인 인도의 다언어현상을 살펴봄으로써 다언어사회의 실상과 그러한 사회가 안고 있는 문제들, 그리고 그 해결을 위해 기울이는 노력들을 보기로 한다.

8.3 인도의 다언어현상

인도 북부에는 〈물은 5마일마다 바뀌고, 언어는 20마일마다 바뀐다〉는 말이 있다고 한다(Kachru 1988 : 1284). 다언어사회라 하면 가장 먼저 머리에 떠오르는 것이 인도일 정도로 인도는 가장 대표적인, 가장 전형적인 다언어국가일 것이다. 인도는 카스트(caste) 제도에 의해 사회 계층에 따른 방언, 즉 사회 방언이 발달되어 있는 것으로도 유명하지만(제3장) 그보다는 지역에 따라 종족에 따라 언어의 분화가 극심한 것으로 더 유명하다.

인도에서 쓰이는 언어는 적어도 200개를 웃돈다는 것이 정설화되어 있다. 언어의 分化相이 워낙 복잡하여 그 정확한 수조차 밝혀지지 못하고 있는 형편이어서 〈대체로 200개〉〈312개〉〈844개〉 등 여러 설로 엇갈리고 있고, 심지어 1,652개라는, 방언을 포함하였을 뿐만 아니라 좀 잘못된 통계가 섞여 있긴 하지만 엄청난 수로 보고된 것도 있다. [6] 어떻든 200개는 넘는다고 보아야 하는데 이는 상상을 초월하는 엄청

---

6) 이 절의 인도의 다언어현상에 대한 내용은 대부분 Fasold(1984 : 20-31)를, 그리고 부분적으로 Kachru(1988)를 참조하였다.

난 수임이 분명하다. 가히 인도는 다언어국가의 대국, 아니 그 종주국이라 하여도 좋을 것이다.

8.3.1 인도의 언어와 국어

인도는 1947년 영국으로부터 독립한 이후 이 복잡한 多言語現象을 해결하기 위해 다각적인 조처를 취해 오고 있다. 독립될 당시의 국가 公用語(government language)는 영어였다. 통일된 고유 언어가 없는 상태에서 영어를 인도의 어떤 언어로 대체하는 일은 쉽지 않았다. 정부 차원에서는 영어를 그대로 공용어로 쓰는 도리밖에 없었던 것이다. 그러나 이것은 민족적 감정에는 어긋나는 일이어서 그들 고유의 인도어로서 국어(national language)를 삼자는 국민 운동이 일어났고 그 결과로 힌두어(Hindi)로써 공용어를 삼을 것을 헌법에 명시하기에 이르렀다.[7]

그러나 워낙 복잡한 다언어현상을 힌두어 하나로 다스리는 일은 무리가 아닐 수 없었다. 그리하여 힌두어를 포함하여 14개의 언어를 이른바 〈인도의 언어(the languages of India)〉라 하여 나라에서 공인한 언어, 즉 국어로 헌법에 규정하였다. 다음에 그 14개의 언어를 제시한다. 괄호 안의 %는 1971년 현재 전 국민(7억 8천만)에서 차지하는 그 언어 사용자의 비율을 나타낸 것이다.

(가) Assamese(1.63%), Bengali(8.17%), Gujerati(4.72%), Hindi(29.63%), Kashmiri(0.44%), Marathi(7.71%), Oriya

---

7) 힌두어는 전통적으로 Devanagari라는 문자로 기록되어 왔다. 따라서 Devanagari 문자가 동시에 國字가 된 셈이다. 그러나 인도에는 이 문자 이외에 7개의 인도 고유의 문자가 더 쓰이고 있다. 거기에 로마자와 페르시아 아랍 문자(Perso-Arabic)까지 혼용되고 있어 문자 면에서도 多文字社會를 이루고 있는 셈인데 특히 언어에 따라서는 몇 문자를 뒤섞어 쓰기까지 하여 더욱 그러하다.

(3.32%), Panjabi(3.00%), Sanskrit, Urdu(5.22%)

(나) Kannada(3.96%), Malayalam(4.00%), Tamil(6.88%), Telegu(8.17%) [8]

〈인도의 언어〉들은 語族으로 보아도 한 어족에 속해 있지 않은데 앞의 (가)는 인도-아리안 어족에 속하는 인도 북부의 언어들이며 (나)는 드라비다 어족에 속하는 언어들로서 인도 남부에 분포되어 있는 언어들이다. (이 두 어족에 속하지 않은 언어들도 상당수 있다. 이 면에서도 인도의 다언어현상의 복잡성을 엿볼 수 있다.)

이 14개 언어가 인도의 대표적 언어들로서 이들 언어의 사용자가 인도 전 국민의 90%에 해당할 뿐만 아니라 1971년의 통계조사에 의하면 14개 언어에 든 언어는 거의가 1천만 이상의 사용자를 확보하고 있다. 다만 아쌈어(895만), 카시미어어(240만), 산스크리트어(2,500)만이 예외다. 특히 산스크리트어는 흔히 死語로 간주될 정도인데 다만이 언어는 인도의 古典語로서 종교, 문화에 있어서의 중요성 때문에 〈인도의 언어〉에 특별 배려로 포함된 것이다. [9]

8.3.2 국어와 공용어

14개의 〈인도의 언어〉 중 하나를 공용어로 채택하려 할 때 힌두어가 가장 적격한 후보로 떠오른 것은 당연하였다. 사용자수가 가장 많고 종족간의 통용어로 이 언어가 널리 쓰여 왔기 때문이다.

---

8) Kachru(1988)에는 인도의 헌법이 국어를 14개가 아니라 15개로 규정한 것으로 되어 있고, 따라서 이 14개의 언어 이외에 Sindhi(0.31%)가 하나 더 추가되어 있다. 這間의 사정을 알 길이 없다.

9) 산스크리트어를 제외하면 14개의 언어는 대체로 사용자수를 기준으로 선정한 것이나 반드시 그렇지도 않다. 풍부한 전통, 그 종족의 정치적 입김 등이 함께 고려된 것이다. 14개 언어에 들지 못한 언어 중에도 19개 언어는 1백만이 넘는(그 중 Maithili어는 6백만이 넘는) 사용자수를 확보하고 있다.

그러나 다른 나라에서 한 언어를 국어로 채택할 때보다는 많은 문제를 안고 있었다. 그 하나는 힌두어가 전국적으로 고루 분포되어 있지 않다는 점이었다. 북부의 Uttar Pradesh州 같은 곳에서는 96.7%가 힌두어(및 우르두어)를 제1언어 내지 제2언어로 사용하고 있었으나[10] 남부의 Tamilnadu 주에서는 겨우 0.0002%만이 힌두어(및 우르두어)를 쓰고 있을 뿐이었던 것이다. 다른 하나는 힌두어가 다른 언어 사용자들의 국민적인 감정에 부합하기 어렵다는 점이었다. 다른 언어들(가령 Tamil어, Bengal어 등)도 독자적인 문자를 가지고 오랜 문학적 전통도 풍부히 가지고 있어 힌두어가 자신들의 언어보다 더 우위에 설 근거가 없다는 의식이 강하였던 것이다. 그리고 그동안 써 온 영어에 비해 힌두어는 어휘가 부족하여 국가 공용어로서 부적절하다는 문제도 안고 있었다.

그러나 다른 길도 마땅하지 않고 결국 힌두어가 헌법에서 공용어의 자격을 얻게 되었으며, 다만 혼란을 줄이는 한 방안으로 15년이라는 시한을 정하여 영어를 완전히 힌두어로 대체하기로 하였다. 그런데 그 시한인 1965년이 지나도록 이 목표는 달성되지 않았다. 남부에서 계속 힌두어를 공용어로 받아들이지 않았기 때문이었다. 더욱이 영어는 1947년 독립 이후에 오히려 더 활발히 번져 나갔다. 정부는 하는 수 없이 1967년 영어를 힌두어와 함께 모든 公用에 쓸 수 있다는(副公用語로 인정하는) 법을 통과시켰으며 이 상태는 현재까지도 이어지고 있다. 결국 14개의 〈인도의 언어〉와 영어가 추가되어 15개의 언어가 나라에서 공인한 언어로서 인도에서 쓰이게 된 셈이며, 그 중에서도 영

---

10) 힌두어와 우르두어는 각각 그들 고유 문자를 가지고 있으며 종교적, 역사적 배경도 다르다. 그러나 음운과 문법의 구조가 워낙 비슷하고 무엇보다 口語에서는 사람들이 두 언어를 뒤섞어서 마치 한 언어인 것처럼 쓰고 있어 학자들에 따라서는 힌두-우르두어(Hindi-Urdu)라는 이름으로 두 언어를 하나로 묶어 부르기까지 한다(Fasold 1988 : 22). 통계에서 힌두어와 우르두어를 묶어 하나로 처리하는 일이 많은 것은 이 때문이다.

어는 힌두어와 함께 여전히 가장 윗자리에 군림하게 되었다. 복잡한 다언어현상이 한 언어를 공용어로 정립하는 데 실패하고 동시에 영어를 축출해 내는 데에도 실패한 것이다. 인도의 다언어현상의 복잡성이 얼마나 큰가를 짐작케 한다고 하겠다.

8.3.3 州 공용어

인도의 다언어현상의 특징은 州마다 독자적인 공용어를 따로 정해 쓰고 있다는 점에서도 나타난다. 인도의 주는 언어를 기준으로 구분한 것이어서, 비록 어떤 주도 단일언어사회는 아니지만 같은 주에 속한 주민들은 대다수가 같은 언어를 쓴다. 예외가 두 주 있기는 하지만 주에 따라 많으면 95%의 주민이, 적어도 55% 정도의 주민은 같은 언어를 사용하고 있을 정도로 주마다 그 주를 대표하는 언어를 하나씩 가지고 있는 것이다.

인도는 이러한 사정을 감안하여 각 주마다 연방 단위의 국어인 정부 공용어(즉 힌두어 및 영어)와 별도로 주 정부의 독자적인 공용어를 채택해 쓸 수 있도록 허용하였다. 그리하여 각 주는 대부분 그 주의 대표적 언어를 주 공용어(official state language)로 채택해 쓰고 있다.[11] 헌법에서 14개의 〈인도의 언어〉를 인정한 것도 이러한 사정에서 비롯하였을 것이다.

그런데 인도는 주 공용어로 채택되지 못한 군소 언어의 사용도 허용하고 있다. 그러나 주 정부는 오히려 이들에 대해 냉담한 편이어서 주민으로 하여금 주 공용어를 쓰게 함으로써 일체감을 갖도록 유도하고 있다. 연방이 주에 대해서 베푸는 포용적인 태도가 여기에서는 잘 발휘되지 않는 것이다. 그만큼 주 공용어는 주 단위의 민족주의에 크게 기여하는 셈이기도 하다.

---

11) 상기한 예외적인 두 州, 즉 주도적인 언어가 없는 두 주 중 한 주에서는 영어를, 다른 한 주에서는 힌두어를 주 공용어로 채택하였다.

8.3.4 교육 정책

인도에서 교육에 어떤 언어를 채택할 것인가가 심각한 문제일 것을
짐작하기는 어렵지 않다. 식민지 시대에는 물론 영어가 고유에 쓰이는
언어였다. 한때 적어도 저급 학교의 교육 언어로는 인도 고유 언어를
채택하려 했으나 실천에 잘 옮겨지지 않았다.

독립 후에는 이른바 〈3개 언어 정책(Three Language Formula)〉을
폈다. 중등학교까지 세 언어, 즉 州 공용어, 힌두어, 영어는 가르쳐
야 한다는 것이었다. 만일 주 공용어가 힌두어일 때는 다른 〈인도의
언어〉를 가르쳐야 된다.

그러나 인도는 여기에서도 꽤 포용적인 정책을 편다. 국민학교에서
처음 공부할 때는 아이들이 母語로써 수업을 받도록 한다는 것이 그것
이다. 그 모어가 군소 언어일 경우에도, 그리하여 교육 자료나 교사가
잘 갖추어지지 않은 경우에도 그것으로 초기 교육의 언어로 삼게 한
것이다. 이 결과 지역에 따라서는 〈3개 언어 정책〉의 3개 언어가 4개
언어가 되기도 한다. 국민학교 때는 군소 언어인 모어로, 중학교에서
는 주 정부의 공용어 및 힌두어와 영어로 교육을 받게 되는 것이다.
이 또한 다언어현상의 한 진면목이라 하지 않을 수 없다.

8.3.5 다양성의 체질화 : 분화 속의 통일

이상에서 인도의 다언어현상을, 그 이를 데 없이 복잡한 양상을 몇
가지 살펴보았다. 어떤 학자는 인도를 마치 유럽을 한 국가로 묶은 형
상이라 비유하지만 과연 그럴 정도로 인도의 다언어현상은 복잡하게
얽히고 설킨 모습이었다. 우리로서는 이러한 복잡한 다언어현상을 지
녔으면서도 한 나라로 영위되는 자체가 신기할 정도였다.

그러나 인도는 훨씬 단순한 다언어현상을 지닌 캐나다에서와 같은
분규만큼도 없이 이에 잘 적응해 가고 있다. 한 국가는 하나의 언어로

통일되어야 한다는, 또는 한 언어를 써야 한 국민으로서의 일체감이 생긴다는 사고는 이들에게 도무지 이해가 안 가는 부분일지 모른다. 인종이며, 카스트며, 종교며, 언어며 모든 것이 워낙 복잡하게 분화된 사회에 태어나면서부터 적응되어 와서 이들에게 다언어현상은, 앞에서 본 Tukano 족이나 Siane 족이 그렇듯 오히려 더 자연스러운 현상일지 모른다.

여기에서 제기되는 의문 하나는 인도 국민 개개인은 몇 개의 언어나 구사하는 것일까 하는 점이다. 앞에서 우리는 〈3개 언어 정책〉에 관해 말한 바 있다. 중학교를 졸업할 때까지 3개 언어로 공부하게 된다는 것이 그것이었다. 그렇다면 인도 국민은 대개 3개 언어는 구사하는 多言語者일 것이 기대된다.

그런데 1961년의 통계조사에 의하면 전 국민의 9.7%만이 二重言語者로 나타나고 있다. 이것은 무엇을 뜻하는 것일까? 이것은 인도가 聯立型 다언어현상의 국가라는 뜻인데 전혀 기대와 다른 현상이 아닐 수 없다. 중학교 교육을 받은 사람이 그만큼 적다는 것일까, 아니면 대부분 자기 모어 하나로도 큰 불편없이 살아 간다는 것일까? 여기에는 〈3개 언어 정책〉이 제대로 성공을 거두지 못하고 있는 것이 한 원인이 되었을 수도 있을 것이다. 그러나 그보다는 인도의 다언어현상의 특수성 때문에 통계조사가 정확성을 기하기 어려웠던 것이 더 큰 사정이었던 것으로 풀이된다(Fasold 1988 : 22-23).

우리는 앞(註 10)에서 힌두어와 우르두어가 별개 언어이면서도 한 언어로 인식되는 현상을 지적한 바 있다. 인도의 언어들은 서로 영향을 주고 받아 그 경계가 모호해지는 일이 많고 그 때문에 통계조사에서조차, 가령 1951년의 통계조사에서 힌두어와 우르두어를 구별하지 않고 한 언어로 다루었듯이 언어의 경계가 유동적인 수가 있다. 게다가 200개가 넘는 워낙 많은 언어는 言語名을 다 가지고 있지 못하여 통계조사에서 모어의 이름, 또는 제2언어의 이름을 대라고 할 때 이들 이름 대신 겨우 몇 마디 아는, 그러나 그 언어명은 잘 아는 힌두어

등을 대기도 한다는 것이다.

그리고 더욱 특징적인 것은 인도 국민의 언어 사이의 流動性(fluidity)이다. 워낙 많은 언어 속에서 사는 인도 국민은 태어나면서 동시에 두 언어를 모어로 익히게 되어 코드 바꾸기(code-switching)에 의해서라기보다 저절로, 즉 유동적으로 이 언어 저 언어로 넘나드는 현상이 있다는 것이다. 이 경우 그들은 실제로는 이중언어자이면서 스스로는 單一言語者로 알고 있고, 따라서 통계조사에서도 그렇게 보고할 수 있을 것이다.

이러한 몇 가지 특수성을 감안하면 앞의 9.7%라는 비율은 더 높아져야 할 것이다. 현재 영어 사용자도 2,300만에 이른다고 하니 더욱 그러하다. 그러나 인도가 파라과이의 도시에서처럼 60% 이상이 분명한 어떤 두 언어를 구사하는 이중언어자인 融合型의 다언어현상 국가라고는 보기 어렵다. 극히 많은 언어로 이루어진 다언어국가임에 비해서는 의외로 이중언어자가 적은 나라임은 분명하다. 그만큼 제 말 하나로 살아가는 데 익숙해져 있고, 그것을 다 받아들여 주고 허용하는, 보기에 따라서는 다언어현상의 낙원이요 천국이라고 할 그런 나라가 바로 인도라고 할 수 있을지 모른다. 반복하면 인도는 언어가 많기로도 특별한 나라이면서 14개의 국어에 포함되지 못한 그 많은 군소 언어까지 마음 놓고 제 목소리를 내는 점에서, 그 다양한 분화 속에서도 통일을 이루고 있는 점에서도 특별한 나라라고 할 수 있을 것이다.

그러나 인도가 다언어현상 때문에 겪는 고초를 과소평가할 수는 없을 것이다. 화폐에 14개 언어로 단위를 표시해 주어야 하는 불편, 문자조차 10가지로 갈려 있는 데서 오는 불편, 전술한 학교 교육에서의 언어 사용 문제 등 단일언어국가에서는 상상도 하기 어려운 어려움들을 겪고 있는 것이다. 한 연구(Pool 1972)는 다언어현상이 극심한 국가로서 경제가 발전한 나라가 드물다는 통계를 제시하였거니와 인도가 가난을 벗어나지 못하는 것도 그들의 유난히도 복잡한 다언어현상과 무관하지 않을 것이다. 그렇다면 인도는 비록 언어 때문에 겪는 분규

는 의외로 적은, 그 점에서는 얼마간 태평성대를 누리는 면이 있지만
고질적인 가난을 벗어나지 못한다는 엄청난 고난을 다언어현상 때문에
겪고 있는지도 모른다.

8.4 양층언어현상

앞에서 본 多言語社會는 전혀 별개의 언어가 공존하는 사회였다.
그 언어들은 語族부터 다른 언어일 수도 있고, 그렇지는 않더라도 같
은 언어의 방언들이라고는 할 수 없는, 각각 어떤 언어라는 이름이 붙
는 독립된 언어들이었다. 그러한 언어들이 한 나라 안에서 공히 자리
를 잡고 있을 때 그러한 나라를 다언어국가, 또는 다언어사회라 불렀
다.

그런데 그처럼 공존하는 언어가 별개 언어의 관계에 있지 않고 한
언어의 방언 또는 變種(variety) 관계에 있으면서 일종의 다언어사회
를 이루는 수도 있다. Ferguson(1959)에 의해 diglossia 라고 명명
된 현상을 가지고 있는 사회가 그러하다.

8.4.1 협의의 양층언어현상

diglossia 는 일단 兩層言語現象이라 번역해 쓰기로 한다. 한 사회,
정확히는 한 언어 공동체 안에 그 담당 역할이 엄연히 구분되어 있는
두 종류의 변종(한 언어의 두 변종)이 그 공동체 전역에 걸쳐 뿌리를
내리고 있는 현상이 곧 양층언어현상이다. [12] 이때 한 변종은 일상생활

---

12) 이는 Ferguson(1959 : 336)의 정의를 따른 것으로 diglossia 는 바로
Ferguson 이 창안한 술어이면서도 흔히 이를 狹意의 diglossia 로 이해한다.
그 원문을 아래에 참고로 싣는다.
　DIGLOSSIA is a relatively stable language situation in which, in

에 쓰이는 정상적인 변종이며 다른 하나는 방송, 신문, 설교, 강의,
연설 등에 쓰이는 말하자면 특수 용도의 변종이다. 전자를 흔히 下位
語(low dialect, L), 후자를 上位語(high dialect, H)로 구분하여 부르
고 있다. [13]

　이것은 흔히 어느 나라에서나 볼 수 있는 표준어와 방언의 공존과는
다른 현상이다. 표준어와 방언 사이에도 상위어와 하위어와 같은 관계
가 성립할 수는 있지만 이 경우의 표준어는 일상생활에서도 얼마든지
쓰인다. 또 이 경우에는 태어나면서부터 배우는 것이 바로 표준어일
수도 있다. 그러나 양층언어현상이 있는 사회에서의 상위어는 그렇지
못하다. 친구나 가족들과의 대화에는 상위어가 쓰이지 않으며, 또 태
어나면서 배우는 말도 상위어가 아니고 하위어인 것이다. 단순한 두
방언의 공존도 아니요, 일반적인 표준어와 방언의 공존도 아닌 아주
특수한 공존현상이 양층언어현상이다.

　Ferguson(1959)에 의하면 아랍, 희랍, 독일어권 스위스, 아이티
네 곳에 이러한 특수 현상이 있다. 아랍에서는 코란(Koran)의 언어인
고전 아랍어가 상위어로 쓰이고, 여러 아랍국에서 쓰이는 일상 언어가
하위어로 쓰이고 있다. 희랍에서는 Katharévusa(純正 희랍어)라고
불리는 고전 희랍어의 맥을 이으면서 순화된 희랍어가 상위어로 쓰이
며, Dhimotiki(民用 희랍어)라고 불리는 口語가 하위어로 쓰이고 있

---

addition to the primary dialects of the language(which may include a
standard or regional standard), there is a very divergent, highly codified
(often grammatically more complex) superposed variety, the vehicle of a
large and respected body of written literature, either of an earlier period
or in another speech community, which is learned largely by formal
education and is used for most written and formal spoken purposes but is
not used by any sector of the community for ordinary conversation.

13) Ferguson(1959)의 diaglossia에 대해서는 여러 사회언어학 입문서에 소
　개되어 있다. 그 중 Fasold(1984)가 다른 학자의 diaglossia 현상에 대한 연
　구까지 종합하여 가장 다각적으로 정리하고 있어 좋은 참고가 된다. 여기에서
　도 그것을 많이 참조하였다.

다. 독일어권 스위스에서는 표준 독일어가 상위어로, 스위스에서 쓰이는 여러 방언이 하위어로 쓰이고 있으며, 아이티에서는 불어에 바탕을 둔 아이티 크리올(Haitian Creole)이 쓰이는데 이것이 하위어 구실을 하고 불어가 상위어로 쓰이고 있다.

네 지역 어느 곳에서나 상위어와 하위어는 그 쓰이는 자리, 즉 영역(domain)이 엄연히 구별되고 있고 이것이 뒤바뀌는 일이 거의 없다. Ferguson(1959)은 두 방언이 쓰이는 장면을 리스트화하여 제시하였는데 그것을 보면 다음과 같다.

(가) 상위어가 쓰이는 자리 : 교회에서의 설교, 국회에서의 연설, 대학 강의, 방송 뉴스, 신문의 논설이나 뉴스 기사, 詩, 私的 편지
(나) 하위어가 쓰이는 자리 : 하인이나 웨이터나 일꾼들에게의 지시, 가족이나 친구들과의 대화, 라디오의 주부용 드라마, 정치 풍자 만화, 민간 문학

한마디로 상위어는 격식적인 용도에, 또 긴장된 상황에 쓰이며, 하위어는 사적인 용도에, 또 이완된 상황에 쓰인다고 할 수 있다. 그런데 더욱 중요한 것은, 만일 상황에 어울리지 않게 어느 한쪽 언어를 선택해 쓰면 당장 이상한 눈초리로 보게 되는 일이 벌어질 정도로 두 변종의 기능이 뚜렷이 구별되어 있다는 점일 것이다.

이러한 뚜렷한 기능상의 구분은 상위어와 하위어에 대한 태도에도 물론 영향을 미친다. 이미 상위, 하위라는 용어를 쓰고 있지만 상위어를 더 우위의, 더 세련되고 더 논리적인 언어라고 생각하는 것은 당연하다. 그리고 하위어는 저급의 언어라고 생각하는데 그 정도가 심하여 아랍인과 아이티 국민들 중에는 평소 일상 대화에서 하위어를 쓰면서도 자기들은 하위어를 쓰는 일이 없다고 주장하는 일이 있을 정도다. 이것도 일반적인 표준어와 방언 사이에서는 찾아 보기 어려운 현상이다.

그런데 앞에서도 밝힌 것처럼 상위어는 태어나면서부터 배우는 것은

아니다. 가족 사이의 일상적인 대화는 하위어가 쓰인다고 하였는데 태어나서 처음 대하는 언어는 하위어일 수밖에 없고, 자연히 하위어가 말하자면 母語요 제1언어가 된다. 그리고 상위어는 하위어에 꽤 익숙해진 다음 대개 학교에 가서 배우게 된다.

이 때문에 학교 교육을 제대로 받지 못한 사람은 상위어를 익히지 못하는 수가 많다. 그리고 학교 교육을 잘 받은 사람도 상위어를 하위어처럼 완벽하게 구사하기는 어려운 것이 일반적이다.

이 때문에 양층언어현상은 그 언어 공동체에 골고루 뿌리를 내리고 있는 현상임을 그 특징으로 하지만 그 언어 공동체의 모든 성원들이 二種의 언어를 구사하는 이중언어자는 아니다. 이중언어자의 비율이 독일어권 스위스에서는 매우 높아 거의 모든 성원이 이중언어자라고 할 정도이지만 아이티의 경우는 겨우 12% 정도밖에 안 되는 것이다. 전체 사회를 지배하는 현상이기는 하지만 상위어는 결국 識者層에 한정되어 쓰인다는 점도 이 현상의 중요한 특징의 하나인 셈이다.

8.4.2 상위어와 하위어의 차이

앞에서 상위어와 하위어는 별개 언어가 아니고 한 언어의 방언(또는 변종)의 관계에 있다고 하였다. 그러나 이들은 음운, 문법, 어휘에 걸쳐 상당한 차이를 나타낸다. 가령 표준 독일어는 명사가 4개의 格을 가지는데 스위스 독일어는 3개의 격을 가지며, 불어는 명사가 단수 복수의 구별, 남성 여성의 구별을 일으키는데 아이티 크리올의 명사는 그러한 격 및 성의 구분을 일으키지 않는다. 대체로 內包文이 몇 개 겹친 複文은 상위어에나 있으며, 또 어휘에 있어서도 전문 용어는 상위어에만 있고 農具 등의 명칭은 하위어에만 있다. 일반 용어의 경우에도 희랍어에서 보면 포도주를 가리키는 단어가 각각 ínos와 krasí로 나뉘어 있다. 그리하여 식당의 메뉴에는 상위어인 ínos가 적혀 있는데 웨이터에게 주문할 때는 하위어인 krasí라고 말해야 한다.

상위어와 하위어의 차이가 어느 정도인가를 짐작하는 데 Trudgill
(1983)이 제시한 다음의 두 문장을 비교해 보는 것이 유익할 듯하다.
앞의 것은 취리히에서 쓰이는 스위스 독일어이며 다음 것은 표준 독일
어다. (다)는 그것을 번역한 것이다.

(가) Low variety—Swiss German

En Schwyzer isch er zwaar nie woorde, weder en papiirige na äine
im Hëërz ine; und eebigs häd mer syner Spraach aagmërkt, das er
nüd daa uufgwachsen ischt. Nüd nu s Muul häd de Ussländer ver-
raate, au syni Möödeli. Er häd lieber mit syne tüütsche Landslüüte
weder mit de Yhäimische vercheert, und ischt Mitgliid und Zaalmäis-
chter von irem Veräin gsy.

(나) High Variety—Standard German

Ein Schweizer ist er zwar nie geworden, weder auf dem Papier
noch im Herzen; und man hat es seine Sprache angemerkt, dass er
nicht dort aufgewachsen ist. Nicht nur die Sprache hat den Ausländer
verraten, sondern auch seine Gewohnheiten. Er hat lieber mit seinen
deutschen Landsleuten als mit den Einheimischen verkehrt, und ist
Mitglied und Zahlmeister ihres Vereins gewesen.

(다) English

He never actually became Swiss, neither on paper nor in his
heart; and you could tell from his language that he had not
grown up there. It was not only his language that showed that
he was a foreigner-his way of life showed it too. He preferred
to associate with his German compatriots rather than with the
natives, and was a member and the treasurer of their society.

8.4.3 광의의 양층언어현상

Ferguson(1959)에 있어서의 diglossia 는 앞에서 보았듯이 두 가지를 엄격히 한정하였다. 상위어와 하위어의 관계가 별개 언어가 아니라 한 언어의 變種의 관계이며 동시에 일반적인 표준어와 방언의 관계가 아니라는 것이 그 하나였고, 다른 하나는 그 대립을 일으키는 언어가 두 개라는 것이었다.

그런데 이러한 엄격한 제한을 완화하여 diglossia 를 좀더 넓은 의미로 사용하자는 제안도 없지 않다. 한 예로 Fishman(1967)은 상위어와 하위어의 관계가 별개 언어일 때에도 이 용어를 적용하고자 하였다. 가령 파라과이와 같은 다언어사회에서 스페인어가 상위어 구실을 하고 과라니어가 하위어 구실을 하는 경우도 兩層言語現象으로 파악하고자 한 것이다. 어떤 언어 공동체 안에서 두 언어가 상위어와 하위어와 같은 구분되는 기능을 하면 그 두 언어의 관계가 별개 언어이든, 동일 언어의 변종이든, 또는 그 이하의 어떤 관계이든 거기에 어떤 제약을 둘 필요가 없다는 입장을 취한 것이다.

Fasold(1984)는 여기에 더하여 일반적인 표준어와 방언 사이의 관계에도 이 용어를 적용하고자 하였다. 태어나면서 표준어를 제1언어로 배우는 지역을 제외하면(그러한 지역은 양층언어현상이 없는 언어 공동체로 간주하면)[14] 표준어란 역시 학교에 가서 배우는 상위어이며 제1언어로 배우는 것은 그 고장 방언이어서 양자의 관계가 양층언어현상에서의 두 언어의 그것과 같지 않느냐는 것이다.

실제로 표준어와 방언 사이에서도 일반 양층언어현상에서처럼 그 기능이 획연히 구분되어 있는 경우도 없지 않다. Blom and Gumperz

---

14) Fasold(1984 : 44)는 이를 위하여 〈diglossic community〉 또는 〈diglossic speech community〉란 용어를 쓸 것을 제안하였다. 제1언어로 표준어를 배우는 지역을 이 범주에서 제외하고 나면, 표준어를 제2언어로 배우는 일반적인 지역은 모두 diglossic community 의 범주에 든다는 것이다.

(1972)에 의해 보고된 노르웨이의 한 마을이 그 좋은 본보기를 보여
준다. 북극권에 인접해 있는 Hemnesberger 라는 인구 1,300명의 자
그마한 상공 도시에는 북부 방언인 Ranamål과 표준어인 Bokmål
이 쓰이고 있는데, Bokmål은 학교에서 수업 시간에 선생이 쓰는
말이며 관리들이 사무적인 이야기를 할 때 쓰는 말이다. 또 일반 시민
도 학교나 교회에서는 물론 공적인 상황에서는 역시 철저히 Bokmål
을 쓴다. 반면 사적인 자리에서는 선생이나 관리나 Ranamål을 써
서 그 구분이 대부분의 주민들에게 널리 지켜지고 있다. 兩層의 언어
가 표준어와 방언의 관계이면서 그 양상이 일반 양층언어현상과 완전
히 일치하는 것이다. 15)

그러나 표준어와 방언 관계는 아무래도 일반 양층언어현상과는 다른
점이 있다고 보아야 할 것이다. 일반적으로 표준어는 한번 습득하게
되면 공적인 자리이든 사적인 자리이든 대부분 그것을 쓰게 될 뿐 엄
격하게 어떤 자리에서는 표준어를 쓰다가 자리가 바뀌면 다시 완전히
방언으로 돌아가는 방식으로는 되지 않는다. 가령 온 가족이 모두 표
준어에 익숙해졌으면 가족끼리의 대화에서도 대부분 표준어가 쓰이게
된다. 공적인 자리에서보다는 방언을 더 쓰게 될 수는 있겠으나 그 수
준은 매우 미미하여 이것을 일반 양층언어현상의 범주에 넣는 것은 이
현상의 특수성을 지나치게 평가절하하는 일이 아닐까 싶다. Fasold
(1984)는 한 방언 안에서의 격식 말투와 비격식 말투의 병존 현상도
이 범주 속에 넣으려 하였는데 양층언어현상을 최대한 넓게 파악해 보
려는 시도일 것이다.

---

15) Blom and Gumperz (1972)는 양층언어현상으로서보다 이들 표준어와 방언
   사이의 코드 바꾸기 (code-switching)에 초점을 두고 어떤 효과를 노리고 상
   황에 따라 적절히, 가령 수업 시간에도 생도들이 토론을 잘 하도록 북돋아 주
   기 위해서는 사투리를 쓴다든가, 관리가 주민들에게 표준어를 쓰다가 특별한
   효과를 위해서는 사투리로 바꾸는 등 유효 적절하게 어느 한쪽 말을 선택해 쓰
   는 미묘함을 관찰한 것인데 일반 표준어와 방언 사이에 이와 같은 뚜렷한 기능
   차이가 있다는 것이 다른 곳에서는 보기 어려운 특이한 현상이다.

8.4.4 다층언어현상

양층언어현상을 양층의 언어에 한정하는 것에 대해서도 수정안들이
제시되고 있다. Fishman(1967)에서 이미 이 제안이 나온 바 있지만
더 적극적으로 三層言語現象(triglossia), 多層言語現象(polyglossia)
등의 용어까지 등장하기에 이르렀다.

삼층언어현상은 탄자니아에서 발견되는 현상을 두고 Abdulaziz
Mkilifi(1978)가 붙인 이름이다. 탄자니아는 영국의 식민지였던 관계
로 아직까지도 영어가 쓰이고 있고, 한편으로는 스와힐리어(Swahili)
가 국어로 정착되어 가고 있다.

그런데 스와힐리어는 다시 두 종류로 갈려 있다. 하나는 국민학교에
들어가서 비로소 배우게 되는 말하자면 표준어로서의 스와힐리어며,
다른 하나는 탄자니아 사람들이 태어나면서 제1언어로 습득하는 각
지역의 사투리(vernacular)들이다. 여기에서 이른바 양층언어현상이
형성된다. 사투리는 지역에 따라서는 국민학교 2학년까지는 교육의
언어로 쓰이나 적어도 그 이상의 학년에서는 스와힐리어가 교육의 용
어로 쓰이는데 이것은 앞에서 본 양층언어현상에서의 두 언어의 관계
와 같다. 사투리가 하위어, 스와힐리어가 상위어의 구실을 하는 것이다.

그러나 이 나라에서는 중학교부터는 영어를 교육의 언어로 쓴다. 이
번에는 스와힐리어가 하위어로 되고 영어가 상위어가 되는 것이다. 양
층언어현상이 겹으로 형성되었다고 할 수 있는데 전체적으로 보면 삼
층언어현상인 것이다.

양층언어현상이 더 복잡한 구조를 띠는 수도 있다. Gumperz
(1964)에 의하면 인도의 촌락인 Khalapur에서는 네 종류의 언어 사
이에 상하의 관계가 형성되어 있다. 우선은 국어인 힌두어와 그 지방
방언인 Khalapur방언으로 갈린다. 이 두 언어는 방언 관계에 있는
정도로 가깝지만 음운, 문법, 어휘에 걸쳐 그 차이도 꽤 뚜렷한 편인
데, 특히 동일한 대상을 가리키는 어휘가 뚜렷이 구분되어 있어 전형

적인 양층언어현상을 보여 주고 있다. Khalapur 방언이 촌락의 모든 사람에 의해 쓰이고 시골 생활에서 쓰이는 반면 힌두어가 학교에 가서 비로소 배우고, 교육 용어로 쓰이고 도시 생활에 쓰이고 공적인 생활에 쓰이는 것도 양층언어현상의 전형적인 모습 그대로다.

그런데 특이한 것은 이 촌락에서는 Khalapur 방언 안에서 도시 상위어와 하위어가 갈리고, 힌두어 안에서도 다시 그러한 구분이 형성되어 있다는 것이다. Khalapur 방언은 그곳 용어로 moti boli(거친 말)와 saf boli(고운 말)라는 두 하위 변종으로 갈린다. 전자는 가족들끼리, 가까운 친척이나 아이들이나, 동물, 不可觸계급의 하인들에게 쓸 때 쓰는 말로 이 변종만의 독특한 특징을 가지고 있다. 후자는 좀 소원한 知人들과 이야기할 때, 또는 연장자에게 경의를 표시하고자 할 때 쓰는 말로서 힌두어 쪽의 특징을 전자보다는 많이 가진 말이다.

힌두어는 Gumperz 의 용어를 빌리면 회화투와 연설투의 두 하위 변종으로 갈린다. 회화투 힌두어는 일반적으로 널리 쓰이는 전형적 힌두어이며, 연설투 힌두어는 산스크리트로부터의 借用語를 대량으로 쓰는 한편 특이한 子音群도 섞여 있는 말로서 강좌를 더욱 격식적으로 하려 할 때 쓴다.

이 인도의 경우는 상위어와 하위어 안에서 다시 각각 작은 상위어와 하위어가 형성된 현상인데 일종의 이원적 구조의 양층언어현상이나 전체적으로 보면 四層言語現象을 이룬 셈이다. 단순한 양층언어현상보다 한결 복잡한 구조의 것이라 하지 않을 수 없다.

그러나 양층언어현상의 복잡성은 여기에 그치지 않는다. 그야말로 多層言語現象(polyglossia)이라고 부를 수밖에 없는 현상이 말레이시아에서 발견된다. Platt(1977)에 의하면 말레이시아에서 사는 화교로서 영어 교육을 받은 사람들은 중국어, 말레이시아어, 영어를 쓰는 다언어자들인데 그 세 언어는 다 각각 상위어와 하위어로 나뉘어 있다는 것이다. 중국어는 화교가 말레이시아에서 태어나면서부터 母語로 배운 한 종류와 말레이시아의 여러 지역에 통용되는 남부 중국어의 한

(또는 몇) 종류가 각각 하위어와 상위어를 이루고 있고, 말레이시아어는 Bazasa Malasia 라고 불리는, 근래 국어로 채택된 한 종류와 Baiaar Malay 라고 불리는 하위어로 나뉘어 있는가 하면 영어는 모두 말레이시아 영어 방언(Malaysian English)이되 격식 영어와 일상 口語 영어로 나뉘어 역시 각각 상위어와 하위어의 관계를 형성하고 있다.

그런데 이 여섯 개 언어의 상하 관계는 기계적인 서열이 아니고 꽤 특이한 배열을 보인다. 가장 윗자리에 격식 영어, 그 다음에 상위 말레이시아어(Bahasa Malaysia)가 자리잡으면서 상위어의 자리를 누리며, 中位語 자리에 구어 영어와 상위 중국어가 차례로 자리를 잡고, 마지막으로 하위 중국어와 하위 말레이시아어(Bazaar Malay)가 하위어를 형성한다. 영어, 중국어, 말레이시아어가 각각 上, 中, 下의 자리를 잡고 그것들이 각각 작은 상위어와 하위어로 再分되는 것이 아니라 서로 뒤엉키며 서열이 매겨진 독특한 체계를 구축하고 있는 것이다. 양층언어현상이 겹으로 모인 구조가 아니라 순수한 다층언어현상이라 하여야 할 것이다.

이상의 6개의 언어의 서열을 도표로 보이면 다음과 같다. 그런데 이 도표에는 6개의 언어 이외에 두 가지가 더 들어 있다. Platt (1977)은 중국어 官話(Mandarin)가 말레이시아 화교 사이에 실제로 쓰이는 일은 없지만 그들의 언어 태도에서 관화에 대한 등급이 매겨져 있어 이것을 반영한 것이다. DM(Dummy High)은 실제로 쓰이지 않으나 상위어로 대접받고 있음을 나타낸 것이다. 한편 중국어 중 자신들은 쓰지 않으나 말레이시아 여기저기에서 쓰이는 것을 추가하여 하위어로 넣고 있다. 여기에서 하위 말레이시아어를 下下位語(subLow, L-)라 하여 최하단에 배치하였는데 같은 말레이시아어 중 하나(표준 말레이시아어)는 최상의 자리까지 상승한 반면 다른 하나는 이처럼 최하단에 자리잡는 현상이 특이하다.

상위어와 하위어가 병존하면서 각각 독자적인 기능을 담당하는 현상을 이처럼 두 언어(또는 변종) 사이의 관계로 한정하지 않고 여러 언

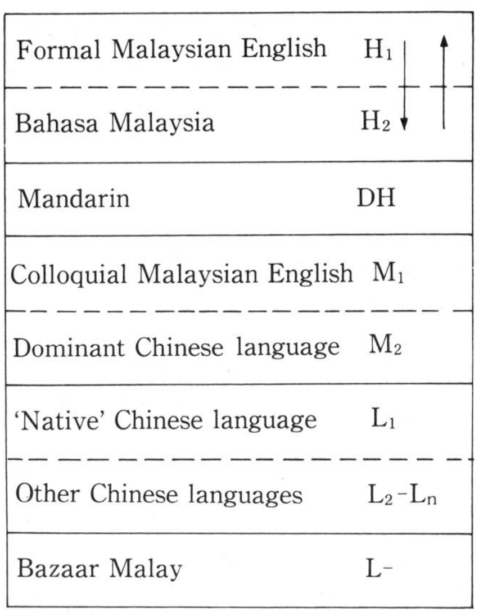

도표 8.1   말레이시아에서의 다층언어현상의 서열 (Platt 1977 : 375,   Fasold
1984 : 50)

어 사이의 관계에까지 확대하고 보면 diglossia, 또는 양층언어현상이
라는 용어는 적절치 않게 된다. polyglossia (다층언어현상) 라는 용어
를 이미 앞에 썼지만 그러한 용어로 바꾸어야 더 적절할 것이다. 그러
나 diglossia 라는 용어가 워낙 일반화되어 있어 Fasold (1984 : 53) 에
서의 제안대로 〈di-〉라는 접두사에 너무 구속되지 말고, 또 그 접두사
의 의미에 구속된다 하더라도 결국은 상위어와 하위어라는 두 종류의
언어 사이에서의 현상이므로 diglossia 라는 용어를 廣義로도 쓸 수
있을 것이다. 양층언어현상이라는 譯語도 上下言語現象이나 優劣言語
現象쯤으로 바꾸면 이 광의의 diglossia 에 더 근접할 듯하나 같은 이
유로 양층언어현상이란 용어를 그대로 써도 좋을 듯하다.

이상에서 보았듯이 양층언어현상은 일반적인 이중언어현상, 또는
다언어현상과 분명히 구별되는 현상이다. 그러나 크게 보면 결국은 한

사회에 여러 언어가 병존하는 현상이라는 점에서는 두 현상은 일치 하는 바가 있다. 우리는 이 현상을 다언어현상의 한 특별한 종류로 인식하고자 한다.

8.5 다층언어현상의 극복

앞에서 多言語現象은 단일언어사회에서는 제기되지 않는 여러 문제들을 일으킴을 보았다. 그리고 그것을 치유하는 여러 가지 조처도 취해지고 있음을 특히 인도에서의 사례를 통해 관찰하였다. 반드시 국가 차원의 정책적인 차원이 아니더라도 그러한 사회에서 사람들은 다언어현상에 대해 어떻게든 대처해 가는 길을 모색하게 될 것이다. 여기에서는 다언어사회에서 일반적으로 발견되는 이러한 모색들을 몇 가지 가려 보고자 한다.

8.5.1 하위어의 승격

양층언어사회에서 그 기능이 엄격히 구별되어 있는 두 종류의 언어를 가지고 있는 일은 언어 생활에 불편을 줄 것이 분명하다. 특히 上位語는 타고 나면서 저절로 배우는 언어가 아니라 학교에 가서나 배우는 언어요, 그만큼 그것을 자유롭게 구사하는 사람이 많지 않기 때문에 일반 사람들에게는 불편한 존재이기가 쉽다.[16] 그것은 또 사회를

---

16) 그 반대의 경우도 성립한다. 한국 외국어대학 아랍어과의 한 교수가 들려준 이야기가 이에 해당한다. 한국에서 고전 아랍어만 배우고 유학의 길을 떠났는데 강의실에서 교수의 강의는 잘 들었다는 것이다. 그런데 복도에 나와 사적인 이야기를 하는 중간부터 한 마디도 알아들을 수 없었다고 한다. 외국인의 경우이지만 양층언어사회에서의 불편이 하위어를 모름으로써 오는 예도 있다고 할 것이다.

계급화하는 나쁜 영향을 미치기도 한다. 이러한 부정적인 측면 때문에 근래 양층언어사회에서는 일상어인 下位語를 그 기능을 확대하여 상위어가 쓰이던 영역에도 쓰는 운동이 확산되고 있다. 이러한 운동은 아랍권에서도 일기 시작하였다고 하는데 (吳明根 1992) 여기에서는 희랍어에서의 경우를 예로 보기로 한다.

희랍어는 앞에서 지적한 대로 상위어인 Katharévousa 와 하위어인 Dhimotiki 로 구분되어 있고 이들의 기능과 영역은 20세기로 접어들 때까지도 엄격히 구분되어 있었다. 그런데 1901년에 한 반란이 일어나는데 그것은 신약성서를 Dhimotiki 로 번역한 일이었다. 물론 이보다 먼저 一團의 문학가들이 의식적으로 Katharévousa 를 배척하고 문학 작품을 일상어로 쓰는 운동을 전개하였는데 가령 시인 Kostis Palamas 는 19세기 말에 이미 Dhimotiki 로 작품을 썼으며 1888년 Yannis Psycharis 가 역시 Dhimotiki 로 쓴 "To taxidi mou"라는 작품은 이 이후의 문학 작품을 일상어로 쓰게 하는 데 결정적인 영향을 끼쳤다. 그러나 신약성서의 새 번역은 결정적으로 이 운동에 불을 지핀 것으로 이 운동은 사회 전반에 폭넓게 확산되기에 이르렀고 이로써 19세기 초기에 이미 일상어가 교육 용어로 쓰이게 되었다. 1967년부터 1974년 사이에는 군부의 통제로 다시 Katharévousa 만 공용어로 허용되었다가 그 이후의 민주 정부에 의해 아테네의 Dhimotiki 가 공용 표준어로 자리를 굳히는 곡절도 겪었다. 그러면서 1976년에는 중등학교 교육 용어로는 Dhimotiki 만 인정되는 발전을 거듭한다.

Katharévousa 는 아직 법정, 군대, 행정 서식, 공지문 등의 영역을 확보하고 있고, 국회에서의 연설이나 대학 강의에서 부분적으로 그 영역을 유지하고 있으나 이제 그 쇠락기에 접어든 것만은 확실하다. 이것은 영국에서 RP 의 위치가 흔들리는 것과 비유해도 좋을 현상이 아닌가 한다. 권위와 격식을 무너뜨리면서도 엄격한 양층언어현상에서 받는 압박을 벗으려는 몸짓이라는 점에서 공통되는 것으로 보이기 때문이다. 어떻든 양층언어 사이의 엄격한 구분을 완화하는 일은 다언어현상의 문제점을 치유하는 한 길이라 보아야 할 것이다.

8.5.2 Lingua Franca

다언어사회에서 사람들이 母語가 다르면서도 서로 의사소통을 하면서 사는 것은 한편으로는 각 개인들이 몇 개의 언어를 구사할 줄 아는 다언어자들이기 때문이지만 다른 한편으로는 그들 사이에 공통으로 쓰이는, 모어가 다른 사람들 사이의 의사소통용으로 쓰이는 언어, 즉 lingua france가[17] 마련되어 있기 때문이다. 다음 장면이 그 한 실례를 보여 준다(Holmes 1992 : 79).

Patel 씨는 Bombay에서 향미료 장사를 하며 살고 있다. 자고 깨면 아내나 아이들과 그들의 모어인 Kathiawari어로 말을 나눈다. 그러나 매일 아침 야채를 사러 가서는 Marathi를 쓰며 흥정한다. 그리고 역에 나가 Bombay로 가는 열차표를 살 때는 노동자들의 lingua franca인 Hindustani어를 사용한다. 가게에서는 온종일 Kacchi어를 쓰는데 이것은 향미료업의 通商語이기 때문이다. 그리고 라디오에서 영어로 방송되는 스포츠 중계를 듣는다.

앞 장면에서 보면 인도와 같이 수백 개의 언어가 공존하는 다언어사회에서는 우선 각 개인이 다언어자가 되는 수밖에 없다. (인도인들은 이쪽으로 아주 능하다는 것을 앞에서 밝힌 바 있다.) 그러나 그러한 불편을 덜게 해 주는 일로 자연스럽게 lingua franca가 형성되어 있음도 앞

---

17) lingua franca는 애초 지중해 연안에서 쓰이던, 이탈리아어·불어·희랍어·스페인어의 混成語, 또는 通商用으로 상인들이 만들어 쓰던 혼성어를 가리키는 용어였으나 사회언어학에서는 다언어사회에서 모어가 다른 사람들 사이의 의사소통용으로 쓰이는 언어를 가리킨다. 共通 通話語 정도의 譯語가 가능할 듯하나 原語가 오히려 일반화되어 있어 그것을 그대로 쓰기로 한다.

의 장면에서 읽을 수 있다.

앞 장면에서의 lingua franca 는 범위가 그리 크지 않아 노동자 사이에서만 통용되는 것이었다. lingua franca 는 이처럼 소규모의 것일 수도 있고 전국 규모로 큰 것일 수도 있으며 또 그 중간의 어떤 규모일 수도 있다. 한 예로 남미 콜롬비아에 거주하는 인디언들 사이의 主 lingua francea 는 Tukano 인데 이것은 콜롬비아와 브라질의 국경 양쪽에 자리잡은 Vaupés 지역에 사는 인디언끼리는 쓸 수 있는데 非인디언들과는 제2의 lingua franca 를 써야 한다. 파푸아 뉴기니는 700개에 달하는 언어가 있는 대표적 다언어사회인데 Tok Pisin 이라는 가장 널리 쓰이는 lingua franca 가 있지만 그것이 전국에 통용되기는 어려워 지방별로 작은 규모의 lingua franca 가 따로 있다.

공용어가 lingua franca 구실을 하여 그 규모가 매우 커지는 경우도 있다. 구소련에서 러시아어가 공용어로 국어이면서 lingua franca 구실을 한 것이 이 예에 속할 것이다. 아랍 사회에서는 고전 아랍어가 국경을 넘어서까지 lingua franca 노릇을 하므로 lingua franca 의 통용 규모는 어떻게 보면 제약이 없다고도 할 수 있을 것이다.

lingua franca 가 규모가 커지면 그것이 애초에는 어느 지역에 한정된 시골 말이었을지라도 국어 내지 공용어로 격상되기도 한다. 아프리카의 탄자니아에서 Swahili 어가 서로 다른 언어를 쓰는 수백 개의 부족들 사이의 lingua franca 로서 규모를 넓히면서 드디어 국어의 자리까지 차지한 것이 그 한 예며 파푸아 뉴기니에서 Tok Pisin 이 애초에는 통상용이었는데 큰 세력을 얻어 드디어 공용어의 자리에 오르게 된 것이 또 한 예다. 어떻든 lingua franca 는 다언어사회가 만들어낸 하나의 작품이라 보아 좋을 것이다.

8.5.3 Pidgin 과 Creole

다언어사회가 만들어 내는 작품으로서 pidgin 과 creole 도 빼놓을 수 없다. pidgin이나 creole이나 역시 서로 언어가 달라 의사소통이 되지 않는 사람들 사이에 쓰이는 共通 通話語이기는 한데 lingua franca는 어느 부족에서건 母語로 쓰고 있던 것을 lingua franca로 채택해 쓰는 형식임에 비해 이들은 서로 다른 언어를 혼합해서 지금까지 없던 제3의 언어를 만들어 낸 것이라는 점이 다르다.

pidgin은 대개 바다를 건너 무역을 하는 상인들 사이에서 通商用으로 발전되어 왔다. pidgin의 어원부터가 영어 business의 중국어 발음을 딴 것으로 추론되기도 하고, 아니면 아예 중국어 〈賠錢〉(péi-tsin)에서 온 것이라고도 하는데 어느 경우든 商去來와 얽혀 있고 또 영어와 중국어가 혼합된 단어라는 공통점을 보인다. 그만큼 pidgin은 그 영역이 상거래라고 하는 특수 영역에 한정되는 것이 일반적이다. 가령 중국 상인과 미국 상인이 만나 pidgin을 만든다면 그들은 자기 말은 그대로 보유하면서 상거래라고 하는 특수 목적을 위해서 pidgin이라는 언어 목록을 하나 더 추가하게 되는 것이다.

이러한 특성 때문에 pidgin은 매우 단순한 구조를 가진다. 언어의 복잡 미묘한 여러 가지 기능, 그야말로 〈에〉해 다르고 〈애〉해 다른 미묘하기 이를 데 없는 기능을 수행하기 위해서가 아니라 겨우 물건을 팔고 사는 데 필요한 의사소통을 위해서 만드는, 말하자면 임시변통으로 만드는 언어인 만큼 복잡할 필요가 없는 것이다. 일반 언어의 경우 한 사람이 쓰는 어휘는 평균 25,000개 내지 30,000개인데 pidgin에 쓰이는 어휘는 고작 100여 개에 불과하다. 그리고 上位語와 下位語가 혼성되어 pidgin을 만들 때 대개 어휘는 상위어의 것을 쓰고(뉴기니의 Tok Pisin의 경우 어휘의 77%가 영어에서 온 것이라 한다) 문법 구조는 하위어의 것을 채택하는 경향이 있는데 이때 상위어에 있는 문법 현상을 아주 단순화하여 格變化나 時制의 구별 등을 없애 버린다. 어떻게든 뜻만 통하면 되는 최소의 수준을 유지하는 것이다.

이 때문에 pidgin은 다른 사람들이 듣기에 좀 우스꽝스러운 언어라는 인상을 준다. 우스갯소리나 만담에 pidgin을 이용하는 것도 이 때문이다. 그러나 pidgin이 당사자들에게는 엄연한 의사소통의 도구며 그것을 배우기 위해 진지하고 열심일 수밖에 없다. 다만 그 한정된 기능 때문에 pidgin은 그 기능만 소멸하면 그 생명도 더 이어지지 않는다는 한계만은 어쩔 수 없이 가지게 된다. 중국인과 미국인 사이의 무역의 길이 막히면 그들 사이에 형성되었던 pidgin이 더 이상 생명을 이어갈 길이 없게 되는 것이다. 또 두 나라의 무역이 아주 빈번하게 되면 이번에는 아예 상대국의 언어를 배우게 됨으로써 pidgin은 또 설 자리를 잃게 된다. 이래저래 임시변통용인 pidgin은 그 뿌리가 불안한 존재라고 할 수 있다.

그러나 pidgin이 그 뿌리를 확고히 내리는 수도 있다. pidgin은 누구도 그것을 태어나면서부터 배우지는 않는다. 즉 제1언어로, 다시 말하면 모어로서 pidgin를 배우는 일은 없다. pidgin에 관한 한 누구도 토박이 화자(native speaker)일 수 없다. 그런데 이 pidgin이 뿌리를 내리게 되면 태어나면서부터 모어로서 pidgin를 배우게 되는 단계로 발전하는 수가 있다. 이처럼 제1언어로 뿌리를 내린 pidgin을 특별히 creole이라 하여 일반 pidgin과 구별하여 부른다.

앞에서 예로 들었던 뉴기니아의 Tok Pisin은 pidgin에서 creole로 발전한 대표적 예의 하나인데 creole이 되면 그 기능과 영역의 폭이 넓어져 제1언어로서의 여러 기능을 수행한다. 시장, 회사, 교회 등으로 영역을 거쳐 가정 및 학교의 영역에서까지 자유롭게 쓰이게 되며 문학 창작이나 번역에서도 쓰이게 되는 것이다. Tok Pisin은 파푸아 뉴기니의 국회에서 가장 많이 쓰이는 언어로까지 되었는가 하면 공용어로까지 인정받게 되었다. 아이티에서도 Haitian Creole이 1983년 불어와 함께 국어로 승격하였다(비록 공용어로는 불어만 쓰이지만).

creole은 따라서 그 구조도 pidgin처럼 단순한 수준에 머물지 않고 정상적인 수준까지 발전한다. 한 예로 오스트레일리아의 Roper River Creole의 다음 문장들을 보면 과거시제의 添辭 〈bin〉, 진행형

接尾辭 ⟨-bad⟩ 등을 동원하여 체계적인 時制 범주를 나타내고 있음을 볼 수 있다. 이것은 pidgin 의 단계에서는 상상도 할 수 없는 복잡한 체계인 것이다.

> (a) im megim ginu ⟨he makes a canoe⟩
> (b) im bin megim ginu ⟨he made a canoe⟩
> (c) im megimbad ginu ⟨he is making a canoe⟩
> (d) im bin megimbad ginu ⟨he was making a canoe⟩

다시 Tok Pisin 의 예를 보면 動詞化 語尾 ⟨-im⟩을 만들어 bik (big, large) → bikim (to enlarge), nogut (bad) → nogutim (to spoil), doti (dirty) → dotim (더럽히다)와 같은 규칙적인 造語法을 개발하기도 한다. 그 근원은 어떻든 creole 은 제1언어로서의 정상적인 기능과 구조를 가지고 있는 점이 특징이고, 그 때문에 미 대륙의 노예 후예들 사회에서도 creole 이 후대로 이어져 오며 정상적인 언어로 활약하고 있다.

필요가 발명을 유발한다는 말대로 다언어사회에서 pidgin 이 생기고 그것이 때로는 creole 로 발전하는 현상은 우리에게 흥미를 일으킨다. 이것들은 비교적 근래에 일어나는 현상이어서 언어가 어떻게 생성되며 변화해 가는지를 생생하게 보여주는 점에서도 흥미롭고 귀중한 존재인데, 우리는 그것을 다언어사회를 이해하는 한 실례로 관찰해 보았다.

8.6 요약

이상에서 다언어현상(양층언어현상을 포함한)의 이모저모를 살펴보았다. 그것은 개인적인 차원에서 한 개인이 母語 이외에 다른 언어를 함께 잘 사용하는 현상일 수도 있고, 그보다는 국가적인 차원에서 한 나라가 국어 하나로 이루어져 있지 않고, 둘 혹은 그 이상의 언어가 일정한 지역을 분할한 상태에 있는 현상일 수도 있었다. 후자의 경우는 대개 개개인으로 보면 그 지역에서 통용되는 언어 하나만을 구사할 줄 아는 단일언어자이지만 나라(또는 사회)에 따라서는 앞의 두 경우를 합친 것과 같은 양상, 즉 국가적으로도 다언어국가요 국민 개개인도 다언어사용자들인 예도 없지 않았다. 우리는 국가 단위의 다언어현상이 발생하는 원인에 대해서도 살펴보았는데 대개 이민, 식민지화, 연방화, 잦은 언어 접촉 등을 그 이유로 들었다.

가장 대표적인 다언어국가의 예로서 인도를 따로 집중적으로 살펴보았다. 적어도 200개가 넘는 언어를 가지고 있는 인도는 14개의 국어를 정하고도 모자라 영어를 힌두어와 아울러 공용어로 정하지 않으면 안 되고 그러고도 州 단위의 공용어를 또 정해야 하고, 각급 학교의 교육용 언어를 주마다 조절해야 하는 등 참으로 특이한 국가임을 보았다. 그러면서도 인도 국민은 이러한 복잡하기 이를 데 없는 다언어현상을 불편해 하기보다 거기에 잘 적응해 이 언어 저 언어로 매우 자유롭게 넘나드는 유동성이 있음도 함께 보았다. 좀더 다른 관점에서이지만 우리는 남미 파라과이에서의 과라니어에 대해서도 특별한 관심을 보였다. 공용어인 스페인어에 밀리지 않고 토착어인 과라니어를 잘 지킴으로써 형성된 다언어현상이 한 특수한 유형을 대표하고 있기 때문이었다.

이 장에서는 양층언어현상(및 다층언어현상)도 함께 다루었다. 한 사회에 그 기능(및 쓰이는 영역)이 엄격히 구분되어 있는 상위어와 하위어로 갈려 있는 점이 일반 다언어현상과 다르지만 넓은 의미로 보면 통합되는 면이 있다고 본 것이다. 양층언어현상은 애초 아랍어나 그리스어 등에서의 현상과 같은 언어 단위에서의 현상을 가리켰던 개념인데 이를 확대하여 방언 단위에까지도 적용하는 수가 있음을 보았다. 그러면서 우리는 양층언어 중 하위어가 격상되면서 그 기능을 확대하여 양층언어현상의 엄격함을 무너뜨리며 아울러 다언어현상의 문제들을 치유해 가는 운동도 조명해 보았다. 이와 아울러 pidgin과 creole 이라는 혼성어를 만들어 다언어사회에서의 의사소통을 돕는 흥미있는 모색에 대해서도 관찰하였다. 사회언어학이 다루는 내용이 전체적으로 그러하지만 이 장은 특히 우리 인류가 얼마나 다양하고 복잡한 언어 생활을 하고 있는가를 일깨워 주었다.

제 9 장

언어 태도

언어는 말할 것도 없이 의사소통의 매개체다. 자기의 의사를 나타내기 위하여 말을 하며, 말을 통하여 남의 의사를 깨닫는다. 그러나 우리는 남의 말을 듣고 반드시 그 사람의 의사를 전달받기만 하는 것은 아니다. 말소리가 참으로 곱다든가, 믿음직스러워 보인다든가, 공부를 많이 한 사람 같다 등등의 평가를 그 말을 근거로 내리는 수가 많다. 물론 경박해 보인다든가 교양이 없어 보인다는 등의 부정적인 평가를 내리기도 한다. 말을 듣고 그 내용만 취하는 것이 아니라 그 이외의 속성에 대해서도 우리는 어떤 느낌을 느끼는 것이 일반적이다.

언어에 대한 이러한 느낌은 어떤 개인의 말에 대해서뿐만 아니라 어떤 언어 공동체의 언어 전반에 대해서도 일으킨다. 가령 우리는 대체로 경상도 방언은 투박하고 무뚝뚝하다는 느낌을 받는다. 거기에 비해 서울 말은 상냥하다는 느낌을 풍긴다는 것이 일반적인 견해다. 독일어와 불어를 비교하여서도 이러한 느낌의 차이를 이야기하는 수가 있고, 같은 영어라 하더라도 영국 영어와 미국 영어, 또는 미국 영어와 말레이시아 영어에 대해서도 그 느낌의 차이를 이야기하는 수가 많다.

말하자면 우리는 언어에 대해 어떤 태도(attitude)를 취한다. 언어
가 주는 자극에 의해 거기에 어떤 반응을 보이는 심리적 상태를 지니
게 되는 것이다. 이처럼 어떤 태도가 바로 언어에 관한 것일 때 그 태
도를 言語 態度(language attitude)라 한다.[1] 앞에서 우리는 한 개인
의 말에 대해서든 한 언어 공통체의 언어 전반에 대해서든 어떤 느낌
을 가지게 된다고 하였는데 이는 말을 바꾸면 그 말에 대해 어떤 언어
태도를 취하게 된다는 말이 될 것이다.

언어 태도는 좁게는 언어 자체에 대한 태도만을 가리킨다. 가령 어
떤 사투리를 무뚝뚝하고 거칠다고 느낀다면 이러한 언어 태도를 그 사
투리 자체에만 묶어 두는 범위에서 이 용어를 쓰는 것이다. 그러나 우
리는 흔히 언어를 통해 그 사용자의 성격까지를 운위하곤 한다. 어떤
사투리가 무뚝뚝하고 거칠다고 느낀다면 그 말만 따로 떼어서 생각하
기보다 그 사투리를 사용하는 지역의 사람들의 성격도 무뚝뚝하고 거
칠다고 간주하는 것이 일반적이다. 따라서 언어 태도는 이와 같은, 어
떤 언어 사용자에 대한 태도까지를 포괄하는 넓은 의미로 쓰이는 것이
더 일반적인 경향이다. 언어 및 그 언어 사용자에 대한 태도가 곧 언
어 태도라고 할 수 있다.[2]

언어의 많은 현상은 사람들의 언어 태도 여하에 따라 좌우될 수 있
다. 어떤 음운 변화의 방향이 언어 태도에 의해 결정될 수도 있고, 심
하게는 언어가 존속되고 발전하느냐, 아니면 쇠퇴하고 멸망하느냐 하

---

1) 언어 태도라는 용어는 지금까지 국내에 제대로 보급되지 못한 상태에 있었
다. 흔히 言語 意識이라는 용어를 같은 의미로 사용하여 왔다. 한 예로 조준학
외(1981)의 제목이 〈한국인의 언어 의식〉임을 들 수 있다. 언어 의식, 또는
방언 의식 등의 용어는 아마 일본으로부터 수입된 것인 듯하다. 앞으로 언어
태도란 용어가 좀더 널리 쓰여야 할 것이다.

2) 언어 태도란 용어는 언어 정책이나 언어의 사멸 등에 대한 태도까지 넓게 포
괄하는 수도 있다. 한자어를 비롯한 외래어의 수용 문제 등에 대한 태도나 해
외 교포들의 한국어 보존 문제에 대한 태도 등을 모두 언어 태도의 범위에 넣
는 것이다. 그러나 본 장에서는 이러한 방면에까지 관심을 돌리지 않으려 한다.

는 것도 언어 태도에서 비롯된다고 할 수 있으며, 제2언어의 학습의 성취도도 언어 태도에서 직접적으로 영향을 받을 수 있다. 그리고 언어 공동체의 형성도, 결국은 언어 태도가 같은 사람끼리 한 언어 공동체를 형성하는 방식으로 이루어지는 것이어서 이 또한 언어 태도와 절대적인 관계에 있다고 볼 수 있다.

이처럼 언어 태도는 여러 언어 현상을 바로 파악하기 위한 한 기초로서 중요한 위치를 점하고 있고, 또 그 자체로서도 매우 큰 흥미를 불러일으키는 분야다. 일차적으로는 社會心理學(social psychology)의 분야이지만 앞에서 지적한 대로 그 영역이 사회언어학의 여러 현상과 얽히는 관계로 사회언어학의 중요한 한 분야이기도 하다. 이 장에서는 지금까지 연구된 이 방면의 대표적인 성과를 몇 가지 구체적으로 살펴봄으로써 言衆들이 대체로 언어 및 그 언어 사용자에 대해 어떤 종류의 언어 태도를 가지는지, 또 그러한 언어 태도가 여러 언어 현상과 어떻게 얽히는지를 고찰해 보기로 한다. 아울러 이 방면에 대한 우리나라에서의 인식이 아직 초보 단계에 있음을 감안하여 그 조사 방법에 대해서도 비교적 상세히 소개하고자 한다.

9.1 언어 태도의 조사 방법

좋은 연구 성과는 그 조사 방법의 적절성 여부와 직결된다고 하여도 과언이 아니다. 언어 태도는 특히 겉으로 드러나지 않는 속마음을 캠으로써 밝혀지는 경우가 대부분이어서 그 조사 방법의 비중이 더욱 높은 분야라고 할 수 있고, 그러한 특성에서 자연히 여러 가지 독창적인 조사 방법이 많이 개발되어 있는 편이다. 이 절에서는 좋은 성과를 거두게 한 조사 방법 중 대표적인 것을 몇 가지 소개하고자 한다.[3]

------

3) 이 장이 전체적으로 그러하지만 이 조사 방법의 내용은 대부분 Fasold

9.1.1 직접 방법과 간접 방법

언어 태도를 조사하는 가장 손쉬운 방법은 피조사자들에게 어떤 우회적인 방법을 동원함이 없이 직접 어떤 언어, 또는 그 언어를 사용하는 사람에 대한 느낌을 묻는 방식이다. 이른바 직접 방법(direct method)으로서 〈당신 고장의 사투리에 대해(서울 말과 비교하여) 평소 어떤 생각을 하고 있습니까?〉 또는 〈다음 녹음을 듣고 이 사람의 지적 수준이 어느 정도라고 생각됩니까?〉와 같은 질문을 통하여 그 응답을 구하는 방식이다.

이러한 질문은 피조사자와 직접 대면하여 물을 수도 있다. 말하자면 인터뷰에 의존하는 것이다. 그러나 대개는 인터뷰보다는 설문지에 의존하는 수가 많다. 피조사자의 입장으로서는 글로 대답을 써 넣기보다 口頭로 대답해 버리는 편이 간편한 면이 있어 인터뷰 쪽이 나을지 모른다. 또 조사자 쪽으로도 피조사자가 질문을 잘못 이해하여 다른 방향으로 응답하는 것을 바로잡아 줄 수 있는 이점이 있어 인터뷰가 더 편리한 면이 있다. 그러나 설문지는 같은 분량의 시간에 훨씬 여러 사람에게서 응답을 얻어낼 수 있기 때문에 인터뷰보다는 설문지가 일반적으로 널리 이용되고 있다.

설문지의 질문 형식도 두 가지로 나뉜다. 하나는 자유롭게 문장 형식으로 진술하게 하는 이른바 開放 質問法(open question)이다. 그리고 다른 하나는 미리 몇 개의 答枝를 주고 고르게 하는 選多型이거나 〈예, 아니오〉 중 하나를 고르게 하는 말하자면 객관식 응답을 요구하는 질문 형식, 곧 固定 質問法(closed question)이다. 이 중 후자의 형식이 일반적으로 쓰이는데 그러나 이 형식은 자칫 피조사자가 고를 마땅한 항목이 마련되어 있지 않아 적절한 응답을 얻어내지 못한다는 결함이 있을 수 있다. 이를 보완하기 위해서는 예비 조사 단계에서 자

(1984)의 제6장에서 취한 것이다. 좀더 구체적인 출처가 필요할 때는 그때에 가서 다시 밝히기로 하겠다.

유롭게 문장으로 진술할 수 있는 개방 질문법을 이용하는 길이 있을 수 있다. 거기에서 얻은 응답을 기초로 하여 예상되는 응답형을 미리 마련하여 두 가지 질문 형식의 장점을 고루 살리는 효과를 기하고자 하는 것이다.

이상의 직접 방법과는 달리 우회적으로 묻는 방법도 있다. 이것은 피조사자가 언어 태도에 대해 조사를 받는다는 것을 눈치채지 못하도록 관심을 다른 쪽으로 돌리는 질문을 통하여 언어 태도와 관계 없는 듯한 응답을 유도하면서 실제로는 언어 태도를 측정하는 방식이다. 이른바 간접 방식(indirect method)으로서 직접 방식이 자칫 본심대로 대답하지 않고 가령 애국심, 애향심 등에 영향을 받아 위장된 응답을 할지도 모를 위험성을 배제하는 효과를 노리는 조사 방법이다.

Fasold(1984 : 149)에 소개된 Cooper and Fishman(1974)의 조사 방법은 대표적인 간접 방법으로서 그 결과도 우리에게 큰 흥미를 불러 일으킨다. 이 연구는 이스라엘의 히브리어가 과학 관계의 논의에 효율적인 언어임에 반해 아랍어는 전통적인 회교 관계의 이야기에 효율적이라는 가설을 테스트하기 위한 것이었다. 만일 직접 방법을 쓴다면 히브리어가 아랍어에 비해 어떤 이야기에 더 적절한 언어라고 생각하느냐라든가, 아니면 答枝를 주어 과학 이야기, 도덕적 이야기, 시장에서의 거래 때 쓰는 말 중에서 어느 것에 가장 효율적이냐라고 묻는 형식이 될 것이다. 그런데 이 연구에서는 아주 특이한 방법을 채택하였다.

우선 히브리어와 아랍어를 모두 유창하게 말하는 사람을 시켜 1분짜리 이야기를 네 개 준비하였다. 내용은 두 가지인데 하나는 담배의 해독을 열거하고 이것의 과학적인 근거를 제시하는 내용이었고, 다른 하나는 음주에 반대하는 이야기를 전통적인 회교에서의 설법에 근거하여 하는 내용이었다. 그리고 이들 각각을 두 언어로 녹음하였다. 결과적으로 다음과 같은 네 종류의 녹음이 마련되었다.

(가) 히브리어로 된 담배 이야기

(나) 아랍어로 된 담배 이야기

(다) 히브리어로 된 술 이야기

(라) 아랍어로 된 술 이야기

이번에는 이 녹음들을 一群의 회교도들에게 들려 주었는데, 이들은
다시 두 그룹으로 갈라 한쪽(A群)은 (가)와 (다)를 들려 주고 다른
한쪽(B群)은 (나)와 (라)를 들려 주었다. 즉 각각 같은 언어로 말하
였으되 내용이 다른 것 한 쌍씩을 듣게 한 것이다. 그리고는 담배와
술의 소비를 줄이기 위해 담배 및 술에 대한 세금을 올려야겠는데 찬
성하겠느냐는 의견을 물었다.

피조사자들은 이 조사가 단순히 끽연과 음주에 대한 의견을 묻는 줄
로 알았을 뿐 언어 태도에 대한 조사라는 것을 전혀 눈치채지 못하였
을 것이다. 그러나 이 조사에서 의도한 것은 말할 것도 없이 앞의 가
설과 관련된 언어 태도의 관찰이었고, 그 결과도 그러한 의도를 충족
시켜 주기에 충분한 것이었다. 즉 (가)와 (다)를 들은 A군의 응답자
들은 (나)와 (라)를 들은 B군의 응답자들보다 두 배나 높은 비율로
담배에 대한 세금 인상을 찬성한다는 반응을 보인 반면 B군의 응답자
들은 정반대로 술에 대한 세금 인상에 찬성하겠다는 반응을 A군에
비해 두 배나 높은 비율로 보였던 것이다. 이것은 A군에게는 담배
해독에 대한 과학적인 주장을 히브리어로 한 것이 효과를 낸 것이며,
B군에게는 禁酒의 필요성을 회교의 교리를 근거로 아랍어로 호소한
것이 효과를 낸 것을 뜻하며, 동시에 A군에게 과학적인 이야기를 아
랍어로 이야기한 것이나 B군에게 종교적으로 호소하는 이야기를 히
브리어로 한 것은 효과가 적었다는 것을 뜻한다.

이로써 이 연구는 앞의 가설이 사실임을 아주 훌륭히 증명하였다.
피조사자들을 엉뚱한 곳에 정신을 쏟게 하면서 소기의 목적을 오히려
더 멋지게 이루어내는 매우 성공적인 조사 방법이었다고 하지 않을 수

없다. 동시에 이 연구는 간접 방법의 한 대표적 성공 사례라 하여도 좋을 것이다.

9.1.2 끼워맞추기 방법

언어 태도의 연구에서 가장 널리 쓰이는(그만큼 가장 표준적이라고 할 수 있는) 조사 방법은 Lambert *et al.*(1960) 및 Lambert(1967)에서 부터 개발되어 쓰이기 시작한 끼워맞추기 방법(matched-guise technique)이다. [4] 이 조사 방법은 다시 순수한(원조의) 끼워맞추기 방법과 그 수정안들로 나뉘는데 전자의 방법을 중심으로 보면 다음과 같다.

먼저 조사하고자 하는 언어(흔히 두 언어)들을 모두 능통하게 구사할 줄 아는 이중언어사용자들을 다수 확보한 다음 이들로 하여금 똑같은 내용의 이야기를 한 번은 A의 언어로, 다른 한 번은 B의 언어로 번갈아 읽도록 하여 녹음한다. 그리고는 이것들을 다시 한 테이프에 연속적으로 배열하되 한 이야기가 끝날 때마다 다른 사람의 목소리가 배치되는 것처럼 한다. 그러면서 이때 약간의 속임수를 쓰는데 이것이 이 방법의 핵심적인 요소다. 계속 다른 사람의 목소리로 바뀌어 나가는데 어느 순간 저 앞에서 한 번 나왔던 사람의 목소리를 다시 삽입하는 것이다. 이럴 때 만일 앞에서는 A어로 말한 녹음이 나왔다면 이번에는 B어로 말한 녹음을 넣는다. 이를 그림으로 보이면 다음과 같다. (가), (나), (다)는 話者, A, B는 사용된 언어를 가리킨다.

이 그림에서 네번째 이야기는 실상 첫번째와 같은 사람의 목소리다. 그러나 이 녹음을 듣는 사람은 이미 첫번째 목소리를 잘 기억하고 있

---

4) matched-guise technique, 또는 matched-guise experiment에 대한 역어는 아직 널리 쓰이는 것이 없는 듯하다. 照合誘導法이란 역어가 쓰이고 있다고는 하나 생경한 듯하여 우선 끼워맞추기 방법이란 이름으로 부르기로 한다.

(1)	(2)	(3)	(4)	(5)	(6)	(7)
(가) A	(나) B	(다) B	(가) **B**	(라) A	(마) A	(나) **A**

지 못하기 때문에 그것들이 같은 사람의 목소리라는 것을 눈치채지 못한다. 일곱번째 목소리와 두번째 목소리도 그러하다. 이처럼 실제로는 같은 목소리인 것을 적당한 거리로 떨어뜨려 배열함으로써 듣는 사람으로 하여금 다른 사람의 목소리인 것처럼 속도록 하는 것이 이 방법의 특징이다. 만일 1분짜리 이야기를 10개 들었다면 실제로는 다섯 사람의 목소리를 두 번씩(A어로 한번, B어로 한번) 들은 꼴인 것이다.

이렇게 반복되는 내용의 녹음을 들려 주고서는 이번에는 10명(실제로는 5명) 하나하나에 대해 그 성격을 평가하도록 한다. 얼마나 지적이겠는가, 얼마나 믿음직하겠는가, 사회적 지위는 어느 정도이겠는가, 얼마나 호감이 가는 사람이겠는가 등으로 나누어 등급을 매기게 하는 것이다. 이때 만일 첫번째 목소리와 네번째 목소리에 대해 달리 등급을 매겼다면 그것은 바로 두 언어에 대한 태도가 그만큼 다르다는 뜻일 것이다. 실제로 같은 사람의 목소리며, 내용도 완전히 같은 것이므로 두 목소리에 대한 다른 평가란 두 언어에 대한 태도가 다름을 드러내는 것이라고 해석될 수밖에 없기 때문이다. 말하자면 일종의 속임수를 빌어 A, B 두 언어에 대한 언어 태도를 측정하는 것이 끼워맞추기 방법이다.

9.1.3 의미 미분 척도

앞에서 언어 태도를 측정할 때 얼마나 지적인 것 같으냐, 얼마나 호감이 가느냐와 같은 물음으로 화자를 평가하게 한다고 하였는데 이에 대해 좀더 구체적으로 살펴보기로 한다. 이것은 이른바 意味 微分 尺度(semantic differential scale)라는 측정법으로서 양쪽 끝에 정반대의 (한쪽은 가장 좋은 쪽이고, 다른 한쪽은 가장 나쁜 쪽의) 의미가 되는, 주로 형용사로 표현되는 특징을 배치하고 그 사이를 적당한 수의 공란으로 구분하여 등급을 매기게 하는 방식이다. 가령 공란을 7개 두면 7개의 등급으로 평가하는 측정표가 되는데 이를 그림으로 보이면 다음 도표 9.1과 같다.

<pre>
점잖다   — — — — — — —   경박하다
똑똑하다 — — — — — — —   멍청하다
          7 6 5 4 3 2 1
</pre>

도표 9.1 7단계 의미 미분 측정표

이 측정표의 용도는 복잡할 것이 없다. 만일 녹음된 테이프를 통해 어떤 이야기를 듣고 그 화자가 매우 똑똑하다고 생각되었으면 앞의 그림에서 〈똑똑하다〉 쪽에 가장 가까운 공란, 즉 7번의 공란에 표시를 하고, 그와 정반대로 아주 멍청하다고 생각되었으면 〈멍청하다〉 쪽에 가장 가까운 공란, 즉 1번의 공란에 표시를 하면 된다. 그리고 그 중간으로 생각되었으면 가운데 칸인 4번의 공란에 표시하고 어느 한쪽으로 얼마간 기울게 생각되었으면 해당되는 등급을 찾아 표시하면 되는 것이다.

언어 태도의 조사는 여러 사람을 대상으로 하는 만큼 위와 같은 측정표는 자연히 여러 사람에게서 모아질 것이다. 그러면 이번에는 그 평균치를 내는 일을 해야 할 차례가 된다. 평균치를 내는 요령은 간단하다. 가령 테이프 (1)번을 들려 준 사람이 40명이고 그들이 그 목소리의 주인공, 즉 화자 (가)에 대한 평가를 도표 9.1의 측정표를 통해 내린 결과가 다음과 같다고 하자(공란 위의 숫자는 인원수를 나타낸다).

$$\text{똑똑하다} \quad \frac{4}{7} \; \frac{9}{6} \; \frac{17}{5} \; \frac{8}{4} \; \frac{3}{3} \; \frac{1}{2} \; \frac{0}{1} \quad \text{멍청하다}$$

그러면 공란 아래의 수치를 〈똑똑하다〉의 정도를 나타낸 값으로 쳐서 그것을 인원수로 곱하여 이들을 모두 합치면 다음과 같이 될 것이다.

$$(7\times4)+(6\times9)+(5\times17)+(4\times8)+(3\times3)+(2\times1)$$
$$=28+54+85+32+9+2=210$$

이번에는 이것을 조사 대상자 총수인 40명으로 나누면 5.25라는 수치를 얻게 되는데 이것이 화자 (가)에 대한 평가의 평균치가 된다. 〈똑똑하다〉 쪽의 만점이 7점이었으니 만일 이것을 100점으로 환산하면 75점의 점수를 받았다고 할 수 있을 것이다.

이 의미 등급 측정표에서 공란으로 남겨 놓는 자리를 그 등급에 해당할 만한 구체적인 표현으로 채워 넣을 수도 있을 것이다. 〈매우 똑똑하다, 상당히 똑똑하다, 꽤 똑똑한 편이다, 그저 그런 정도다, 조금 둔한 편이다, 좀 멍청하다, 매우 멍청하다〉와 같은 표현을 각각 7-1의 자리에 채워 넣는 방식이 그것이다. 이것은 막연히 공란으로 남겨 놓았을 때보다 해당되는 난을 선택하기에 더 수월하게 하는 면이 있을 것이다. 그러나 한편으로는 그 표현을 여간 적절하게 하지 않고서는 오히려 해당되는 난을 찾지 못하여 일을 더 어렵게 만들지도 모른다. 이 측정표에서 공란으로 남겨 놓는 것을 원칙으로 삼는 것은 이 때문일 것이다.

그렇더라도 어떤 공란이 대개 어떤 표현에 해당한다고 말할 수는 있을 것이다. 즉 앞의 도표 9.1에서 7란은 〈매우 똑똑하다〉에 4란은 〈똑똑하지도 멍청하지도 않다〉에 해당한다고 할 수 있다. 그리고 100점 만점에 75점은 〈꽤 똑똑한 편이다〉 정도에 해당한다고 바꾸어 이해할 수 있을 것이다.

9.1.4 끼워맞추기 방법의 개선

앞에서 본 끼워맞추기 방법은 언어 태도의 조사에 가장 널리 쓰이는 표준적인 방법이기는 하나 그 방법론상 어쩔 수 없이 안고 있는 문제점도 가지고 있음이 지적되어 왔다. 내용이 완전히 같은 두 언어를 사용하는 만큼 그 두 언어의 관계가 한쪽을 다른 한쪽의 언어로 번역한 모습의 것이 되고, 또 이것을 화자가 읽어서 녹음하는 형식을 취하므로 일상적으로 쓰는 언어를 자료로 쓰지 않는다는 것이 그 하나다. 더욱이 그 녹음된 내용이 완전히 같은 것이어서 청취자(피조사자)는 꼭같은 내용이 수없이 반복되는 것을 들음으로써 싫증을 느끼게 된다는 것도 하나의 약점이라 할 수 있다. 그리고 의미 등급 측정표에 의한 통계가 얼마나 객관성을 가질 수 있겠느냐는 데 대해서도 의문이 제기되어 왔다.

따라서 이러한 문제점들을 보완하여 언어 태도를 좀더 자연스럽고 능률적으로 측정할 수 있는 개선안이 이모저모로 추구되어 왔다. 녹음을 들려 주는 대신 직접 화자가 나서는 방안이 강구되기도 하고, 측정의 신뢰도를 점검하기 위하여 어떤 태도가 실제로 행동으로 이어지는가를 관찰하는 방안이 강구되기도 하였다.[5] 그 중 대표적인 개선안 하나는 Bourhis and Giles(1976)에서 고안되어 쓰인 것으로서 우리의 흥미를 끈다.

이 연구는 웨일스에서 웨일스어 및 영어에 대한 언어 태도를 조사하기 위한 것이었는데 그곳의 언어 상황에 따라 조사 대상으로 삼은 언어는 다음의 네 종류였다.

(가) 표준 영국 영어(RP)
(나) 남부 웨일스어의 말투가 약간 섞인 영어(mEW)

---

5) 이에 대한 구체적인 내용은 Fasold(1984 : 153-158)에 소개되어 있다. 다음의 Bourhis and Giles(1976)의 개선안도 같은 곳에서 옮겨온 것이다.

(다) 남부 웨일스어의 말투가 많이 섞인 영어(bEW)

(라) 표준 웨일스어(W)

그리고 조사 대상으로 삼은 사람들은 극장에 영화를 보러 오는 관람객으로 하였다. 관람객들에게 앞으로 영화 프로 선정에 참고하고자 설문을 실시하니 현관 홀에 비치되어 있는 설문지를 작성해 주면 고맙겠다는 안내 방송을 관람객에 따라 위의 네 종류의 어느 한 언어로 들려 준 것이다. 이때 관람객은 두 종류로 구분하였다. 하나는 영어만 사용하는 사람들이고 다른 하나는 영어와 웨일스어를 다 사용하는 이중언어사용자들이었다. 이것은 하나의 가정이기는 하였다. 5일 동안 영어로 된 영화 두 편을 상영하였는데 이때의 관람객은 대부분 영어만 할 줄 아는 관람객으로 상정하였고 또 4일 동안은 웨일스어로 된 영화 한 편을 상영하였는데 이들은 영어와 웨일스어를 다 사용하는 관람객인 것으로 상정한 것이다.

이렇게 두 부류로 나누어 전자의 관람객들에게는 (가), (나), (다)를 매일 번갈아 (그 중 (가)와 (다)는 이틀에 걸쳐, (나)는 하루만) 들려 주고 후자의 관람객에는 (가), (나), (다), (라)를 하루 한 가지씩 모두 들려 주었다. 이렇게 하여 (가)-(라) 중 어떤 종류의 말로 협조를 구했을 때 호응도가 가장 높은가를 측정하였는데 그 결과는 다음과 같았다. 아래 표 9.1은 영어만 하는 관람객들에게서 얻은 결과인데 여기에서는 웨일스어의 요소가 많이 섞인 말일수록, 즉 표준 영어에서 멀어질수록 호응도가 낮았다는 것을 보여 준다.

표 9.1 웨일스의 영어 사용자 관람객들의 설문지 조사 호응도

언어 종류	RP	mEW	bEW
설문지 작성자율(%)	22.5	25.0	8.25

반면 영어와 웨일스어를 함께 사용하는 관람객들한테서는 이와 사뭇 다른 결과가 나타났다. 아래 표 9.2에서 보듯이 이번에는 안내 방송이 웨일스어로 되었을 때 그 호응도가 훨씬 높고, 영어는 비록 웨일스어의 악센트가 섞였을 때가 좀 나은 편이기는 하나 전체적으로 호응을 별로 이끌어 내지 못한 것을 볼 수 있다.

표 9.2 웨일스 이중언어사용자 관람객들의 설문지 조사 호응도

언어 종류	RP	mEW	bEW	W
설문지 작성자율(%)	2.5	9.2	8.1	26.5

이상의 연구는 다같은 웨일스인들이면서도 그들이 웨일스어를 쓰고 있는가 아닌가에 따라 웨일스어 및 영어에 대한 언어 태도가 다르다는 것을 훌륭히 밝혀내고 있다. 그런데 그 방법이 순수한 끼워맞추기 방법보다 한결 자연스럽다는 것이 우리의 주목을 끈다. 피조사자들은 우선 그들이 언어 태도에 대한 조사를 받고 있다는 것을 전혀 눈치채지 못하였을 것이다. 그리고 그들은 같은 내용을 몇 가지 다른 말로 반복해서 들어야 하는, 그리고 그것들을 비교해야 하는 좀 억지스러운 고역을 치르지 않아도 되었다. 누구를 평가하여 점수를 매기는 어려운 일도 물론 하지 않았다. 그리고 비록 녹음된 방송을 들은 점에서는 차이가 없다고 할지 모르나 그 방송은 글을 읽는 형식이 아니라 우리가 일상 듣는 자연스러운 말투의 안내 방송일 뿐이었다. 여러 가지로 한결 개선된 조사 방법이었다고 해야 할 것이다.

물론 이러한 방법에는 위험도 없지 않다. 피조사자들이 동일 집단이 아니고 그때마다 다른 집단이었는데 여기에는 어느 집단이든 동일한 반응을 보이리라는 전제가 성립되어야 한다. 즉 영화관에서 어떤 다른 날을 잡아 다른 관람객들을 대상으로 조사하여도 거의 같은 반응을 보일 것이라는 전제가 성립되지 않는 한 이 조사 방법은 적용하기 어렵다.

그러나 그 점만 유의하면 이 방법은 매우 효율적일 것으로 기대된다.

9.2 언어 태도와 사회 구조

이 장 첫머리에서 우리는 한 언어 공동체란 언어 태도가 일치하는 사람들의 집단으로 이해할 수 있으리라는 것을 밝힌 바 있다. 언어 공동체는 애당초 언어적으로 공통점을 가진 집단이긴 하지만 그 구성원들은 언어 태도에서도 공통점을 가지는 것이 일반적이다. 가령 어떤 말에 대해서는 고향 말처럼 정답게 느낀다고 하면서 다른 한 말에 대해서는 아무래도 타향 말처럼 느껴진다는 어떤 집단이 있다면 그들은 동일한 언어 공동체를 이루고 있다고 보아야 할 것이다.

이것은 만일 우리가 어떤 집단의 언어 태도를 살펴보면 그 집단의 사회 구조를 파악할 수 있으리라는 점을 시사하는 점이기도 하다. 한 예로 경상도와 전라도의 접경 지대에 위치한 양쪽 마을을 대상으로 하여 그곳 주민들의 두 방언에 대한 언어 태도를 조사해 보면 두 지역의 사회 구조를 이해하는 데 큰 도움을 얻을 수 있을 것이다. 중국 연변의 韓族의 경우가 더 좋은 예가 될지도 모른다. 그들의 한국어 및 중국어에 대한 언어 태도를 분석해 보면 그들의 韓族으로서의 유대감(통일성)이, 동시에 漢族으로부터의 독립성(차별성)이 어떤 형태로 형성되어 있는지를 측량해 볼 수 있을 것이기 때문이다. 말하자면 언어 태도는 언어의 사회적 역할을 밝혀 주는 도구, 더 구체적으로 말하면 한 집단의 성원임을 드러내 주는 징표로서 언어가 어떤 구실을 하는가를 이해하게 해주는 도구이기도 한 것이다.

이 점에서 국어에 대한 우리나라 사람들(및 해외 동포들)의 언어 태도에 대한 연구는 사회언어학자에게는 매우 중요한 과제가 아닐 수 없다. 그러나 이 방면으로의 연구는 아직 미개척 상태에 있다. 조준학 외 (1981), 이정민(1981) 등에서 한자어 및 외래어에 대한 언어 태도, 또

표준어와 사투리에 대한 언어 태도 등에 관한 연구가 시도되었으나 초
보 단계의 것이며 더욱이 해외 동포들의 국어에 대한 언어 태도는 아
직 발걸음조차 떼어놓지 못한 상태에 있다. 일본, 중국, 구소련, 미
국 각지의 동포들 사이에서도 큰 차이가 예상되는데다가 그것이 그 사
회 구조를 반영할 것이므로 이 방면의 연구는 앞으로 특히 중요한 과
제가 되어야 할 것이다. 여기에서는 어쩔 수 없이 다시 남의 나라에서
의 연구 성과를 보기로 한다. 그 중 Trudgill and Tzavaras(1977)
은 어쩌면 우리 해외 동포의 상황을 여기에 대입해 볼 수도 있을 듯하
여 흥미를 일으킨다.

9.2.1 이민사회에서의 언어 태도

이 연구는 그리스에 사는 알바니아족들의 알바니아어에 대한 언어
태도를 조사한 것으로 그것이 세대에 따라 뚜렷한 변화를 일으키고 있
는 현상을 밝힌 것이다. 표 9.3은 다음의 세 가지 물음에 대한 응답을
〈그렇다, 아니다, 이것도 저것도 아니다〉로 나누어 백분율(%)로 나타
낸 것이다. [6]

　(가) 당신은 알바니아어를 쓰기를 좋아합니까?
　(나) 당신은 알바니아어를 쓰는 일이 좋은 일이라고 생각하십니까?
　(다) 알바니아어를 쓰면 이점이 있습니까?

표 9.3을 보면 노년층일수록 고국의 말에 대해 긍정적인 태도를 가지
고 있고, 젊은 층일수록 점차 그리스 사람들에 동화되어 고국의 말을

---

6) 이 조사 방법은 앞에서 분류한 체계에 따르면 직접 방법이면서 동시에 固定
　質問法이며 또 인터뷰에 의한 방법이다. 끼워맞추기 방법에 비해 단순한 기법
　이면서도 이 경우엔 정확한 성과를 얻어냈다는 평가를 받고 있어 (Fasold
　1984 : 160) 그 방법론에도 주목할 필요가 있겠다.

표 9.3 알바니아어에 대한 세 물음에 대한 연령별 응답률

연령	Yes			Indifferent			No		
	(가)	(나)	(다)	(가)	(나)	(다)	(가)	(나)	(다)
5-9	1	1	1	10	10	17	89	89	82
10-14	16	17	12	17	73	38	67	10	50
15-24	17	18	34	41	48	50	42	35	16
25-34	30	32	40	67	66	49	3	3	11
35-49	46	64	56	53	35	36	2	1	8
50-59	67	95	67	31	4	33	1	1	0
60+	79	86	97	21	14	3	0	0	0

(Trudgill and Tzavaras 1977)

잊어가는 현상을 볼 수 있다. 이것은 매우 정상적이고 일반적인 유형이라 할 수 있을 것이다. 외국으로 이민을 간 경우든, 국내에서 이주를 한 경우든 한두 세대만 지나도 새 고장의 언어를 제1언어로 삼게 되는 것이 보통이기 때문이다.

그런데 다음 표 9.4에 나타난 결과는 의외라는 느낌을 준다. 이 표는 〈알바니아족이기 위해서는 반드시 알바니아어를 써야 할까요?〉라는 물음에 대한 응답을 백분율로 나타낸 것이다. 앞의 표 9.3에서 보인 경향과 비슷할 것이리라는 기대를 가지기가 쉬운데 결과는 정반대로 나타나고 있다. 긍정적인 대답이 많을 듯 싶은데 거의 모든 연령층에서 아니라는 대답이 많은데다가 노년층으로 갈수록 그러한 부정적인 대답의 비율이 높게 나타나고 있는 것이다.

이에 대한 Trudgill and Tzavaras(1977 : 180-181)의 해석은 이러하다. 노년층은 이제 알바니아어가 명맥을 유지해 가기 어렵다는 것을 잘 안다. 그러나 자신들이 알바니아족이라는 종족적인 정체성은 지키고 싶다. 그런데 알바니아 말을 잊었다고 하여 알바니아 종족이 아니라고 하면 그 길이 없다. 그러니 말을 잊었다고 하여 알바니아족이 아

표 9.4 알바니아인은 반드시 알바니아어를 써야 하느냐에 대한 응답률

연령	Yes	No
10-14	67	33
15-24	42	58
25-34	24	76
35-49	28	72
50-59	33	67
60+	17	83

(Trudgill and Tzavaras 1977)

니라고 할 수는 없다는 것이다. 반면 가장 젊은 층인 10-14세층이 알바니아족이기 위해서는 알바니아어를 써야 한다는 대답을 가장 많이 한 까닭은 무엇일까? 이들은 굳이 알바니아족으로서 남고 싶지 않은 것이다. 그리스 말을 쓰면서 그리스 사람처럼 살고 싶은 것이다. 알바니아족이려면 알바니아 말을 필수적으로 해야 한다, 그런데 우리는 그 말을 모른다, 그러니 우리는 알바니아 사람이 아니고 그리스 사람이다, 이런 심리가 예상 밖의 대답을 그처럼 많이 하게 한 것이라고 풀이하는 것이다.

이민에 의해 형성된 한 집단이 그들대로의 독자성을 지키느냐 아니면 그 주변의 보다 큰 집단에 동화되어 가고 있느냐 하는 청사진을 위의 연구에서 보면 언어 태도가 잘 드러내 주고 있다. 앞에서 밝힌 대로 언어 태도가 그 사회의 구조를 밝혀 주는 도구임을 여기에서 다시 확인하게 된다.

9.2.2 양층언어사회에서의 언어 태도

한 언어 공동체 안에 上位 언어와 下位 언어의 구분이 명백할 때 그

현상을 兩層言語現象(diglossia)이라 한다는 것을 앞(제8장)에서 설명한 바 있다. 이러한 현상이 있는 사회에서의 두 언어 변종에 대한 언어 태도는 특별히 우리의 흥미를 자극하는 바가 있다. 그러한 사회일수록 언어 태도가 선명하게 드러날 것이 예측되고, 또 그러한 사회의 특수성이 언어 태도에 어떻게 반영될지가 사뭇 궁금한 바가 있기 때문이다. 사실 移民社會에서의 언어 태도도 결국은 좀더 열세에 있는 자기들 고유의 언어와 좀더 위세를 떨치는 신세계의 언어를 대비하여 일으키는 반응으로서, 언어 태도란 대부분 이처럼 경쟁 관계에 있는 두 언어에 대한 태도로 대표된다고 할 수 있을지 모른다. 그러나 그 중에서도 양층언어현상이란 그 對立相이 워낙 극명하고 뿌리가 깊은 것이어서 여기에서의 언어 태도는 그만큼 뚜렷한 모습으로 드러날 것이 기대되는 것이다.

먼저 El-Dash and Tucker(1975)의 내용을 통하여 양층언어사회에서의 언어 태도의 한 단면을 보기로 한다. 이 연구는 이 현상이 가장 전형적으로 나타나는 아랍 세계의 하나인 이집트를 무대로 하여 고전 아랍어와 일상 아랍어(및 영어)에 대한 언어 태도를 끼워맞추기 방법에 의하여 조사한 것이다. 두 변종 및 영어를 모두 잘 구사하는 이집트인 두 사람으로 하여금 Giza 피라미드에 대한 토론을 시킨 내용을 녹음하여[7] 청취자들에게 이 녹음을 듣고 의미 미분 척도로 그 화자를 평가하도록 한 것이다.

그 결과 하나는 다음 표 9.5와 같이 나타났다. 화자를 (가)지적인가, (나)지도력이 있는가, (다)信心이 높은가, (라)호감을 주는가의 네 분야에 걸쳐 평가하게 한 결과인데 네 분야에서 고루 고전 아랍어, 일상 아랍어, 이집트 영어가 뚜렷한 차이를 보여 준다.

---

7) 끼워맞추기의 표준형에서처럼 동일한 내용을 읽도록 하지 않고 자연스러운 토론 형식을 취한, 한걸음 발전한 방식임을 주목할 필요가 있다. Giza 피라미드 이야기도 사람들의 감정을 자극하지 않을 중립적인 화제로 고른 것이다.

표 9.5 세 가지 언어에 대한 평가치의 비교표

人性	고전 아랍어	이집트 영어	일상 아랍어
지능	10.25		8.49
	10.25	9.59	8.49
지도력	8.74		7.20
	8.74	8.56	7.20
신앙심	9.38		7.75
	9.38	7.11	7.75
호감	9.48		8.51
	9.48	8.71	8.51

(El-Dash and Tucker 1975, Fasold 1984 : 167)

　이 표에서 보면 고전 아랍어가 모든 면에서 가장 높은 점수를 받고 있다. 양층언어사회에서 上位語를 구사하는 사람들이 識者層에 속하는 동시에 지도층에 속하는 것으로 인식되는 일은 당연하므로 지능 및 지도력에서 고전 아랍어가 더 높은 점수를 받은 것은 기대했던 대로라고 해야 할 것이다. 그리고 고전 아랍어는 무엇보다도 종교와 관련된 일에 쓰이는 말이므로 신심이 높다는 쪽에서 높은 점수를 받은 것도 당연할 것이다. 다만 이 항목에서 주목되는 것은 영어가 다른 항목에서와는 달리 가장 낮은 점수를 받았다는 사실이다. 외래적인 언어가 고유한 종교와 관련하여서는 상위어로서의 구실을 못하고 있는 현상을 반영하는 것일 것이다. 마지막 항목인 好感度에 관한 결과는 우리의 예측을 깨는 면이 있다. 흔히 토박이말이 사회적으로 下位語의 자리에 놓인다 할지라도 情感的으로는 더 가까운 느낌을 주고 따라서 호감도와 같은 情的인 척도에서는 더 높은 점수를 받을 것이 기대된다. 그런데 여기에서도 고전 아랍어가 더 높은 점수를 받고 있는 것이다. [8]

---

8) 이것은 비록 우리의 기대에는 어긋나나 상위의 변종이 정적인 척도에서도 우위를 점하는 실례는 언어 태도 연구에서 꽤 자주 나타난다고 한다(Fasold 1984 : 168).

이 연구는 앞의 세 변종이 어떤 상황에 쓰이는 것이 가장 적절한가
에 대해서도 조사하였는데 그 결과에서도 사람들의 언어 태도가 분명
하게 드러나고 있다. 말이 쓰이는 상황은 (가)가정, (나)학교, (다)직
장, (라)라디오와 텔레비전, (마)공식 연설 및 설교의 다섯 가지를 설
정하였는데 이 중 (다)의 직장에서는 그 차이가 잘 드러나지 않았다.
그러나 나머지 네 상황에서는 다음 표 9.6에서 보듯이 양층언어사회
에서 우리가 예측할 수 있는 그런 결과가 나타나고 있다.

표 9.6 네 상황에 대한 세 언어의 적절성에 대한 평가치의 비교표

상황	고전 아랍어	이집트 영어	일상 아랍어
가정	6.36		8.70
	6.36	6.69	8.70
학교	9.11		8.19
	9.11	8.16	8.19
방송	9.79		7.78
	9.79	8.84	7.78
공식 담화	9.13		5.39
	9.13	6.60	5.39

(El-Dash and Tucker 1975, Fasold 1984 : 167)

위의 표에서 보면 일상 아랍어는 가정에서 쓰기에 가장 적절한 변종
이다. 고전 아랍어는 큰 차이는 아니지만 영어보다도 부적절한 것으로
평가되고 있다. 정상적인 口語가 아닌, 매우 특이한 성격의 변종에서
오는 결과일 것이다. 학교에서는 고전 아랍어가 높은 점수를 받는 것
은 당연할 것이다. 그리고 라디오와 텔레비전에서 더욱 높은 점수를
받는 것도 고전 아랍어의 기능의 한 단면을 반영하는 것일 것이다. 그
리고 격식을 갖춘 연설이나 설교에서 일상 아랍어가 유난히 낮은 점수
를 받은 것도 이 변종의 특성을 잘 드러내는 것으로 보인다.
이상의 연구는 양층언어사회에서 그 공동체의 공통된 언어 태도가

있음을 선명히 드러내 주었다. 이집트의 경우는 상위어와 하위어 이외에 영어까지 사용되는 多層言語社會인 셈인데 그 세 변종에 대한 태도가 여러 면에서 달리 형성되어 있음은 그 사회의 구조를 이해하는 면에서도 퍽 흥미로운 바가 있다.

9.3 언어 태도와 교육

언어 태도는 교육에도 매우 유용하게 활용된다. 외국어를 배울 때 그 언어에 대한 학습자의 언어 태도가 그 학습의 성취에 어떠한 영향을 미치는가를 외국어 교육에 활용하는 것이라든지, 교사의 말에 대한 언어 태도가 학생들에게 미치는 영향을 교육에 활용하는 따위가 그것이다. 아울러 학생들의 말에 대한 교사의 언어 태도도 중요한 연구 대상이 된다. 오히려 교육과 관련된 언어 태도의 연구는 이 후자에 집중되어 있다고 해도 좋을 것이다. 여기에서는 이 후자, 즉 학생들에 대한 교사들의 언어 태도에 대한 연구 결과를 Williams의 연구를 중심으로 살피기로 한다.

교육과 관련된 언어 태도에 대한 연구는 흔히 Frederick Williams의 일련의 연구로 대표된다. Williams의 연구는 동갑나기 어린이들을 인종과 사회 계층에 따라 구분하고 그 각각에 대한 교사들의 언어 태도를 조사 분석한 것으로 요약될 수 있다. 즉, 인종은 백인, 흑인 및 멕시코계 미국인으로 나누어 조사하였으며, 사회 계층은 중류층과 하류층으로 나누어 조사하였는데, 결과적으로 중류층 백인, 하류층 백인, 중류층 흑인, 하류층 흑인 식으로 세분된 어린이에 대한 교사들의 언어 태도를 조사한 것이다.

Williams(1973)는 먼저 교사들에게 어린이들의 구체적인 언어 자료를 제시하지 않은 채 인종에 대한 교사들의 통념(stereotype)을 조사하였다. 즉 평소 경험으로 백인, 흑인 및 멕시코계 어린이들의 말이 어떻게 느껴졌는가를 물은 것이다. 그 결과 백인 어린이들의 말이 〈신뢰가 가고 열심이다〉와 〈이방인 같지 않고 표준어적이다〉의 두 종류의 척도에서 다같이 가장 긍정적인 평가를 받은 것으로 나타났다. 그리고 이 흑인과 멕시코계 어린이는 〈다른 종족 같다〉와 〈비표준어적이다〉라는 점에서는 비슷이 낮은 평가를 받았는데 〈신뢰가 간다〉와 〈열심이다〉라는 항목에서는 멕시코계 어린이들이 더 낮은 점수를 받은 것으로 나타났다. [9]

그런데 이러한 통념이 구체적인 언어 자료를 통해 언어 태도를 조사할 때 교사들에게 어떤 영향을 미칠까? 어린이들의 말씨는 어떻든 결국은 통념으로 평가하는 것일까? 아니면 일단 구체적인 말을 듣게 되면 통념과는 관계 없이 순전히 그 말씨 자체만으로 평가하는 것일까? Williams(1973)는 이를 알아 보기 위해 매우 독창적인 방안을 하나 이용하였다. 각 인종을 입 모양이 잘 보이지 않도록 옆으로 세워 찍은 비디오를 통해 말을 들려 주고 그들의 말을 평가하게 한 것인데 이때 그 말은 실제로는 한 어린이의 표준 영어였던 것이다.

이 조사 결과를 앞에서 조사했던 통념의 것과 비교하여 도표로 보인 것이 다음 도표 9.2이다. 이 그림에서 드러나는 현상은 대개 이렇게 정리될 수 있다. 결론적으로 통념은 통념대로 어떤 영향력을 미치고

---

9) Williams의 의미 미분 척도는 〈지능〉이면 〈지능〉, 〈호감〉이면 〈호감〉과 같은 단독 형식으로 이루어져 있지 않고, 결국은 같은 내용이라고 할 수 있는 성질 두 개가 짝으로 묶여 있는 것이 특징이다. 그 중 하나가 〈신뢰—열심 (confidence—eagerness)〉 척도요, 다른 하나가 〈인종—비표준(ethnicity —nonstandardness)〉 척도다. 전자는 말을 얼마나 유창하고 진지하게 하느냐 하는 태도(manner)에 관한 척도요, 후자는 어떤 발음, 어떤 문법, 어떤 어휘를 사용하느냐 하는 그 형식(form)에 관한 척도라 할 수 있는데 거의 동일한 성질을 두 개씩 묶어 사용하고 있다. 여기에서 〈인종〉 척도의 형용사 〈인종 특유의(ethnic)〉를 〈이방인 같다〉 〈다른 종족 같다〉로 번역해 썼다. ethnic은 결과적으로 백인이 아니라는 뜻이며, nonethnic은 백인이라는 뜻을 가리키기 때문이다. ethnic—nonstandard가 하나로 묶이고, nonethnic -standard가 하나로 묶이는 것도 이 점에서 주의를 요한다.

있으며, 구체적인 언어 자료는 또 그것대로 평가 기준이 되고 있다. 만일 순수히 언어 자료만이 평가 기준이었다면 비디오를 통한 평가에서 세 인종에 대한 평가가 그림에서처럼 달리 나타나는 일은 있을 수 없을 것이다. 즉 A(백인), B(흑인), M(멕시코계)의 세 동그라미가 모두 A의 자리에 겹쳐 나타나야 했을 것이다. 비디오의 세 얼굴이 각각 인종은 달랐어도 그 말은 동일인의 표준말이었기 때문이다. 여기에 통념의 작용이 있었음이 드러난다. 통념이 Fasold(1984 : 173)의 표현대로 〈닻(anchor point)〉의 구실을 하여 실제 언어 자료를 통하여 자유롭게 평가할 힘을 이끌어 매고 있는 것이다. 그러나 이 통념이 평가 기준의 전부가 아니었음도 분명하다. 백인에 대한 평가는 두 경우가 거의 같게 나타났지만, 흑인과 멕시코계 어린이에 대한 평가는 통념에 의한 평가 때보다 상당한 수준으로 향상되어 이번에는 적어도 표준어의 영역에 속하는 정도로는 평가를 받고 있는 것이다. 즉, 이는 교사들이 실제 언어 자료에서 영향을 받은 결과일 수밖에 없는 것이다.

　교사들의 언어 태도가 학생들의 교육에 구체적으로 어떤 영향을 미치는가에 대해서는 아직 그리 깊은 연구가 이루어진 단계가 아니다. 그러나 위에서와 같은 교사들의 언어 태도가 어떤 형태로든 영향을 미치리라는 것은 짐작하기에 어렵지 않다. 한 예로 Williams(1973)는 교사가 백인이냐 흑인이냐에 따라서도 언어 태도가 다름을 밝히고 있다. 내용인즉 이러하다. 흑인 교사는 흑인 어린이를 백인 교사들의 평가보다는 높게(덜 異人種的이고 덜 비표준어적이라고) 평가한다. 반면 하류층 백인 어린이에 대해서는 백인 교사들이 흑인 교사들의 평가보다 높게 평가한다. 말하자면 어떤 인종의 부정적인 면에 대해 그 인종이 자기와 같은 인종일 때에는 관대한 경향을 보인다. 이것은 가령 우리나라의 경우라면 학생들의 사투리에 대한 교사들의 언어 태도가 그 교사의 출신지에 따라 다를 수 있으리라는 짐작을 하게 하며, 동시에 교사들의 언어 태도 여하가 표준어 교육은 말할 것도 없고 일반 교육 전반에 걸쳐 어떤 영향을 행사하리라는 점을 일깨워 준다. 언어 태도

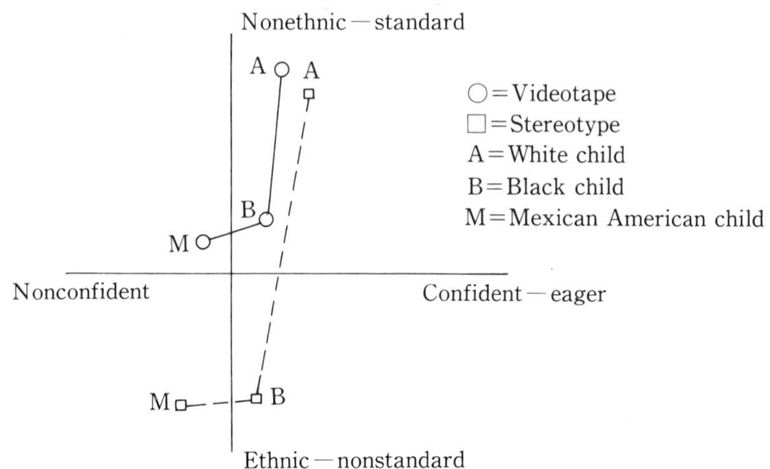

도표 9.2 세 다른 인종의 모습으로 방영된 동일 표준 영어에 대한 평가표
(Williams 1973 : 126, Fasold 1984 : 175)

가 교육에 직접적으로 활용될 수 있다는 것을 다시 강조해 두어야겠다.

9.4 요약

이상에서 그동안 국내 학계에 비교적 덜 알려져 있던 언어 태도에
대해 이 방면의 대표적 연구 성과를 중심으로 살펴보았다. 우리는 먼
저 그 방법론에 높은 비중을 두었다. 직접 방법과 간접 방법이 연구
주제에 따라 적절히 활용될 수 있고, 특히 끼워맞추기 방법은 의미 미
분 척도와 아울러 이 방면의 대표적인 기법이면서도 修正 끼워맞추기
방법으로 꾸준히 발전되는 모습도 보았다.

언어 태도는 의외로 그 효용이 커 사회 구조를 분석하는 데에도 활
용되고 교육에도 활용될 수 있음을 보았다. 특히 우리는 인종의 징표

298

로서 언어가 어떤 작용을 하는가, 양층언어사회에서의 각 언어들이 어떤 기능을 담당하는가, 多人種社會에서 교사들의 언어 태도가 교육에 어떤 영향을 미치는가 등에 대해 집중적으로 살펴보고자 하였다.

각 사투리에 대한 언어 태도, 외래어에 대한 언어 태도, 한자에 대한 언어 태도 등 우리나라에서도 이 방면으로 조사 분석되어야 할 과제가 산적해 있다고 생각된다. 해외에 있는 동포의 숫자도 많아져 그들의 모국어에 대한 언어 태도도 우리나라 사회언어학의 어느 주제보다도 중요하고 급한 과제일 것이다.

제 10 장

언어의 흥망성쇠

언어와 언어가 부딪치게 되면 거기에서도 일종의 투쟁이 벌어지게 된다. 서로 싸우다 끝내 하나는 멸망하고 마는 수도 있고, 서로 타협하여 공존하는 수도 있다. 多言語社會란 서로 부딪치는 언어들이 공존하는 경우일 것이며, 만주에서 만주어가 자취를 감추어 가고 일본에서 아이누어가 그 명맥이 끊기어 가는 것은 전자의 예에 해당하는 현상일 것이다. 한국인들이 이민을 갔을 때에도 두 가지 현상이 일어난다. 중국 연변 쪽의 교포들은 한국어를 잘 지키고 있는 편인 반면 일본의 교포들은 한국어를 거의 다 잃어버린 상태다. 한쪽에서는 중국어와의 투쟁에서 한국어를 지켜 나간 것이며, 한쪽에서는 일본어와의 투쟁에서 백기를 들고 투항하여 무릎을 꿇은 것이라고 할 수 있을 것이다.

사회언어학에서는 이러한 대조적 두 현상을 각각 言語 保存(language maintenance) 및 言語 轉換(language shift)이라 부른다. 어떤 언어 공동체가 전통적으로 써오던 언어를 계속 써갈 때 그것을 언어의 보존이라 부르고, 그 언어 공동체가 그 언어를 버리고 다른 언어를 쓰게 되면 그러한 현상을 언어의 전환이라 부르는 것이다. 만일 언어 전

환의 결과 이 지상에서 그 언어가 완전히 자취가 사라지게 되었다면
그때는 言語 死滅(language death)이라 하여 구별하여 부른다. 가령
재일 교포들이 깡그리 한국어를 잊어버렸다 하여도 한국어가 이 지상
에서 없어진 것은 아니므로 그것은 언어의 사멸이라고 할 수는 없을
것이며, 만일 일본에서 아이누어가 자취를 감춘다면 그것은 곧 이 지
상에서 아이누어가 완전히 자취를 감추는 것을 뜻하므로 아이누어의
사멸이라 불러야 할 것이다. [1]

말하자면 언어의 세계에도 흥망성쇠가 있다. 그런데 대체 어떤 언어
는 흥하며 어떤 언어는 망하는 것일까? 살아 남고 죽게 하는 조건들
은 무엇일까? 이 장에서는 언어의 보존 및 전환과 관련된 이러한 물
음에 대해 구체적인 사례를 통하여 그 해답을 구해 보고자 한다.

10.1 언어 선택

언어의 흥망성쇠는 결국 우리가 몇 언어 중 어느 것을 선택하고 어
느 것을 버리느냐의 문제로 귀결된다고 할 수 있다. 우리는 작게는 상
황에 따라서 격식적인 말투를 골라 쓰는가 하면 일상적인 말투를 골라
쓰기도 하고, 크게는 이민사회에서 볼 수 있듯이 3代가 사는 집에서
부모와 말할 때는 한국어를 쓰다가도 자식들하고 말할 때는 영어를 선
택해 쓰기도 한다. 늘 고정되어 있는 어떤 한 가지 말만 하며 사는 것

---

1) 언어 사멸을 넓은 뜻으로 써서 〈일본에서의 한국어 사멸〉 식으로 전자의 경
  우에도 이 용어를 확대 적용하는 수도 있다(Fasold 1984 : 214). 그러나 우리
  는 좁은 의미로 이 용어를 쓰고자 하며, 이것이 그동안 우리가 써온 용법과도
  부합한다.
   한편 언어 보존을, 한국에서 한국어가 계속 계승되어 가는 것과 같은 현상을
  가리키는 용어로 확대할 수도 있으나 일반적으로 單一言語社會에서의 경우에
  는 이 용어를 쓰지 않는다. 다언어사회에서 어떤 언어가 다른 언어와 공존 상
  태를 유지할 때에 그 언어가 보존된다고 말하는 것이다.

이 아니라 더 적절한 어느 한 가지를 선택해 쓰는 일의 연속 속에서 사는 것이다. 이른바 言語 選擇(language choice) 속에서 살고 있다. 언어의 홍망과 성쇠도 이러한 언어 선택의 한 결과라는 점에서 이 장에서는 먼저 언어 선택에 관해 한두 가지를 살펴보고 넘어가기로 한다.

10.1.1 언어 선택의 종류

다언어사회에서 언어 선택이 일어나는 유형은 대개 두 가지로 나누어 볼 수 있다. 하나는 코드 바꾸기(또는 코드 전환, code-switching) 방식이요 다른 하나는 코드 뒤섞기(또는 코드 혼합, code-mixing) 방식이다. 코드 바꾸기는 앞에서 예를 들었던 것처럼 한국말을 쓰다가 영어로 바꾸어 말하는 것과 같은 현상을 가리킨다. 직장에서 영어를 쓰다가 집에 와서는 한국어를 쓰는 경우도 마찬가지며, 일제시대 학교에서는 일본말을 쓰다가 하교길에서부터는 친구들끼리 우리말을 쓴 것도 전형적인 코드 바꾸기일 것이다. [2]

코드 바꾸기는 한 사람 안에서뿐만 아니라 두 사람 사이에서도 일어나는 수가 있다. 가령 아이는 계속 영어로 말하고 엄마는 계속 한국어로 말하면서 대화를 이어가는 경우가 있는데[3] 이것도 분명히 코드 바

---

2) 코드 바꾸기와 코드 뒤섞기에 대해서는 Blom and Gumperz(1972), Wardhaugh(1986), Holmes(1992) 등을 참조할 것. code-switching은 흔히 〈부호 전환〉으로 번역되어 쓰이는데 개념이 선명하지 않은 듯하여 〈코드 바꾸기〉 또는 〈코드 전환〉이란 역어를 써 보았다. 이때 코드란 선택될 수 있는 변종(variety)을 가리키는 개념으로 그것은 별개 언어일 수도 있고 한 언어 안의 변종일 수도 있다. 따라서 코드 바꾸기는 영어와 한국어 사이의 것을 가리킬 수도 있고 같은 한국어 안에서 표준어와 사투리 사이의 것을 가리킬 수도 있다. 후자에 대한 연구로 제주도를 대상으로 연구한 강윤희(1993)는 우리나라에서의 코드 바꾸기 현상에 대한 구체적인 사례를 풍부히 제공하고 있어 좋은 참고가 될 것이다.
3) 이것은 필자가 직접 목격한 일인데 미국에 이민간 지 10여 년이 된 가정에서 한국어를 알아듣기는 하나 말은 거의 못하는 고등학교 학생인 딸과, 영어가 아

꾸기의 한 형식인 것이다.

코드 뒤섞기는 어느 한 언어를 주축으로 사용하면서 다른 언어의 요소를 사이사이에 삽입해 쓰는 현상을 말한다. 이때 뒤섞이는 다른 언어의 요소는 한두 句일 수도 있고 그보다 더 큰 단위일 수도 있다. 그 요소가 한 단어인 경우도 코드 뒤섞기의 범주에 넣는 것이 일반적인데 그 단어가 이미 정착된 借用語일 때는 이 범주에서 제외하여야 마땅할 것이다. 가령 〈나 커피 한 잔 줘〉와 같은 문장을 코드 뒤섞기로 보는 것은 자연스럽지 못한 면이 있다. 그런데 만일 그 〈커피〉의 〈ㅍ〉를 [f]로 발음하고 〈커〉의 〈ㅓ〉를 영어의 [ɪ]로 발음한다면 이것은 코드 뒤섞기의 범주에 넣는 것이 합당할 것이다. 〈집에 갈 때 나 좀 픽업 (pick up) 해 줘〉라든가 〈도착하면 콘펌 (confirm) 하는 것 잊지 말아라〉도 역시 코드 뒤섞기의 예들일 것이다. 그 경계가 불분명한 경우가 있겠지만 뒤섞기의 단위가 단어일 때는 일반 借用 (borrowing) 과 코드 뒤섞기는 구분하는 것이 좋을 것이다. [4]

코드 뒤섞기의 단위가 문장일 때는 그것이 코드 뒤섞기 현상인지 코드 바꾸기의 현상인지 구분이 어려울 때도 있다. 가령 이민 간 어린이가 집에 와서 부모와 말할 때 한국말과 영어를 번갈아 가며 쓸 때 그 중에는 완전히 어떤 다른 언어로 바꾸는 경우도 있을 수 있고, 일부 단어나 구, 또는 문장을 뒤섞는 경우도 있을 텐데 그것이 문장일 때는 그 경계가 애매한 경우가 있다는 것이다. 이것은 억양이나 문법 구조가 완전히 영어인가 아닌가에 따라 구분하는 길밖에 없을 것이다. 가령 〈정말 I am happy다〉라고 하면 비록 온전한 문장이 그대로 쓰였

직 능숙하지 못한 어머니 사이에서의 대화 방식이었다.

4) 이 비슷한 提案은 Fasold(1984 : 181-182)에서도 볼 수 있다. 그러나 그 경계가 불분명한 문제는 여전히 남는다. 가령 요즈음 〈플레이오프(play-off) 진출이 확정됐습니다〉라든가 〈금년부터 서든데스(sudden death) 규칙이 적용됩니다〉와 같은 말을 방송에서 쓰는데 〈플레이오프〉나 〈서든데스〉를 영어식으로 발음하지 않는다고 하여 차용이라 해야 할지 선뜻 결정을 내리기 어려운 점이 있다.

지만 뒤섞기의 범주에 넣어야 할 것이며, 〈엄마, 이것 봐요. How wonderful it is, isn't it ?〉이라고 말했다면 이것은 코드 바꾸기의 범주에 들 것이다.

여기에서 얼마간의 혼동이 일어날 염려가 있다. 우리는 앞에서 코드 뒤섞기는 어느 한 언어가 主를 이루며 다른 언어는 사이사이에 간간히 섞이는 유형이라고 하였다. 학교에서는 일본어를 쓰고 집에 와서는 한국어를 쓰는 경우는 이 유형에 속하지 않는 것이 분명하므로 어떤 혼동이 생길 여지가 없다. 그런데 방금 우리는 한 사람을 상대로 하여 한 주제의 이야기를 하면서도 코드 바꾸기가 일어나는 예를 들었다. 이때는 그 경계가 애매할 수 있다. 한국어가 主인지 영어가 주인지를 엄격히 구분짓기가 어려울 경우가 실제로 많을 것이다. 이렇게 보면 코드 바꾸기와 코드 뒤섞기의 경계는 그 기능의 主從보다는 사용되는 문장이 얼마나 각각의 언어의 문법 구조에 충실하냐에서 갈린다고 이해하는 것이 좋을 것이다.

그리고 하나 더 주의를 요하는 것은 섞이는 언어의 단위가 단어일 때는 그쪽 언어의 규칙에 충실하면(가령 〈커피〉의 〈ㅍ〉를 [f]로 발음하면) 코드 뒤섞기의 범주에 들게 되었는데, 그 단위가 문장일 때는 그쪽 언어의 규칙(즉 문법 구조)에 충실하면 코드 뒤섞기의 자격을 잃고 코드 바꾸기의 범주에 속하게 된다는 사실이다. 이래저래 코드 바꾸기와 코드 뒤섞기 사이에는 여러 중간 단계가 층층이 있을 수 있으리라고 보아야 할 것이다. 그러나 중요한 것은 두 유형의 엄격한 구분보다는 언어 선택이 어떤 상황에서 어떤 원인에 의해 어떤 양상으로 나타나느냐 하는 문제일 것이다. 다음에서 이들에 대한 좀더 구체적인 연구 결과들을 보기로 한다.

10.1.2 언어 선택의 외적 조건

코드 바꾸기와 같은 언어 선택은 어떨 때 일어나는 것일까? 한 연구(Greenfield 1972)는 그것이 대화가 이루어지는 장소, 대화 상대자 및 대화의 내용과 관계되는 것으로 보았다. 이 연구는 뉴욕에 거주하는 푸에르토 리코인들을 대상으로 영어와 스페인어 사이의 언어 선택에 관한 조사를 한 것인데 어떤 자리인가에 따라 영어를 선택하는 비율과 스페인어를 선택하는 비율이 다름을 밝혀내고 있다. 가령 집에서 부모에게 가족에 관한 이야기를 할 때는 스페인어를 더 많이 선택하고 학교에서는 영어를 더 많이 선택한다는 것이 그것이다.

여기에는 우선 Fishman(1964, 1972)의 자리, 또는 영역(domain)이라는 개념이 도입되었다. 누구에게 어떤 화제에 대해 이야기하려면 거기에 더 적절한 자리, 더 적합한 영역이 있다는 것이다. 가령 부모에게 외삼촌에 관한 이야기를 하려면 집이 가장 알맞은 자리이며, 교회나 극장이나 학교는 그만한 자리가 못 된다는 것이다. 이 자리는 크게는 허물이 없는 자리와 체면을 차려야 하는 자리로 대분될 수도 있을 것이며, 〈가족〉 자리, 〈친구〉 자리, 〈교육〉 자리, 〈종교〉 자리, 〈업무〉 자리 등으로 세분할 수도 있을 것이다(Fasold 1984 : 183-184, Holmes 1992 : 24-25). 어떻든 앞의 연구는 자리가 언어 선택에 영향을 미친다는 것을 밝히려 한 것이다.

이 연구에서는 언어 선택의 유형을 다섯 가지로 나누고 그것을 점수로 표시하도록 하였다. 즉 (가)어떤 자리에서 언제나 스페인어를 쓴다면 1점, (나)영어보다 스페인어를 많이 쓴다면 2점, (다)두 언어를 비슷한 비율로 쓴다면 3점, (라)영어를 더 많이 쓴다면 4점, (마)영어만 쓴다면 5점으로 평가하도록 한 것이다. 그리하여 응답자에게 설문지를 통해 조사한 결과를 보면 허물없는 자리에서 가족이나 친구에게 이야기할 때는 2.64, 체면을 차려야 하는 자리에서 남들과 이야기할 때는 4.38이라는 평균 점수가 나타나고 있다. 점수가 적을수록 스페인어를 많이 쓴다는 뜻이므로 결국 더 사적인 자리, 더 가족적인 자리에서는 모국어를 더 쓰고, 더 공적인 자리에서는 그 지역에서 더 권세를 누리는, 다시 말하면 일종의 上位語 위치에 있는 영어를 더 쓴다는 사실을 볼 수 있고, 동시에 언어 선택에 자리(영역)라는 요소가 작용함을 확인하게 된다.

다른 한 연구(Laosa 1975)도 역시 미국에 이민 온 南美系를 대상으로 영어와 스페인어 사이의 언어 선택에 관해 조사하였는데 비슷한 결과를 얻어냈다. 이것은 국민학교 학생들을 대상으로 하고 자리를 (가)교실, (나)학교에서의 오락 시간, (다)가정의 셋으로 나누어 어떤 자리에서 어떤 언어를 선택하느냐를 조사한 것이다. 이것을 세 도시에서 각각 남미의 다른 인종을 대상으로 조사하였는데 그 결과는 일치하였다. 즉 마이애미의 쿠바계와, 텍사스 주 오스틴의 멕시코계, 그리고 뉴욕 시의 푸에르토 리코계에서 한결같이 가정에서 스페인어를 가장 많이 쓰고, 교실에서 스페인어를 가장 적게 쓰는 것으로 나타난 것이다. 어떤 자리가 언어 선택의 주요 요인임이 다시 밝혀진 셈이다.

10.1.3 언어 선택의 내적 조건

자리가 언어 선택을 결정하는 요인이라 한다면 그것은 외적인 조건일 것이다. 말하는 사람의 의사는 어떠하든 그 자리가 사적인 자리인가 공적인 자리인가라는 외적인 조건에 따라 언어 선택이 지배된다고 할 수 있기 때문이다. 그러나 언어 선택을 하는 주체는 話者이며, 그 화자의 심리 상태가 언어 선택에 영향을 미치리라는 것도 쉽게 짐작할 수 있다.

여기서 등장하는 개념 하나가 適應(accomodation)이다. 사람들은 대개 외톨이로 있기보다는 어디에 끼이기를 원한다. 상대편에 맞추어 되도록 한 편으로 묶이기를 원하는 것이다. 그러나 다른 한편으로는 다른 사람들과 묶이기를 싫어하는 마음도 있다. 독자성을 그대로 지키고자 하여 의도적으로 다른 사람과 멀어지려고까지 하기도 한다. 한마디로 사람들에게는 統合(convergence)과 分離(divergence)라고 하는 상반된 심리 상태가 동시에 작용하고 있는 것이다.

언어 선택은 화자의 바로 이러한 두 심리 상태의 줄다리기에서 비롯되는 현상이라 할 수 있다. 만일 전적으로 통합하려는 의사가 있다면 그쪽 언어를 전폭적으로 선택해 쓸 것이며, 그렇게까지는 아니더라도 얼마간이라도 통합하려는 의사가 있다면 그쪽 언어의 요소를 그 정도에 맞추어 섞어 쓰게 될 것이다. 물론 철저한 분리주의라면 그쪽 언어를 선택하려 하지 않을 것이다.

그런데 우리는 어떨 때 통합하고 싶은 심리가 생기고 어떨 때 분리하고 싶은 심리가 생길까? Giles, Bourhis and Taylor(1977)는 이것을 두 가지 측면에서 찾으려 하였다. 하나는 그 화자가 어떤 집단에 속해 있느냐에 따라 결정된다는 것이다. 가령 이민사회는 종속 집단일 것이며 그 이민들을 받아들인 사회는 지배 집단일 것이다. 이때 통합하려는 심리는 거의가 종속 집단에 속한 사람에게서 생긴다는 것이다. 다른 한 측면으로는 그 사회의 변화 가능성 여부와 관련시켜 찾으려 하였다. 만일 그 사회가 종속 집단의 지위를 향상시키는 쪽으로 변화할 조짐이 없다면(대개의 경우가 그럴 것이다) 종속 집단 사람들은 지배 집단에 통합하려는 심리가 일어날 수밖에 없다는 것이다. 그런데 만일 그럴 조짐이 있다면 자기들의 독자적인 세계를 지키고자 하는 분리의 심리가 생기며, 이때는 역으로 지배 집단 쪽 사람들이 종속 집단에 통합하려는 심리조차 생긴다는 것이다. 캐나다 퀘벡에서의 현상이 한 실례가 될 것이며, 가령 중국 연변이 자치주가 됨으로써, 더욱이 근래 한국과의 교류에서 지위가 향상되는 현상이 계기가 되어 비슷한 현상을 겪을 것을 추측해 볼 수도 있을 것이다. 어떻든 각 개인의 심리 상태가 언어 선택에 중요하게 작용하리라는 것은 부인하기 어려울 것이다.

10.1.4 언어 선택과 공동체 구조

언어 선택은 앞에서 논한 심리적 조건이나 영역의 조건만으로 결정되지 않는다는 관찰도 나와 있다. 앞의 두 조건에서는 일치하는 상황에서도 언어 선택의 방향이 달리 나타나는 경우가 있다는 것이다. 이것은 대개 그들이 속해 있는 공동체의 사회 구조에 대한 화자의 인식과 관련되는 것으로 풀이되고 있다.

한 사회에 상위 집단과 하위 집단이 공존할 때 이 구조는 두 가지일 수 있다는 것이다. 하나는 두 집단이 별개로 병존하는 상태 (가)이며, 다른 하나는 한 집단이 보다 큰 다른 한 집단의 일부를 이루는 상태 (나)가 그것이다. 만일 하위 집단의 화자일지라도 자기들의 집단을 상태 (가)로 인식하면 어떤 조건에서도 下位語만을 고집하여 달리 언어 선택의 여지가 없고 상태 (나)로 인식하면 상황에 따라 上位語를 선택하게 된다는 것이 이 방면으로의 관찰자들이 내리는 결론의 요점이다. Gal(1979)에서 그 구체적인 실례를 볼 수 있다.

이 연구는 오스트리아의 (한때는 헝가리 땅이었다가 현재는 오스트리아 영토인) Oberwart라는, 헝가리 접경지대의 한 지역에서 헝가리어와 독일어 사이의 언어 선택을 조사한 것이다. 이 지역은 많은 사람들이 두 언어를 사용하는 二重言語者(bilingual)들인데 헝가리어는 전통적인 농민들의 말로서 하위어의 위치에 있고, 독일어는 교육이나 전문업 계층의 언어로서 더 도시적이고 더 오스트리아적인 가치를 상징하는 상위어의 위치를 점하고 있다.

이러한 두 언어를 사용하는 이중언어자들은 대개 독일어만 쓸 줄 아는 사람들한테는 독일어를 선택한다. 그런데 그렇지 않은 경우도 있다는 것이다. Gal은 한 실례로 한 노부부가 이웃에 사는, 독일어만 쓰는 사람에게 돼지를 잡는 일에 도움을 청하여 서너 시간이나 일을 함께 하고 식사도 함께 하면서 줄곧 헝가리어만 쓴 예를 들고 있다. 이것은 이 노부부가 자기들이 속해 있는 지역을 오스트리아라는 더 큰 사회의 일부로 인식하기보다 그것과 분리되어 있는 상태 (가)의 구조로 인식하기 때문이라는 것이다. 반면 독일어 사용자에게 독일어로 코드 바꾸기를 하는 것은 그들 공동체를 상태 (나)의 구조로 파악한 것에 말미암는 것은 말할 것도 없다.

Gal(1979)은 이 고장으로 시집 온 12명의 독일어 사용자를 대상으로 면접을 한 결과에서도 같은 현상을 보고하고 있다. 12명 중 6명은 헝가리어를 배우고 나머지 6명은 그렇지 않았는데 헝가리어를 배운 6명은 한결같이 시집 사람들이, 다들 독일어를 잘 하는 사람임에도 불구하고 남편을 빼고는 그들에게 독일어로 말하지 않았다는 것이다. 자기들 공동체를 상태 (가)의 구조로 인식하고, 따라서 그 공동체의 일원이 된 새 사람도 헝가리어를 써야 된다고 믿었던 것이다.

Gal(1979)는 Oberwart 사람들의 上記와 같은, 그들 공동체를 분리된, 병립하는 구조로 인식하는 현상은 시대에 따라 변모됨에도 주목하였다. 앞의 노부부가 보여 준 태도는 대개 1940년대 이전의 것이라는 것이다. 이 고장으로 시집 온 12명 중 헝가리어를 배운 6명은 역시 예전에 시집 온 사람들이고, 2차 대전 이후에, 그것도 농군이 아닌 사람에게 시집 온 6명은 그대로 독일어만 쓰는 사람으로 살아 가고 있다는 것이다. 시대가 지나면서, 즉 젊은 세대로 갈수록 그들 공동체의 독자성에 대한 인식이 낮아지고 동시에 독일어를 선택하는 폭이 점차 확대되어 가고 있다는 것이다. 이에 대해서는 다음 절에서 더 자세히 논하겠거니와 여기에서는 일단 언어 선택이 자기가 속해 있는 공동체의 사회 구조에 대한 인식에 의해 결정되고 그것이 세대에 따라 다를 수 있다는 정도로만 우리의 관심을 한정하기로 한다.

10.2 언어의 전환

앞 절에서 살펴본 言語 選擇이 그 공동체의 성원들 모두에게서 일어날 수도 있을 것이다. 그렇다면 이것은 그 공동체가 한 언어를 완전히 폐기처분하는 것을 의미하는데 이처럼 한 언어를 완전히 버리고 다른 언어를 선택해 쓰는 현상을 言語 轉換(language shift)이라고 한다 함은 앞에서 밝힌 바 있다. 여기에서는 어떤 조건의 사회에서 어떤 양상으로 언어 전환이 일어나는지 구체적인 실례를 중심으로 살펴보기로한다.

10.2.1 방법론상의 문제점

먼저 方法論에서 제기될 수 있는 문제 한두 가지를 지적해 두기로한다. 언어 전환이 진행중이라는 것을 측정하는 가장 손쉬운 방법은세대별로 조사하여 앞 세대와 젊은 세대 사이의 차이에서 그 경향을찾는 방법일 것이다. 그런데 이때 자칫 함정에 빠질 수가 있다. 이것은 좀 다른 예이지만 국어 경어법의 〈하게체〉를 조사 대상으로 했다고하자. 대체로 청소년층에서는 하게체를 쓰는 일이 전혀 발견되지 않을것이다. 그러면 그것으로써 국어에서 하게체는 사라져 간다고 결론을내리기 쉽다. 이것은 현실적으로 맞는 결론일 수도 있는데 사실은 위험한 결론이기도 하다. 하게체는 나이가 들어야 쓸 수 있는 경어법인만큼 앞의 조사는 세대에 따른 언어의 변화를 찾아낸 것이 아니라 단순한 연령 단계(age-grading)에 속하는 현상일 수 있기 때문이다. [5]
언어 전환을 측정하는 다른 방법은 두 다른 시대의 언어 실태를 조사하여 그간의 변화를 재어 전환의 여부와 그 방향을 측정하는 방법이다. 이때에도 주의할 사항이 하나 있다. 이민의 증가가 혼동을 일으킬수 있기 때문이다. 실제로는 소수 인종의 언어가 증가하는 방향으로의언어 전환이 일어나지 않았는데 최근 그 인종이 다수 유입되었다면 마치 그러한 현상이 일어난 것과 같은 착각을 일으키기 쉬울 것이다. 방법론은 어느 경우에나 주의를 기울여야 하지만 언어 전환의 조사에서는 특히 앞의 두 문제에 각별한 주의를 기울여야 할 것이다. [6]

---

5) 연령 단계(age-grading)를 연령차와 구분하는 일에 대해서는 제5장 참조.
6) 이상의 방법론상의 문제점에 대해서는 Lieberson(1980) 및 Fasold(1984 : 215-216)를 참조할 것.

10.2.2 언어 전환의 일반적 방식

언어 전환이 일어나려면 그 사회가 二重言語社會여야 한다는 조건이 전제되어 있어야 한다. 단일언어사회가 단일언어현상(monolingualism)을 계속 지켜 간다면 언어 전환이 발붙일 자리는 있을 수가 없다. 물론 이중언어사회도 언어 전환이 없이 몇 세기든 계속 그 현상을, 즉 이중언어현상(bilingualism)을 유지해 갈 수도 있다. 그러나 일단 이중언어사회가 형성되어야 어느 한 언어를 더 많이 선택하는 일이 일어날 수 있고, 그로써 다른 한 언어가 점차 약화되고 드디어는 쓰지 않게 되기까지 하는 언어 전환이 가능해지는 것이다.

이중언어사회에서 언어 전환이 일어나는 것은 대체로 산업화와 국경의 변경에 의해 두 언어 사이에 우열이 생겼을 때, 또는 유입해 간 이민과 본토박이들 사이의 애초부터의 우열에 의해 일어나는데 이것은 대개 몇 대에 걸쳐 일어난다. 즉 어떤 사회가 한 대에서는 이중언어사회이다가 다음 대에서는 어느 한 언어가 완전히 자취를 감추는 것이 아니라 첫 세대가 이중언어자라면 그 다음 세대도 이중언어자이기는 하되 다만 어느 한쪽 언어를 선택하는 폭이 넓어지고 이것이 다음 대로 갈수록 심화하여 드디어 한 언어는 모습을 점차 감추어 가는 양상을 띤다는 것이다. 그 한 전형적인 모습을 앞 절에서 이미 그 일단을 보았던 오스트리아의 Oberwart의 사례를 중심으로 하여 살펴보기로 한다.

Oberwart는 애초 헝가리에 속했던 농촌이었는데 국경에 접한 지역이 흔히 그렇듯 이곳도 이미 1500년 이전부터 독일어도 함께 쓰이는 지역이었고, 19세기에는 농부 대부분이 이중언어자가 되어 있었다. 그런데 이 무렵 농촌이던 곳이 점차 다양한 성격의 도시로 바뀌면서 독일어만 쓰는 이민들이 유입하기 시작하였고, 드디어는 그들이 상위층을 이루고 토박이들은 어느덧 하위층으로 전락하기에 이르렀다. 거기에 더하여 1921년에는 이 지역 일대가 헝가리로부터 오스트리아로 넘어갔다. 독일어는 이제 공용어로까지 되어 그 위세가 더욱 당당하게 되었다.

그러나 언어 전환이 쉽게 일어나지는 않았다. 헝가리어는 비록 하위어의 지위로 밀려나 있었지만 토박이 농부들의 상징물과 같은 것이어서 독일어는 외부인들과의 접촉에서만 썼을 뿐 진정한 그들의 언어는 여전히 헝가리어였던 것이다. 더욱이 이 농부들의 종교는 헝가리어를 버리기 어렵도록 하였다. 칼빈교를 믿는 이들은 천주교나 루터교를 믿는 독일어 사용자들과는 엄연히 구분되는 집단이어서 그들만의 독자성을 지켜 나가야 했고 거기에 헝가리어가 중요한 몫을 하였던 것이다. 한마디로 헝가리어와 독일어는 경쟁 관계에 있는 것이 아니라 서로 제 몫을 지키고 또 서로 그 몫을 인정해 주는 병존 관계에 있었던 것이다.

그러나 2차 대전 이후 사정은 변하기 시작하였다. 산업화의 물결이 높아지면서 농업은 사양의 길로 접어들게 되고, 따라서 새 직업을 얻기 위해 독일어를 구사하며 오스트리아인으로 행세해야 할 필요가 점차 커지게 되었다. 헝가리어는 어느새 재주 없는 농사꾼이나 하는 언어로 그 처지가 더욱 초라하게 무너져 갔다. 언어 전환이 어쩔 수 없이 일어나게 될 상황이 된 것이다. 다시 말하면 이제 병존의 시대는 끝나고 경쟁의 시대를 맞아 헝가리어가 형편없이 밀리는 시대를 맞이한 것이다.

Gal(1979)은 이러한 사정을 도표로써 아주 극명하게 보여 준다. 다음 표 10.1은 이른바 함축 척도(implicational scale)를 나타내는 표로서 왼쪽에 있는 話者들(그 오른쪽 숫자는 그들의 나이임)이 위쪽에 있는 상대방(聽者)에 따라 어느 언어를 선택하느냐는 것을 보인 것이다. 이 함축 縱列의 왼쪽 끝에 가까울수록 헝가리어를 좀체로 버리지 못하는 조건이어서 만일 왼쪽 끝에서 오른쪽으로 진행해 가다 일단 독일어가 선택되면 그 오른쪽부터는 자동적으로 독일어가 선택된다는 것을 함축하고 있다. 그리고 동일한 조건에서(즉 동일한 상대에게) 두 언어를 다 쓰는 일(표에서 GH로 표시된 것)은 하나의 과도기적 단계를 나타내는

표 10.1 Oberwart 여자들의 언어 선택의 함축 척도(Gal 1979 : 121)

화자 번호	화자 나이	청자											
		1	2	3	4	5	6	7	8	9	10	11	12
1	14	H	GH		G	G	G	G			G		G
2	15	H	GH		G	G	G	G			G		G
3	25	H	GH	GH	GH	G	G	G	G	G	G		G
4	27	H	H		GH	G	G	G			G		G
5	17	H	H		H	GH	G	G			G		G
6	13	H	H		GH	GH	GH	GH			G		G
7	43	H	H		GH	GH		G	GH	GH	G		G
8	39	H	H		H	GH	GH	G	G	G	G		G
9	23	H	H		H	GH	H	G		GH	G		G
10	40	H	H		H	GH		GH	G	G	G		G
11	50	H	H		H	H	GH	GH	GH	G	G	G	G
12	52	H	H	H	GH	H		H	GH	G	G	G	G
13	60	H	H	H	H	H	H	H	GH	GH	G	G	H
14	40	H	H	H	H	H	H	H	GH	GH	GH		G
15	35	H	H		H	H	H	H	H	GH	H		G
16	61	H	H		H	H	H	H	H	GH	H		G
17	50	H	H	H	H	H	H	H	H	H	H		G
18	66	H	H		H	H	H	H	H	H	H	GH	G
19	60	H	H		H	H	H	H	H	H	H	GH	G
20	53	H	H		H	H	H	H	H	GH	H	GH	G
21	71	H	H		H	H	H	H	H	H	H	GH	G
22	54	H	H	H	H	H	H	H	H	H	H		G
23	69	H	H		H	H	H	H	H	H	H	GH	G
24	63	H	H		H	H	H	H	H	H	H	GH	H
25	59	H	H	H	H	H	H	H	H	H	H		H
26	60	H	H	H	H	H	H	H	H	H	H		H
27	64	H	H		H	H	H	H	H	H	H	H	H
28	71	H	H		H	H	H	H	H	H	H	H	H

청자 : (1) 신 (2) 조부모 및 세대 (3) 암시장 고객 (4) 부모 및 그 세대 (5) 동갑나기 및 이웃 (6) 형제 (7) 상인 (8) 배우자 (9) 자녀 및 그 세대 (10) 공무원 (11) 손자 및 그 세대 (12) 의사

것으로서 헝가리어만 쓰는 조건과 독일어만 쓰는 조건 사이에 와야 함을 함축한다.

이렇게 표를 만들어 놓고 보면 대체로 표의 위쪽으로 젊은 층의 화자가 몰려 있고 노년층은 아래쪽으로 몰려 있음이 드러난다. 위쪽으로 갈수록 더 여러 조건에서 독일어를 선택하였으므로 이는 세대가 바뀜에 따라, 곧 시대가 지남에 따라 언어 전환이 그 심도를 더해 감을 보여 주는 것이다. 縱列을 보면 대화 상대자의 나이도 언어 선택에 작용하여 노년층(가령 2, 4번)에게는 헝가리어를 많이 쓰는 반면 상대가 젊은 층일수록 독일어를 많이 선택함을 볼 수 있다. 이것도 언어 전환이 일어나는 징표의 다른 한 모습일 것이다.

이 표는 언어 전환이 한 세대 사이에서 일시에 완결되는 것은 아니라는 것도 일깨워 준다. 다음 세대도 여전히 이중언어자들이긴 하되 다만 한쪽으로 기울어져 가고 그것이 다음 세대에서는 더욱 심화되는 점진적인 상태로 언어 전환이 일어나는 모습을 보여 주는 것이다.[7] 이 표에서 보면 특히 종교가 헝가리어의 마지막 보루가 되고 있다는 것도 알 수 있다. 앞에서 지적한 대로 토박이 농부들의 종교는 칼빈교로서 종교 의식은 전통적으로 헝가리어로 행해져 왔으므로 다른 모든 조건에서 독일어를 쓰는 사람들도 이때만은 헝가리어를 지키고 있는 것이다.

그런데 근래에는 이 종교 의식조차 독일어로 행해지는 일이 생기기 시작하였다고 한다. 말하자면 언어 전환은 가장 쉬운 쪽부터 시작하여 가장 어려운 마지막 보루까지 허무는 방식으로 진행되며 그것이 몇 대에 걸쳐 일어나는 것이 가장 전형적인 모습이라 할 수 있을 것이다.

---

7) 언어 전환이 한 대에 완결되는 일도 물론 없지 않을 것이다. Gal(1979 : 107)은 Oberwart에서 양친 중 하나가 독일어만 쓰는 사람이어도 그 자녀들이 헝가리어를 전혀 못하는 아이로 자라는 예를 들고 있는데 조건에 따라서는 이러한 일이 얼마든지 가능할 것이다. 한국인이 외국에 이민 간 경우, 특히 국제 결혼을 한 경우는 유난히 이러한 사례를 많이 제공할 듯하다.

10.2.3 제 2 언어간의 언어 전환

여기에서는 두 언어가 아니라 세 언어 사이에서의 언어 전환 현상을 하나 살펴보기로 한다. 조사 지점은 미국 뉴멕시코 주의 Taos에 있는 Tiwa족 마을(인구 2천명의 푸에블로 부락)이다. 이곳은 애초 멕시코 땅이었기 때문에 스페인어도 쓰고, 또 나중에는 미국 영토가 되어 영어도 쓰며, 또 그들 고유의 인디언어인 Tiwa어도 쓰는, 말하자면 세 언어가 공존하는 多言語社會다. 이 세 언어 사이의 전환에 대해 Fasold가 조사한 결과를 보면 다음과 같다(Fasold 1984 : 231-239).

48명을 대상으로 하여 설문지에 의해 자료를 모았는데 질문 내용은 그들 스스로 세 언어 중 어느 것을 쓰느냐, 또 그들 부모와 조부모는 어느 언어를 쓰느냐는 것이었다. 그 결과 이 지역은 대체로 Tiwa어는 그대로 지켜 가면서 스페인어는 급격히 영어로 바꾸어 가고 있는 것으로 나타났다. 이것을 다음 표 10.2에서 좀더 구체적으로 보기로 한다.

표 10.2 Tiwa에서의 4代에 걸친 二重言語現象의 유형

세대		TS	TES	TE	T	E
1	수	20	2	2	4	0
1	%	71.4	7.1	7.1	14.3	0
2	수	6	27	29	10	1
2	%	8.2	37.0	39.7	13.7	1.4
3	수	0	6	51	1	1
3	%	0	10.2	86.4	1.7	1.7
4	수	0	0	18	0	6
4	%	0	0	75	0	25

(위 표의 둘째 열 머리는 "언어")

(Fasold 1984 : 233)

여기에서 세대 구분은 좀 복잡하게 되어 있다. 우선 응답자의 나이를 네 群으로 나눈다. 75(세)-50, 45-30, 25-16, 14-11이 그것이다. 그리고 이들을 기준으로 하여 다시 표의 네 세대를 나누었는데 그 내용은 다음과 같다.

제1세대 : 75-50세群의 부모 및 조부모와 45-30세群의 조부모
제2세대 : 45-30세群의 부모와 25-16세群 및 14-11세群의 조부모
제3세대 : 25-16세群 및 14-11세群의 부모와 75-50세群, 45-30세群, 25-16세群의 자신들
제4세대 : 14-11세群의 자신들

이렇게 네 세대로 나누어 놓고 보면 제1세대는 대다수(71.4%)가 Tiwa어와 스페인어의 二重言語者들이며 영어를 아는 사람(14.2%)은 스페인어를 아는 사람(78.5%)에 비해 엄청난 열세에 있다. 제2세대에 오면 이 사정이 많이 달라진다. 스페인어의 세력이 급격히 줄고 영어가 급성장하여 45.2% : 76.7%로 영어를 아는 사람이 훨씬 많은 상태로 사정이 완전히 역전되는 것이다. 영어를 모르고 스페인어만 아는 사람의 비율이 제1세대의 71.4%에서 8.2%로 준 것은 더욱 급격한 변화로서 언어 전환이 매우 빠른 속도로 진척되고 있음을 보여 준다. 제3세대는 거의(86.4%)가 영어와 Tiwa어의 이중언어자들이라는 것으로 특징지워진다. 이제 영어를 모르고 스페인어만 아는 사람은 하나도 없게 되고, 영어와 함께 스페인어를 쓰는 사람도 10.2%로 줄어들고 있다. 제4세대에 오면 이제 스페인어는 완전히 자취를 감춘다. Tiwa어와 영어의 이중언어자의 비율(75%)이 여전히 높지만 Tiwa어도 모르고 영어만 쓰는 사람들(6명/25%)도 많아진 것을 이 세대의 또 다른 특징이라 할 수 있을 것이다. [8]

---

8) 위의 네 세대는 햇수로 125년 정도에 해당한다고 한다. 따라서 표 10.2에서 보인 변화는 125년 정도에 걸쳐 일어난 언어 전환의 모습인 셈이다.

이상에서 보면 스페인어로부터 영어로의 언어 전환은 눈에 드러나게 매우 급한 곡선을 그으며 진행하는 데 비해 Tiwa어는 비록 제4세대에 가서 꽤 빠른 속도로 세력을 잃기는 하지만 상당히 안정된 세력을 구축하고 있음을 볼 수 있다. 제2언어는 급격히 전환을 해버린 반면 전래의 고유어인 제1언어는 꽤 훌륭히 보존하고 있다는 뜻인데 이를 좀더 선명하게 그림으로 보이면 다음과 같다.

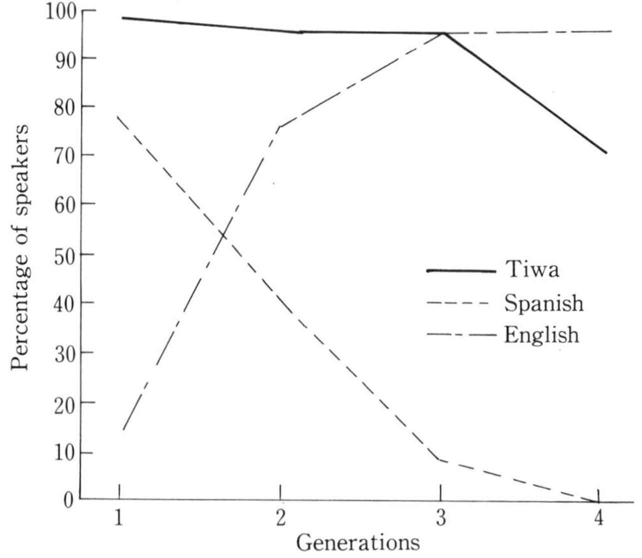

도표 10.1 Tiwa에서의 언어 보존과 언어 전환(Fasold 1984 : 234)

Tiwa족 마을에서 스페인어를 버리고 영어를 취하는 言語 轉換이 일어나는 현상은 쉽게 예측되는 일이라 할 만하다. 동등한 조건에 있다 하더라도 영어가 스페인어보다 상위의 언어로 군림하기 쉬운 터인데 국적까지 멕시코에서 미국으로 바뀐 마당에 스페인어가 계속 왕년의 영화를 누리기 어려울 것은 너무나 당연할 것이기 때문이다. 그렇다고는 하더라도 특히 그림으로 그려 놓고 보면 그 속도가 눈에 뜨이도록 빨랐던 것이 인상적이다.

이에 비해 Tiwa어가 그처럼 강력히 버티고 있는 것은 의아로운 면이 있다. 그 거대한 미국에서 겨우 2천명의 소수 집단의 언어요, 또 이미 역사의 저편으로 물러나 앉은 인디언 부족의 언어라는 것을 생각하면 이만한 言語 保存은 특수한 현상임이 분명하다. 이 특수한 현상의 배경을 알아 보기 위하여 Fasold(1984 : 238-239)는 몇 가지 질문을 통해 조사를 한 것이 있는데 그 결과에서 우리는 왜 Tiwa어가 그처럼 잘 보존되고 있는가에 대한 해답의 실마리를 엿볼 수 있다.

이 조사에서 행한 한 질문은 자녀들이 어느 언어를 쓰기를 원하느냐는 것이었는데 영어만 쓰기를 원한다고 응답한 사람은 1명뿐이었고, 대부분은 영어와 Tiwa어를 함께 쓰기를 원하였다. 드물지만 몇은 Tiwa어만을 썼으면 좋겠다는 반응을 보였다.

세 언어 중 어느 것이 가장 고운 언어냐는 질문도 있었다. 80% 이상이 Tiwa어라고 대답하였다. 영어라고 대답한 응답자는 역시 1명뿐이었다. 앞의 표 10.2를 보면 제4세대에는 Tiwa어를 안 쓰고 영어만 쓰는 청소년이 6명 있었는데 이들조차도 대부분(6명 중 4명) Tiwa어가 가장 고운 언어라는 반응을 보였다. (영어가 가장 고운 언어라고 대답한 앞의 1명은 이들 6명 중의 하나였다.)

이상의 두 질문에 대한 응답에서 우리는 Tiwa인들이 그들 언어를 아직 버리고 싶은 생각이 없음을 충분히 읽을 수 있다. 흔히 사람들은 더 크고 더 위세가 있는 집단에 소속되기를 원하고, 그러기 위하여 자기들 고유의 언어를 버리고 남의 언어를 익혀 쓰는 일에 열심인데 이들은 Tiwa 인디언으로서의 정체성을 지키려는 태도가 흔들리지 않고 있는 것으로 보인다. 그것이 Tiwa어를 그토록 잘 보존하는 바탕이 됨은 두말할 필요가 없을 것이다.

그러나 Tiwa어는 앞에서도 보았듯이 제4세대에 와서지만 언어 전환도 겪고 있다. Fasold(1984 : 235)는 이 전환의 실태를 파악하기 위하여 앞에서 본 바 있는 함축 척도를 만들어 보았는데 그 결과는 다음 표 10.3과 같다.

화자 번호	화자 나이	청자						
		1	2	3	4	5	6	7
1	65	T	T	T	T	T	TE	E
2	43	T	T	T	T	T	TE	E
3	20	T	TE*	T	T	T	TE	E
4	18	T	TE*	T	T	T	TE	E
5	25	T	T	T	T	T	E	E
6	12	T	T	T	T	T	E	E
7	75	T	T	T	T	TE	TE	E
8	65	T	T	T	T	TE	E	E
9	52	T	T	T	T	TE	E	E
10	14	T	T	T	T	TE	E	E
11	13	T	T	T	T	TE	E	E
12	13	T	T	T	T	TE	E	E
13	25	T	T	T	T	E	E	E
14	12	TE*	T	T	T	TE	E	E
15	35	T	TE*	T	T	TE	E	E
16	20	T	TE*	T	T	TE	E	E
17	19	T	TE*	T	T	TE	E	E
18	41	T	T	T	TE	TE	TE	E
19	65	T	T	T	TE	TE	E	E
20	16	T	TE*	T	TE	T*	TE	E
21	43	T	T	TE	TE	TE	TE	E
22	43	T	T	TE	TE	TE	E	E
23	44	T	T	TE	TE	TE	E	E
24	17	T	T	TE	TE	T*	E	E
25	14	T	T	E*	TE	TE	E	E
26	14	T	TE	TE	TE	TE	E	E
27	13	T	TE	TE	TE	TE	E	E
28	21	T	TE	TE	TE	TE	E	E
29	17	T	TE	TE	TE	T*	TE	E

30	13	T	TE	TE	TE	T*	TE	E
31	12	TE	TE	TE	TE	TE	TE	E
32	17	TE	TE	TE	TE	TE	TE	E
33	18	TE	TE	T*	TE	TE	TE	E
34	14	TE	TE	TE	TE	TE	E	E
35	14	TE	TE	TE	TE	TE	E	E
36	13	TE	TE	TE	TE	TE	E	E
37	11	TE	TE	TE	TE	TE	E	E
38	13	TE	E*	TE	TE	TE	E	E
39	31	TE	TE	T*	TE	T*	E	E
40	13	TE	TE	T*	T*	TE	E	—
41	14	TE	TE	T*	TE	T*	E	E
42	13	TE	TE	TE	T*	TE	T*	E

청자 : (1) 조부모　(2) 부모　(3) 마을 인디언 친구　(4) 도시 인디언 친구　(5) 형제　(6) 이민족 친구가 많은 인디언 친구　(7) 이민족 친구

　앞에서 본 Oberwart에서와 마찬가지로 여기에서도 좀더 끝까지 고유어(표의 T)를 쓸 것이 요구되는 영역(대화 상대방)이 있는가 하면 아주 일찍부터 새 언어(표의 E)를 쓰도록 되는 영역이 있다. 그리고 그 차례에 따라 어려운 쪽 어디에선가 새 언어가 채택되면 더 쉬운 쪽 (표의 오른쪽)은 으레 그 언어가 채택되도록 되어 있다. 이때 새 언어 (영어)가 선택되는 영토의 크기가 화자마다 다른데 이것이 바로 이들 에게서 언어 전환이 일어나고 있다는 징표인 것이다.

　그런데 이 표에서는 Oberwart에서와는 다른 특징도 나타난다. 話者의 나이 분포가 Oberwart에서처럼 그리 일정치 않다는 것이 그것 이다. 대체로 위쪽에 나이 많은 층이, 아래쪽에 젊은 층이 분포하여 젊은 층에서 영어를 선택하는 경향이 더 높음을 나타내고는 있지만 12-14세(화자 번호 5, 10. 11, 12, 14)의 연소자들이 고유어를 높게 고수하는 위쪽에 상당한 비율로 분포되어 있다. 이는 이곳에서의 언어 전환이 젊은이층에 의해 그리 활발하게 진행되고 있지 않다는 뜻일 것

이다.

젊은이들에게서의 보수적인 경향은 이 표의 다른 쪽에서도 엿보인
다. 화자 번호 3, 4, 20, 29, 30, 39, 41 등 상당한 숫자는 부모에게
는 Tiwa어와 함께 영어도 사용하면서 오히려 형제자매에게는 Tiwa
어만을 사용하고 있다. 더욱이 이들 중 5명은 외부인이 있을 때에도
영어만 쓰는 것이 아니라 Tiwa어도 함께 쓰고 있다. 어느 경우나 예
상과 어긋나는, 정상적인 것과는 반대의 현상인 것이다. [9] 이것은 무
엇을 뜻하는가? 이들의 나이는 13-35세인데 이들이 오히려 부모들
세대보다 Tiwa어 수호에 더 보수적인 성향을 보이고 있는 것이다.

앞에서도 Tiwa어가 보존되는 배경을 몇 가지 살펴본 바 있지만 젊
은이들의 이와 같은 성향도 그 중요한 배경의 하나일 것이다. Tiwa
어는 언어 전환을 겪고 있는 것은 분명한데 그 보존력도 상당한 수준
에 있다는 것이 지금까지 살펴본 내용의 요점이라 하겠다.

10.3 언어의 보존

우리는 앞에서 언어의 전환을 다루면서도 Tiwa어의 경우 언어 보존
쪽으로도 상당한 관심을 돌렸었다. 二重言語社會에서 두 언어가 경쟁
상태에 놓이게 되면 소수 민족의 언어, 곧 下位語가 그들을 둘러싸고
있는 다수 민족의 언어, 곧 上位語에 밀려 言語 轉換이 일어나는 것이
오히려 자연스러운 현상인데 드물지만 그렇지 않은 경우도 있다. Tiwa

---

9) 영어밖에 모르는 외부인이 있을 때에는 영어를 선택하는 것이 정상적이다.
여기에서 Tiwa어를 선택하는 것은 자기가 미국이라고 하는 더 넓은 세계의
일원이기를 거부하는 몸짓일 것이다. 실제로 응답자 중에는 외부인이 있으면
아예 Tiwa어로만 말한다는 젊은이도 있었다고 한다. Labov(1963)에 보고된
Martha's Vineyard의 청년들이 취한 태도를 연상케 하는데 작은 세계의 순
수성을 지키려는 의지와 젊은이들에게서 새로 확산되는 것으로 보인다.

어의 경우가 비록 완벽한 상태는 아니지만 그러한 예의 하나였던 셈이다. 여기에서는 Tiwa어에서와 같은 언어 보존의 실례가 달리 더 없는지를 찾아 보기로 한다.

10.3.1 몬트리올에서의 언어 보존

言語 保存이 좀더 완벽한 모습으로 나타나는 예로서 흔히 캐나다 몬트리올의 사례를 든다. 과연 소수 민족의 완벽한 언어 보존은 가능한 것일까? Lieberson(1972)을 통해 그 구체적인 양상을 살펴보기로 한다. Lieberson(1972)은 캐나다의 센서스의 자료를 토대로 몬트리올에서의 불어(및 영어)의 보존 상태를 분석한 것인데 그 중요 내용을 보면 다음과 같다.

몬트리올은 캐나다 인구의 10% 이상이 거주하는 대도시로 영어와 불어가 항시 접촉하는 전형적인 이중언어사회다. 불어만 사용하는 인구가 80만 이상, 영어만 사용하는 인구도 50만 정도에 달하지만 영어와 불어를 함께 구사하는 인구가 75만이 넘는다.[10] 1961년의 이 통계는 가령 거리에서 무작위로 두 사람을 뽑아 서로 말을 시키면 10명 중 약 8명이 영어나 불어 중의 어느 한 언어, 또는 두 언어로 이야기를 나눌 수 있다는 것을 의미한다. 몬트리올은 이른바 意思疏通 指標 (index of communication, H)가 그만큼 높은 지역이며 언어 전환이 일어날 수 있는 조건도 그만큼 충분히 갖춘 지역이다.

그런데 캐나다 센서스에서 발견되는 의아스러운 점 하나는 이 의사 소통 지표가 1921년에 비해 1961년에 떨어지고 있다는 점이다. 즉 1921년에 0.87이던 것이 1961년에는 0.83으로 떨어진 것이다.[11] 이것

---

10) 이를 母語別로 보면 불어를 母語로 하는 인구가 65%에 달하며 영어를 모어로 하는 인구는 22% 정도다. 프랑스계가 더 큰 세력을 이루고 있음을 주목해 둘 필요가 있겠다.

11) 의사소통 지표(H) 1.00은 그 지역내의 모든 사람이 서로 두 언어 중 어느

표 10.4 몬트리올에서의 1921-1961년 사이의 인종별 공용어의 분포율

인종 및 공용어	Montreal 및 Verdun, 10세 이상				Montreal, Verdun, and Outremont, 전 연령층		
	1921	1931	1941	1961	1941	1951	1961
A. 모든 종족 :							
영어만	25.2	25.9	23.7	18.7	23.9	22.1	19.0
불어만	21.9	20.5	28.2	32.5	34.0	35.8	39.0
영어 및 불어	51.9	52.7	47.8	46.6	41.7	41.1	39.1
기타	0.9	0.9	0.3	2.2	0.4	1.0	2.9
B. 영국계 :							
영어만	71.4	71.4	n.a.*	n.a.	70.2	70.6	67.1
불어만	0.7	0.5	n.a.	n.a.	1.3	2.0	2.8
영어 및 불어	27.9	28.1	n.a.	n.a.	28.5	27.4	29.9
기타	0.0	0.0	n.a.	n.a.	0.0	0.0	0.2
C. 프랑스계 :							
영어만	0.2	0.5	n.a.	n.a.	0.7	1.1	1.0
불어만	34.3	32.7	n.a.	n.a.	51.7	52.8	55.4
영어 및 불어	65.6	66.8	n.a.	n.a.	47.6	46.1	43.4
기타	0.0	0.0	n.a.	n.a.	0.0	0.0	0.2
D. 기타 종족 :							
영어만	53.3	53.8	n.a.	n.a.	55.9	50.7	44.4
불어만	5.0	3.7	n.a.	n.a.	5.3	5.6	10.8
영어 및 불어	34.5	35.9	n.a.	n.a.	36.1	37.2	31.4
기타	7.3	6.7	n.a.	n.a.	2.7	6.6	13.4

* n.a.＝Not available.　　　　　　　　　　(Lieberson 1972 : 241)

것으로 의사를 나눌 수 있음은 뜻한다. 따라서 0.87은 우연히 만난 10쌍 중 8.7쌍이 그럴 수 있음을 뜻하는 것이다. 이에 대해서는 Lieberson(1972 : 236)을 참조할 것.

은 어느 쪽에선가 제2언어를 배우는 비율이 떨어져 결과적으로 二重言語者의 비율이 줄고 單一言語者의 비율이 높아졌기 때문일 것이라는 추측을 일으키게 한다. 그런데 이 추측은 맞는 것으로 드러난다.

표 10.4를 보면 영어와 불어를 함께 사용하는 이중언어자가 1921년에 51.9%이던 것이 1961년에는 46.6%로 준 것을 볼 수 있다. 그리고 이것은 주로 불어만 사용하는 단일언어자들이 늘어난 결과로 풀이된다. 1921년에 21.9%이던 것이 1961년에는 32.5%로 불어난 것에서 보듯이 불어 단일언어자들이 상당한 수준으로 증가하고 있기 때문이다.

여기에서 우리가 추정해낼 수 있는 것은 이 지역의 佛語圈 인종은 불어를 점차 버리고 영어로 전환하기는커녕 상위어인 영어를 제2언어로조차 익히지 않고 불어를 앞 代들보다 더 강력히 보존해 가고 있는 것이 아니냐는 점이다. 이것은 이중언어자의 비율을 영국계와 프랑스계로 나누어 통계를 낸 데서 더욱 강하게 제기된다. 표 10.4의 B열과 C열을 보면 영국계는 별 변동 없이 대체로 70% 정도의 영어 단일언어자, 28% 내외의 이중언어자 수준을 유지해 간다. 그에 비해 프랑스계는 불어만 사용하는 단일언어자의 비율이 51.7% → 52.8% → 55.4%로 높아지는 반면 불어와 영어를 함께 사용하는 이중언어자의 비율은 47.6% → 46.1% → 43.4%로 점차 감소한다. 언어 보존이 훌륭히 수행되고 있는 증거가 아닐 수 없다.

Lieberson(1972)은 몬트리올 불어권에서의 불어 보존 현상의 배경을 밝히기 위해 몇 가지 통계를 더 분석한다. 그 하나는 5세 이하의 아이들의 母語 사용률과 그들의 어머니 또래(정확히는 15-44세)의 모어 사용률을 비교하는 작업이었다. 이것을 표로 보이면 다음 표 10.5와 같다.

만일 언어 전환이 진행중이라면 이중언어자인 부모는 아이들에게 제2언어를 전수해 주는 일이 차츰 늘어갈 것이고, 그 결과 아이들 세대의 모어는 부모들의 모어와 다른 언어일 비율이 점차 높아질 것이다. 그런데 표 10.5에서 보이는 불어권에서의 경향은 오히려 그 반대의 경

표 10.5 몬트리올 불어권의 어린이층과 어머니층의 母語 사용률

	어린이 (5세 이하)			어머니 (15-44세)		
	(1)영어	(2)불어	(3)기타	(4)영어	(5)불어	(6)기타
1941	19.8	73.0	7.2	23.9	66.1	10.1
1951	24.8	70.1	5.0	23.0	67.9	9.0
1961	16.5	70.7	12.9	17.0	68.4	14.3

(Lieberson 1972 : 243)

향을 보여 준다. 부모의 母語가 그대로 2世의 모어가 될 뿐만 아니라 오히려 2세가 부모대보다 더 높은 비율로 불어를 모어로 삼고 있다. 즉 표 10.5의 2열과 5열을 비교해 보면 어느 시기에나 2열의 어린이 쪽이 더 높은 비율로 불어를 모어로 삼고 있다. 이것은 이 지역에서 불어가 현상 유지를 잘 하는 정도가 아니라 오히려 그 세력을 더 확장해 가고 있음을 일깨워 준다. 言語 保存이 완벽하게 이루어지고 있는 모습일 것이다.

Lieberson(1972)은 몬트리올에서의 불어 보존 양상을 밝히기 위해 1931년부터 40년 동안 이중언어자의 비율이 어떻게 변동하였는가를 10년 단위로 끊어 추적해 본 분석도 하였다. 이것은 가령 1941년에 24세이던 사람은 1951년에는 34세, 1961년에는 44세의 통계로 나타난다는 것을 전제로 하여[12] 10년 간격으로 나이를 먹어 감에 따라 二重言語現象이 어떻게 변하는가를 살펴보고자 한 것이다. 다음 표 10.6에서[13] 보듯이 여기에서도 몬트리올에서의 불어 보존의 특수성이 흥미있게 관찰된다.

---

12) 이 假定은 완전한 것은 아니다. 외국으로부터의 이민뿐만 아니라 국내로부터의 이주민들도 섞일 수 있고 사망자가 생길 수도 있기 때문이다. 이민은 특히 제2차 대전 이후 급격히 늘어 1961년에 34-44세에 해당하는 주민의 20%가 이민인 정도였고 이것이 표 10.6에 반영되기도 하였다. 그러나 Lieberson (1972)은 그 영향이 결정적이지는 않았음을 강조한다.

13) 번잡을 피하기 위하여 이 표에는 원래의 표에 있는 1931년의 것은 뺐다.

표 10.6 1931-1961년 몬트리올의 연령별, 성별 이중언어자 비율

연령	남성				
	Montreal-Verdun		Montreal-Outremont-Verdun		
	(1)1931	(2)1941	(3)1941	(4)1951	(5)1961
0-4	4.1	5.7	5.7	3.3	2.5
5-9	18.2	11.3	11.5	9.7	9.9
10-14	43.4	22.2	22.6	20.5	22.4
15-19	62.4	51.4	51.7	50.6	49.6
20-24	67.2	67.1	67.2	64.9	59.4
25-34	61.9	68.8	68.8	63.8	59.7
35-44	62.2	63.6	63.7	68.1	65.3
45-54	59.3	60.3	60.3	62.7	63.6
55-64	57.4	53.7	53.8	57.3	57.2
65-69	56.4	49.4	49.6	49.7	52.0
70+	51.2	42.9	43.3	42.2	44.0

연령	여성				
	Montreal-Verdun		Montreal-Outremont-Verdun		
	(6)1931	(7)1941	(8)1941	(9)1951	(10)1961
0-4	4.0	5.6	5.7	3.4	2.5
5-9	18.0	11.5	11.8	9.7	9.6
10-14	41.4	21.9	22.3	20.1	21.9
15-19	54.7	43.1	43.5	44.5	46.7
20-24	53.3	51.5	51.7	48.2	44.4
25-34	49.0	47.8	48.1	47.8	41.1
35-44	44.5	40.9	41.2	45.2	45.5
45-54	41.6	35.6	36.0	37.4	42.6
55-64	37.1	31.2	31.6	30.8	34.5
65-69	34.3	28.0	28.5	26.5	28.5
70+	31.2	24.4	24.7	23.5	24.5

(Lieberson 1972 : 249)

이 표에서 얻어지는 결론은 대개 이러하다. 어렸을 때 집에서 부모로부터 배우는 언어는 거의 母語뿐이다. 이것은 이미 이미 표 10.5에서도 확인된 현상으로서 언어 전환이 일어나지 않고 있다는 한 증거일 것이다. 그러다가 학교에 들어갈 나이부터 갑자기 이중언어자가 되는 비율이 높아지기 시작하는데 이것은 학교에서 2개 공용어를 다 가르치도록 되어 있어 불어 사용 학교에서는 영어를 가르치기 때문일 것이다.

이중언어자 비율의 상승은 남자는 1951년 및 1961년을 기준으로 보면 35-44세에 최고조에 달한다. 그러다가 차츰 그 비율이 떨어져 간다. 이것은 직장 생활을 할 때에는 영어가 필요해 열심히 쓰다가 직장을 떠나면서 그 효용도가 떨어지니까 점차 영어를 쓰지 않게 된 것으로 풀이된다. 여자 쪽에서의 경향도 이러한 해석을 뒷받침한다. 즉 여자들이 전체적으로 이중언어자가 되는 비율이 남자들에 비해 낮은데 이것은 여자들이 직장 생활을 그만큼 덜 하기 때문일 것으로 풀이된다.

결국 영어는 더 넓은 세상살이에 필요할 때 쓸 뿐 불어를 버리면서까지 영어를 택하는 일 따위는 이 지역에서 일어나지 않음을 이 표는 보여준다. 효용성이 적어지면 다시 버리고 자식들에게는 여전히 불어만 전수해 주는 태도를 이들은 견지하고 있다는 것이 이 표에서 우리가 얻는 가장 핵심적인 내용일 것이다.

몬트리올은 불어를 모어로 하는 프랑스계가 훨씬 많은 지역이지만 불어가 영어에 비해 下位語의 위치에 있는 것만은 분명하다. 이것은 앞의 표 10.4에서 영국계가 불어를 익히는 비율보다 프랑스계가 영어를 익히는 비율이 더 높은 것에서도 입증된다. 이를 남자를 기준으로 보면 1961년의 경우 영어를 모어로 하는 영국계가 불어를 익혀 이중언어자가 되는 비율은 28%임에 비해 불어를 모어로 하는 프랑스계가 영어를 익혀 이중언어자가 되는 비율은 48%에 달한다. 물론 이 차이는 영어 상용자가 불어 상용자보다 많은 여타 지역, 가령 불어 상용자가 1/3, 영어 상용자가 2/3인 Monctor에서의 4% : 90%의 차이에 비하면 그리 큰 차이가 아니긴 하나 영어가 직장 생활 등 더 넓은 세상살

이에 필요한 상위어의 위치에 있고 불어가 하위어의 위치에 있다는 것을 입증하기에는 충분한 차이라 할 만하다.

그러한 하위어로서의 불어가 상위어인 영어로 전환할 기미를 전혀 보이지 않고 오히려 그 세력을 확장해 갈 정도로 잘 보존되고 있다는 것은 한 특수 현상임에 틀림없다. 역시 프랑스계 인구가 많다는 것이 큰 원동력이 될 것이며, 또 비록 표면화한 것은 최근의 일이나 퀘벡을 캐나다로부터 독립시키려는 것과 같은 강한 민족주의가 큰 작용을 하는 때문일 것이다. 거기다가 프랑스 본토에서 영어를 비하하고 불어를 더 자랑스럽게 여기는 국민성이 더 원초적인 작용을 하고 있는지도 모른다. 어떻든 우리는 몬트리올에서 언어 보존이 완벽하게 이루어지고 있는 한 전형적인 모습을 보았다.

10.3.2 언어 보존의 조건

캐나다 몬트리올에서의 불어 보존은 얼마간 특수한 현상이라고 하더라도 역시 小數族의 언어의 보존이라는 점에서는 같은데 소수족으로 하여금 그들 고유의 언어를 보존케 해가는 원동력은 무엇일까? 여기에서는 Holmes(1992 : 66-77)에 제시된 것 중 몇 가지만 추려 보기로 한다.

소수족이면서도 동떨어진 시골에 따로 자리를 잡고 있는 경우에는 언어 보존이 잘 되는 것으로 알려져 있다. 이것은 우리가 제5장에서 언어의 변화를 다룰 때 고립되어 있는 지역에서 언어의 변화가 느리게 진행된다고 한 것과 같은 내용일 것이다. 미국이나 캐나다에 외부와의 접촉을 끊고 전기며 수도며 자동차 등의 문명과도 인연을 끊으면서 사는, 그리고 그들 고유의 언어를 철저히 지키며 사는 移民社會에 대해서는 널리 알려져 있는 편이다. 그렇게 극단적인 예는 아니더라도 캐나다의 우크라이나인들 중 도시에 사는 우크라이나인들보다 시골에 사는 우크라이나인들이 그들 언어를 더 잘 보존하고 있다고 한다.

그러나 언어 보존에 작용하는 무엇보다 큰 힘은 자기들의 언어를 스스로의 정체성을 드러내 주는 주요한 상징물로 여기는 확고한 태도라고 보아야 할 듯하다. 흔히 화교들의 끈질긴 중국어 보존력을 지적하지만 확실히 그들은 어디에 가나 중국어를 몇 대에 걸쳐 보존해 간다. 폴란드인들도 비슷하여 3, 4대까지는 쉽게 모국어를 보존해 가며, 희랍인들 역시 그러한 특성을 지닌 것으로 알려져 있다. 모두 그들 고유의 언어를 자기들 종족의 더없이 주요한 상징물로 여기는 태도가 그 원동력을 이루는 것으로 풀이된다.

소수족들이 비록 소수일망정 그들끼리 밀집하여 살면서 자주 접촉하면서 생활하면 언어 보존이 더욱 큰 성과를 얻는다고 하는 것은 당연한 현상일 것이다. 뉴질랜드의 Wellinton에 있는 희랍인 구역을 그 예로 들 수 있는데 이곳 희랍인들은 함께 Greek Orthodox 교회에 다니며 희랍으로부터 수입해서 파는 상점에서 희랍어로 물건을 팔고 사며 사는 생활을 한다. 그만큼 희랍어 보존이 잘 될 수밖에 없다. 미국의 Chinatown이 비슷한 사정이며 L.A.의 Koreatown도 마찬가지 현상을 보여 주고 있다.

母國과의 접촉이 얼마나 빈번한가도 언어의 보존에 영향을 미치는 것으로 알려져 있다. 모국에서 새 이민들이 계속 합류하고, 또 모국을 방문할 기회가 잦으면 그만큼 언어 보존이 잘 된다는 것인데 이 역시 너무나 당연한 현상일 것이다. L.A.의 우리 교민들은 이 경우에도 전형적인 예에 해당할 것이다.

소수족의 언어 보존에 교회가 담당하는 몫이 크다는 것도 간과될 수 없다. 앞에서 이미 해외의 희랍인들이 교회를 중심으로 희랍어를 지켜 가는 실례를 들었지만, 미국의 韓人들이 교회를 중심으로 뭉치고 교회가 주관되어 한글학교를 운영하면서 우리말의 보존에 큰 몫을 하는 것도 좋을 실례일 것이다. 그리고 히브리어가 死語가 된 지 1700년만에 이스라엘에서 다시 소생하기 시작한 것도 그들이 성경 낭독과 기도에 히브리어를 되살려 쓰면서부터였던 것이다. 그것이 발판이 되어 그 뒤

330

강력한 민족주의까지 가세하여 오늘날 히브리어의 재건 사업은 성공을 거듭하고 있다.

학교 역시 중요한 역할을 하는 것으로 알려져 있다. 캐나다의 우크라이나인들이 그들 고유 언어를 잘 보존하는 것은 캐나다가 이들 지역의 학교에서 매일 얼마씩은 우크라이나어로 수업을 하게 하는 언어정책에 힘입은 바 크다고 한다. 영국의 웨일스에서도 학교 교육이 성과를 얻고 있는 것으로 알려져 있다. 웨일스 지방은 산업화에 따라 영어가 밀려 오면서 웨일스어가 급격히 쇠퇴하여, 1840년만 해도 웨일스인의 2/3가 웨일스어를(그 중 반은 웨일스어만을) 쓰던 것이 1980년대에 와서는 자기들 언어를 쓰는 인구가 20%로 줄었다. 그러나 근래 이 저하율이 둔화되었는데 그것은 웨일스어를 사용하는 TV의 채널을 확보한 것과 아울러 유치원(pre-school)에서부터 국민학교 3학년까지 영어와 함께 웨일스어로 수업을 하게 하는 정책에 말미암은 것으로 분석되고 있다.

소수족은 대개 독자적인 경제력이 없고 정치적으로도 어디에 부속되어 있는 처지여서 그들을 둘러싸고 있고 지배하고 있는 大國에 의존하는 수밖에 없고, 따라서 그 대국의 언어를 생업을 위해서도 필수적으로 습득하지 않을 수 없다. 그 과정에서 자기의 고유어는 점차 쓸모가 적어지고 따라서 자연히 잃어 가게 된다. 그러나 소수족이 늘 언어의 전환을 일으키기만 하는 것은 아니며 의외로 끈질기게 그들 고유의 언어를 보존하는 면이 있음을 보았다. 그리고 그러한 언어 보존을 가능케 하는 요인이 여러 가지가 있음도 보았다. 그러나 무엇보다 큰 원동력은 스스로의 상징물로서 그들의 언어를 지켜야 한다는 마음이요 뜻이라는 것이 이상의 논의에서 얻는 우리의 결론으로 삼아도 좋을 듯하다.

10.4 요약

　이 장에서는 二重言語社會에서 경쟁 상태에 있는 두 언어 중 한 언어가 경쟁에서 밀려 점차 세력을 잃어가는 言語 轉換 현상과 그 경쟁에서 끝까지 살아남는 言語 保存의 현상을 보았다. 이에 앞서 우리는 言語 選擇에 관련된 여러 문제를 논하였다. 언어 선택의 형식상의 종류로 코드 바꾸기와 코드 뒤섞기가 있음을 보았고, 어느 한 언어를 선택하게 되는 조건으로 우선 영역의 개념을 도입하여, 어떤 언어가 더 적절한 기능을 발휘하는 영역, 즉 자리가 있어 〈가족〉의 자리, 〈업무〉의 자리, 〈교육〉의 자리, 〈종교 행사〉의 자리 등이 언어 선택을 하게 하는 요인으로 작용함을 논하였다. 適應의 개념도 도입하였다. 종속 집단이 지배 집단에 적응하려는 자세가 있느냐 없느냐에 따라 언어 선택의 양상이 달라진다는 것으로 적응이라는 심리적 현상을 또 하나의 조건으로 이해하려 한 것이다. 이 외에 하위 집단이 스스로를 상위 집단과의 병존 상태로 이해하느냐 아니면 그 속에 통합된 일부의 상태로 이해하느냐도 언어 선택에 중요한 조건으로 작용함도 보았다.
　언어의 전환은 대체로 몇 대에 걸쳐 일어나는 특성을 지닌다는 것을 우리는 헝가리 땅이었다가 오스트리아 영토에 편입된 Oberwart의 사례를 통해 면밀히 검토하였다. 그리고 언어의 전환은 모국어와 제2언어 사이에서만 일어나는 것이 아니라 제2언어들 사이에서도 일어나는 흥미있는 사례도 보았다. 그 어느 경우든 언어의 전환이 일어나는 조건이나 그 순서가 매우 미묘하고 또 질서 정연한 모습을 띤다는 것을 흥미있게 지켜 보았다.
　언어 보존은 하위 집단, 종속 집단의 언어가 더 크고 더 상위의 세력 속에서 꿋꿋하게 제 모습을 지켜가는 상태를 가리키는데 우리는 그 대표적인 사례로 미국 뉴멕시코 주에 있는 Tiwa족의 경우와 캐나다 몬트리올의 佛語圈의 경우를 보았다. 아메리칸 인디언들이 대부분 그들 고유의 언어를 잃어 가고 있는 것과는 달리 Tiwa족은 언어 보존

에 남다른 모습을 보여 주었고, 몬트리올의 불어권은 종속 집단이라고
하기엔 세력이 워낙 큰 특성도 있지만 불어가 현상 유지 정도로 보존
되는 것이 아니라 오히려 그 세력이 신장되는 특이한 사례를 보여 주
었다. 이제 해외 동포들 사이에서 한국어가 얼마나 보존되고, 또는 얼
마나 그쪽 언어로 전환되고 있는지도 큰 관심사가 아닐 수 없다. 이
연구를 위해서도 사회언어학자가 많이 배출되어야 한다는 것을 강조해
두고 싶다.

참고문헌

姜信沆(1976).《慶北 安東 奉化 寧海 地域의 二重言語生活》. 成均館大 論文集 22.

──── (1991).『현대국어 어휘사용의 양상』. 太學社.

강윤주(1933).「제주 사회에서의 두 방언 사용 양상」. 서울대학교 석사학위 논문.

김기봉(1985).「친족용어 체계에 관한 성분분석적 연구」. 영남대 석사학위 논문.

金泳模(1982).『韓國 社會階層 研究』. 一潮閣.

金周官(1989).「존대말 使用의 理想的 規範과 實際的 變異相—短期士兵의 言語共同體를 中心으로—」. 서울대학교 석사학위 논문.

金彩潤·權泰煥·洪斗承(1986).『社會學槪論』. 서울대학교 출판부.

김혜숙(1991).『현대국어의 사회언어학적 연구』. 太學社.

朴榮順(1976).「國語 敬語法의 社會言語學的 研究」.《국어국문학》72·73.

──── (1978a). "Aspect in the Development of Communicative with Reference to the Korean Deference system." University of Illinois at Urbana-Champain 박사학위 논문.

──── (1978b). "Age Variables in Socio-linguistics."《언어》3(2).

朴覈來(1984).「槐山方言의 音韻에 대한 世代別 研究」.《國語研究》57.

──── (1993).「忠州方言의 音韻에 대한 社會言語學的 研究」. 서울대학교 박사학위 논문.

서정수(1984).『존대법의 연구』. 한신문화사.

成耆徹(1985).『現代國語 待遇法 研究』. 開文社.

손호민(1980). "Power and Solidarity in Korean Language." *Korean Linguistics* 3.

吳明根(1992). 「아랍어 양층언어현상에 관한 연구—이집트 구어체 아랍어를 중심으로—」. 한국외국어대학교 박사학위 논문.

王翰碩(1984). "Honorific Speech Behavior in Rural Korearn Village—Structure and Use." University of California 박사학위 논문.

─── (1986). 「국어 청자존대어 체계의 기술을 위한 방법론적 검토」. 《語學研究》 22(3).

─── (1988). 「한국 친족용어의 내적 구조」. 《한국문화인류학》 20.

─── (1989). 『宅號와 從子名 呼稱』. 李杜鉉교수. 停年退任紀念論文集.

李光奎(1975a). 『韓國 家族의 構造分析』. 一志社.

─── (1975b). *Kinship Terms in Korean*. New Haven : Human Relations Area Files.

─── and Y. K. Harvey(1973). "Teknonymy and Geononymy in Korean Kinship Terminology." *Ethnology* 12(1).

李基文(1972). 『國語史槪說』. 改正版. 民衆書館(1978, 塔出版社).

李孟成(1973). "Variation of Speech Levels and Interpersonal Social Relationship in Korean." 李鍾洙博士頌壽紀念 論叢.

─── (1975). 「韓國語 終結語尾와 對人關係 要素의 相關關係에 관한 연구」. 《人文科學》 33·34.

이미재(1988). 「언어변화에 관한 사회언어학적 연구—경기도 화성 방언을 중심으로」. 서울대학교 박사학위 논문.

李翊燮(1970). 「全羅北道 東北部地域의 言語分化」. 《語學研究》 6(1).

─── (1976). 「韓國 漁村方言의 社會言語學的 考察」. 《震檀學報》 42.

─── (1981). 『嶺東 嶺西의 言語分化—江原道의 言語地理學』. 서울대학교 출판부.

─── (1984). 『方言學』. 民音社.

─── (1993). 『국어 敬語語의 再分化 體系』. 海洋文學과 國語國文學 : 李庸昱 敎授. 還歷紀念論叢.

이정민(1981). 「한국어의 표준어 및 방언들 사이의 접촉과 태도」. 《한글》 173·174.

─── (1982). 『한국어 경어체계의 제문제. 한국인과 한국 문화』. 심설당.

이정복(1992). 「경어법 사용에 대한 사회언어학적 연구—하동 지역의 한 언어공동체를 대상으로」.《國語硏究》109.

張奭鎭(1985).『話用論 硏究』. 塔出版社.

張泰鎭(1988).『韓國 社會言語學 硏究』. 三英社.

鄭鍾昊(1990). 「韓國 親族呼稱의 意味構造와 社會的 使用에 關한 硏究—安東地方의 한 촌락의 事例를 중심으로」. 서울대학교 석사학위 논문.

趙俊學(1980). 「話用論과 공손의 규칙」.《語學硏究》16(1).

――― (1982). "A Study of Korean Pragmatics—Deixis and Politeness." University of Hawaii 박사학위 논문.

―――외(1981). 「한국인의 언어의식—언어접촉과 관련된 사회언어학적 연구」.《語學硏究》17(2).

周時經(1906).『대학국어문법』. 李基文 편(1976).『周時經全集』. 亞細亞文化社.

蔡琬(1986). 國語語順의 硏究. 塔出版社.

崔明玉(1982a). 「親族名稱과 敬語法」.《方言》6.

――― (1982b).『親族名稱의 意味分析과 變異, 그리고 變化에 대하여』. 趙奎卨華甲紀念論叢

崔在錫(1982).『改正 韓國 家族 硏究』. 一志社(초판 1966).

홍연숙(1991). *A Sociolinguistic Study of Seoul Korean.* Seoul: Research Center for Peace of Unification of Korea.

黃迪倫(1975). "Role of Sociolinguistics in Foreign Language Education with Reference to Korean and English Terms of Address and Level of Deference." University of Telas 박사학위 논문.

――― (1976). 「韓國語 待遇法의 社會言語學的 記述」.《言語와 言語學》4.

――― (1980). 「言語와 社會—새로운 언어이론의 방향」.《言語硏究》16(2).

황보나영(1993). 「현대국어 호칭의 사회언어학적 연구—서울 지역 대학생 사회의 용법을 중심으로」.《國語硏究》112.

Ammon, U., N. Dittmar and K.J. Mattheier(1987). *Sociolinguistics : An International Handbook of the Science of Language and*

Society Ⅰ. Berlin: Walter de Gruyter.

Ammon, U., N. Dittmar and K.J. Mattheier (1988). *Sociolinguistics : An International Handbook of the Science of Language and Society* Ⅱ. Berlin: Walter de Gruyter.

Bailey, C. N. (1973). *Variation and Linguistic Theory.* Washinton, D.C.: Center for Applied Linguistics.

Bauman, R. and J. Sherzer eds (1974). *Explorations in the Ethnography of Speaking.* Cambridge University Press.

Bell, R. T. (1976). *Sociolinguistics : Goals, Approaches and Problems.* London: Batsford.

Bernstein, B. (1971-1975). *Class, Codes and Social Control,* Vol. 1-3: London: Routeledge & Kegan Paul.

Blom, J. P. and J. J. Gumperz (1972). "Social Meaning in Linguistic Structure: Code-switching in Norway." Gumperz and Hymes (1972).

Bolton, K. and H. Kwok eds (1992). *Sociolinguistics Today : International Perspective.* London: Routeledge.

Bourhis, R. Y. and H. Giles (1977). "The Language of Intergroup Distinctiveness." Giles (1977).

Bright, W. ed. (1964a). *Sociolinguistics : Proceedings of the UCLA Sociolinguistics Conference, 1964.* The Hague: Mouton

―――― (1964b). "Introduction: The Dimensions of Sociolinguistics." Bright (1964a)

Bright, W. and A. K. Ramanujan (1964). "Soiciolingustic Variation and Language Change." *Proceedings of the 9th International Congress of Linguistics.* The Hague: Mouton.

Brown, P. and S. C. Levinson (1987). *Politeness.* Cambridge University Press.

Brown, R. and M. Ford (1961). "Address in American English." *Journal of Abnormal and Social Psychology* 62. Hymes (1964).

Brown, R. and A. Gilman (1960). "The Pronouns of Power and Solidarity." T. A. Sebeok (ed.). *Style in Language.* MIT Press.

Browning, R. (1982). "Greek Diglossia Yesterday and Today." *International Journal of the Sociology of Language* 35.

Carroll, J. B. ed. (1956). *Language, Thought and Reality: Selected Writings of Benjamin Lee Whorf.* MIT Press.

Chambers, J. K. and P. Trudgill (1980). *Dialectology.* Cambridge University Press.

Cheng Tien-m̃u and F. Pasierbsky (1988). "China." Ammon, Dittmar and Mattheier (1988).

Chomsky, N. (1965). *Aspects of the Theory of Syntax.* MIT Press.

Coates, J. (1986). *Women, Men and Language.* London: Longman.

Collinge, N. E. (1990). *An Encyclopaedia of Language.* London: Routledge.

Dijk, To Van (1977). *Text and Context.* London: Longman.

Ditmar, N. (1976). *Sociolinguistics.* London: Edward Arnold.

Dorian, N. (1981). *Language Death: The Life Cycle of a Scottish Gaelic Dialect.* University of Pennsylvania Press.

Downes, W. (1984). *Language and Society.* London: Fontana.

Dredge, C. P. (1977). "Speech Variation and Social Organization in a Korean Village." Ph. D. Dissertation, Havard University.

Ekka, F. (1972). "Men's and Women's Speech in Kurux." *Linguistics* 81.

Ervin-Tripp, S. M. (1969). "Sociolinguistic Rules." Pride and Holmes (1972).

———(1972). "In Sociolinguistic Rules: Alternation and Cooccurrence." Gumperz and Hymes (1972).

Fasold, R. W. (1984). *The Sociolinguistics of Society.* Oxford: Blackwell.

———(1990). *The Sociolinguistics of Language.* Oxford: Blackwell.

Fasold, R. W. and R. Shuy eds (1975). *Studies in Langage Variation.*

Georgetown University Press.

Ferguson, C. (1959). Diglossia. *Word* 15. Hymes (1964). Giglioli (1972).

Fischer, J. L. (1958). "Social Influences in the Choice of a Linguistic Variant." *Word* 14, Hymes (1964).

Fishman, J. A. ed. (1968). *Readings in the Sociology of Language.* The Hague: Mouton.

———ed. (1971). *Advances in the Sociology of Language* Ⅰ. The Hague: Mouton.

———ed. (1972a). *Advances in the Sociology of Language* Ⅱ. The Hague: Mouton.

———ed. (1972b). *The Sociology of Language.* Rowley, MA: Newbury House.

——— (1972c). "The Relationship between Micro- and Macro-Sociolinguistics in the Study of Who Speaks What Language to Whom and When." Pride and J. Holmes (1972).

Fishman, P. (1980). "Conversational Insecurity." Giles, Robinson and Smith (1980).

——— (1983). "Interaction: The Work Women Do." Thorne, Kramarae and Henley (1983).

Gal, S. (1979). *Language Shift : Social Determinants of Linguistic Change in Bilingual Austria.* New York: Academic Press.

Gardin, B. and J. B. Marcellesi (1987). "The Subject Matter of Sociolinguistics." Ammon *et al.* (1987).

Giles, H. ed. (1977). *Language, Ethnicity and Intergroup Relations.* London: Academic Press.

———, R. Y. Bourhis and D. M. Taylor (1977). "Towards a Theory of Language in Ethnic Group Relaions." Giles (1977).

———, W. P. Robinson and P. Smith eds (1980). *Language : Social Psychological Perspective.* Oxford: Pergamon Press.

Greenfield, L. (1972). "Situational Measures of Normative Language

View in Relation to Person, Place and Topic among Puerto Rican Bilinguals." Fishman (1972a).

Grimshaw, A. O. (1966). "Directions for Research in Sociolinguistics." *Sociological Inquiry* 36.

———(1971). "Sociolinguistics." Fishman (1971).

———(1987). "Sociolinguistics versus Sociology of Language." Ammon, Dittmar and Mattheier (1987).

Gumperz, J. J. (1958). "Dialect Differences and Social Stratification in a North Indian Village." *American Anthropologist* 60.

———(1964). "Hindi-Punjabi Code-switching in Delhi." H. G. Lunt (ed.) (1964). *Proceedings of the Ninth International Congress of Linguistics.*

———(1971). *Language in Social Group.* Stanford University Press.

———(1982). *Discourse Strategies.* Cambridge University Press.

———and D. H. Hymes (eds) (1972). *Directions in Sociolinguistics : The Ethnography of Communication.* New York : Holt, Rinehart and Winston.

Guy, G. R. (1988). "Language and Social Class." Newmeyer (1988).

Haas, Mary R. (1944). "Men's and Women's speech in Koasati." *Language* 20. Hymes (1964).

Hagen, A. M. (1988). "Sociolinguistic Aspects in Dialectology." Ammon, Dittmar and Mattheier (1988).

Herman, S. (1968). *"Explorations in the Social Psychology of Language Choice."* Fishman (1968).

Holmes, J. (1992). *An Introduction to Sociolinguistics.* London : Longman.

Horvath, B. M. (1985). *Variation in Australian English : the Socialects of Sydney.* Cambridge University Press.

Howell, R. W. (1967). "Linguistic Choice as an Index to Social Change." Ph. D. Dissertation, University of California, Berkeley.

Hymes, D. (1972). "Models of the Interaction of Language and Social Life." Gumperz and Hymes (1972).

—— (1974). *Foundations in Sociolinguistics: An Ethnographic Approach.* University of Pennsylvania Press.

—— ed. (1964). *Language in Culture and Society.* New York: Harper and Row.

Jespersen, O. (1922). *Language: Its Nature, Development and Origin.* London: George Allen & Unwin.

Kachru, B. B. (1988). "India." Ammon, Dittmar and Mattheier (1988).

Key, M. R. (1975). *Male/Female Language.* Metuchen, NJ: Scarecrow Press.

Klann-Delius, G. (1988). "Sex and Language." Ammon, Dittmar and Mattheier (1988).

Kramen, C. (1974). "Wishy-washy Mommy Talk." *Psychology Today* 8(1).

Labov, W. (1963). "The Social Motivation of a Sound Change." *Word* 19. Labov (1972).

—— (1964). "Stages in the Acquisition of Standard English." Shuy, R. W. (ed.). *Social Dialects and Language Learning.* Campaign: National Council of Teachers of English.

—— (1966). *The Social Stratification of English in New York City.* Washington, D. C.: Center for Applied Linguistics (3rd ed. 1982).

—— (1970). "The Study of Language in its Social Context." Labov (1972).

—— (1972). *Sociolinguistic Patterns.* University of Pennsylvania Press.

—— ed. (1980). *Locating Language in Time and Space.* New York: Academic Press.

Labrie, N. (1988). "Canada." Ammon, Dittmar and Mattheier.

Lakoff, R. (1973). "Language and women's place." *Language in Soci-*

ety 2.

―――― (1975). *Language and Women's Place.* New York : Harper and Row.

Lambert, W. (1967). "A Social Psychology of Bilingualism." *Journal of Social Issues* 23(2).

――――, R. Hodgson, R. Gardner and S. Fillenbaum (1960). "Evaluative Reaction to Spoken Language." *Journal of Abnormal and Social Psychology* 60.

Laosa, L. (1975). "Bilingualism in Three Unites States Hisponic Groups : Contextual Use of Language by Children and Adults in Their Families." *Journal of Educational Psychology* 67(5).

Lavendera, B. R. (1988a). "The study of Language in its Socio-Cultural Context." Newmeyer (1988).

Laver, J. (1981). "Linguistics Routines and Politeness in Greeting and Parting." F. Coulmas (ed.). *Conversational Routine.* The Hague : Mouton.

―――― (1988b). "The Social Pragmaties of Politeness Forms." Ammon, Dittman and Mattheier (1988).

Leeds-Hurwitz, W. (1980). "The Use and analysis of Uncommon Forms of Address : A Business Example." *Working Papers in Sociolinguistics* 80. Austin, TX : Southwest Educational Development Laboratory.

Lewis, E. G. (1972). "Migration and Language in the USSR." Fishman (1972).

Lieberson, S. (1972). "Bilingualism in Montreal : A Demographic Analysis." Fishman (1972a).

―――― (1980). "Procedures for Improving Sociolinguistic Surveys of Language Maintenance and Language Shift." *International Journal of the Sociology of Language* 25.

Löffler, H. (1985). *Germanistische Soziolinguistik.* Berlin : Schmidt.

Löffler, H. (1987). "Sprache und Gesellschaft in der Geschichte der Vorstrukturalistischen Sprachwissenschft." Ammon, Dittmar and Mattheier (1987).

Mandelbaum, D. G. ed. (1949). *Selected Writings of Edward Sapir in Language, Culture and Personality.* Berkeley: University of California Press.

Martin, S. (1964). "Speech Levels and Social Structure in Japanese and Korean." Hymes (1964).

McConnell-Ginet, S. (1988). "Language and Gender." Newmeyer (1988).

McDavid, R. I. (1948). "Postvocalic /r/ in South Carolina: A Social Analysis." *Journal of the Lancashire Dialect* 8.

Mckay, D. and D. Fulkerson (1979). "On the Comprehension and Production of Pronouns." *Journal of Verbal Learning and Verbal Behavior* 18.

Milroy, J. and L. Milroy (1990). "Language in Society: Sociolinguistics." Collinge (1990).

Milroy, L. (1980). *Language and Social Networks.* Oxford: Blackwell.

―――― (1992). "New Perspective in the Analysis of Sex Differentiation in Language." Bolton K. and H. Kwok (1992).

Newmeyer, F. J. (1988). *Linguistics: The Cambridge Survey Ⅳ Language: The Socio-Cultural Context.* Cambridge University Press.

Paulston, C. B. (1975). "Language and Social Class: Pronouns of Address in Swedish." *Working Papers in Sociolinguistics* 29. Austin, TX: Southwest Educational Development Laboratory.

Platt, J. (1977). "A Model for Polyglossia and Multilingualism." *Language in Society* 6(3).

Pool, J. (1972). "National Development and Language Diversity." Fishman (1972).

Pride, J. and J. Holmes eds (1972). *Sociolinguistics.* Hanmondsworth:

Penguin.

Romaine, S. (1982a). *Socio-Historical Linguistics*. Cambridge University Press.

———(ed.) (1982b). *Sociolinguistic Variation in Speech Communities*. London: Edward Arnold.

———(1984). *The Language of Children and Adolescents*. Oxford: Blackwell.

———(1988). *Pidgin and Creole Language*. London: Longman.

Rona, J. P. (1966). "The Social and Cultural Status of Guaraní in Paraguay." Bright (1966).

Rubin, J. (1968). *National Bilingualism in Paraguay*. The Hague: Mouton.

Russel, J. (1982). "Networks and Sociolinguistic Variation in an African Urban Setting." Romaine (1982b).

Sailsbury, R. F. (1962). "Notes on Bilingualism and Linguistic Change in New Guinea." *Anthropological Linguistics* 4(7). Pride and Holmes (1972).

Sankoff, G. (1974). "A Quantitative Paradigm for the Study of Communicative Competence." Bauman & Sherzer (1974).

———and H. Cedergrem (1971). "Some Results of a Sociolinguistic Study of Montreal French." Darnell R. (ed.). *Linguistic Diversity in Canadian Society*. Edmonton: Linguistic Research Inc.

Sapir, E. (1915). "Abnormal Types of Speech in Neotka." Mandelbaum (1949).

———(1921). *Language*. New York: Harcourt, Brace.

———(1929a). "The Status of Linguistics as a Science." *Language* 5. Mandelbaum (1949).

———(1929b). "Male and Female forms of Speech in Yana." Mandelbaum (1949).

Scotton, C. M. and W. Zhu (1983). "*Tóngzí in* China: Language Change and Its Conversational Consequences." *Language in Society* 12(4).

Shibamoto, J. S. (1985). *Japanese Women's Language.* New York: Academic Press.

Shibatani, M. (1990). *The Languages of Japan.* Cambridge University Press.

Shuy, R. and R. Fasold eds (1973). *Language Attitudes: Current Trends and Prospects.* Georgetown University Press.

Sibata, Takesi (1970). "Korean Sibling Terms and their Structure." *Studies in General and Oriental Linguistics.* Tokyo: TEC.

Slobin, D., S. Miller and L. Porter (1968). "Forms of Address and Social Relations in a Business Organization." *Journal of Personality and Social Psychology* 8(3).

Sonensen, A. P. (1971). "Multilingualism in the Northwest Amason." *American Anthropologist* 69. Pride and Holmes (1972).

Thorne, B. and N. Henley eds (1975). *Language and Sex: Difference and Dominance.* Rowley, MA: Newbury House.

Thorne, B., C. Kramarae and N. Henley eds (1983). *Language, Gender and Society.* Rowley, MA: Newbury House.

Trudgill, P. (1974). *The Social Differentiation of English in Norwich.* Cambridge University Press.

———— (1983a). *On Dialect: Social and Geographical Perspectives.* Oxford: Blackwell.

———— (1983b). *Sociolinguistics: An Introduction to Language and Society.* rev. ed. London: Penguin Books.

———— (1992). "Dialect Contact, Dialectology and Sociolinguistics." Bolton and Kwok (1992).

———— and G. Tzavaras (1977). "Why Albanian-Greeks are not Albanians: Language Shift in Attica and Biotia." Giles (1977).

Verdoodt, A. (1988). "Organization of the Discipline 'Sociolinguistics'." Ammon, Dittman and Mattheier (1988).

Wardhaugh, R. (1986). *An Introduction to Sociolinguistics.* Oxford: Blackwell.

Weinreich, U. (1968). *Languages in Contact.* The Hague: Mouton.

West, C. and D. H. Zimmerman (1977). "Women's Place in Everyday Talk: Reflection on Parent-Child Interaction." *Social Problems* 24(5).

―――― (1983). "Small Insults: A Study of Interruptions in Cross-sex Conversations between Unacquainted Person." Thorne, Kramarae and Henley (1983).

Whitney, W. D. (1867). *Language and the Study of Language.* New York: Scribner's.

―――― (1874). *The Life and Growth of Language.* New York: Appleton.

Whorf, B. L. (1940). "Science and Linguistics." Carroll (1957).

Williams, F. (1973). "Some Research Notes on Dialect Attitudes and Stereotypes." Shuy and Fasold (1973).

―――― (1974). "The Identification of Linguistic Attitudes." *International Journal of the Sociology of Language* 3.

―――― and Associates. (1976). *Explorations of the Linguistic Attitudes of Teachers.* Rowley, Ma: Newbury House.

Wolfman, W. (1969). *A Sociolinguistic Description of Detroit Negro Speech.* Washington, D.C.: Center for Applied Linguistics.

Wolfman, W. and R. Fasold (1974). *The Study of Social Dialects in American English.* Englewood Cliffs, NJ: Prentice-Hall.

Zimmerman, D. H. and C. West (1975). "Sex Roles, Interruptions and Silences in Conversation." Thorne and Henely (1975).

o

Oberwart 309, 312
Observer's Paradox 58
occupational status 226
official state language 251
open question 278
Oriya 248
overlapping 216

p

pair test 68
Palamas 267
Panjabi 249
patois 80
Paulston 192, 226
peer 140
Philipp Wegener 20
phonemic merger 154
phonological variable 99
pidgin 270
pidgin English 239
Platt 263
polyglossia 262, 263, 265
Pool 254
Pop 78
positivist-naturalist linguistics 19
power 176, 226
pragmatic rule 37

pragmatics 37
pre-adolescent 139, 141
prestige 119
prestige form 116, 143
prestige marker 65
Prijaji 방언 198
psycholinguistics 29

q

quantitative analysis 97
quantitative paradigm 35

r

radicalism 179
Rajput 94
Ramanujan 31
Ranama°l 261
random sampling 53
rank 186, 226
rapid and anonymous observation 52
rapid and anonymous speech event 45
rapid word list 68
Reading 101
reading passage 68
reading style 57
real time 152
Received Pronunciation 81

이익섭

서울대학교 국어국문학과를 졸업하고 동 대학원에서 문학박사 학위를 취득하였다.
전북대학교 교수, 하버드 대학교 옌칭 연구소 초빙교수,
메릴랜드 대학교 초빙교수, 국어학회 회장, 국립국어연구원 원장을 역임했고,
현재 서울대학교 국어국문학과 명예교수로 있다.
저서로는 『영동 영서의 언어분화』, 『국어문법론』, 『방언학』, 『국어학개설』, 『국어표기법연구』,
『한국의 언어』(공저), 『국어문법론 강의』(공저), 『국어 부사절의 성립』, 『한국어 문법』 등이 있다.

사회언어학

1판 1쇄 펴냄 • 1994년 8월 20일
2판 1쇄 펴냄 • 2000년 4월 8일
2판 15쇄 펴냄 • 2022년 3월 21일

지은이 • 이익섭
발행인 • 박근섭, 박상준
펴낸곳 • (주) 민음사

출판등록 • 1966. 5. 19. 제16-490호
서울특별시 강남구 도산대로1길 62(신사동)
강남출판문화센터 5층 (우편번호 06027)
대표전화 02-515-2000 • 팩시밀리 02-515-2007
www.minumsa.com

© 이익섭, 1994, 2000. Printed in Seoul, Korea

ISBN 978-89-374-5423-3 94700
ISBN 978-89-374-5420-2 (세트)

* 잘못 만들어진 책은 구입처에서 교환해 드립니다.